Steuerliche Gewinnermittlung und IAS/IFRS am Beispiel immaterieller Vermögenswerte

Europäische Hochschulschriften
Publications Universitaires Européennes
European University Studies

Reihe II
Rechtswissenschaft

Série II Series II
Droit
Law

Bd./Vol. 4045

PETER LANG
Frankfurt am Main · Berlin · Bern · Bruxelles · New York · Oxford · Wien

Nina Kuntschik

Steuerliche Gewinnermittlung und IAS/IFRS am Beispiel immaterieller Vermögenswerte

Insbesondere Forschungs- und Entwicklungskosten und Geschäftswerte

PETER LANG
Europäischer Verlag der Wissenschaften

Bibliografische Information Der Deutschen Bibliothek
Die Deutsche Bibliothek verzeichnet diese Publikation in der Deutschen Nationalbibliografie; detaillierte bibliografische Daten sind im Internet über <http://dnb.ddb.de> abrufbar.

Zugl.: Köln, Univ., Diss., 2004

D 38
ISSN 0531-7312
ISBN 3-631-53223-7

www.peterlang.de

Vorwort

Die vorliegende Arbeit entstand während meiner Tätigkeit als wissenschaftliche Mitarbeiterin von Herrn Prof. Dr. Joachim Hennrichs, zunächst am Institut für Arbeits, Sozial- und Wirtschaftsrecht, Abteilung I, an der Westfälischen - Wilhelms - Universität zu Münster sowie anschließend am Lehrstuhl für Bürgerliches Recht, Bilanz- und Steuerrecht an der Universität zu Köln. Sie wurde im Februar 2004 von der Rechtswissenschaftlichen Fakultät als Dissertation angenommen. Bei ihrer Anfertigung wurde mir vielfältige Unterstützung zuteil, für die ich mich herzlich bedanken möchte.

An erster Stelle möchte ich Herrn Prof. Dr. Joachim Hennrichs dafür danken, dass er die Arbeit angeregt, ihre Anfertigung mit großem Interesse verfolgt und unterstützt hat und mir wiederholt für Diskussionen zur Verfügung stand. Auch die von ihm geschaffene, hervorragende Atmosphäre am Institut in Münster sowie später am Lehrstuhl in Köln haben erheblich zum Gelingen der Arbeit beigetragen. Herrn Prof. Dr. Joachim Lang möchte ich für die Übernahme des Zweitgutachtens danken.

Meinen ehemaligen und derzeitigen Kollegen am Institut in Münster, die wie ich dem Ruf von Herrn Prof. Dr. Hennrichs an die Universität zu Köln gefolgt sind, möchte ich für ihre Freundschaft und Hilfsbereitschaft danken. Hervorheben möchte ich unsere ehemaligen Sekretärin in Münster, Bernharde Herbert, die mir oft genug mit Rat und Tat zur Seite stand.

Danken möchte ich auch meiner Familie und meinen Freunden, die mir über so manches Motivationstief heraushalfen. Mein besonderer Dank gilt aber meinen Eltern. Sie waren immer für mich da und haben mir alle erdenkliche Liebe und Unterstützung zukommen lassen. Hierdurch haben sie wesentlich zum Gelingen des „Vorhaben Dissertation" beigetragen.

Köln, im Juli 2004 Nina Kuntschik

INHALTSVERZEICHNIS

Literaturverzeichnis

Achleitner, Ann-Kristin/ Behr, Giorgio	International accounting standards: Ein Lehrbuch zur internationalen Rechnungslegung 3. Auflage, München 2002
Adler/Düring/Schmalz	Rechnungslegung und Prüfung der Unter nehmen Kommentar zum HGB, AktG, GmbHG, PublG nach den Vorschriften des Bilanzrichtlinien-Gesetzes Teilband 1 (§§ 252 bis 263 HGB) 6. Auflage; Stuttgart 1995
Ahmann, Karin – Renate	Die Bilanzrichtlinie und die steuerliche Gewinnermittlung – Eine Zwangsehe ? in: Ertragsbesteuerung, Festschrift für Ludwig Schmidt, hrsg. von Arndt Raupach, München 1993 S. 269 – 289
Alvarez, Manuel/ Biberacher, Johannes	Goodwill-Bilanzierung nach US-GAAP - Anforderungen an Unternehmenssteuerung und -Berichterstattung BB 2002, S. 346 – 353
Arbeitskreis Bilanzrecht der Hochschullehrer Rechtswissenschaft	Zur Fortentwicklung des deutschen Bilanzrechts BB 2002, S. 2372 - 2377
Arbeitskreis „Externe Rechnungslegung“ der Schmalenbach-Gesellschaft für Betriebswirtschaft e.V.	Die Zukunft der Rechnungslegung aus Sicht von Wissenschaft und Praxis Fachprogramm des Arbeitskreises Externe Rechnungslegung im Rahmen des 54. Deutschen Betriebswirtschaftertags DB 2001, S. 160 - 161
ders.	Enforcement der Rechnungslegung DB 2002, S. 2173 – 2176
ders.	International Financial Reporting Standards im Einzel- und Konzernabschluss unter der Prämisse

eines Einheitsabschlusses für unter Anderem steuerliche Zwecke DB 2003, S. 1585 - 1588

Arbeitskreis „Immaterielle Werte im Rechnungswesen“ der Schmalenbach Gesellschaft für Betriebswirtschaft e.V. — Kategorisierung und bilanzielle Erfassung immaterieller Werte DB 2001, S. 989 – 995

Arnold, Hans-Joachim — Die Bilanzierung des Geschäfts- und Firmenwertes in der Handels-, Steuer- und Ergänzungsbilanz Frankfurt a. M., Berlin, Bern, New York, Paris 1997

Bachem, Rolf Georg — Zur Diskussion um den negativen Geschäftswert BB 1995, S. 350 - 353

Baconnier, Robert — Unternehmensbesteuerung in Frankreich DStJG 16 (1994), S. 73 - 92

Baetge/Kirsch/Thiele — Bilanzen 6. Aufl., Düsseldorf 2002

dies. — Bilanzrecht Handelsrecht mit Steuerrecht und den Regelungen des IASB (Kommentar) Stand: März 2003 Bergisch-Gladbach 2002

Baetge, Jörg/Thiele, Stefan — Gesellschafterschutz versus Gläubigerschutz, Rechenschaft versus Kapitalerhaltung in: Handelsbilanzen und Steuerbilanzen, Festschrift für Prof. Dr. h. c. Heinrich Beisse, hrgs. von Wolfgang Dieter Budde, Düsseldorf 1997 S. 11- 24

Baetge/Thiele/Plock — Die Restrukturierung des International Accounting Standards Committee – Das IASC auf dem Weg zum globalen Standardsetzer ? DB 2000, S. 1033 - 1038

Beck`scher Bilanz-Kommentar — Der Jahresabschluß nach Handels- und Steuerrecht Konzernabschluß, Prüfung, Offenlegung §§ 238 und 339 HGB

4. Aufl., München 1999

Beiser, Reinhold — Der Teilwert im Wechsel zwischen Substanz- und Ertragswert
DStR 2002, S. 1777 - 1782

Beisse, Heinrich — Wandlungen der Grundsätze ordnungsmäßiger Bilanzierung - Hundert Jahre "GoB"
in: Gedächtnisschrift für Brigitte Knobbe - Keuk,
hrsg. von Wolfgang Schön
Köln 1997
S. 385 - 400

ders. — Die Krise des deutschen Bilanzrechts und die Zukunft des Maßgeblichkeitsgrundsatzes
in: Baetge, Jörg (Hrsg.)
Deutsches Bilanzrecht – In der Krise oder im Aufbruch?,
Köln 2001
S. 1 – 31

Berberich, Jens — Ein Framework für das DRSC
Berlin 2002

Bernhardt, Wolfgang — Der Deutsche Corporate Governance Kodex: Zuwahl (comply) oder Abwahl (explain)?
DB 2002, 1841 - 1846

Biener, Herbert — Die Möglichkeiten und Grenzen berufsständischer Empfehlungen zur Rechnungslegung
in: Bilanz - und Konzernrecht,
Festschrift für Reinhard Goerdeler,
hrsg. von Hans Havermann
Düsseldorf 1987
S. 45 - 60

Birk, Dieter — Steuerrecht
6. Auflage, Heidelberg 2003

Blumenstein, Ernst/Locher, Peter — System des Schweizer Steuerrechts
6. Aufl., Zürich 2002

Blümich — EStG – KStG – GewStG
Kommentar (Loseblatt)
München Juli 2002

Bordewin, Arno/Brandt, Jürgen — Kommentar zum Einkommenssteuergesetz (Loseblatt)
Band 2 (§§ 4, 5 - 5 a EStG)
Band 3 (§§ 6 - 10 a EStG)
Heidelberg, Dezember 2002

Born, Karl — Rechnungslegung internationaler Konzernabschlüsse nach IAS, US-GAAP, HGB und EG-Richtlinien
3. Aufl., Stuttgart 2002

Broer, Frank Daniel — Maßgeblichkeitsprinzip und Harmonisierung der Rechnungslegung
Konstanz 1999

ders. — Vorlagepflicht des BFH beim EuGH in bilanzsteuerrechtlichen Fragen
RIW 2001, S. 756 – 765

Buchholz, Rainer/Weis, Regina — Maßgeblichkeitsprinzip ade? Zur inhaltlichen Vereinbarkeit der Gewinnermittlung nach IAS und EStG
Teil I: DStR 2002, S. 512 –517
Teil II: DStR 2002, S. 559 –564

Budde, Wolfgang Dieter/Steuber, Elgin — Die verfassungsrechtlichen Grundsätze der Bestimmtheit sowie der Klarheit und die Rechnungslegung nach HGB
in: Baetge, Jörg (Hrsg.),
Deutsches Bilanzrecht – In der Krise oder im Aufbruch?,
Köln 2001
S. 57 - 79

dies. — Normsetzungsbefugnis eines deutschen Standard Setting Body
DStR 1998, S. 1181 - 1187

Costede, Jürgen — Die Aktivierung von Wirtschaftsgütern im Einkommenssteuerrecht
StuW 1995, S. 115 - 123

Crezelius, Georg — Steuerrecht II – Die einzelnen Steuerarten
2. Auflage, München 1994

ders. — Maßgeblichkeitsgrundsatz in Liquidation?
DB 1994, S. 689 – 691

Davies, Maria — US – GAAP: Rechnungslegung für immaterielle Vermögensgegenstände nach der Verabschiedung der FASB Standards 141 und 142

DB 2002, S. 697 – 701

Denk, Christoph — Die bilanzielle Behandlung steuerlicher Freibeträge und Rücklagen nach dem Steuerreformgesetz 2000 und der „Altrückstellungen“ im Sinne des Budgetbegleitgesetzes 2001
ÖStZ 2001, S. 59 - 74

Dreier, Horst — Grundgesetz: Kommentar
Band 2: Artikel 20 bis 82
Tübingen 1998

Döllerer, Georg — Die Maßgeblichkeit der Handelsbilanz für die Steuerbilanz
BB 1969, S. 501 – 507

ders. — Maßgeblichkeit der Handelsbilanz in Gefahr
BB 1971, S. 1333 – 1335

Doralt, Werner — Einkommensteuergesetz (Kommentar)
Band I (§§ 1 – 20 Ö-EStG)
4. Aufl., Wien
Stand: 1. 7.1999

Dziadkowski, Dieter — Die Überschußrechnung – eine Alternative zur Steuerbilanz ?
BB 2000, S. 399 – 401

Eichhorn, Klaus Thomas — Das Maßgeblichkeitsprinzip bei Rechnungslegung nach International Accounting Standards
Köln 2001

Ernst, Christoph — EU-Verordnungsentwurf zur Anwendung von IAS: Europäisches Bilanzrecht vor weitreichenden Änderungen
BB 2001, S. 823 – 825

ders. — Bilanzrecht: quo vadis? – Die kommende Reform des europäischen Bilanzrechts und mögliche Auswirkungen auf die deutsche Rechnungslegung
WPg 2001, S. 1440 – 1445

ders. — BB –Gesetzgebungsreport: Auswirkungen des 10 – Punkte - Programmes „Unternehmensintegrität und Anlegerschutz“ auf das Bilanzrecht
BB 2003, S. 1487 - 1491

Euler, Roland — Paradigmenwechsel im handelsrecht-

lichen Einzelabschluss: Von den GoB zu den IAS?
BB 2002, S. 875 –880

Freidank, Carl-Christian/Pottgießer, Gaby — Die Zukunft der deutschen Rechnungslegung
StuB 2003, S. 886 - 893

Förschle /Holland /Kroner — Internationale Rechnungslegung: US-GAAP, HGB und IAS
5. Auflage, Heidelberg 2001

Frotscher, Gerrit (Hrsg.) — Kommentar zum Einkommensteuergesetz
Band 2 (§§ 5 - 9b EStG)
Freiburg, September 2002

Frydlender, A./Pham, D. — Relationships between accounting and taxation in France
EAR 1996, S. 845 857

Füllbier, Uwe/Gassen, Joachim — Wider die Maßgeblichkeit der International Accounting Standards für die steuerliche Gewinnermittlung
DB 1999, S. 1511 - 1513

Füllbier, Uwe/Honold, Dirk — Bilanzierung immaterieller Vermögenswerte
RIW 2000, S. 833 – 844

Fuisting, Bernhard — Die preußischen direkten Steuern
Kommentar zum Einkommens-steuergesetz in der Fassung vom 19. Juni 1906
Band 1,
7. Auflage, Berlin 1907

Gail/Greth/Schuhmann — Die Maßgeblichkeit der Handelsbilanz für die Steuerbilanz in den Mitgliedsstaaten der Europäischen Gemeinschaft
DB 1991, S. 1389 - 1400

Glade, Hans- Joachim — Immaterielle Anlagewerte in Handelsbilanz, Steuerbilanz und Vermögensaufstellung
Bergisch-Gladbach, Köln 1991

Groh, Manfred — Künftige Verluste in der Handels- und Steuerbilanz, zugleich ein Beitrag zur Teilwertdiskussion
StuW 1976, S. 32 - 42

ders. — Bilanzrecht vor dem EuGH
DStR 1996, S. 1206 – 1211

ders.	Steuerentlastungsgesetz 1999/2000/2002: Imparitätsprinzip und Teilwertabschreibung DB 1999, S. 978 – 985
Grotherr, Siegfried/Jorewitz, Gitta	Einflüsse der internationalen Rechnungslegung auf das zukünftige deutsche Bilanzrecht in: Die deutsche Rechnungslegung und Wirtschaftsprüfung im Umbruch, Festschrift für Wilhelm Theodor Strobel hrsg. von Carl-Christian Freidank, München 2001 S. 123 -153
Group of German Experts on Corporate Law	Entwicklungen des Europäischen Gesellschaftsrechts: Stellungnahme der Group of German Experts on Corporate Law zum Konsultationspapier der High Level Group of Experts on Corporate Law ZIP 2002, S. 1310 – 1324
Haller, Axel	IFRS für alle Unternehmen – ein realisierbares Szenario in der Europäischen Union? KoR 2003, S. 413 - 424
Hartmann, Ulrich	Die Ausrichtung der Rechnungslegung an internationale Standards WPg 1998, S. 259 -268
Hauser, Hansgeorg/Maurer, Ingetraut	Die Maßgeblichkeit im Lichte neuer Entwicklungen WPg 1998, S. 269 - 280
Havermann, Hans	Private Regelsetzung aus der Sicht des Handelsbilanzrechts ZGR 2000, S. 693 - 701
Heintzen, Markus	EU-Verordnungsentwurf zur Anwendung von IAS: Kein Verstoß gegen Unionsverfassungsrecht BB 2001, S. 825 -829
Hennrichs, Joachim	Wahlrechte im Bilanzrecht der Kapitalgesellschaften unter besonderer Berücksichtigung der EG - Bilanzrichtlinie Köln 1999
ders.	Die Bedeutung der EG-Bilanzrichtlinie für das deutsche Handelsbilanzrecht

ZGR 1997, S. 66 - 88

ders. — Der steuerrechtliche sog. Maßgeblichkeitsgrundsatz gem. § 5 EStG – Stand und Perspektiven-
StuW 1999, S.138 -153

ders. — Ausbau der Konzernrechnungslegung im Lichte internationaler Entwicklungen
ZGR 2000, S. 627 - 650

ders. — Maßgeblichkeitsgrundsatz oder eigenständige Prinzipien für die Steuerbilanz?
DStJG 24 (2001), S. 301 – 328

Hernler, Jörg — ETAS – European Tax Allocation System, ein Lösungsvorschlag für eine einheitliche Ertragsbesteuerung Europäischer Unternehmen
DStR 2003, S. 60 - 65

Herrmann/Heuer/Raupach — Kommentar zum Einkommens- und Körperschaftssteuergesetz
Köln, November 2002

Herzig, Norbert — Internationalisierung der Rechnungslegung und steuerliche Gewinnermittlung
WPg 2000, S. 104 -119

Herzig, Norbert/Bär, Michaela — Die Zukunft der steuerlichen Gewinnermittlung im Licht des europäischen Bilanzrechts
DB 2003, S. 1 - 8

Herzig, Norbert/Dautzenberg, Norbert — Auswirkungen der Internationalisierung der Rechnungslegung auf die Steuerbilanz
BFuP 1998, S. 23 – 37

Herzig, Norbert/Rieck, Ulrich — Bilanzsteuerliche Aspekte des Wertaufholungsgebotes im Steuerentlastungsgesetz
WPg 1999, S. 305 - 318

Heuerung, Rainer — Führt die Internationalisierung der Rechnungslegung zu einer Erosion der steuerlichen Gewinnermittlung?
RIW 2000, S. 421 - 431

Hoffmann, Wolf-Dieter — Der EuGH als Mentor deutschen Bilanzrechts – Anmerkungen zum EuGH - Urteil vom 14. 9.1999
DStZ 1999, S. 1686 – 1688

Hommel, Michael/Berndt, Thomas | Neue Entwicklungen in der Jahresabschlussrichtlinie: Bewertung zum Fair Value
BB 2000, S. 1184 -1189

Hommelhoff, Peter/Schwab, Martin | Gesellschaftliche Selbststeuerung im Bilanzrecht - Standard Setting Bodies und staatliche Regulierungsverantwortung nach deutschem Recht
BFuP 1998, S. 38 - 53

Hüttche, Tobias | IAS für den Mittelstand: light, little oder gar nicht?
BB 2002, S. 1804 – 1806

IDW | Stellungnahme: Vorschlag der EU - Kommission für eine Verordnung des Europäischen Parlamentes und des Rates über die Anwendung internationaler Rechnungslegungsgrundsätze
WPg 2001, S. 664 – 668

Institut „Finanzen und Steuern“ e. V. | Grundsätze ordnungsmäßiger Buchführung – international betrachtet
IFSt – Schrift Nr. 387
Bonn 2000

Kahle, Holger | Maßgeblichkeitsgrundsatz auf Basis der IAS?
WPg 2002, S. 178 - 188

Kählert, Jens-Peter/Lange, Sabine | Zur Abgrenzung immaterieller von materiellen Vermögensgegenständen
BB 1993, S. 613 – 618

Kessler, Harald | Entwicklungskosten für Software in der Bilanz des Herstellers
BB 1994, Beilage 12, S. 1 - 24

Kirchhof, Paul | Verfassungsrechtliche Maßstäbe der Steuergesetzgebung
StbJB 1999/2000, S. 17 - 34

ders. | Gesetzgebung und private Regelsetzung als Geltungsgrund für Rechnungslegungspflichten?
ZGR 2000, S. 681 - 692

ders. | Der Grundrechtsschutz des Steuerpflichtigen
AöR, Band 128 (2003), S. 1 -51

ders.	Der Karlsruher Entwurf und seine Fortentwicklung zu einer vereinheitlichten Ertragssteuer StuW 2002, S. 3 – 22
Kiesewetter, Dirk	Theoretische Leitbilder einer Reform der Unternehmensbesteuerung – eine vergleichende Analyse der Reformmodelle Kroatiens, Österreichs und Skandinaviens StuW 1997, S. 24 - 34
Kirchhof/Söhn/ Mellinghoff	Einkommenssteuergesetz Kommentar (Loseblatt) Band 1 (§§ 1- 2 EStG) Band 4 (§§ 4 a- 5 EStG) Band 5 (§§ 5 - 6 c EStG) Heidelberg, Oktober 2002
Kirsch, Hanno	IAS-Jahresabschluss für Kommanditgesellschaften BB 2003, S. 143 – 149
ders.	Gestaltungspotential durch verdeckte Bilanzierungswahlrechte nach IAS/IFRS BB 2003, S.1111 – 1116
Kleekämper, Heinz/König, Sybille	Die Internationalisierung der deutschen Rechnungslegung DStR 2000, S. 569-572
Kleindiek, Detlef	Neue Goodwill-Bilanzierung nach US-GAAP und europäisches Bilanzrecht - Stellungnahme zu E-DRS 1 a BB 2001, S. 2572 – 2577
Kluge, Volker	Das Internationale Steuerrecht: Gemeinschaftsrecht, Außensteuerrecht, Abkommensrecht 4. Aufl., München 2000
Knobbe-Keuk, Brigitte	Bilanz- und Unternehmenssteuerrecht 9. Auflage, Köln 1993
Korn u.a. (Hrsg.)	Einkommenssteuergesetz (Kommentar) Band 1 (§§ 1- 14a EStG) Bonn 2001
Krawitz, Norbert	Die Problematik des Richtlinieneinklangs bei der Goodwill - Abschreibung DStR 2002, S. 145 - 148

Kreile, Reinhold — Zum Vorentwurf einer EG - Richtlinie über die Harmonisierung der steuerlichen Gewinnermittlungsvorschriften
DB 1988, Beilage 18, S. 1 – 19

Kronner, Markus — Entgeltlicher Erwerb und Erwerb im Tauschwege bei immateriellen Wirtschaftsgütern des Anlagevermögens
DStR 1996, S. 1185 – 1191

Kropff, Bruno — Vorsichtsprinzip und Wahlrechte
in: Fischer/Homberg (Hrsg.), Jahresabschluß und Jahresabschlußprüfung,
Festschrift für J. Baetge
Düsseldorf 1997
S. 65 –96

Kümpel, Thomas — Geplante Änderungen der bilanziellen Behandlung von Wertminderungen bei Vermögenswerten nach ED-IAS 36
BB 2003, S. 1491 - 1494

Küting, Karlheinz (Hrsg.) — Handbuch der Rechnungslegung;
Band I
5. Aufl. (Loseblatt), München Mai 2001

ders. — Die Rechnungslegung in Deutschland an der Schwelle zu einem neuen Jahrtausend -Bestandsaufnahme und Ausblick-
DStR 2000, S. 38 – 44

Küting/Altmeier/Günther — Wegweiser durch das französische Bilanzrecht
IWB 1997, Fach 5, Gruppe 3
S. 565 - 570

Küting, Karlheiz/Kessler, Harald — Einige Bemerkungen zum Verhältnis von Imparitätsprinzip und Besteuerung nach der Leistungsfähigkeit
StuB 2000, S. 21 - 29

Küting, Karlheinz/Ulrich, Andreas — Abbildung und Steuerung immaterieller Vermögensgegenstände
Teil I: DStR 2001, S. 953 - 960
Teil II: DStR 2001, S. 1000 – 100

Küting, Karlheinz/Weber, Claus-Peter — Handbuch der Rechnungslegung
Kommentar zur Bilanzierung und Prüfung
Teilband I a (§§ 238 bis 289 HGB)
4. Auflage, Stuttgart 1995

Lademann | Kommentar zum Einkommens-steuergesetz
Band III (§§ 5-6 EStG)
Stuttgart, München (u. a.) April 2002

Lang, Joachim | Besteuerung der Unternehmen in Staaten der Europäischen Union
DStJG 16 (1994), S. 295 – 317

ders. | Wider Halbteilungsgrundsatz und BVerfG
NJW 2000, 457 - 536

Lechner, Eduard | Die Besteuerung der gewerblichen Tätigkeit in Österreich (Kapitalgesellschaft, Personengesellschaft und Betriebsstätte)
in: Gassner/Lang/Lechner
Österreich – Der steuerrechtliche EU-Nachbar
München 1996
S. 17 – 32

Lehner, Thomas | Rechnungslegungspraxis in der Schweiz
ST 1997, S. 791 - 798

Leplow, Claas | Das Wertaufholungsgebot in der Handels- und Steuerbilanz
Köln 2002

Littmann/Bitz/Pust | Das Einkommenssteuerrecht
Kommentar (Loseblatt)
Band 1 (§§ 1 - 5 EStG)
Stuttgart, September 2002

Littmann, Eberhard | Zur Tragweite der neugefaßten §§ 5, 6 EStG
DStR 1969, S. 321 - 325

Löcke, Jürgen | Aktivierung konzernintern erworbener immaterieller Vermögensgegenstände des Anlagevermögens?
BB 1998, S. 415 - 419

Löw, Edgar | Deutsches Rechnungslegungs Standarts Committee
ZBB 2001, S. 19 - 29

Ludz, Christoph | Der neue Firmenwert des Bilanzrichtliniengesetzes
Frankfurt a. M. 1997

Lüdenbach, Norbert/Hoffmann, Wolf-Dieter | Enron und die Umkehrung der Kausalität bei der Rechnungslegung
DB 2002, S. 1169 – 1175

dies. — Der lange Schatten des Übergangs auf die IAS-Rechnungslegung
DStR 2002, S. 231 - 234

Luttermann, Claus — International Accounting Standards in der Europäischen Union
ZIP 2000, S. 1318 - 1324

Marx, Franz Jürgen — Objektivierungserfordernisse bei der Bilanzierung immaterieller Anlagewerte
BB 1994, S. 2379 – 2387

Maurer, Hartmut — Allgemeines Verwaltungsrecht
12. Auflage, München 2002

Meilicke, Wienand — Zur Vorlagepflicht des BFH in Bilanzierungsfragen von Personengesellschaften und Einzelunternehmen
BB 2001, S. 40 – 41

Moxter, Adolf — Immaterielle Anlagewerte im neuen Bilanzrecht
BB 1979, S. 1102 – 1109

ders. — Zum Sinn und Zweck des handelsrechtlichen Jahresabschluss nach neuem Recht
in: Bilanz - und Konzernrecht, Festschrift für Reinhard Goerdeler, hrsg. von Hans Havermann
Düsseldorf 1987
S. 361 - 374

ders. — Zum Verhältnis von Handelsbilanz und Steuerbilanz
BB 1997, S. 195 – 199

ders. — Rechnungslegungsmythen
BB 2000, S. 2143 - 2148

ders. — Missverständnisse um das Maßgeblichkeitsprinzip
DStZ 2000, S. 157 - 161

ders. — Die Zukunft der Rechnungslegung?
DB 2001, S. 605 - 607

Mujkanovic, Robin — Der derivative Geschäftswert im handelsrechtlichen Jahresabschluß
BB 1994, S. 894 – 898

Müller, Ursula — Imparitätsprinzip und Erfolgsermittlung
DB 1996, S. 689 – 695

Münchener Kommentar zum Aktiengesetz

Band 5,Teil 1
(§§ 148-151, 161-178 AktG;
§§ 238 – 264 c, 342, 342 a HGB)
2. Auflage, München 2003

Münchener Kommentar zum Handelsgesetzbuch
Band 4, Drittes Buch
Handelsbücher: §§ 238-342a HGB
München 2001

Naumann, Klaus-Peter/Tielmann, Petra
Die Anwendung der IAS im Kontext der deutschen Corporate Governance
WPg 2001, S. 1445 - 1458

Niehus, Rudolf
„Vorsichtsprinzip und Accrual Basis" - Disparitäten bei den Determinaten der "Fair Presentation" in der sog. internationalen Rechnungslegung
DB 1997, S. 1421 - 1427

ders.
Perspektiven der Deutschen Rechnungslegung
in: Kleindieck, Detlef/Oehler, Wolfgang (Hrsg.), Die Zukunft des deutschen Bilanzrechts im Zeichen internationaler Rechnungslegung und privater Standartsetzung
Köln 2000,
S. 13 – 30

ders.
Der EU – Vorschlag für eine „Modernisierung“ der Bilanzrichtlinien
DB 2002, S. 1385 - 1390

Niemann, Ursula
Immaterielle Wirtschaftsgüter im Handels- und Steuerrecht
Bielefeld 1999

Nonnenmacher, Rolf
Bilanzierung von Forschung und Entwicklung
DStR 1993, S. 1231 - 1235

Oestreicher, Andreas/Spengel, Christoph
Maßgeblichkeit der International Accounting Standards für die steuerliche Gewinnermittlung?: International vergleichende Analyse der wirtschaftlichen Wirkungen eines Überganges auf die Rechnungslegung nach IAS
Baden - Baden 1999

dies. International Accounting Standarts, Maßgeblichkeitsprinzip und Besteuerung
DB 1999, S. 593-599

dies. Anwendung von IAS in der EU – Zukunft des Maßgeblichkeitsprinzips und Steuerbelastung
RIW 2001, S. 889 – 902

Paal, Boris Rechnungslegung und DRSC
Konstanz 2001

Pellens, Bernhard Internationale Rechnungslegung
4. Auflage, Stuttgart 2001

Pellens, Bernhard/Füllbier, Rolf Uwe Ansätze zur Erfassung immaterieller Werte in der kapitalmarktorientierten Rechnungslegung
In: Baetge, Jörg (Hrsg.)
Zur Rechnungslegung nach IAS
Düsseldorf 2000
S. 35 - 76

Pellens, Bernhard/Sellhorn, Thorsten Neue Goodwill – Bilanzierung nach US – GAAP
DB 2001, S. 713 - 720

Pellens/Sellhorn/Weinreis Verwirrung beim Anleger wegen der neuen Firmenwertbilanzierung
In: FAZ vom 22. April 2002,
Nr. 93, S. 25

Peemöller/Spanier/Weller Internationalisierung der Rechnungslegung: Auswirkungen auf nicht kapitalmarktorientierte Unternehmen
BB 2002, S. 1799 - 1803

Pezzer, Heinz-Jürgen Bilanzierungsprinzipien als sachgerechte Maßstäbe der Besteuerung
DStJG 14 (1991), S. 3 – 27

Pfahl, Franc Die Maßgeblichkeit der Handelsbilanz, ein dem Steuerbilanzrecht vorgegebenes Grundprinzip?
Frankfurt a. M., Berlin, Bern, New York, Paris, Wien 1999

Rahlf, Stefan IAS – Bilanzierung und Besteuerung: eine betriebswirtschaftliche Analyse der Steuerfolgen einer Anpassung der handelsrechtlichen Rechnungslegung an die International Accounting Standards

	unter Aufrechterhaltung des Maßgeblichkeitsprinzips Bielefeld 2000
Ranker/Wohlgemuth/Zwirner	Die Bedeutung immaterieller Vermögenswerte bei Unternehmen des neuen Marktes und daraus resultierende Implikationen für eine kapitalmarktorientierte Berichterstattung KoR 2001, S. 269 - 279
Rau, Hans-Gerd	Der Referentenentwurf des Einkommensteuergesetzes 1974 DB 1972, S. 156 - 160
Schaffer, Aljoscha	Die Übernahme internationaler Normen in die deutsche Rechnungslegung Lohmar, Köln 2000
Schanz, Georg	Der Einkommensbegriff und die Einkommensgrenze FA 1896, S. 1 - 87
Scheffler, Eberhard	Internationale Rechnungslegung und deutsches Bilanzrecht DStR 1999, S. 1285 – 1292
Schildbach, Thomas	Zeitwertbilanzierung in USA und nach IAS BFuP 1998, S. 580 – 592
Schmidt, Ingo	Bilanzierung des Goodwills im internationalen Vergleich Wiesbaden 2002
Schmidt, Ludwig	Einkommenssteuergesetz, Kommentar 21. Auflage, München 2002
Schmidt, Lutz/Hageböke, Jens	Offene Sacheinlagen als entgeltliche Anschaffungsvorgänge? DStR 2003, 1813 – 1818
Schmidtbauer, Rainer	Die Bilanzierung und Bewertung immaterieller Vermögensgegenstände bzw. Vermögenswerte in der deutschen Rechnungslegung sowie nach IAS DStR 2003, S. 2035 -2042
Schneider, Dieter	Abbau von Steuervergünstigungen durch Skalpierung der Maßgeblichkeit und Verlustrechnung als "Stärkung der Investitionskraft"? DB 1999, S. 105 - 110

Schön, Wolfgang | Die Steuerbilanz zwischen Handelsrecht und Grundgesetz
StuW 1995, S. 366 - 377

ders. | Zur Verfassungsmäßigkeit der rückwirkenden Wertaufholung von Teilwertabschreibungen
BB 1997, S. 1333 – 1345

ders. | Internationalisierung der Rechnungslegung und Gläubigerschutz
WPg – Sonderheft 2001, S. 74 - 79

Schoor, Hans Walter | Abschreibung von Geschäfts- und Firmenwert
DStZ 2000, S. 667 – 674

Schreiber, Ulrich | Hat das Maßgeblichkeitsprinzip noch eine Zukunft?
in: Handelsbilanzen und Steuerbilanzen, Festschrift für Heinrich Beisse,
hrsg. von Wolfgang Dieter Budde
Düsseldorf 1997
S. 491 – 509

ders. | Rechnungslegung im Einzelabschluß nach internationalen Grundsätzen?
in: Unternehmenspolitik und Internationale Besteuerung,
Festschrift für Lutz Fischer
Hrsg. von Kleineidam, Hans Jochen
Berlin, Bielefeld, München 1999
S. 879 - 911

Schulze- Osterloh, Joachim | Die Steuerbilanz als Tatbestandsmerkmal im Einkommens- und Körperschaftssteuergesetz
DStJG 14 (1991), S. 123 - 138

ders. | Handelsbilanz und steuerliche Gewinnermittlung
StuW 1991, S. 284 - 296

ders. | Deutsches Bilanzrecht und Ertragssteuerrecht vor dem Europäischen Gerichtshof
DStZ 1997, S. 281 – 286

ders. | Verfassungsrechtliche Grenzen der bilanzsteuerlichen Gesetzgebung
DStJG 23 (2000), S. 67 – 85

ders. | Internationale Rechnungslegung für den

Einzelabschluß und für Unternehmen, die den öffentlichen Kapitalmarkt nicht in Anspruch nehmen
ZIP 2003, S. 93 - 101

Schuppert, Gunnar Folke/Bumke, Christian | Verfassungsrechtliche Grenzen privater Standardsetzung – Vorüberlegungen zu einer Theorie der Wahl rechtlicher Regelungsformen
in: Kleindiek/Oehler (Hrsg.),
Sie Zukunft des deutschen Bilanzrechts
Köln 2000
S. 72 – 127

Schütz, Robert | Der Maßgeblichkeitsgrundsatz gemäß § 5 Abs. 1 EStG - ein Fossil?
Münster 2002

Selchert, Friedrich Wilhelm | Internationalisierung der Rechnungslegung und Maßgeblichkeitsprinzip
in: Unternehmenspolitik und Internationale Besteuerung,
Festschrift für Lutz Fischer
hrsg. von Hans Jochen Kleineidam,
Berlin, Bielefeld, München 1999
S. 913 - 933

Siegel, Theodor | Zeitwertbilanzierung für das deutsche Bilanzrecht?
BFuP 1998, S. 593 - 603

ders. | Rückstellungen, Teilwertabschreibungen und Maßgeblichkeitsprinzip
StuB 1999, S. 195 - 201

ders. | Zur unsinnigen Bilanzierung eines zufälligen Teils des originären Geschäftswerts nach DRS 1 a
DB 2002, S. 749 – 751

Siegers, Dirk | Die verdeckte Einlage immaterieller Wirtschaftsgüter - Ansatz in der Steuerbilanz und Gewinnrealisierung?
DStR 1992, 1570 – 1576

Staub, Hermann | Handelsgesetzbuch (Großkommentar)
Dritter Band,
1. Teilband (§§ 238 -289 HGB)
2. Teilband (§§ 290 – 342 a)
4. Auflage, Berlin, New York 2002

Stengel, Peter – Paul	Der Geschäftswert im Bilanzsteuerrecht Osnabrück 2000
Strutz, Georg	Handbuch des Reichssteuergesetzes 3. Auflage, Berlin, Wien 1927
Takacs, Peter	Das Steuerrecht in der Europäischen Union Wien 1998
Theile, Carsten	Maßgeblichkeitsprinzip, europäisches und internationales Bilanzrecht: die Bilanzierung bei der GmbH und GmbH & Co. im Umbruch (II) GmbHR 1999, S. 1241 – 1248
ders.	Erstmalige Anwendung der IAS/IFRS DB 2003, S. 1745 –1751
ders.	Wahlrechte und Ermessensspielräume nach IAS/IFRS StuB 2003, S. 957 -964
Tipke, Klaus	Die Steuerrechtsordnung Bd. I: Wissenschaftsorganisatorische, systematische und grundrechtlich – rechtsstaatliche Grundlagen 2. Auflage, Köln 2000 Bd. II: Steuerrechtfertigungstheorie, Anwendung auf alle Steuerarten, sachgerechtes Steuersystem 2. Auflage, Köln 2003
Tipke, Klaus/Lang, Joachim	Steuerrecht 17. Auflage, Köln 2002
van Hulle, Karel	Die Reform des europäischen Bilanzrechts: Stand, Ziele und Perspektiven ZGR 2000, S. 537 – 549
von Keitz, Isabel	Immaterielle Güter in der internationalen Rechnungslegung: Grundsätze für den Ansatz von immateriellen Gütern in Deutschland im Vergleich zu den Grundsätzen in den USA und nach IASC Düsseldorf 1997
dies.	Praxis der IASB-Rechnungslegung: Derzeit (noch) uneinheitlich und HGB-orientiert DB 2003, S. 1801 -1806

von Mangoldt/Klein/Starck — Das Bonner Grundgesetz
Band 2: Art. 20 bis 78
4. Aufl., München 2001

Wagenhofer, Alfred — International Accounting Standards: Bilanzierung und Bewertung; Auswirkungen auf den Jahresabschluß
3. Auflage, Wien/Frankfurt 2001

Wagner, Franz — Aufgabe der Maßgeblichkeit bei einer Internationalisierung der Rechnungslegung?
DB 1998, S. 2073 – 2077

ders. — Welche Kriterien sollten die Neuordnung der steuerlichen Gewinnermittlung bestimmen?
BB 2002, S. 1885 - 1892

Wagner, Franz/Schomaker, Helmut — Die Abschreibung des Firmenwertes in der Handels- und Steuerbilanz nach der Reform des Bilanzrechts
DB 1987, S. 1365 – 1372

Wala, Thomas — Die Zukunft des Maßgeblichkeitsprinzips gemäß § 5 Abs. 1 öEStG vor dem Hintergrund einer internationalen Harmonisierung der Rechnungslegung
Wien 1998

Wassermeyer, Franz — Die Maßgeblichkeit der Handelsbilanz für die Steuerbilanz und die Umkehr dieses Grundsatzes
DStJG 14 (1991), S. 29 – 46

ders. — Auswirkungen der neueren Entscheidungen des Großen Senats zum Bilanzsteuerrecht
DB 2001, S. 1053 – 1057

Watrin, Christoph — Sieben Thesen zur künftigen Regulierung der Rechnungslegung
DB 2001, S. 933 - 938

Weber-Grellet, Heinrich — Das Steuerbilanzrecht
München 1996

ders. — Maßgeblichkeitsschutz und eigenständige Zielsetzung der Steuerbilanz
DB 1994, S. 288 – 291

ders. — Bilanzrecht im Lichte, Bilanzsteuerrecht im Schatten des EuGH

	DB 1996, S. 2089 - 2092
ders.	Bestand und Reform des Bilanzsteuerrechts DStR 1998, S. 1343 –1349
ders.	Die Steuerbilanz nach dem Steuerentlastungsgesetz 1999/2000/2002 StuB 1999, S. 1289 - 1306
ders.	Rechtsprechung des BFH zum Bilanzsteuerrecht im Jahr 2001 BB 2002, S. 35 – 42
Winkeljohann, Norbert/Solfrian, Gregor	Basel II – Neue Herausforderungen für Mittelstand und seine Berater DStR 2003, S. 88 - 92
Wöhe, Günther	Die Handels- und Steuerbilanz 4. Auflage, München 2001
Zeimes, Markus	Die erstmalige Aufstellung eines Konzernabschlusses nach internationalen Bilanzierungsstandards – Handlungsbedarf für den Mittelstand DStR 2002, S. 1634 - 1638
Zeitler, Franz-Christoph	Der Firmenwert und verwandte immaterielle Wirtschaftsgüter in der Bilanz DStR 1988, S. 303 – 308
ders.	Rechnungslegung und Rechtsstaat DB 2003, S. 1529 -1534
Zimmermann, Jochen	Widersprüchliche Signale des DSR zur Goodwillbilanzierung? DB 2002, S. 385 - 391
Zöllner, Wolffgang (Hrsg)	Kölner Kommentar zum Aktiengesetz Band 6, 2. Lieferung Konzernrechnungslegung Teil I, §§ 290 - 299 HGB unter Einschluß von IAS und US - GAAP 2. Auflage, Köln, Berlin, Bonn, München 2000
Zorn, Nikolaus	Entwicklungen in der Rechtsprechung zum Abgabenrecht ÖStZ 2001, S. 186 - 191

Verwaltungsanweisungen (nach Erscheinungsdatum geordnet):
- Koordinierter Ländererlaß vom 04.12.1958, , BStBl. II 1958, 189 – 190,
- BMF, Schreiben vom 20. 11. 1986, BStBl. I 1986, S. 532 - 533,
- BMF, Schreiben vom 25. 02. 2000, BStBl. I 2000, S. 372 - 375,
- BMJ, Schreiben vom 17. 04. 2001, GmbHR 2001, S. 566 - 567,
- BMF, Monatsbericht Oktober/2002, abrufbar unter www.bundesfinanzministerium.de.
- BMJ und BMF, „Anpassung der Bilanzregeln an internationale Standards und Enforcement", StuB 2003, S. 223 – 224.

Dokumente der EU- Kommission:
- "Die Schlußfolgerungen und Empfehlungen des Ruding - Ausschusses", abgedruckt bei *Blumfelder* in DB 1992, Beilage 5,
- **COM 508 (1995)** "Rechnungslegungstrategie der EU: Künftiges Vorgehen" vom 14.11.1995,
- **COM 295 (1998)** „Vorschlag für eine Richtlinie des Rates zur Gewährleistung eines Minimums an effektiver Besteuerung von Zinserträgen innerhalb der Gemeinschaft" vom 8. 7. 1998,
- **COM 80 (2000)** „Vorschlag für eine Richtlinie des Europäischen Parlamentes und des Rates zur Änderung der Richtlinie 78/660/EWG und 83/349/EWG im Hinblick auf die im Jahresabschluss bzw. im konsolidierten Abschluss von Gesellschaften bestimmter Rechtsformen zulässigen Wertansätze" vom 24.2.2000,
- **COM 359 (2000)** „Rechnungslegungsstrategie der EU: Künftiges Vorgehen" vom 13.6.2000;
- **COM 80 (2001)** „Vorschlag für eine Verordnung des Europäischen Parlamentes und des Rates betreffend die Anwendung internationaler Rechungslegungsgrundsätze" vom 13.2.2001,

- **COM 259 (2002)** „Vorschlag für eine Richtlinie des Europäischen Parlamentes und des Rates zur Änderung der Richtlinien 78/660/EWG, 83/349/EWG und 91/674/EWG über den Jahresabschluss und den Konsolidierten Abschluss von Gesellschaften bestimmter Rechtsformen sowie Versicherungsunternehmen“ vom 9.7.2002.

Abkürzungsverzeichnis

a. A./A. A.	andere Auffassung/anderer Ansicht
Abs.	Absatz
Abse.	Absätze
Abschn.	Abschnitt
abw.	abweichend
a.E.	am Ende
a.F.	alte Fassung
AG	Aktiengesellschaft
AfA	Absetzung für Abnutzung
AfaA	Absetzung für außergewöhnliche Abnutzung
AktG	Aktiengesetz
Alt.	Alternative
Anm.	Anmerkung
AO	Abgabenordnung
arg ex	argumentum ex
Art.	Artikel
Aufl.	Auflage
BB	Betriebsberater (Zeitschrift)
Bd.	Band
BGB	Bürgerliches Gesetzbuch
BiRiLiG	Bilanzrichtliniengesetz vom 19.12.1985
BFH	Bundesfinanzhof
BFuP	Betriebswirtschaftliche Forschung und Praxis (Zeitschrift)
BMF	Bundesministerium der Finanzen
BMJ	Bundesministerium der Justiz
BörsZuLV	Börsenzulassungs-Verordnung
BR	Bundesrat
BR-Drucks.	Bundesrats-Drucksache
BStBl.	Bundessteuerblatt
BT	Bundestag
BT-Drucks.	Bundestags-Drucksache
BVerfG	Bundesverfassungsgericht
bspw.	beispielsweise
bzgl.	bezüglich
bzw.	beziehungsweise

ca.	circa
COM	Kommission (der EU)
DB	Der Betrieb (Zeitschrift)
d.h.	das heißt
DRS	Deutscher Rechnungslegungs Standard
DRSC	Deutsches Rechnungslegungs Standarts
Committee	
DStJG	Deutsche Steuerjuristische Gesellschaft e.V.
DStR	Deutsches Steuerrecht (Zeitschrift)
DStZ	Deutsche Steuerzeitung
E	Entwurf
EFRAG	European Financial Reporting Advisory Group
EG	Europäische Gemeinschaft
EG	Vertrag der Europäischen Gemeinschaft in der Form des Amsterdamer Vertrages vom 1.5.1999
EG-Richtlinie	Richtlinie der Europäischen Gemeinschaft
EGV	Vertrag zur Gründung der Europäischen Gemeinschaft in der Form des Maastrichter Vertrages vom 7.2.1992
EU	Europäische Union
EuGH	Europäischer Gerichtshof
EStG	Einkommenssteuergesetz
evtl.	eventuell
EWG	Europäische Wirtschaftsgemeinschaft
EWGV	Vertrag zur Gründung der Europäischen Wirtschaftsgemeinschaft
f.	folgende (Seite)
F	Framework for the Preparation and Pesentation
of	
	Financial Statements (IASC)
ff.	folgende (Seiten)
FASB	Financial Accounting Standarts Board
FEE	Fédération des Experts Comptables Européens
Fn.	Fußnote
FS	Festschrift
GAAP	Generally Accepted Accounting Principles
GASC	German Accounting Standarts Committee
GBl.	Gesetzblatt

GbR	Gesellschaft bürgerlichen Rechts
gem.	gemäß
GenG	Genossenschaftsgesetz
GewSt	Gewerbesteuer
GewStG	Gewerbesteuergesetz
GG	Grundgesetz
ggf.	gegebenenfalls
GmbH	Gesellschaft mit beschränkter Haftung
GmbHG	Gesetz betreffend die GmbH
GmbHR	GmbH-Rundschau (Zeitschrift)
GoB	Grundsätze ordnungsgemäßer Buchführung
GrS	Großer Senat
h. A.	herrschende Auffassung
HGB	Handelsgesetzbuch
h.L.	herrschende Lehre
h.M.	herrschende Meinung
Hrsg.	Herausgeber
hrsg.	herausgegeben
HS.	Halbsatz
IAS	International Accounting Standart(s)
IASB	International Accounting Standarts Board
IASC	International Accounting Standarts Committee
i.d.R.	in der Regel
IDW	Institut der Wirtschaftsprüfer in Deutschland e.V.
i.e.S.	im engeren Sinne
IFAC Committee	International Federation of Accountants
IFRS	International Financial Reporting Standards
insb.	insbesondere
IOSCO	International Organisation of Securities Commissions
i.S.d.	im Sinne des
IStR	Internationales Steuerrecht (Zeitschrift)
i.V.m.	in Verbindung mit
i.w.S.	im weiteren Sinne
JZ	Juristenzeitung
KapAEG	Kapitalaufnahmeerleichterungsgesetz

KG	Kommanditgesellschaft
KGaA	Kommanditgesellschaft auf Aktien
KoR	Kapitalmarktorientierte Rechnungslegung (Zeitschrift)
KStG	Körperschaftssteuergesetz
lit.	litera (Buchstabe)
MDR	Monatsschrift für deutsches Recht (Zeitschrift)
mwN	mit weiteren Nachweisen
n.F.	neue Fassung
Nr.	Nummer
OECD	Organisation for Economic Cooperation and Development
OHG	offene Handelsgesellschaft
o.g.	oben genannt/oben genannten
öEStG	österreichisches Einkommenssteuergesetz
PublG	Publizitätsgesetz (Gesetz über die Rechnungslegung von bestimmten Unternehmen und Konzernen)
RIW (Zeitschrift)	Recht der Internationalen Wirtschaft
Rn.	Randnummer
Rspr.	Rechtsprechung
s.	siehe
S.	Seite/Satz (im Gesetzestext)
s.a.	siehe auch
Se.	Sätze
SEC	Securities and Excharge Commission
SIC	Standing Interpretation Committee
sog.	sogenannten
ST	Schweizer Treuhänder (Zeitschrift)
st.	ständig (z.B. Rechtsprechung)
StuW	Steuern und Wirtschaft (Zeitschrift)
u.a.	unter anderem
UNO	United Nations Organisations

US	United States
US - GAAP	Generally Accepted Accounting Principles der
USA	
Verf.	Verfasser/Verfasserin
vgl.	vergleiche
WM	Wertpapiermitteilungen (Zeitschrift)
WPg	Die Wirtschaftsprüfung (Zeitschrift)
WpHg	Wertpapierhandelsgesetz
WPK	Wirtschaftsprüferkammer
z. B.	zum Beispiel
ZBB	Zeitschrift für Bankrecht und Bankwirtschaft
ZfBF	Zeitschrift für betriebswirtschaftliche Forschung
ZGR	Zeitschrift für Unternehmens- und Gesellschaftsrecht
zit.	zitiert
ZIP	Zeitschrift für Wirtschaftsrecht

Erstes Kapitel : Einleitung und Überblick

§ 1 Problemaufriss

Die steuerliche Gewinnermittlung buchführender Gewerbetreibender wird seit jüngerer Zeit mit neuer Intensität diskutiert. Im Mittelpunkt steht auch diesmal das „Ob" und „Wie" des sog. Maßgeblichkeitsprinzips i. S. d. § 5 Abs. 1 EStG, nach dem der steuerliche Gewinn auf Grundlage einer Bilanz und unter Zuhilfenahme der handelsrechtlichen Grundsätze ordnungsgemäßer Buchführung zu ermitteln ist. Ursache für die erneuten Diskussionen waren zunächst die zahlreichen, u. a. durch das *Gesetz zur Fortführung der Unternehmenssteuerreform*[1] und dem *Steuerentlastungsgesetz 1999/2000/2002*[2] normierten Ausnahmen zu § 5 Abs. 1 S. 1 EStG. Aktuell kommt nun hinzu, dass die handelsrechtliche Rechnungslegung einer fortschreitenden *Internationalisierung* ausgesetzt ist, welche möglicherweise auch vor den in § 5 Abs. 1 EStG gemeinten handelsrechtlichen GoB nicht Halt macht. Dabei bezog sich die „Internationalisierung der Rechnungslegung" lange Zeit nur auf Harmonisierungen innerhalb des europäischen Binnenmarktes. Seit einigen Jahren ist hiermit jedoch auch die zunehmende Öffnung gemeinschaftsrechtlicher und nationaler Vorschriften gegenüber internationalen Rechnungslegungsgrundsätzen wie den IAS/IFRS und US-GAAP[3] und ihrem (möglichen) Einfluss auf die Erstellung von Konzern- bzw. Einzelabschlüssen gemeint[4]:

A. Hintergrund: Internationalisierung der Rechnungslegung

Die Motive und bisherigen Maßnahmen zur Vereinheitlichung der Rechnungslegung sollen an dieser Stelle nur kurz zusammengefasst werden[5]:

---

[1] Gesetz vom 29. 10. 1997, BGBl. I, S. 2590.

[2] Gesetz vom 24. 03. 1999, BGBl. I, S. 402; im folgenden abgekürzt als *StEntlG*.

[3] International Financial Reporting Standards (vormals International Accounting Standards) und Generally Accepted Accounting Principles als nationale Rechnungslegungsgrundsätze der USA.

[4] Nationale Vorschriften zur Erstellung der jeweiligen Abschlüsse finden sich in §§ 238 bis 342 a HGB und werden ggf. durch Spezialvorschriften wie bspw. des AktG oder GmbHG ergänzt. Die Pflicht zur Aufstellung des Einzelabschlusses für alle Kaufleute ergibt sich aus § 242 HGB und wird in den §§ 238 ff. HGB näher konkretisiert. Zusätzlich haben Kapitalgesellschaften und bestimmte Personengesellschaften ihren Einzelabschluss gem. §§ 264 Abs. 1, 264 a HGB um einen Anhang und einen Lagebericht zu erweitern, während Konzernunternehmen gem. § 290 HGB ferner einen Konzernabschluss und –lagebericht erstellen müssen.

[5] Ausführlicher hierzu bspw. *Haller*, KoR 2003, 413, 413 ff.; *Freidank/Pottgießer*, StuB 2003, 886, 886 ff.; *Löw*, ZBB 2001, 19, 19 ff.

I. Überblick über die Harmonisierungsbestrebungen auf EU – Ebene

Angesichts einer mangelnden Vergleichbarkeit der jeweiligen Unternehmensabschlüsse erwiesen sich national divergierende Rechnungslegungsvorschriften schon früh als nachteilig für die Errichtung eines gemeinsamen europäischen Binnenmarktes. Zur Angleichung der unterschiedlichen Regelungen und gestützt auf Art. 54 Abs. 3 lit. g) EGV (ex-Art. 44 Abs. 2 EG) wurden daher u. a. die Vierte Richtlinie vom 25. 7. 1978 (sog. Bilanzrichtlinie)[6] sowie die Siebte und Achte Richtlinie[7] erlassen, welche am 19. 12. 1985 durch das Bilanzrichtliniengesetz (BiRiLiG) in deutsches Recht transformiert wurden.[8] Allerdings fanden diese Richtlinien aufgrund ihrer nur uneinheitlichen Umsetzung in den einzelnen Mitgliedstaaten[9] und des als nicht gelungen empfundenen Ausgleiches von *Kapitalerhaltungs- und Gläubigerschutz* (Prämisse der kontinental-europäischen Rechnungslegung) und *Informationsfunktion* (Prämisse der anglo-europäischen Rechnungslegung)[10] vor allem im anglo-amerikanischen Raum wenig Anerkennung[11]; insbesondere von der US - amerikanischen Börsenaufsicht SEC wurden sie nicht akzeptiert[12]. Deutlich wurden die hieraus resultierenden Probleme in den 90er Jahren, als sich immer mehr deutsche bzw. europäische Unternehmen zum Gang an die NYSE entschlossen.[13] Gleichzeitig wurden in zunehmenden Maße internationale US-GAAP bzw. IFRS – Bilanzierer an europäischen bzw. deutschen Bör-

---

[6] 78/660/EWG.

[7] Sog. Konzernabschlussrichtlinie vom 13. 6. 1983 (83/349/EWG) und sog. Abschlussprüferrichtlinie vom 10.4.1984 (84/253/EWG). Zu den weiteren gesellschaftsrechtlichen Richtlinien siehe *Paal*, S. 212.

[8] BGBl. I 1985, 2355.

[9] Die einzelnen Richtlinien enthielten zahlreichen Umsetzungswahlrechte, die von den jeweiligen Mitgliedsstaaten unterschiedlich ausgeübt wurden, vgl. statt vieler *Kindler*, in: Staub, Großkomm HGB,Vor § 90, HGB, Rn. 21.

[10] So lautete der Vorwurf, dass das in Art. 2 Abs. 3 der Bilanzrichtlinie enthaltene *„true and fair view -Prinzip"* zu stark von Gläubigerschutz bezweckenden Vorsichtserwägungen relativiert werde und eine Rechnungslegung nach dieser Richtlinie letztlich zu einer verzerrten Darstellung der Unternehmensergebnisse führe; zu dieser Kritik bspw. *Kleekämper/König*, DStR 2000, 569, 570 und *Küting*, DStR 2000, 38, 38. Insbesondere am deutschen Handelsbilanzrecht wurde bemängelt, es ermögliche (zu hohe) stille Reserven, enthielte zu viele Wahlrechte und unterläge einem (zu großem) steuerrechtlichen Einfluss, vgl. *Löw*, ZBB 2001, 19, 21; *Havermann*, ZGR 2000, 693, 697. Vergleichbare Diskussionen gab es bspw. auch um das österreichische Handelsbilanzrecht, hierzu *Wala*, Zukunft des § 5 Abs. 1 öEStG, S. 67 , 89 f., 100 ff.

[11] Ausführlich zur Kritik an den EU-Harmonisierungsbemühungen z. B. *Pellens*, S. 406 ff.

[12] Statt dessen ist es für die Zulassung an die NYSE bis heute Voraussetzung, dass ein Abschluss auf Basis der US-GAAP erstellt wird.

[13] Daher war z. B. die Daimler-Benz AG bei ihrem Börsengang im Jahr 1993 zur Aufstellung einer Überleitungsrechnung von ihrem HGB - auf einen US-GAAP - Abschluss gezwungen. Darüber hinaus verlangten auch andere Börsen wie bspw. das ehemalige deutsche Börsensegment „Neuer Markt" einen Abschluss nach IFRS oder US - GAAP.

sen[14] gelistet, so dass sich der Wettbewerb um die Gunst der Anleger sowohl auf nationaler als auch internationaler Ebene verschärfte: Aufgrund ihrer mangelnden Vergleichbarkeit mit US-GAAP bzw. IFRS sowie der verbreiteten Auffassung, diese seien aufgrund ihrer *Bilanzierungsmaxime* „true and fair view" wesentlich besser für eine investorenorientierte Rechnungslegung geeignet, stellte sich eine Rechnungslegung nach den (transformierten) Richtlinien schnell als nachteilig dar.

Die Abweichungen zwischen der kontinentaleuropäischen und angloamerikanischen Rechnungslegung beruhen u. a. auf unterschiedlichen Kapitalmarkt- und Eigentumsstrukturen sowie Rechts- und Steuersystemen der jeweiligen Länder sowie der divergierenden rechtlichen Struktur der einzelnen Regelwerke[15]: IFRS bzw. US-GAAP basieren auf der angelsächsischen Methode des Common und Case Law, sind aber keine Normen im herkömmlichen Sinne. Ihre Entwicklung und „Verabschiedung" obliegt privatrechtlich organisierten und mit Sachverständigen besetzten Standardsetzungsgremien: IFRS werden vom IASB (International Accounting Standards Board)[16] und US-GAAP vom FASB (Financial Accounting Standards Board) veröffentlicht.[17] Dabei soll gerade die gesetzgeberische Zurückhaltung und eine in ihrer Entwicklung dynamische Rechnungslegung der Schnelllebigkeit der Kapitalmärkte in besonderem Maße entgegenkommen können.[18] Inhaltlich haben die Grundsätze der US-GAAP bzw. IFRS im Gegensatz zum HGB eine *ausschließlich* investorenorientierte Rechnungslegung zum Ziel und können nicht zuletzt weitestgehend frei von steuerrechtlichen Erwägungen entwickelt werden: Eine Verbindung zwischen der steuerlichen und handelsbilanziellen Gewinnermittlung besteht hier nicht.[19]

Um sowohl die nationalen Konzernrechnungslegungspflichten (für die BRD vgl. § 290 HGB) als auch das Investorenbedürfnis erfüllen zu können, gingen europäische bzw. deutsche Konzernunternehmen vermehrt zur Erstellung zweier Konzernabschlüsse[20] über. Da dieses jedoch wiederum zusätzliche Kosten sowie regelmäßig unterschiedliche Konzernergebnissen und hierdurch verunsicherte In-

---

[14] Diese können gem. den §§ 21 ff. BörsZuLV (vor allem § 22 Abs. 4 BörsZuLV) und zum Zwecke der Notierung auch einen nach internationalen Rechnungslegungsgrundsätzen erstellten Abschluss vorlegen.

[15] Ausführlich *Achleitner/Behr*, IAS, S. 10 ff.; *Born*, S. 3 ff. Hierauf wird noch im Dritten und Vierten Kapitel zurückzukommen sein.

[16] Vor einer Umstrukturierung dieses Standardsetzers im März 2001 oblag diese Aufgabe noch dem International Accounting Standards Committee (IASC). Weitere Folge der Umstrukturierung war die Umbenennung der IAS in IFRS, wobei die bestehenden Standards jedoch übernommen wurden. Auch im folgenden soll der Einfachheit halber nur noch von „IFRS" gesprochen werden.

[17] Ausführlicher zum IASB im Dritten Kapitel. Zum FASB siehe bspw. *Paal*, S. 97 ff.

[18] *Biener*, FS Goerdeler 1987, 45, 50 f.

[19] *Born*, S. 3; *Wala*, Zukunft des § 5 Abs. 1 öEStG, S. 98.

[20] Erstellt wurden entweder sog. „Dual"- oder „Parallelabschlüsse". Ausführlicher hierzu sowie den jeweiligen Problemen siehe *Claussen/Scherrer* in KölnKomm zum AktG, § 292 a HGB, Rn. 4 f.; *Löw*, ZBB 2001, 19, 22.

vestoren zur Folge hatte, wurde schon früh nach gesetzgeberischer Abhilfe verlangt. Angesichts dessen diskutierte die Europäische Kommission wiederholt darüber, wie man auch im Konzernabschluss eines EU-Mutterunternehmens die Anwendung internationaler Rechnungslegungsgrundsätze erlauben und dabei mit dem IASC als damaligen Standardsetzer der IAS zusammenarbeiten könne.[21]

Begründet wurde Letzteres damit, dass ein eigenes Regelwerk dem Globalisierungsprozess entgegenstünde und EU-Unternehmen die Möglichkeit zur Kapitalaufnahme an außereuropäischen Märkten erschwere.[22] Daneben beabsichtigte die Kommission eine weitestgehende Beibehaltung der Richtlinien. Dass sie sich trotz der fehlenden Akzeptanz an US-Börsen für die IAS/IFRS und gegen die nationalen, aber weltweit anerkannten US-GAAP aussprach, basierte nicht zuletzt auf der Hoffnung, Einfluß auf deren Entwicklung und Veröffentlichung nehmen zu können und so ggf. eine Änderung nicht richtlinienkonformer Standards herbeizuführen.[23]

In der„*Rechnungslegungsstrategie der EU: Künftiges Vorgehen*" vom 13. 6. 2000[24] sowie ihrem Verordnungsentwurf vom 13. 2. 2001[25] schlug die Kommission daher vor, alle börsennotierte EU-Unternehmen ab 2005 zur Aufstellung von konsolidierten Abschlüsse nach IFRS zu verpflichten[26]; dieser Entwurf wurde anschließend vom Europäischen Parlament sowie vom Rat angenommen und veröffentlicht[27] und trat am 14. 9. 2002 in Kraft. Dabei sieht diese Verordnung jedoch nicht nur eine verpflichtende IFRS - Konzernbilanz ab dem 1. 1. 2005[28] für kapitalmarktorientierte Unternehmen vor. Vielmehr enthält sie auch Mitgliedsstaatenwahlrechte, welche die Anwendung der IFRS im *Konzernabschluss nichtbör-*

---

[21] Vgl. nur COM (1995), 508 vom 14.11.1995. Näher *van Hulle*, ZGR 2000, 537, 543.

[22] Hinzukam, dass die Arbeit des IASC von der Internationalen Börsenaufsichtskommission IOSCO unterstützt wurde, der auch das SEC angehört.

[23] Zusätzlich wurde eine sog. „Task Force" eingerichtet, welche eventuelle Unterschiede zwischen den IFRS und der 4. bzw. 7. Richtlinie prüfen sollte und später als Ergebnis eine weitestgehende Richtlinienkonformität der IFRS feststellte, vgl. auch *Kleekämper/ König*, DStR 2000, 569, 572. Kritisch hingegen *Luttermann*, ZIP 2000, 1318, 1321.

[24] COM (2000) 359, S. 7.

[25] COM (2001) 80.

[26] Bemerkenswert an diesen Entwicklungen war, dass hier (erstmalig) auf das gesetzgeberische Mittel der „Verordnung" zurückgegriffen wurde, welcher im Gegensatz zu Richtlinien gem. Art. 249 Abs. 2 EG in allen Mitgliedsstaaten unmittelbare Geltung zukommt. Nach Ansicht der Kommission war dies zur Sicherstellung einer tatsächlichen Anwendung der IFRS im Konzernabschluss von börsennotierten Unternehmen ab 2005 notwendig, vgl. Com (2001) 80, S. 3.

[27] PE - CONS 3626/02 vom 27. 5. 2002, siehe auch ABl. L 243/1, Nr. 1606/2002 vom 19. 7. 2002 „Anwendung internationaler Rechnungslegungsstandards", im Folgenden „IFRS – Verordnung" genannt.

[28] Dem Problem, dass die an US-amerikanischen Börsen gelisteten Unternehmen einen US-GAAP -Abschluss zu erstellen haben, soll durch eine Übergangsregelung begegnet werden Danach sind bisherige US-GAAP – Bilanzierer, die nicht ausschließlich an einem europäischen Kapitalmarkt gelistet sind, erst ab dem 1.1. 2007 zur Erstellung eines IFRS- Konzernbilanz verpflichtet, vgl. Art. 9 der Verordnung, PE - CONS 3626/02, S. 12.

sennotierter Unternehmen[29] sowie in *Einzelabschlüssen von Kapitalgesellschaften* betreffen. Darüber hinaus soll im Wege eines zweigliedrigen Anerkennungsmechanismus über die Anwendbarkeit der vom IASB veröffentlichten Standards entschieden werden, um so die erforderlichen Richtlinienkonformität der IFRS und ihre öffentliche Überwachung auf EU-Ebene zu gewährleisten.[30]

Diesbezüglich ist eine Regelungsebene eingerichtet, welche sich aus Vertretern der Mitgliedsstaaten zusammensetzt, die nach dem sog. *Komitologieverfahren*[31] über die jeweilige Anwendbarkeit der aktuellen und auch künftigen Standards in der EU befinden sollen. Fachlich begleitet wird ihre Arbeit vom sog. Technischen Ausschuss, der ebenso privatrechtlich organisiert ist wie das IASB und unter dem Namen EFRAG[32] auftritt. Der Vollständigkeit halber sei bereits hier erwähnt, dass das Komitologieverfahren auch kritisch beurteilt wird. So wird bspw. eingewandt, es sehe eine „Machtfülle" der Kommission vor, welche im Vergleich zu anderen Institutionen der Europäischen Gemeinschaften bzw. den Mitgliedsstaaten zu weit ginge.[33] Gleichzeitig sei der Einfluss der Kommission auf die Entwicklung der IFRS innerhalb des IASB von nur begrenzter Natur, da sich das IASB selbst im Spannungsfeld internationaler wirtschaftspolitischer Interessen befände[34]: Um die bislang noch fehlende Anerkennung seines Regelwerkes an US-amerikanischen Börsen zu erreichen[35], müsse sich das IASB an den US-GAAP orientieren. Angesichts dessen wird schon heute prognostiziert, dass es in Zukunft nur noch ein international einheitliches – von den Grundsätzen der US-GAAP dominierten - Rechnungslegungssystem geben wird.[36] Bestärkt wird diese Prognose durch die gemeinsame Mitteilung des IASB und FASB vom 29. 10. 2002[37]: Nicht zuletzt aufgrund der in jüngerer Zeit aufgedeckten „Bilanzfälschungsskandale"[38] sehen beide Organisationen das Erfordernis, auf eine Konvergenz der jeweiligen Standards hinzuarbeiten und deren künftige Entwicklungen vermehrt zu koordinieren.

Den Basisrechtsakt zur grundsätzlichen (verpflichtenden) Anwendung der IFRS stellt die IFRS-Verordnung selbst dar. Eine konkrete Anerkennung und Übernahme der einzelnen Standards – dies sind außer IAS 32 und IAS 36 alle, die bis zum 14. 9. 2002 vorlagen – erfolgte demgegenüber durch die Verordnung (EG)

---

[29] Art. 5 der Verordnung, PE - CONS 3626/02, S. 10; COM (2001) 80, S. 3, 8.

[30] Vgl. COM (2001), 80, S. 4: Diesem Mechanismus soll hingegen nicht die Aufgabe zukommen, „die IAS neu zu formulieren oder zu ersetzen".

[31] Art. 6 der Verordnung, PE - CONS 3626/02, S. 11. Einzelheiten zu diesem Verfahren finden sich in dem Beschluss des Rates vom 28.6.1999, ABl. L 184 v. 17.7.1999, S. 23.

[32] European Financial Reporting Advisory Group.

[33] *Ernst*, BB 2001, 823, 824 ff; a. A. *Heintzen*, BB 2001, 825, 828.

[34] Deutlich wurde diese Problematik schon beim Richtlinienentwurf COM (2000) 80 zu einer „fair-value"- Bewertung. Ausführlicher *Hommel/Berndt*, BB 2000, 1184, 1185; *Löw*, ZBB 2001, 19, 24 f.

[35] Siehe nur die Aussage des deutschen IASB-Mitglied *Hans-Georg Bruns*: „Unser Ziel sind global gültige IAS" in: FAZ vom 17. 6. 2002, Nr. 137, S. 20.

[36] *Lüdenbach/Hoffmann*, DStR 2002, 231, 231.

[37] Siehe bspw. IP/02/1576, abrufbar unter http://www.iasc.org.uk/cmt/001.asp.

[38] Verwiesen sei hier nur auf die Fälle *„Xerox"*, *„AOL Time Warner"* und vor allem *„Enron"*. Zu Letzterem ausführlich *Lüdenbach/Hoffmann*, DB 2002, 1169, 1169 ff.

Nr. 1725/2003 vom 29. 9. 2003[39]. Ferner macht die Anwendung der IFRS eine Anpassung der o. g. Richtlinien notwendig: Zu diesem Zweck wurde seitens Kommission am 9. 7. 2002 die sog. *Bilanzrechtsmodernisierungsrichtlinie* vorgeschlagen[40], welche am 18. 6. 2003 vom Europäischen Parlament und Rat angenommen worden ist[41] und bestimmte Änderungen und Öffnungen der bisherigen Richtlinien gegenüber den IFRS vorsieht.[42]

II. Bisherige Internationalisierung der Rechnungslegung auf Ebene der BRD

1. Konzernabschluss

U. a. mit der Einführung des § 292a HGB durch das KapAEG[43] vom 20. 4. 1998, nach dem bestimmte Mutterunternehmen von der Konzernrechnungspflicht i. S. d. § 290 HGB befreit und einen Konzernabschluss nach den IFRS und US-GAAP[44] erstellen können, reagierte auch der deutsche Gesetzgeber auf die zunehmende Internationalisierung der Rechnungslegung. Da man sich jedoch eine Annäherung der nationalen Vorschriften an internationale Rechnungslegungsgrundsätze erhoffte, sah man in Art. 5 KapAEG eine zeitliche Begrenzung der Geltungsdauer des § 292 a HGB bis zum 31. 12. 2004 vor.[45] Ferner wurde am 27. 4. 1998 das KonTraG[46] erlassen. Entscheidend hieran war in erster Linie die Normierung des § 342 HGB, in dem die Errichtung eines „Privaten Rechnungsle-

[39] Verordnung (EG) Nr. 1725/2003 der Kommission vom 29. 9. 2003 „betreffend die Übernahme bestimmter internationaler Rechnungslegungsstandards in Übereinstimmung mit der Verordnung (EG) Nr. 1606/2002 des Europäischen Parlamentes und des Rates, ABl. L 261/1.

[40] COM (2002) 259/2.

[41] Richtlinie 2003/51/EG des Europäischen Parlamentes und des Rates vom 18. 6. 2003, ABl. EG L 178.

[42] Daneben enthält sie einige Mitgliedsstaatenwahlrechte, die einer abgestuften und differenzierten Vorgehensweise bei der Möglichkeit zur Anwendung der IFRS im Einzelabschluss dienen sollen. Insgesamt zielt diese Richtlinie auf eine Verringerung des hohen Stellenwertes des Vorsichtsprinzips ab.

[43] „Gesetz zur Verbesserung der Wettbewerbsfähigkeit deutscher Konzerne an Kapitalmärkten und zur Erleichterung der Aufnahme von Gesellschafterdarlehen, Kapitalaufnahmeerleichterungsgesetz", BGBl. I, 1998, 707.

[44] Der Begriff „ international anerkannte Rechnungslegungsgrundsätze" ist gesetzlich zwar nicht definiert, gleichwohl sollten hierunter nur die US-GAAP und IAS/IFRS zu verstehen ein, vgl. BT-Drucks. 13/9909, S. 11 f. Kritisch zur Verfassungsmäßigkeit des § 292 a HGB bspw. *Budde/Steuber*, in: *Baetge*, Deutsches Bilanzrecht 2001, S. 57, 70 f.

[45] BT-Drucks. 13/9909, S. 11 f.

[46] „Gesetz zur Kontrolle und Transparenz im Unternehmensbereich", BGBl. I 1998, 786. Hierdurch wurde auch § 297 Abs. 1 S. 2 HGB und damit die Verpflichtung zur Erstellung einer Kapitalflußrechnung sowie einer Segmentberichterstattung eingeführt.

gungsgremiums“ vorgesehen wurde[47] und welcher zur Gründung des *Deutschen Rechnungslegungs Standards Committee e. V.* (DRSC) führte.[48]

Der *Deutsche Standardisierungsrat* (DSR) verabschiedet sog. DRS[49], welche vom BMJ i. S. d. § 342 Abs. 2 HGB veröffentlicht werden und daher die Vermutung enthalten, dass ihre Anwendung im Einklang mit entsprechenden Konzern-GoB steht.[50] Obschon die Notwendigkeit eines deutschen Standardsetzers in Anbetracht der Internationalisierung der Rechnungslegung durchaus bejaht wurde, löste die Normierung des § 342 HGB allerdings auch ablehnende Reaktionen aus; dabei wurde vor allem eine Übertragung der in § 342 Abs. 1 HGB genannten Aufgaben auf einen privaten Verein kritisch betrachtet.[51]

2. Einzelabschluss

Der Einzelabschluss war bislang weniger von Internationalisierungstendenzen betroffen; da eine Anwendung der IFRS (oder US-GAAP) (momentan noch) ausgeschlossen[52] ist, kann sich ein internationaler Einfluss de lege lata lediglich aus den angesprochenen EG -Richtlinien (vor allem der Bilanzrichtlinie) ergeben. Deren Umsetzung nutzte der Gesetzgeber zu einer grundlegenden Umstrukturierung der bis dahin geltenden Rechnungslegungssystematik.

So wurden im Wege des BiRiLiG weite Teile der Rechnungslegungsvorschriften, welche vormals nur für Kaufleute mit bestimmter Rechtsform galten (so z. B. §§ 148-157 AktG a.F., §§ 41- 42a GmbHG a.F. und §§ 33-33i GenG a.F.), in das HGB eingefügt. Dieses baut nunmehr auf dem Klammerprinzip auf; die entsprechenden Vorschriften sind entweder für alle oder wiederum nur bestimmte Kaufleute anwendbar. Gleichzeitig sind zahlreiche, vormals zum Teil nur gewohnheitsrechtlich anerkannte GoB kodifiziert worden.[53]

Die Reichweite eines internationalen Einflusses auf den Einzelabschluss wird in erster Linie anhand der Frage diskutiert, ob für bilanzrechtliche Fragen eine Vor-

---

[47] Begründet wurde dies mit der Art der Entwicklung internationaler Rechnungslegungsstandards und einer hierdurch ermöglichten, stärkeren Einflußnahme seitens der BRD im IASC, so BT-Drucks. 13/9909, S. 11 und 13/10038, S. 25. Zu früheren Bemühungen um eine deutsche Rechnungslegungskommission siehe *Biener*, FS Goerdeler 1987, 45, 52 ff.

[48] Das DRSC wurde am 17. 3. 1998 von einigen Wirtschaftsprüfern und Unternehmensvertretern gegründet und ist am 3. 9. 1998 mittels eines Standardisierungsvertrages durch das BMJ i. S. d. § 342 a Abs. 1 S. 1 HGB anerkannt worden.

[49] Deutsche Rechnungslegungsstandards. Eine Liste der einzelnen DRS sowie weitere Entwürfe findet sich unter www.standardsetzer.de oder www.drsc.de.

[50] BT-Drucks. 13/10038, S. 27.

[51] Siehe nur *Budde/Steuber*, DStR 1998, 1183, 1187 und *Hommelhoff/Schwab*, BFuP 1998, 3, 43. A. A. bspw. *Scheffler* DStR 1999, 1285, 1292.

[52] So bekräftigte der Rechtsausschuss im Zusammenhang mit dem Erlaß des KapAEG ausdrücklich, dass sich die durch § 292 a HGB ermöglichte Öffnung gegenüber den IFRS und US - GAAP nicht auf den Einzelabschluss beziehe, vgl. BT-Drucks. 13/9909, S.10 f.

[53] Vgl. hierzu BT-Drucks. 10/317, S. 64 ff.

lagepflicht an den EuGH nach Art. 234 Abs. 3 EG besteht.[54] Insbesondere durch die Entscheidung des EuGH im Fall „*Tomberger ./. Gebrüder von der Wettern GmbH*“[55] wurde diese Problematik ins Augenmerk gerückt.[56]
Dabei ist zu beachten, dass sich der Anwendungsbereich der Bilanzrichtlinie auf *Kapitalgesellschaften*[57] bezieht. Somit besteht zwar eine Möglichkeit zur richtlinienkonformen Auslegung solcher Vorschriften, die auf der Umsetzung dieser Richtlinie beruhen und im Rahmen der Erstellung eines Jahresabschlusses von Kapitalgesellschaften zu beachten sind.[58] Zu klären bliebe jedoch, ob eine EuGH-Vorlage auch für Fragen im Zusammenhang mit dem Einzelabschluss von *Einzelkaufleuten und Personengesellschaften* in Betracht kommt.[59]
Nun werden bilanzrechtliche Fragen in der Praxis vergleichsweise selten von Zivilgerichten entschieden.[60] Aufgrund des § 5 Abs. 1 EStG und der Anbindung der Steuer - an die Handelsbilanz entstehen sie vornehmlich im Zusammenhang mit der steuerlichen Gewinnermittlung und werden daher regelmäßig Finanzgerichten zur Klärung vorgelegt. Insbesondere die EuGH - Vorlagen in den Fällen „*DE + ES Bauunternehmung GmbH*“[61] und „*BIAO*“[62] sowie eine Vorlage des I. Senats des BFH an den Großen Senat vom 9. 9. 1998[63] zeigten, dass die eigentliche Relevanz dieser Problematik woanders liegt: Fraglich ist vielmehr, ob eine richtlinienkonforme Auslegung handelsbilanzieller Vorschriften durch den EuGH Einfluss auf die *Steuerbilanz* nehmen kann. Ob und inwieweit dies der Fall ist und welche Rückschlüsse dies für einen Einzelabschluss auf Basis der IFRS zulassen könnte, soll noch ausführlicher dargestellt werden.

---

[54] Ausführlich zur Vorlagepflicht *Ahmann*, FS Schmidt 1993, S. 268, 271 f.; *Kluge*, K 32 ff.
[55] EuGH vom 27.6.1996 (Rs. C 234/94), DStR 1996, 1093.
[56] Siehe bspw. *Broer*, RIW 2001, 756, 757; *Hennrichs*, ZGR 1997, 66, 76 ff.; *Herzig*, WPg 2000, 104, 107; *Schulze-Osterloh*, DStZ 1997, 281, 283 mwN.
[57] Bzw. die von der GmbH & Co.-Richtlinie vom 8. 11. 1990 erfassten Personengesellschaften, bei denen keine natürliche Person als persönlich haftender Gesellschafter auftritt (§ 264 a HGB).
[58] *Beisse*, in: *Baetge*, Deutsches Bilanzrecht 2001, S. 1, 12; *Broer*, RIW 2001, 756, 757; *Groh*, DStR 1996, 1206, 1209; *Schulze-Osterloh*, DStZ 1997, 281, 283.
[59] Ablehnend *Beisse*, in: *Baetge*, Deutsches Bilanzrecht 2001, S. 1, 23; *Hennrichs*, ZGR 1997, 66, 77 ff.; *Weber-Grellet*, DStR 1996, 1094, 1095. A.A. FG Hamburg, EFG 1999, 1022, 1023; *Groh*, DStR 1996, 1206, 209; *Herzig/Dautzenberg*, BFuP 1998, 23, 27.
[60] Zu Ausnahmen siehe *Schulze-Osterloh*, DStZ 1997, 281, 286.
[61] EuGH vom 14.9.1999 (Rs. C 275/97), DStR 1999, 1645.
[62] FG Hamburg, Vorlagebeschluss vom 22. 04. 1999, EFG 1999, 1022 ff.. Das Urteil ist abrufbar unter www. curia.eu.int/jurisp/cgi-bin/form.pl?lang=de mit dem Akz. C-306/99.
[63] Vgl. BFH, Beschluss des I. Senats vom 9. 9. 1998, BStBl. II 1999, 130.

III. Prognosen zur Internationalisierung des Einzelabschlusses

Aufgrund des Verhältnisses zwischen Konzern- und Einzelabschluss ist abzusehen, dass auch letzterer künftig (vermehrt) von internationalen Rechnungslegungsgrundsätzen beeinflusst werden wird.

Gem. § 297 Abs. 3 S. 1 HGB soll der Konzernabschluss die Vermögens-, Finanz- und Ertragslage der einbezogenen Unternehmen so darstellen, als ob sie insgesamt ein *einziges* Unternehmen wären.[64] Der Ausgleich von Informationsdefiziten der Einzelabschlüsse als sog. Kompensationszweck des Konzernabschlusses[65] gelingt jedoch am Besten dann, wenn die wirtschaftlichen Verhältnisse im Einzel- und Konzernabschluss unter denselben Voraussetzungen dargestellt werden.[66] Bis zur Einführung des § 292 a HGB war dies unproblematisch möglich, da auch der Konzernabschluss gem. §§ 297 Abs. 2, 298 Abs. 1 HGB nach den handelsrechtlichen GoB zu erstellen war. Nachdem bestimmte Unternehmen aber inzwischen ihren Konzernabschluss nach US-GAAP/IFRS erstellen dürfen bzw. ab 2005/2007 nach IFRS zu erstellen haben, ist die Frage aufgeworfen, ob und inwieweit eine *divergierende Rechnungslegung* im Konzern- und Einzelabschluss auf Dauer sinnvoll sein kann.[67] Die IFRS selbst jedenfalls differenzieren zum Großteil nicht zwischen dem Einzel- und Konzernabschluss. Und auch in Ländern wie bspw. Großbritannien, Irland und Dänemark wird eine derartige Trennung abgelehnt.

Während der europäische Gesetzgeber mit dem Erlaß der IFRS-Verordnung und vor dem Hintergrund der Modernisierungsrichtlinie sogar die Möglichkeit eines IFRS - Einzelabschlusses für alle Kaufleute einräumt, besteht in der BRD bis heute Uneinigkeit über einen wie auch immer gearteten IFRS- Einzelabschluss. So äußern sich bspw. die *Schmalenbach - Gesellschaft*, der *IDW*, der *DSR*, einige Stimmen der Literatur[68] und 85 % der Finanzvorstände der kapitalmarktorientierten Unternehmen[69] durchaus positiv gegenüber einem IFRS - Einzelabschluss,

---

[64] Dies ist darauf zurückzuführen, dass konzerninterne Geschäftsvorfälle anders als solche zwischen unabhängigen Unternehmen zu beurteilen sind und die jeweiligen Einzelabschlüsse zusammengenommen ein nur unzureichendes Bild der tatsächlichen Verhältnisse vermitteln können. Daher sind die einzelnen Unternehmen als wirtschaftliche Einheit zu betrachten (sog. Einheitstheorie) und konzerninterne Geschäftsvorfälle nach den §§ 300 ff. HGB zu eliminieren; ausführlicher hierzu z. B. *Kindler*, in: Staub, Großkomm HGB, Vor § 290, HGB, Rn. 27: *Wöhe*, § 36, S. 238 ff.

[65] Hierzu näher *Claussen/Scherrer* in KölnKomm zum AktG, Vorb. § 290 HGB, Rn. 2; *Wöhe*, § 36, S. 241 ff.

[66] Statt vieler *Herzig/Dautzenberg*, BFuP 1998, 23, 33.

[67] Siehe nur *Grotherr/Jorewitz*, FS Strobel 2001, S. 123, 149 f.; *Herzig*, WPg 2000, 104, 105, 108; *Küting*, DStR 2000, 38, 42; *Lüdenbach/Hoffmann*, DStR 2002, 231, 231; *Zeimes*, DStR 2002, 1634, 1636. A.A. hingegen z. B. *Füllbier/Gassen*, DB 1999, 1511, 1513.

[68] *Arbeitskreis Externe Rechnungslegung der Schmalenbach-Gesellschaft für Betriebswirtschaft*, DB 2001, 160, 161; *ders.*, DB 2003, 1585, 1585 ff;. *IDW*, WPg 2001, 664, 665; *Born*, S. 29 ff.; *Haller*, KoR 2003, 413, 424; *Lüdenbach/Hoffmann*, DStR 2002, 231, 231 f.; *Naumann/Tielmann*, WPg 2001, 1445, 1451.

[69] Siehe hierzu die Umfrageergebnisse von *PriceWaterhouseCoopers*, in: FAZ vom 17. 6. 2002, Nr. 137, S. 20. Ferner abrufbar unter www.pwcglobal.com .

während er von einem Teil der einschlägigen Fachwelt eher kritisch betrachtet wird.[70] Ebenso kontrovers wird über die unterschiedliche Varianten einer Anwendung der IFRS im Einzelabschluss diskutiert.

Diesbezüglich findet sich zunächst die Überlegung, lediglich kapitalmarktorientierten bzw. vom Anwendungsbereich der Bilanzrichtlinie erfassten Unternehmen einen Einzelabschluss nach IFRS zu ermöglichen.[71] Vorgeschlagen wird hier z. B. ein *zusätzlicher IFRS - Einzelabschluss*[72], ein *befreiendes Wahlrecht*[73] oder ein *IFRS – Abschluss mit Überleitungsrechnung.*[74] Angedacht wird ferner, dass zumindest einzelne IFRS für alle Kaufleute Anwendung finden und eine Art ein IFRS – Einzelabschluss *„light"* oder *„little"* erstellt werden könnte.[75] Eine erste Weichenstellung in diese Richtung ist zumindest von Seiten des IASB schon gesetzt. Bereits 2001 hat er eine Arbeitsgruppe eingerichtet, welche sich mit einer eventuellen Anwendung der IFRS für mittelständische Unternehmen beschäftigt und eine reduzierte Version der IFRS – Rechnungslegung diskutiert.[76]
Als umfangreichste, aber von der aktuell herrschenden Meinung[77] noch ablehnend beurteilte Möglichkeit käme eine vollständige Öffnung des Einzelabschlusses gegenüber sämtlichen (auf EU - Ebene anerkannten) IFRS in Betracht, bei dem ihm unter Abkehr vom traditionellen Kapitalschutz vornehmlich Informationsfunktion zugewiesen würde. Beispiele hierfür finden sich bereits: So stellt u. a. das US - amerikanische *Revised Model Business Corporation Act* auf

---

[70] *Arbeitskreis Bilanzrecht der Hochschullehrer Rechtswissenschaft*, BB 2002, 2372, 2373 ff.; *Budde/Steuber*, in: *Baetge*, Deutsches Bilanzrecht 2001, S. 57, 68; *Euler*, BB 2002, 875, 879 f.; *Hüttche*, BB 2002, 1804, 1804; *Moxter*, DB 2001, 605, 605; *Theile*, GmbHR 1999, 1241, 1247 f.; *Watrin*, DB 2001, 933, 935 ff; aber auch *IDW*, WPg 2001, 664, 665 .

[71] Nach *Ernst*, WPg 2001, 1440, 1444 sollen selbst kapitalmarktorientierte Unternehmen nicht unbedingt einen IFRS - Einzelabschluss benötigen: Der Einzelabschluss spiele für die Anleger dieser Unternehmen kaum noch eine Rolle. A. A. *Born*, S. 36; *Schaffer*, S. 115.

[72] *Arbeitskreis Externe Rechnungslegung der Schmalenbach-Gesellschaft für Betriebswirtschaft*, DB 2003, 1585, 1587 (jedenfalls momentan; langfristig hingegen sollten alle Unternehmen mit „wirtschaftlicher Bedeutung" einen Jahresabschluss nach IFRS erstellen, s. S. 1585); *Herzig*, WPg 2000, 104, 117 f.

[73] So der Vorschlag des DSR, einsehbar unter http:/www.standardsetzer.de/drsc/doc; ferner *Arbeitskreis Bilanzrecht der Hochschullehrer Rechtswissenschaft*, BB 2002, 2372, 2376; *Ernst*, WPg 2001, 1440, 1444.

[74] *Arbeitskreis Bilanzrecht der Hochschullehrer Rechtswissenschaft*, BB 2002, 2372, 2376; *Oestreicher/Spengel*, RIW 2001, 889, 892 mwN; ähnlich *Peemöller/Spanier/Weller*, BB 2002, 1799, 1801 (z. B. Einrichtung von Ausschüttungssperren).

[75] *IDW*, WPg 2001, 664, 666; *Haller*, KoR 2003, 413, 424; *Niehues*, DB 2002, 1385, 1390; *Stobbe* in Hermann/Heuer/Raupach, § 5 Rn. 20; zumindest angedacht von *Ernst*, WPg 2001, 1440, 1444 f.; *Hüttche*, BB 2002, 1804, 1804 f.

[76] Project „Accounting and reporting by Small and Medium-Sized Entities" („IFRS-SE"), Einzelheiten hierzu sind abrufbar unter http://www.iasc.org.uk. Ausführlich auch *Haller*, KoR 2003, 413, 418 f.; *Hüttche*, BB 2002, 1804, 1804.

[77] *Arbeitskreis Bilanzrecht der Hochschullehrer Rechtswissenschaft*, BB 2002, 2372, 2375 f.; *Budde/Steuber*, in: *Baetge*, Deutsches Bilanzrecht 2001, S. 57, 68; *Ernst*, WPg 2001, 1440, 1444; *Herzig*, WPg 2000, 104, 116 ff.; *Hüttche*, BB 2002, 1804, 1804; *IDW*, WPg 2001, 664, 665; *Theile*, GmbHR 1999, 1241, 1247 f. Zu den Besonderheiten eines IFRS-Einzelabschlusses für die KG siehe ausführlich *Kirsch*, BB 2003, 143, 143 ff.

einen weniger ausschüttungs- als vielmehr informationsorientierten Einzelabschluss ab und verzichtet auf die Festlegung eines Nennkapitals.[78] Und auch für die Zweite Gesellschaftsrechtliche Richtlinie, welche u. a. Pate für die derzeitigen Kapitalerhaltungs- und -aufbringungsregeln stand, wird Vergleichbares von der diesbezüglich eingesetzten *High Level Group of Experts on Corporate Law* diskutiert.[79]

Ob und wie der deutsche Gesetzgeber sein Mitgliedsstaatenwahlrecht ausübt, ist bis heute noch nicht endgültig entschieden.[80] Dabei hätte eine derartige Entscheidung nicht nur erhebliche Auswirkungen auf die Bilanzierungspraxis.

Während aufgrund der IFRS – Verordnung selbst nur ca. 750 Unternehmen zu einer IFRS - Konzernrechnungslegung verpflichtet werden, beträfe eine Anwendung der IFRS im Einzelabschluss ca. 700 000 Unternehmen.[81] Hier wird sich in unerheblichen Maße die Frage stellen, für wen eine Rechnungslegung nach IFRS Sinn ergibt: So wird ein Einzelkaufmann oder eine Personengesellschaft vergleichsweise wenig Interesse daran haben, einen investorenorientierten Abschluss zu erstellen.[82] Kapitalgeber sind hier der Kaufmann oder die Gesellschafter selbst sowie - als Externe - in erster Linie die „Hausbank(en)". Deren Informationsbedürfnis konnte bislang aber auch auf anderem Wege - bspw. durch vertraglich vereinbarte Einsichtnahme in die Unternehmensinterna - erfüllt werden. Und auch internationale Verpflechtungen weisen für den deutschen Mittelstand - momentan jedenfalls - eine noch relativ geringe Bedeutung auf. Vor diesem Hintergrund aber wären der Aufwand und die Unsicherheiten, die sich im Zusammenhang mit der Einarbeitung in eine neue Rechnungslegung ergeben, wohl nur schwer zu rechtfertigen.[83]

Teilweise wird jedoch argumentiert, dass es wie schon zuvor bei der Veröffentlichung zweier paralleler Konzernabschlüsse künftig auch bei einer Offenlegung zweier unterschiedlicher Einzelabschlüsse nicht gänzlich auszuschließen ist, dass eine gewisse Verwirrung der jeweiligen Abschlussadressaten eintritt.[84] In diesem Zusammenhang wird insbesondere auf die Entscheidung des Ausschusses für Bankenaufsicht der G-10-Notenbankdirektoren (Stichwort: *Basel II*) zum Thema „Unternehmensrating" und künftige Kreditvergabe verwiesen, wonach bei der Beurteilung eines Unternehmens künftig auf einen IFRS-Abschluss abzustellen ist[85]: Denn hieraus könnte möglicherweise eine *faktische Pflichtbilanzierung* nach IFRS resultieren, da es einem HGB – Bilanzierer nur so gelänge, ungünstigeren Kreditkonditionen im Vergleich zu IFRS –

---

78 Ausführlicher auch *Schreiber*, FS Fischer 1999, S. 879, 885.

79 Vgl. hierzu http://europa.eu.int/comm/internal_market/en/company/news/index.htm sowie die ablehnende Stellungnahme der *Group of German Experts on Corporate Law*, ZIP 2002, 1310, 1310 und 1316 ff. sowie die entsprechende Kritik des *Arbeitskreises Bilanzrecht der Hochschullehrer Rechtswissenschaft*, BB 2002, 2372, 2375.

80 In der Begründung zum KapAEG sprach er sich jedenfalls noch gegen eine Eignung des Einzelabschlusses als „Internationalisierungsobjekt" aus, BT-Drucks. 13/9909, S. 11 f.

81 Vgl. die Zahlen bei *Zeimes*, DStR 2002, 1634, 1634.

82 *Arbeitskreis Bilanzrecht der Hochschullehrer Rechtswissenschaft*, BB 2002, 2372, 2376 f. Anders aber *Lüdenbach/Hoffmann*, DStR 2002, 231, 232, nach denen auch der Mittelstand die IFRS als „grosse Chance" zur verbesserten Darstellung der Unternehmensbelange ansehen sollte; diesem zustimmend *Zeimes*, DStR 2002, 1634, 1636.

83 Statt vieler *Ernst*, WPg 2001, 1440, 1444; *ders.*, BB 2003, 1487, 1491.

84 *Freidank/Pottgießer*, StuB 2003, 886, 891; *Haller*, KoR 2003, 413, 414.

85 Näher zu „Basel II" bspw. *Winkeljohann/Solfrian*, DStR 2003, 88, 88 ff.

Bilanzierern zu entgehen.[86] Eine solche faktische Pflichtbilanzierung könnte sich ferner möglicherweise auch auf anderem Wege ergeben: Denn in der Tat ist es nur „schwer vorstellbare, dass Tochterunternehmen oder Joint-venture-Gesellschafter anders bilanzieren können“ als das nach IFRS bilanzierende Mutterunternehmen.[87]

Vor allem aber die rechtlichen Aspekte sind es, welche die Diskussionen über einen IFRS - Einzelabschluss so kontrovers machen.

Während der Zweck der IFRS ausschließlich in der Vermittlung von (investorenrelevanten) Informationen über die Vermögens-, Finanz- und Ertragslage eines Unternehmens (vgl. IAS 1. 5 sowie im framework F. 12) liegt, kommt dem handelsrechtlichen Einzelabschluss über die Informationfunktion hinaus gerade im Bereich der §§ 243 – 256 HGB *vornehmlich* der Zweck einer Ausschüttungsbemessung unter gleichzeitiger Wahrung der Gläubigerinteressen zu und ist dabei in ein ausdifferenziertes System von Kapitalaufbringungs- und -erhaltungsregeln eingebettet.[88] Demzufolge wird nun befürchtet, eine lediglich auf Informationsvermittlung ausgerichtete Rechnungslegung könne keinen qualitativ vergleichbaren Gläubiger- und Kapitalerhaltungsschutz wie das HGB gewährleisten.[89] *Kernpunkt* der aktuellen Diskussion ist daher, ob und inwieweit ein durch die Öffnung gegenüber den IFRS bedingter „Paradigmenwechsel" tatsächlich vollzogen werden müsste und sollte bzw., ob dies rechtlich überhaupt zulässig und möglich ist.

Zudem hat diese Problematik nicht nur eine handelsrechtliche Dimension, sondern ist aufgrund des § 5 Abs. 1 EStG auch für die Steuerbilanz relevant.

Dabei war das Maßgeblichkeitsprinzip für das Handelsrecht bislang jedenfalls immer eine Art „Bollwerk gegen Internationalisierungstendenzen“[90]; der Gesetzgeber war stets darum bemüht, Änderungen des Handelsbilanzrechts hinsichtlich ihrer Auswirkungen auf die steuerliche Gewinnermittlung zu überprüfen. Bestes Beispiel ist die Umsetzung der Bilanzrichtlinie durch das BiRiLiG.[91]

---

[86] *Arbeitskreis Bilanzrecht der Hochschullehrer Rechtswissenschaft*, BB 2002, 2372, 2377; *Freidank/Pottgießer*, StuB 2003, 886, 892; *Peemöller/Spanier/Weller*, BB 2002, 1799, 1801.
[87] *Zeitler*, DB 2003, 1529, 1529.
[88] Vgl. nur §§ 30, 31, 49 Abs. 3 GmbHG oder §§ 57, 58, 62, 92 Abs. 1 AktG, die ihrerseits wiederum auf der Kapitalrichtlinie vom 13. 12. 1976 (77/91/EWG) - in Form der Änderungen durch die Richtline vom 23. 11.1992 (92/101/EWG) - fußen. Siehe ferner die Regelungen zur Gewinnabführung in §§ 300, 324 Abs. 2 S. 3 AktG bzw. zur Verlustübernahme in § 302 AktG.
[89] BMJ, Schreiben vom 17. 4. 2001, GmbHR 2001, 566, 567; *Arbeitskreis Bilanzrecht der Hochschullehrer Rechtswissenschaft*, BB 2002, 2372, 2373 ff.; *Euler*, BB 2002, 875, 879; *IDW*, WPg 2001, 664, 665; *Peemöller/Spanier/Weller*, BB 2002, 1799, 1801; *Watrin*, DB 2001, 933, 936. A. A. *Born*, S. 31; *Freidank/Pottgießer*, StuB 2003, 886, 890, 893; *Haller*, KoR 2003, 413, 424.
[90] *Herzig*, WPg 2000, 104, 105; *Selchert*, FS Fischer 1999, S. 913, 914.
[91] Vgl. z. B. die Begründung in BT-Drucks. 10/317, S. 67 und BT-Drucks. 10/4268, S. 88.

Das BMJ und BMF[92] sprechen sich in ihrem aktuellen Vorschlag dafür aus, dass es „den Unternehmen“ – eine Beschränkung auf lediglich bestimmte Unternehmen ist nicht vorgesehen - ermöglicht werden soll, „(ausschließlich) zu Informationszwecken“ einen IFRS-Einzelabschluss aufzustellen, der dann statt des HGB-Abschlusses gem. § 325 HGB beim Handelsregister eingereicht werden kann. Bei Ausübung dieses Wahlrechts soll allerdings „für Zwecke des Gesellschaftsrechts, des Aufsichtsrechts und der Besteuerung“ wie bisher „eine weitere Bilanz nach HGB aufzustellen“ sein. Doch selbst wenn der Gesetzgeber diesem Vorschlag folgt und im Hinblick auf die Ausschüttungsbemessung und vor allem dem Verhältnis Handels- und Steuerbilanz auch weiterhin auf einen HGB-Einzelabschluss zurückgreift, bleibt die Frage nach den künftig möglichen Auswirkungen der IFRS auf den „allgemeinen“ Einzelabschluss (und damit auch auf die Steuerbilanz) aktuell: Bereits jetzt sehen das BMJ und das BMF eine „Durchforstung und Entrümpelung des HGB“ sowie bspw. eine eingeschränkte Einführung der Fair-value-Bewertung vor, um so eine „Anpassung an europäische und internationale Rechnungslegungsregeln“ zu erreichen.[93] Daneben aber hätte die Anwendung unterschiedlicher GoB in den jeweiligen Einzelabschlüssen einen „Dominoeffekt“ zur Folge, dessen Auswirkungen auf das bisherige GoB - Verständnis bisher noch nicht abzusehen sind[94]: So ist es durchaus denkbar, dass (noch weitere) Veränderungen des GoB – Verständnisses und Diskussionen dahingehend eintreten, welche GoB – die IFRS oder die handelsrechtlichen GoB de lege lata - die tatsächlich „Richtigen“ sind. Dass diese Frage schon aus diesem Grund und trotz des Vorschlages des BMJ und BMF noch Relevanz – und zwar vor allem für die Steuerbilanz - besitzt, soll im folgenden Abschnitt noch ausführlicher dargestellt werden. Zusätzlich aber ist es angesichts des vom IASB betriebenen Projekts „Accounting and reporting by Small and Medium-Sized Entities“ („IFRS-SE”) für die Zukunft nicht gänzlich auszuschließen, dass sich der deutsche Gesetzgeber irgendwann für einen ausschließlichen Einzelabschluss auf Basis der IFRS entscheidet.

B. Internationale Einflüsse auf das Steuerbilanzrecht

Auch die Besteuerungsunterschiede zwischen den einzelnen Mitgliedsstaaten sollten im Wege zahlreicher Harmonisierungsbestrebungen nach und nach angeglichen werden. Entsprechende Maßnahmen können sich zwar unmittelbar

---

[92] BMJ und BMF, „Anpassung der Bilanzregeln an internationale Standards und Enforcement“, StuB 2003, 223, 223, Punkt (2).

[93] BMJ und BMF, StuB 2003, 223, 223, Punkt (3); näher *Ernst*, BB 2003, 1487, 1489.

[94] So statt vieler z. B. *Beisse*, in: *Baetge*, Deutsches Bilanzrecht 2001, S. 1, 14; *Freidank/Pottgießer*, StuB 2003, 886, 892.

aus dem EG - Vertrages[95] ableiten, in erster Linie ergeben sie sich aber in Form von sekundärrechtlichen Richtlinien.

I. Bisherige Internationalisierung

1. Keine unmittelbare Internationalisierung durch steuerspezifisches Sekundärrechtrecht

Während sich die Notwendigkeit zur Harmonisierung indirekter Steuern anhand zahlreicher Beispiele grenzüberschreitender Tätigkeiten belegen ließ, wurde sie für die direkten Steuern und insbesondere das Ertragssteuerrecht lange Zeit angezweifelt.[96] Und obwohl der sog. *Ruding – Ausschuss*[97] 1992 nachweisen konnte, dass das nationale Steuerniveau des Ertragssteuerrechts ausschlaggebender für Investitionsentscheidungungen sein kann als bspw. Lohn- und Lohnnebenkosten, blieb eine sekundärrechtliche Harmonisierung direkter Steuern lange Zeit auf die *Fusionsrichtlinie*, die *Mutter – Tochter – Richtlinie* sowie das *Schlichtungsübereinkommen zur Vermeidung einer Doppelbesteuerung* beschränkt.[98]

Daneben fanden sich jedoch auch Bestrebungen zur Vereinheitlichung der Zinsbesteuerung in den Mitgliedsstaaten: Diesbezüglich wurde bereits am 8. 7. 1998 ein zwischenzeitlich mehrfach modifizierter Kommissionsentwurf zur sog. *Zinsrichtlinie* vorgelegt, über den die EU - Finanzminister (sog. ECOFIN - Rat) nach langen Verhandlungen inzwischen am 21. 1. 2003 Einigkeit erzielen konnten.[99]

Dabei gab es durchaus Bestrebungen zur Harmonisierung der national divergierenden Bemessungsgrundlagen – und auch der steuerlichen Gewinnermittlung[100]: Bereits im März 1988 legte die Kommission einen inoffiziellen Vorentwurf für eine sog. *Gewinnermittlungsrichtlinie* vor.[101] Auch

---

[95] Hier vor allem aus den Diskriminierungsverboten der Niederlassungs- und Dienstleistungsfreiheit (Artt. 43 ff., 49 ff. EG), der Arbeitnehmerfreizügigkeit (Art. 39 ff. EG) und der Freiheit des Kapitalverkehr (Artt. 56 ff. EG). Ausführlicher *Takacs*, S. 368 ff.

[96] Hierzu *Takacs*, S. 365 und 376 f.

[97] Diese nach dem niederländischen Finanzminister *Onna Ruding* benannte Expertenkommission sollte im Auftrag der Kommission die Auswirkungen der national divergierende Steuerbelastungen auf den europäischen Binnenmarkt untersuchen. Eine Übersetzung der am 18. 3. 1992 bekanntgebenden Ergebnisse findet sich bei *Blumberger*, DB 1992, Beilage 5; hierzu auch *Takacs*, S. 367 ff.

[98] 90/434/EWG (Fusionsrichtlinie), 90/435/EWG (Mutter–Tochter–Richtlinie) und 90/436/EWG (Schlichtungsabkommen). Zur Umsetzung dieser Richtlinien bspw. *Lang*, DStJG 16 (1994), 295, 298 f.

[99] Zum ursprünglichen Vorschlag siehe Com (1998) 295. Zur Einigung am 21. 1. 2003 vgl. bspw. www.bundesfinanzministerium.de.

[100] Ausführlich *Takacs*, S. 381, 393 f.

[101] Ein Abdruck mit Begründung findet sich bei *Kreile*, DB 1988, Beilage 18.

der *Ruding-Ausschuß* schlug als Schlussfolgerung seiner Untersuchung vor, z. B. national divergierende Abschreibungsmethoden oder die unterschiedliche Behandlung von Rückstellungen anzugleichen.[102] Da jedoch schon dem Vorentwurf der Gewinnermittlungsrichtlinie eine politische Unterstützung seitens der Mitgliedsstaaten verwehrt blieb und er von der Kommission daraufhin im Jahr 1990 wieder zurückgezogen wurde[103], hielt sie auch die späteren Harmonisierungsvorschläge des *Ruding–Ausschusses* für nicht umsetzbar.[104]
Ursächlich für die Schwierigkeiten einer Harmonisierung des Ertragssteuerrechts ist zunächst, dass den Institutionen der EG gem. Art. 93 EG nur eine Kompetenz zur Regelung der indirekten Steuern zukommt. Gesetzgeberische Maßnahmen im Hinblick auf direkte Steuern müssen stattdessen die Voraussetzungen der Artt. 94 f. EG erfüllen.[105] Art. 94 EG verlangt aber nun sowohl die „Erforderlichkeit einer Maßnahme" als auch die Einstimmigkeit des Rates, welche sich - angesichts der Sorge der einzelnen Mitgliedsstaaten um ihre Steuer(gesetzgebungs)souveränität - nur schwerlich erzielen lässt.[106]
Für die steuerliche Gewinnermittlung kommt hinzu, dass sie in den jeweiligen Mitgliedsstaaten auch als gesetzgeberisches Gestaltungsmittel zur Erreichung außerfiskalischer Ziele eingesetzt wird. Daher ist es nur verständlich, wenn die einzelnen Länder in diesem Bereich „erst recht" nicht auf ihre Gesetzgebungshoheit verzichten wollen.[107] Zudem bestehen gerade im Bereich des Steuerbilanzrechts nationale Divergenzen: Nicht überall ist es rechtsformunabhängig ausgestaltet oder baut auf einem Maßgeblichkeitsprinzip auf. In Anbetracht dieser Schwierigkeiten fehlt es daher an entsprechendem Sekundärrecht, so dass es bislang jedenfalls von keiner unmittelbaren Internationalisierung betroffen ist.[108]

---

[102] Vgl. *Blumberger*, DB 1992, Beilage 5, S. 11.

[103] Hierzu *Takacs*, S. 394; *Wala*, Zukunft des § 5 Abs. 1 öEStG, S. 111.

[104] SEK 92/1118 vom 26. 6. 1992.

[105] *Kluge*, J 5; *Takacs*, S. 364 mwN; *Schulze-Osterloh*, DStZ 1997, 281, 281 mwN.

[106] So brauchte es im Zusammenhang mit der Fusionsrichtlinie und Mutter – Tochter – Richtlinie immerhin 21 Jahre, bis die notwendige Einstimmigkeit vorlag, zu den Einzelheiten siehe *Takacs*, S. 373 f. Zu der hieraus resultierenden Problematik eines „Wettbewerbs der Steuersysteme" bspw. *Kluge*, J 7 mwN; *Lang*, DStJG 16 (1994), 295, 299; *ders.*, in: *Tipke/Lang*, § 8 Rz. 75 ff; *Takacs*, S. 364 ff.

[107] Treffend *Takacs*, S. 377: „Direkte Steuern (sind) eng mit den Eigenarten einer nationalen Rechts- und Gesellschaftsordnung, mit der „nationalen Identität" eines Mitgliedsstaates verflochten"; ferner *Hernler*, DB 2003, 60, 60; *Lang*, DStJG 16 (1994), 295, 297.

[108] *Ahmann*, FS Schmidt 1993, S. 268, 274; *Stobbe* in Hermann/Heuer/Raupach, § 5 Rn. 20. Stattdessen finden sich nur punktuelle Angleichungen in spezialgesetzlichen sowie nicht für alle Kaufleute geltenden Regelungen wie bspw. § 8 b Abs. 5 KStG, vgl. *Menck* in Blümich, § 8 b KStG Rn. 3, 9.

Ändern könnte sich dies allerdings durch die neueren Pläne der EU-Kommission für eine sog. *Common Base Taxation:* So schlägt sie in ihrer Mitteilung „Ein Binnenmarkt ohne steuerliche Hindernisse“ vom 23. 10. 2001[109] u. a. die Entwicklung einheitlicher Regeln für eine *konsolidierte KSt–Bemessungsgrundlage* vor, nach der multinationale Unternehmen ihren steuerlichen Gewinn auf Option ermitteln könnten. Dabei wird zwar ausdrücklich betont, dass dieser Vorschlag zur Steuerharmonisierung nicht im Zusammenhang mit der IFRS-Verordnung stünde. Allerdings könnten die IFRS „in gewissem Maße einen nützlichen Bezugspunkt bei abgeben“. Zwar bleiben die weiteren Entwicklungen abzuwarten[110], allerdings sei hier dennoch auf Folgendes hingewiesen: Je nach Ausgestaltung kann, muss eine derartige rechtsformabhängige Gewinnermittlung nicht unbedingt Auswirkungen auf eine von allen Gewerbetreibenden zu erstellende (rechtsformunabhängige) Steuerbilanz haben. Ein entsprechendes Beispiel findet sich in *Frankreich*. Hier räumt Art. 223 A - U CGI (Code Général des Impôts) den Konzernunternehmen ein Wahlrecht ein, nach dem sie unter bestimmten Voraussetzungen eine eigenständige konsolidierte Konzernsteuerbilanz erstellen können und der steuerliche Gewinn unter Durchbrechung einer Maßgeblichkeit der jeweiligen Ergebnisse aus den einzelnen Jahresabschlüssen für die Konzerngruppe selbst ermittelt wird.[111] Und auch das deutsche Steuerrecht kennt mit den §§ 8 ff. KStG bzw. bei der *Organschaft* i. S. d. §§ 14 ff. KStG (und der hier ermöglichten Verrechnung konzerninterner Gewinnergebnisse) eine zum Teil modifizierte Gewinnermittlung für Körperschaften bzw. Konzernunternehmen. Indem diese Vorschriften jedoch *Steuerbefreiungen* darstellen oder sich lediglich auf die Einkünfte*zurechnung* auswirken, lassen sie die *Methodik der bilanziellen* Ermittlung des steuerlichen Gewinnes selbst unberührt.

2. Mittelbare Internationalisierung durch außersteuerrechtliches Sekundärrecht und die EuGH-Rechtsprechung ?

Uneinigkeit besteht demgegenüber dahingehend, ob die Steuerbilanz dem mittelbaren Einfluss von außersteuerlichem Sekundärrecht ausgesetzt ist: Ausgangspunkt entsprechender Überlegungen ist die Tatsache, dass der Gesetzgeber im Wege des BiRiLiG einen Teil der Vorschriften der Bilanzrichtlinie im Allgemeinen Teil des HGB (§§ 238 bis 263) kodifizierte und damit eine Anwendung für alle Kaufleute vorsah. Hieraus wird nun zum Teil gefolgert, dass sich das Steuerbilanzrecht dort, wo aufgrund des § 5 Abs. 1 S. 1 EStG „handelsrechtliche GoB“ Anwendung finden sollen, auch den umgesetzten Vorschriften der Bilanzrichtlinie unterwirft und hiermit zusammenhängende Fragen gem. Art. 234 Abs. 3 EG dem EuGH vorzulegen sind.[112]

---

[109] IP/01/1468; ausführlich hierzu *Hernler*, DB 2003, 60, 60 ff.

[110] Ein Diskussionsforum sowie weitere Hintergrundinformationen finden sich unter http://europa.eu.int/comm/taxation_customs/taxation/company_tax/index.htm.

[111] *Baconnier*, DStJG 16 (1994), 73, 85.

[112] FG Hamburg, EFG 1999, 1022, 1023 f.; *Broer*, RIW 2001, 756, 760 f.; *Groh*, DStR 1996, 1206, 1209; *Herzig/Dautzenberg*, BFuP 1998, 23, 28; *Meilicke*, BB 2001, 40, 41; *Stobbe* in Hermann/Heuer/Raupach, § 5 Rn. 20; *Theile*, GmbHR 1999, 1241, 1247; *Wassermeyer*, DB 2001, 1053, 1057. Ebenso *Doralt*, § 4 öEStG, Rn. 130 für die (vergleichbare) steuerliche Gewinnermittlung in Österreich und § 5 Abs. 1 öEStG. Unstreitig nicht vorlagefähig sind hingegen

Auslöser dieser Diskussion war die EuGH – Entscheidung im Fall „*Tomberger ./. Gebrüder von der Wettern GmbH*".[113] Allerdings bezog sich diese noch auf den handelsrechtlichen Einzelabschluss einer GmbH. Die steuerrechtliche Dimension dieser Problematik zeigte sich eigentlich erst anhand der Sache „*DE+ES Bauunternehmung GmbH ./. FA Bergheim*"[114], in der dem EuGH die Frage nach der Zulässigkeit bestimmter Rückstellungen von einem *Finanzgericht*[115] vorgelegt wurde. Insbesondere diese Vorlage veranlasste den I. Senat, sich in einem Beschluss vom 9. 9. 1998 ausdrücklich gegen eine finanzgerichtliche Vorlagepflicht i. S. d. Art. 234 Abs. 3 EG auszusprechen und zwecks Klärung den Großen Senat anzurufen.[116] Eine höchstrichterliche Entscheidung deutscher Gerichte erging bislang allerdings noch nicht.

Während der I. Senat seine Vorlage an den Großen Senat später zunächst eingeschränkte und schließlich ganz aufhob[117], hat bspw. der VIII. Senat es in seinem Urteil vom 28. 3. 2000 nicht einmal erwogen, diese Problematik zum Anrufungsgegenstand zu machen und stattdessen eine Vorlagepflicht i. S. d. Art. 234 Abs. 3 EG „kurz und schmerzlos" abgelehnt.[118]

Angesichts dessen und vor dem Hintergrund des am 7. 1. 2003 ergangenen EuGH-Urteils in der Sache „*BIAO ./. FA Hamburg*"[119] weist diese Thematik daher immer noch eine besondere Aktualität auf.

Obschon sich der hier zuständige Generalanwalt ausdrücklich gegen eine Zuständigkeit aussprach[120], wurde sie vom EuGH mit der Begründung bejaht, dass es grundsätzlich zur Entscheidung über ein Vorabentscheidungsgesuch eines nationalen Gerichts angehalten sei. Eine Ausnahme bestehe dann, wenn ein Gutachten über allgemeine und hypothetische Fragen abgegeben werden soll oder die begehrte Auslegung des Gemeinschaftsrechts nicht im Zusammenhang mit dem Streitgegentand steht. Vorliegend sei zwar nationales Steuerrecht betroffen. Dennoch sei ein gemeinschaftsrechtlicher Zusammenhang zu bejahen, da sich die vorgelegte Frage

---

Fragen, die weder von einer Richtlinie geregelt noch vom Verweisungsumfang des § 5 Abs. 1 S. 1 EStG erfasst sind, statt vieler *Broer*, RIW 2001, 756, 763.

[113] EuGH vom 27.6.1996 (Rs. C 234/94), DStR 1996, 1093 (mit einem Berichtigungsbeschluss vom 10.7.1997, vgl. DStR 1997, 1416).

[114] EuGH vom 14.9.1999 (Rs. C 275/97), DStR 1999, 1645.

[115] FG Köln, Vorlagebeschluss vom 16.7.1997, DStRE 1997, 745.

[116] BFH, Beschluss vom 9. 9. 1998, BStBl. II 1999, 130 mit ausführlicher Begründung seiner ablehnenden Ansicht. Zu früheren und offengelassenen Überlegungen zur Vorlagepflicht siehe auch BFH, BStBl. II 1994, 176, 178; BFH, BStBl. II 1996, 632, 633.

[117] BFH, Beschluss vom 8. 11. 2000, DB 2001, 410 (den Beteiligten war zuvor erneut Gelegenheit zur Stellungnahme gegeben worden, aufgrund derer der I. Senat der Auffassung war, den Fall der Sachlage nach durch Urteil entscheiden zu können).

[118] BFH, DB 2000, 1442, 1444 (mit einer kritische Anmerkung von *Hoffmann*, S. 1445).

[119] FG Hamburg, Vorlagebeschluss vom 22. 04. 1999, EFG 1999, 1022 ff.. Das Urteil ist abrufbar unter www. curia.eu.int/jurisp/cgi-bin/form.pl?lang=de mit dem Akz. C-306/99.

[120] Siehe hierzu den Schlussantrag von *Generalanwalt Jacobs*, IStR 2002, 24 f.

auf Vorschriften der Bilanzrichtlinie [hier: u. a. Artt. 2 Abs. 3, 14, 20 Abs. 1, und 31 Abs. 1 e)] bezog.[121]

Die Stellungnahme zum handelsrechtlichen Einzelabschluss von Einzelkaufleuten und Personengesellschaften soll hier nur kurz ausfallen: Festgehalten sei lediglich, dass eine Vorlagepflicht angesichts des eingeschränkten Anwendungsbereich der Bilanzrichtlinie zumindest zweifelhaft erscheint.[122] Allerdings wird dieser eingeschränkte Anwendungsbereich auch vom EuGH sowie den sonstigen Befürworten einer Vorlagepflicht berücksichtigt. Letztere stützen ihre Auffassung daher vielmehr auf die EuGH - Rechtsprechung in den Fällen *„Leur-Bloem"* und *„Giloy"*[123]: Hier[124] wies der EuGH nämlich darauf hin, dass eine Vorlage i. S. d. Art. 234 EG auch bei freiwilligen Verweisungen auf gemeinschaftsrechtliche Regelungen in Betracht kommt. Entscheidend sei, dass der nationalen Gesetzgebers im Rahmen „der Umsetzung der Bestimmung einer Richtlinie in nationales Recht beschlossen hat, rein innerstaatliche Sachverhalte und Sachverhalte, die unter die Richtlinie fallen, gleich zu behandeln, und seine innerstaatlichen Rechtsvorschriften deshalb an das Gemeinschaftsrecht angepaßt hat."[125]
Dieses wiederum wird jedoch für die auf alle Kaufleute anwendbaren GoB abzulehnen sein: Die Umsetzung der Bilanzrichtlinie sollte dazu genutzt werden, schon lange vor Erlaß der Bilanzrichtlinie (in geschriebener und ungeschriebener Form) bestehende GoB aus Gründen der Klarstellung zu kodifizieren und in ein System der Jahresabschlussrechnung einzufügen, welches auf dem Klammerprinzip aufbaut. Dabei wurde das *„true and fair -Prinzip"* der Bilanzrichtlinie - Hauptanknüpfungspunkt bilanzrechtlicher Streitigkeiten bzw. der richtlinienkonformen Auslegung - bewußt in § 264 Abs. 2 HGB bzw. im Zweiten Abschnitt des HGB „Ergänzende Vorschriften für Kapitalgesellschaften" normiert und so eine Anwendbarkeit auf Einzelkaufleute und Personengesellschaften ausgeschlossen.[126] Ferner ist zu bedenken, dass die überwiegende (inhaltliche) Übereinstimmung der rechtsformneutralen GoB mit den Vorschriften der Bilanzrichtlinie vor allem auf den deutschen Einfluss bei ihrer Entwicklung und konkreten Ausgestaltung zurückzuführen ist.[127] Diesbezüglich erschiene es jedoch widersinnig, dass

---

[121] EuGH vom 7. 1. 2003 (Rs. C-306/99), Textziffer 88 - 94.
[122] *Ahmann*, FS Schmidt 1993, S. 268, 274 ff.; *Beisse*, in: *Baetge*, Deutsches Bilanzrecht 2001, S. 1, 23; *Hennrichs*, StuW 1999, 138, 149.
[123] So bspw. *Broer*, RIW 2001, 756, 760 f.; *Herzig/Dautzenberg*, BFuP 1998, 23, 27; *Hoffmann*, DStR 1999, 1686, 1686; *Meilicke*, BB 2001, 40, 40; *Theile*, GmbHR 1999, 1241, 1247 sowie die Erklärungen der Kommission und Bundesregierung in der Sache „BIAO", vgl. hierzu das Urteil vom 7. 1. 2003, Rz. 87.
[124] EuGH vom 17.7.1997 (Rs. C 28/95) „Leur-Bloem", FR 1997, 685 sowie EuGH vom 17.7.1997 (Rs. C 130/95) „Giloy", IWB 1997, F. 11a, S. 197 - 200.
[125] EuGH, FR 1997, 685 (Leitsatz).
[126] Ausführlich hierzu BT – Drucks. 10/317, S. 64 ff.; BT-Drucks. 10/4268, S. 88 ff.
[127] Statt vieler *Beisse*, GS Knobbe-Keuk 1997, S. 385, 387.

ein nationaler Gesetzgeber vormals jahrzehntelang als innerstaatliches Gewohnheitsrecht anerkannte Vorschriften im Anschluss an den Erlass einer inhaltsgleichen bzw. ähnlichen Richtlinie - zu deren Entwicklung er zudem noch maßgeblich beigetragen hat – nicht kodifizieren dürfte, da er nur so einer *ungewollten Anbindung*[128] an das Gemeinschaftsrecht und dem Verlust einer diesbezüglichen Gesetzgebungssouveränität entgehen könnte.
Der Stellungnahme der *Bundesregierung* im Fall „*BIOA*" ist nun anderes zu entnehmen: Ihr zufolge sei eine Normierung des „true and fair -Prinzips" in den §§ 238 - 263 HGB nicht erforderlich gewesen, da es bereits vor dem BiRiLiG in den nationalen Vorschriften enthalten gewesen sei; aus der Normierung im Zweiten Abschnitt folge nicht, dass es nur für Kapitalgesellschaften und unter Ausschluss aller Kaufleute gelte.[129]
Eine *Änderung des gesetzgeberischen Willens* ist hieraus allerdings nicht abzuleiten: Unabhängig davon, dass sich dieser nach außen deutlicher hätte manifestieren müssen, handelt es sich hier um die *Ansicht der Exekutive* und nicht der Legislative. Im Übrigen ist diese Auffassung vor der *eindeutig anderslautenden Gesetzessystematik* des bestehenden HGB abzulehnen.
Sollte man dennoch eine Vorlagepflicht für Fragen zum Einzelabschluss von Einzelkaufleuten und Personengesellschaften bejahen – bspw., weil man eine „Zweiteilung" des Handelsbilanzrechts für unzulässig bzw. nicht möglich hält[130] - so gilt dies jedenfalls nicht für das *Steuerbilanzrecht*: Hier ist zunächst wortwörtlich belegt, dass die Umsetzung der Bilanzrichtlinie *„steuerneutral"* erfolgen sollte.[131] Gleichzeitig ist dem I. Senat mit dem Hinweis auf die Entstehungsgeschichte des § 5 Abs. 1 EStG darin zuzustimmen, dass auch umgekehrt mit dem steuerrechtlichen Verweis auf die handelsrechtlichen GoB kein Bezug zur Bilanzrichtlinie bzw. zum Gemeinschaftsrecht hergestellt werden sollte.[132] Somit ist gerade kein Entschluss des deutschen Gesetzgebers anzunehmen, „rein innerstaatliche Sachverhalte" – hier in Form des Steuerbilanzrechts - und „harmonisierte Sachverhalte" - hier das Handelsbilanzrecht der Kapitalgesellschaften – gleich behandeln zu wollen.[133] Nicht zuletzt vor dem Hintergrund der aufgezeigten Bedeutung der nationalen Steuer(gesetzgebungs)souveränität erschiene es auch fragwürdig, dass er das Steuerbilanzrecht durch die Art und Weise der Umsetzung

---

[128] Siehe ausdrücklich BT-Drucks. 10/4268, S. 89 linke Spalte unten.

[129] Siehe EuGH vom 7. 1. 2003 (Rs. C-306/99), Textziffer 85 f.

[130] *Grotherr/Jorewitz*, FS Strobel 2001, S. 123, 142; *Groh*, DStR 1996, 1206, 1209; *Herzig/Dautzenberg*, BFuP 1998, 23, 27; *Stobbe* in Hermann/Heuer/Raupach, § 5 Rn. 20 mwN. Überzeugender sind allerdings die Argumente der Gegenauffassung, vgl. hierzu vor allem *Hennrichs*, ZGR 1997, 66, 78 ff.; ferner *Beisse*, GS Knobbe-Keuk 1997, S. 385, 387.

[131] BT-Drucks. 10/4268, S. 2, 88 sowie mit dem Hinweis darauf, dass man an dem *bestehenden* System der steuerlichen Gewinnermittlung nach § 5 Abs. 1 EStG festhalten wolle; hierzu auch BFH, Beschluss des I. Senats vom 9. 9. 1998, BStBl. II 1999, 130, 132 f.

[132] BFH, DStR 1999, 151, 152 f.

[133] *Hennrichs*, StuW 1999, 138, 149.

der Bilanzrichtlinie und der gleichzeitigen Beibehaltung des § 5 Abs. 1 S. 1 EStG dem Gemeinschaftsrecht unterwerfen wollte.[134] Damit stellt es „immer noch“ *rein nationales Recht* dar, welches keinem gemeinschaftsrechtlichen Einfluss unterliegt und demzufolge auch keine Auslegung durch den EuGH erforderlich macht.[135] Selbst wenn man eine Vorlagepflicht im Hinblick auf Handelsbilanzrecht aller Kaufleute bejahte, so wäre dies für ein Finanzgericht unerheblich. Dieses entscheidet über die Zulässigkeit von Steuer– und nicht Handelsbilanzen. Diesbezüglich stellt die Verweisung des § 5 Abs. 1 S. 1 EStG nur den Grundsatz dar; sie steht unter dem Vorbehalt, dass der Rückgriff auf die handelsrechtlichen Vorschriften mit dem Sinn und Zweck der steuerlichen Gewinnermittlung vereinbar ist. Da § 5 Abs. 1 S. 1 EStG nationales Recht darstellt, ist seine Reichweite allein von deutschen Gerichten auszulegen. Somit kann der EuGH nicht darüber befinden, ob und auf welche Art und Weise die ins deutsche Recht transformierten Regelungen der Bilanzrichtlinie in der Steuerbilanz Anwendung zu finden haben.[136] Seine Kompetenz ist auf die Auslegung der Fragen im Zusammenhang mit dem in der Bilanzrichtlinie vorgesehenen Anwendungsbereich beschränkt (steht ihm diesbezüglich aber auch ausschließlich zu).[137] Da ausschließlich deutsche Finanzgerichte über die steuerliche Eignung eines Auslegungsergebnis des EuGH zur handelsrechtlichen Bilanzierung entscheiden dürfen, kann ein Urteil des EuGH nicht *entscheidungserheblich* sein und demnach auch keine Vorlage*pflicht* i. S. d. Art. 234 Abs. 3 EG bestehen.[138] Demgegenüber könnte es einem Finanzgericht nach Art. 234 Abs. 2 EG eventuell *möglich* sein, abstrakte Fragen im Zusammenhang mit der Auslegung von Richtlinienvorschriften an den EuGH zu richten.[139] Angesichts seiner ausschließlichen Zuständigkeit für die Steuerbilanz und der diesbezüglich alleinigen Entscheidungskompetenz stellte sich aber nicht zuletzt im Hinblick auf die Arbeitsbelastung des EuGH die Frage nach dem Sinn einer derartigen Vorlage*fähigkeit*.[140]

---

[134] Ebenso *Ahmann*, FS Schmidt 1993, S. 268, 287 f.; *Grotherr/Jorewitz*, FS Strobel 2001, S. 123, 144; *Weber-Grellet*, DB1996, 2089, 2091.

[135] *Ahmann*, FS Schmidt 1993, S. 268, 275 ff; *Hennrichs*, StuW 1999, 138, 149; *Schulze-Osterloh*, DStZ 1997, 281 286; *Weber-Grellet*, DStR 1999, 1648, 1648.

[136] *Ahmann*, FS Schmidt 1993, S. 268, 285; *Beisse*, in: *Baetge*, Deutsches Bilanzrecht 2001, S. 1, 24; *Schulze-Osterloh*, DStZ 1997, 281, 286; *Weber - Grellet*, DB1996, 2089, 2091 f.

[137] So auch *Wassermeyer*, DB 2001, 1053, 1057. a. A. (Zuständigkeit des EuGH für alle Bilanzierungsfragen) bspw. *Broer*, RIW 2001, 756, 761f.

[138] *Hennrichs*, StuW 1999, 138, 150; *Schulze-Osterloh*, DStZ 1997, 281, 286.

[139] *Broer*, RIW 2001, 765, 760; *Hoffmann*, DStR 1999, 1686, 1687. Ebenso sowie zur sog. Einleitungskompetenz der nationalen Gerichte ausführlich *Wassermeyer*, DB 2001, 1053, 1056; insofern a.A. *Schulze-Osterloh*, DStZ 1997, 281, 285.

[140] Zur Arbeitsbelastung des EuGH auch der Schlussantrag von *Generalanwalt Jacobs* in der Sache „BIAO“, IStR 2002, 24 f.

Folgt man diesem dennoch, so wäre zunächst auch die Vorlage des FG Köln sowie die Entscheidung des EuGH in der Sache „DE + ES Bauunternehmung GmbH" zu rechtfertigen: Das Finanzgericht hatte dem EuGH abstrakte Fragen hinsichtlich der Auslegung der Artt. 20 Abs. 1 und 3, 30 Art. 1 Abs. 1 sowie Art. 42 der Bilanzrichtlinie in Hinblick auf die Bildung bestimmter Rückstellungen vorgelegt.[141] Der EuGH hingegen beschränkte seine Ausführungen auf die Auslegung dieser Vorschriften und gab keine Wertungen dahingehend ab, wie diese ertragssteuerrechtlich zu würdigen sind.[142] Diese Würdigung blieb im konkreten Fall vielmehr dem FG Köln überlassen.[143] Vergleichbares gilt für den Fall „BIAO" und die Vorlage durch das FG Hamburg.

Problematisch ist daher weniger ein unmittelbarer, als vielmehr ein *mittelbarer Einfluss* der EuGH-Rechtsprechung auf das Steuerbilanzrecht und zwar in Form einer *Veränderung des GoB – Verständnisses*. Die Bilanzierenden könnten sich fragen, warum ein und derselbe bilanzielle Sachverhalt gegebenenfalls unterschiedlich behandelt wird und welche Vorgehensweise denn „tatsächlich richtig" ist.[144] Dies gilt insbesondere in Anbetracht der Tatsache, dass sich die Bilanzrichtlinie den IFRS öffnen und die Bedeutung des „true and fair view" – Prinzips neue Dimensionen annehmen wird. Die Gefahr, dass trotz der abschließenden Entscheidungskompetenz des BFH zumindest bis zu einer Entscheidung gewisse Bilanzierungsunsicherheiten - eventuell sogar von vorläufigen Steuerbescheiden i. S. d. § 165 Abs. 1 Nr. 3 AO begleitet – eintreten, kann zumindest nicht ausgeschlossen werden. Daneben aber ist es auch unbefriedigend, wenn die letztendliche Entscheidungskompetenz im Hinblick auf die bilanzielle Erfassung desselben Geschäftsvorfalles je nach Abschluss divergiert.

II. Künftige Internationalisierung der Steuerbilanz ?

War das Steuerbilanzrecht bislang wenig von Internationalisierungstendenzen berührt, so könnte sich hieran in Zukunft möglicherweise Einiges ändern.
Dies ergibt sich zunächst aus den Entwicklungen im Bereich der Rechnungslegung. Zwar hat die IFRS- Verordnung und die in diesem Zusammenhang geführte Diskussion um das „Ob" und „Wie" einer IFRS-Anwendung im deutschen Ein-

---

[141] Vgl. FG Köln, Vorlagebeschluss vom 16.7.1997, DStRE 1997, 745.

[142] EuGH, DStR 1999, 1645, 1646, Anm. 20 ff („Gründe") sowie insbesondere Anm. 26: „die Jahresabschlüsse der Gesellschaften, für die die Richtlinie gilt". Äußerungen zur ertragssteuerlichen Würdigung sind dem Urteilstext jedenfalls nicht zu entnehmen.

[143] Daher sei erwähnt, dass es wohl auch nicht die Entscheidung selbst, sondern vielmehr die unproblematische Annahme einer Entscheidungskompetenz seitens des EuGH war, welche die angesprochene Kritik an dieser Entscheidung hervorrief. Vgl. z. B. *Hoffmann*, DStR 1999, 1686, 1686 („schon etwas provozierend") sowie die Anmerkung *Weber-Grellets* zum Urteil des EuGH, DStR 1999, 1648, Punkt 3.

[144] *Grotherr/Jorewitz*, FS Strobel 2001, S. 123, 143 f.; *Beisse*, GS Knobbe-Keuk 1997, S. 385, 407. Paradebeispiel hierfür sind die Entscheidung zur phasengleichen Aktivierung von Dividendenansprüchen des EuGH im Fall „Tomberger", DStR 1996, 1093, und die entgegenstehende BFH - Rechtsprechung, siehe bspw. BFH (GrS) DStR 2000, 1682. Ausführlicher hierzu *Weber-Grellet*, DB1996, 2089, 2091 mwN.

zelabschluss vordergründig eine handelsrechtliche Dimension. Solange jedoch eine Maßgeblichkeit handelsrechtlicher GoB für die steuerliche Gewinnermittlung i. S. d. § 5 Abs. 1 S. 1 EStG existiert, ist eine Rückwirkung eventueller Änderungen des Handelsbilanzrechts auf die Steuerbilanz zumindest nicht von vorne herein ausgeschlossen. Daher wird schon jetzt kontrovers über einen möglichen – wie auch immer gearteteten – Einfluss der IFRS auf die steuerliche Gewinnermittlung bzw. sogar über eine Steuerbilanz auf Basis der IFRS diskutiert.
Letztere erscheint angesichts des o. g. Vorschlages des BMJ und BMF, auch weiterhin insbesondere zum Zwecke der Besteuerung am HGB-Abschluss festzuhalten, eher unwahrscheinlich. Eine solche käme in diesem Zusammenhang lediglich dann in Betracht, wenn sich der Gesetzgeber bei gleichzeitiger uneingeschränkter Beibehaltung am Maßgeblichkeitsprinzip für einen ausschließlichen IFRS – Einzelabschluss entscheidet, welcher - da der Verweisungsumfang des § 5 Abs. 1 S. 1 EStG rechtsformunabhängig ist - zwingend von allen Kaufleuten zu erstellen wäre.[145] Angesichts des oben angesprochenen IASB-Projekts zur Entwicklung von IFRS-SE ist ein derartiger IRFS-Abschluß und damit die Möglichkeit eines unmittelbaren Einflusses der IFRS auf die Steuerbilanz zwar für die Zukunft nicht von vorne herein auszuschließen. Wesentlich realistischer erscheint momentan aber der bereits angesprochene *mittelbare Einfluss* der IFRS. Einen ersten Schritt in diese Richtung stellte dabei schon die vom BMJ und BMF angedachte „Durchforstung und Entrümpelung des HGB“ dar, mittels derer eine „Anpassung an europäische und internationale Rechnungslegungsregeln“ erreicht werden soll.[146] Schon diese Änderungen beträfen den HGB-Einzelabschluss de lege lata und könnten je nach Art ihrer Ausgestaltung und Umsetzung über § 5 Abs. 1 S. 1 EStG möglicherweise ebenso Auswirkungen auf die Steuerbilanz haben. Darüber hinaus birgt ein paralleler IFRS-Einzelabschluss die Möglichkeit einer Veränderung des bisherigen GoB – Verständnisses[147] und kann die Frage aufwerfen, ob und inwiefern (einzelne) IFRS-Regelungen bzw. Standards (besser) zum Zwecke der Ermittlung des steuerlich relevanten Gewinnes geeignet sind. Dies wird bereits durch die aktuelle Diskussion belegt: Schon jetzt finden sich vereinzelte Stimmen in der Literatur, welche bestimmte bilanzielle Vorgehensweisen der IFRS für steuerliche Zwecke geeigneter als die einschlägigen Regelungen de lege

[145] *Kahle*, WPg 2002, 178, 179; *Heurung*, RIW 2000, 421, 425; *Oestreicher/Spengel*, RIW 2001, 889, 890; ähnlich *Grotherr/Jorewitz*, FS Strobel 2001, S. 123, 134.
[146] BMJ und BMF, StuB 2003, 223, 223, Punkt (3).
[147] *Herzig*, WPg 2000, 104, 110; *Herzig/Dautzenberg*, BFuP 1998, 23, 25; *Peemöller/Spanier/Weller*, BB 2002, 1799, 1801; *Schreiber*, FS Beisse 1997, S. 491, 491. Ebenfalls *Grotherr/Jorewitz*, FS Strobel 2001, S. 123, 135 ff., 139, allerdings schon hinsichtlich der Konzern - GoB.

lata halten und daher de lege ferenda für ihre Übernahme in das Steuerbilanzrecht plädieren[148].

Gleichzeitig wird hierdurch verdeutlicht, dass eine steuerliche Anwendung der IFRS nicht unbedingt den „Umweg" über die Handelsbilanz nehmen muss. Denn zum einen wurde bereits im Entwurf zum *StEntlG* ausdrücklich darauf hingewiesen, dass durch diese Steuerreform „die steuerliche Gewinnermittlung objektiviert und an internationale Standards angepaßt" werden solle.[149] Auch sind schon heute bestimmte EStG- Normen mit einzelnen IFRS - Regelungen vergleichbar[150] bzw. einige wesentliche Übereinstimmungen zwischen den jeweiligen Bilanzierungsgrundsätze festzustellen.[151] Der deutsche Gesetzgeber könnte es daher bspw. ebenso erwägen, eine unmittelbare, vom Einzelanschluss unabhängige steuerliche Anwendung der IFRS vorzusehen. In diesem Zusammenhang sei nur auf den im Vierten Kapitel noch näher dargestellten *Monatsbericht Oktober* 2002 des BMF[152] hingewiesen, der sich zumindest nicht ausdrücklich ablehnend gegenüber einer steuerlichen Anwendung der IFRS äußert. Und zum anderen ist zu bedenken, dass die IFRS möglicherweise auf EU-Ebene im Zusammenhang mit den Plänen zur Gestaltung einer konsolidierten KSt-Bemessungsgrundlage Berücksichtigung finden könnten. Angesichts dessen also weist die Beurteilung der IFRS auch aus steuerrechtlicher Sicht (immer noch) große Relevanz auf.

§ 2 Ausgestaltung der Untersuchung

A. Konkretisierung des Untersuchungsgegenstandes

I. Fragestellung

Wie bereits angedeutet, ist die Verknüpfung der Steuerbilanz mit den „aktuellen" handelsrechtlichen GoB einiger Kritik ausgesetzt. Vor diesem Hintergrund der aufgezeigten Entwicklungen soll sich die hier zu untersuchende Fragestellung da-

---

148 Siehe hierzu bspw. nur *Herzig*, WPg 2000, 104, 117 f. und *Schaffer*, S. 247 ff. Im Vierten Kapitel wird jedoch noch ausführlich auf den diesbezüglichen Meinungsstand und die jeweiligen Argumente eingegangen.

149 BT - Drs. 14/23, S. 126 und weiter, S. 170: „In Hinblick auf die vorgesehene Unternehmenssteuerreform schaffen die Vorschriften zur Objektivierung der Gewinnermittlung die Voraussetzungen für eine international vergleichbare Bemessungsgrundlage." Ähnlich auch *Hauser/Meurer*, WPg 1998, 269, 273 zu den *„Petersberger Steuervorschlägen"*.

150 Vgl. hierzu *Eichhorn*, S. 248; *Grotherr/Jorewitz*, FS Strobel 2001, S. 123, 145; *Herzig*, WPg 2000, 104, 109.

151 Ausführlicher hierzu in Kapitel 3, § 2 B., S. 143 und Kapitel 4, § 2 C. I. 2. a), S. 197 f.

152 Abrufbar unter www. bundesfinanzministerium.de unter dem link „Monatsberichte".

her damit beschäftigen, inwiefern das Steuerbilanzrecht de lege lata Schwachpunkte aufweist und welche Alternativen zur Ermittlung des steuerlichen Gewinnes de lege ferenda in Betracht kommen könnten.
In diesem Zusammenhang wäre zum einen der Überlegung nachzugehen, ob eine steuerliche Anwendung der IFRS zu einer Verbesserung der bestehenden Situation beitragen kann. Denn obschon die IFRS selbst ihren Zweck nicht in der Ermittlung eines steuerlich relevanten Gewinnes sehen, sollen sie zumindest dann für die Erstellung von Berichten zu steuerlichen Zwecken anwendbar sein, „wenn deren Anforderungen dies gestatten".[153] Und nur, weil die IFRS eine internationale und informationsorientierte Rechnungslegung darstellen, kann nicht von vorne herein von einer grundsätzlichen Unvereinbarkeit mit dem Steuerbilanzrecht ausgegangen werden[154]: Auch die Funktion der Handelsbilanz besteht zum Teil in der Vermittlung von Informationen; darüber hinaus verlangt eine entsprechende Rechnungslegung nicht nach *prinzipiell* anderen Bilanzierungsregeln als eine auf Zahlungsbemessung und Gewinnermittlung abzielende Bilanz.
Stellt sich im Rahmen dieser Prüfung demgegenüber eine teilweise/gänzliche formelle und/oder materielle Ungeeignetheit der IFRS für die steuerliche Gewinnermittlung heraus, so wäre zum anderen über weitere Lösungen hinsichtlich der künftigen Konzeption der steuerlichen Gewinnermittlung nachzudenken. Um die folgende Untersuchung etwas greifbarer zu machen, sollen allerdings zweierlei Einschränkungen vorgenommen werden:

II. Beschränkung auf immaterielle Wirtschaftsgüter, insbesondere Forschungs- und Entwicklungskosten sowie den Geschäftswert

Welche Konsequenzen sich aus einer steuerlichen Anwendung der handelsrechtlichen GoB bzw. der IFRS ergeben, kann nicht pauschal beurteilt werden. Zur Verdeutlichung wird als Schwerpunkt dieser Untersuchung daher die *bilanzielle Behandlung von immateriellen Vermögenswerten* gewählt. Gerade diese sind von besonderem Interesse: Immaterielle Werte stellen noch immer die „Sorgenkinder des Bilanzrechts"[155] dar. Nicht zuletzt aufgrund ihrer Unkörperlichkeit sind sie nur schwer fassbar und dementsprechend schwierig in einer Bilanz abzubilden. Gleichzeitig kommt ihnen eine große wirtschaftliche Bedeutung zu. Bedingt durch die wirtschaftlichen und technischen Entwicklungen haben sich immaterielle Werte vor allem in jüngerer Zeit als zentrale Werttreiber ganzer Branchen – insbesondere im Bereich der „New Economy" – heraus-

[153] Vgl. das Rahmenkonzept und insbesondere die Vorschrift F. 6 (Vorschriften des frameworks werden mit F. abgekürzt; mehr zur Systematik der IFRS im Zweiten Kapitel.).
[154] So auch *Eichhorn*, S. 2; *Herzig*, WPg 2000, 104, 113; *Kahle*, WPg 2002, 178, 180 mwN; *Oestreicher/Spengel*, DB 1999, 593, 595; *Schreiber*, FS Beisse 1997, S. 491, 505. A. A. hingegen bspw. *Füllbier/Gassen*, DB 1999, 1511, 1512 f.
[155] *Moxter*, BB 1979, 1102, 1102.

kristallisiert.[156] Vorliegend soll dabei auf die in diesem Zusammenhang wohl „größten Sorgenkinder", nämlich die *Forschungs- und Entwicklungskosten*[157] und vor allem den *Geschäftswert* abgestellt werden.

Dessen bilanzielle Behandlung war schon bisher ein besonderer Streitpunkt im Rahmen der deutschen Rechnungslegung - die hierzu vertretenen Ansichten divergieren von der Frage nach seiner Rechtsnatur bis hin zu seinem Bilanzausweis sowohl dem Grunde als auch der Höhe nach. Angesichts der zunehmenden und oftmals grenzüberschreitenden M & A - Aktivitäten ist er vermehrt in den Mittelpunkt der internationalen Rechnungslegung und diesbezüglichen Diskussionen gerückt und entwickelt inzwischen sogar wirtschaftspolitische Brisanz.[158]

Eine Einschränkung der vorliegende Untersuchung auf diese beiden Fallgruppen bietet sich auch deshalb an, weil vor allem hier die wesentlichen Unterschiede zwischen der Bilanzierung nach IFRS und dem HGB bzw. EStG offenkundig werden. Damit kommt diesem Vergleich besondere Aussagekraft dahingehend zu, ob und inwieweit die IFRS - Rechnungslegung „bessere" oder „schlechtere" Bilanzierungslösungen als das momentane System bietet. Allerdings darf eine entsprechende Beurteilung nicht auf die aktuellen Regelungen beschränkt sein. Das Entwicklungskonzept der IFRS ist auf flexible Anpassungsmöglichkeiten an die wirtschaftlichen Veränderungen ausgerichtet. Daher muss ihrem grundsätzlichen *Zweck* sowie den hieraus ableitbaren *Grundprinzipien* ebenfalls Aufmerksamkeit gewidmet werden. Denn nur, wenn diese mit der steuerlichen Gewinnermittlung als vereinbar angesehen werden können, ist auch von einer künftigen steuerlichen Eignung der IFRS auszugehen. Dementsprechend soll zumindest ansatzweise auf grundsätzliche Fragen wie bspw. der Gewinn- und Verlustberücksichtigung eingegangen werden.

III. Keine Darstellung der ökonomischen Konsequenzen

Gleichzeitig ist folgendes zu bedenken: Nicht nur bei der Normierung von Rechnungslegungsvorschriften, sondern gerade beim Erlaß von Regelungen zur Unternehmensbesteuerung kommt den Bedürfnissen der Wirtschaft und wirtschaftspolitischen Erwägungen grosse Relevanz zu.[159] Diesen Gesichtspunkten kann wiederum das Interesse des Staates an einem gesicherten, gleichmäßig zufließenden und ausreichend hohen Steueraufkommen gegenüber. Dabei steht vor allem das Steuerbilanzrecht im Spannungsfeld entsprechender Diskussionen.

---

[156] Ausführlich hierzu *Küting/Ulrich*, DStR 2001, 953, 953.

[157] Zur näheren Differenzierung vgl. *Veit*, DB 1992, 641, 641.

[158] Siehe nur *Pellens/Sellhorn/Weinreis*, in: FAZ vom 22. April 2002, Nr. 93, S. 25.

[159] Auch wird das Steuerrecht oftmals dazu genutzt, mittels begünstigender Vorschriften (vgl. nur §§ 5 a, 6 b und c, 7 d und g EStG) lenkungspolitisch in die Investitionsentscheidungen der Wirtschaft einzugreifen.

Diesbezüglich können „in das Gewand eines Steuergesetzes gekleidete wirtschaftliche Lenkungsmaßnahmen“ zwar durchaus verfassungsrechtlich zulässig sein.[160] Umgekehrt gilt jedoch zu beachten, dass das Steuerrecht öffentliches Recht ist und sowohl ein Teilgebiet der klassischen Eingriffsverwaltung des Staates als auch ein Lastenverteilungsrecht darstellt.[161] Auch wenn dies in der Praxis anders aussieht – abgesehen von zwangsläufig eintretenden Effekten sollte sich das Steuerrecht vom Grundsatz her entscheidungsneutral auf das wirtschaftliche Verhalten des Steuerpflichtigen auswirken.[162]
Daher sollten die Konsequenzen für den „Wirtschaftsstandort Deutschland“ bzw. ein zu erwartendes Steueraufkommen bei der Ausgestaltung des Steuerbilanzrechts zwar nicht gänzlich unberücksichtigt gelassen werden.[163] In erster Linie aber müssen die entsprechenden gesetzgeberischen Entscheidungen mit den Anforderungen an eine verfassungskonforme steuerliche Gewinnermittlung vereinbar sein. Angesichts dessen, aber auch aufgrund der „Arbeitsteilung“ zwischen der Rechts- und Wirtschaftswissenschaft soll im Rahmen dieser Untersuchung nicht näher auf die ökonomischen Folgen insbesondere einer steuerlichen Gewinnermittlung auf Basis der IFRS eingegangen werden; diesbezüglich sei auf entsprechende Forschungsergebnisse - bspw. von *Oestreicher/Spengel* oder *Rahlf*[164] - verwiesen.

B. Gang der Untersuchung

Die Klärung der aufgeworfenen Ausgangsfrage macht mehrere Teilschritte erforderlich: So wird im Zweiten Kapitel am Beispiel der momentanen Konzeption des Steuerbilanzrechts zunächst versucht, die verfassungsrechtlichen Anforderungen an eine steuerliche Gewinnermittlung zu konkretisieren. Hierdurch wird sozusagen der „Soll – Zustand“ bestimmt, anhand dessen sich die einzelnen aktuellen Ausgestaltungen beurteilen lassen.

Diesbezüglich sei allerdings schon hier folgendes angemerkt: Das Grundgesetz selbst kann keine konkreten Vorgaben zur steuerlichen Gewinnermittlung oder sogar zu einzelnen Bilanzie-

---

[160] BVerfGE 16, 147, 161; *Kiesewetter*, StuW 1997, 24, 25. Zur Kritik vgl. bspw. *Kirchhof*, StuW 2002, 3, 5 ff; *Tipke*, Steuerrechtsordnung, Band I, § 3, S. 33.
[161] BVerfG, BStBl. II 1995, 655, 660; BFH (GrS) DStR 2000, 1682, 1687; *Kirchhof*, StuW 2002, 3, 3; *Tipke*, Steuerrechtsordnung, Band I, § 3, S. 34.
[162] Ausführlicher *Kiesewetter*, StuW 1997, 24, 24.
[163] Siehe auch BT - Drucks. 14/2683, S. 93, vor allem aber *Wagner*, BB 2002, 1885, 1885.
[164] *Oestreicher/Spengel*, Maßgeblichkeit der International Accounting Standards für die steuerliche Gewinnermittlung?, Baden - Baden 1999 (aktualisierte Ergebnisse findet sich in RIW 2001, 889 ff. und *Rahlf*, IAS – Bilanzierung und Besteuerung, Bielefeld 2000.

rungsgrundsätzen machen.[165] Aus der Verfassung leiten sich selten „einzig richtige" Schlussfolgerungen ab, aus denen sich ein „ausdifferenziertes" Teilrechtsgebiet entwickeln ließe.[166] Auch sind die verfassungsrechtliche Kriterien nicht stringent – logisch in einfaches Recht umsetzbar.[167] Zurückzuführen ist dies sowohl auf die unterschiedlichen Interessenslagen zwischen dem Steuerpflichten und dem Fiskus als auch darauf, dass selbst die innerhalb einer steuerlichen Gewinnermittlung zu beachtenden Grundsätze teilweise miteinander kollidieren. In beiden Fällen sind die hieraus resultierenden, potentiellen Konflikte in einen jeweils sachgerechten Ausgleich zu bringen, was wiederum nicht logisch – zwingende Wertungen voraussetzt. Trifft man diese Wertungen aber auf eine bestimmte Art und Weise, so lassen sich allerdings zumindest gewisse Anforderungen konkretisieren, innerhalb deren Rahmen sich ein verfassungsgemäßes Steuerbilanzrecht konsequenterweise wiederfinden sollte.

Um die Auswirkungen einer steuerlichen Anwendung der IFRS beurteilen zu können, soll im *Dritten Kapitel* vorab ein Überblick über die Bilanzierung nach dieser Rechnungslegung vermittelt werden. Im *Vierten Kapitel* wird dann auf die Ausgangsfrage nach möglichen Gestaltungen der steuerlichen Gewinnermittlung de lege ferenda zurückzukommen sein. Diesbezüglich soll als erste Variante eine *steuerliche Gewinnermittlung auf Basis der IFRS* untersucht und als Beurteilungsmaßstab auf den im Zweiten Kapitel konkretisierten „Soll – Zustand" eines verfassungsgemäßen Steuerbilanzrechts zurückgegriffen werden. Da neben der BRD auch andere europäische Mitgliedstaaten eine Maßgeblichkeit kennen, ihr Steuerbilanzrecht also ebenso von den diesbezüglich bestehenden Problemen sowie den Internationalisierungstendenzen des Handelsrechts betroffen ist, lohnt sich - in einer kurzen Nebenbetrachtung - ein Blick auf die dortige Situation. Exemplarisch herausgegriffen wurden *Frankreich*, *Österreich* und - obwohl kein EU-Mitglied doch mit ähnlichen Diskussionen konfrontiert- die *Schweiz*.
Im Anschluss hieran wird auf den zweiten Teil der Ausgangsfrage - nämlich der nach *weiteren Alternativen* zur jetzigen Form des Steuerbilanzrechts - eingegangen. Insbesondere angesichts der in jüngerer Zeit zahlreich normierten steuerrechtlichen Spezialregelungen kommt hier vor allem die Normierung eines *selbständigen Steuerbilanzrechts* in Betracht. Dabei wird sich zeigen, dass nicht nur das Maßgeblichkeitsprinzip und die Anbindung an die handelsrechtlichen GoB kritisch betrachtet wird. Vielmehr richten sich zahlreichen Vorbehalte schon gegen die Steuerbilanz an sich. Als Alternativen werden daher zum Teil eine *einheitliche Anwendung des § 4 Abs. 3 EStG*[168] oder eine reine *„cash – flow"* - Steu-

[165] Vgl. zu dieser Problematik bspw. *Hennrichs*, DStJG 24 (2001), 301, 312, Fn. 57 sowie S. 314 mwN; *Kahle*, WPg 2002, 178, 186 mwN; *Schön*, BB 1997, 1333, 1339.
[166] *Hennrichs*, DStJG 24 (2001), 301, 312, Fn. 57 mwN.
[167] *Hennrichs*, DStJG 24 (2001), 301, 312, Fn. 57 und S. 314 mwN; ähnlich *Costede*, StuW 1995, 115, 119.
[168] *Wagner*, DB 1998, 2073, 2077; *Weber – Grellet*, DStR 1998, 1343, 1349. Kritisch z. B. *Buchholz/Weis*, DStR 2002, 559, 563; *Dziadkowski*, BB 2000, 399, 400.

er[169] vorgeschlagen. Im Rahmen dieser Untersuchung soll hierauf jedoch nicht näher eingegangen werden. Zunächst ist auch § 4 Abs. 3 EStG von zahlreichen Ausnahmen durchsetzt und wirft zum Teil unbefriedigende Ergebnisse auf. Und so sehr eine Gewinnermittlung auf Basis einer reinen Geldverkehrsrechnung auch an Einfachheit überzeugen mag: Ihre Einführung bedürfte doch zumindest am Anfang komplizierter Übergangsrechnungen und müßte im Wege einer grundlegenden Reform des EStG erfolgen, die dann konsequenterweise auch vor anderen Einkunftsarten nicht Halt machen dürfte. Angesichts des schon hohen Reformbedarfs in anderen Bereichen wie dem Arbeitsmarkt oder dem Gesundheitssystem und – nicht zu vergessen – der notwendigen Entscheidung im Hinblick auf die künftige Ausgestaltung des Einzelabschlusses, werden derart umwälzende Vorschläge zur Reform des EStG momentan auf wohl wenig Gegeninteresse von Seitens des Gesetzgebers stoßen. Da sie in näherer Zukunft also wenig Chance auf Realisierung aufweisen, sollen sie hier weitestgehend außer Betracht bleiben.
Abschließend soll noch einmal ausführlicher auf die Stellungnahme des BMF zu einer steuerlichen Anwendung der IFRS in seinem *Monatsbericht Oktober 2002*[170] eingegangen werden. Allerdings: Um wesentlich mehr als eine nur vorläufige und teils vage Prognose handelt es sich hier auch nicht; vielmehr sind aus ihm nur gewisse Nuancen im Hinblick auf die Zukunft der steuerlichen Gewinnermittlung abzuleiten, so dass er vornehmlich als Interpretationshilfe für eine mögliche, künftige gesetzgeberische Entscheidung dienen kann.

[169] *Hennrichs*, StuW 1999, 138, 153; *Wagner*, DB 1998, 2073, 2077. Zur möglichen Ausgestaltung vgl. *Kiesewetter*, StuW 1997, 24, 29 ff.
[170] Abrufbar unter www. bundesfinanzministerium.de unter dem link „Monatsberichte".

Zweites Kapitel: Das Steuerbilanzrecht de lege lata

§ 1 Der „Soll – Zustand“ eines verfassungsgemäßen Steuerbilanzrechts

A. Die verfassungsrechtlichen Anforderungen

Das Grundgesetz sieht zwar zahlreiche Regeln und Prinzipien vor, die bei Erlaß eines Steuergesetzes zu beachten sind. Ihrer Bedeutung wegen sollen sich die folgenden Ausführungen jedoch auf das Rechtsstaatsprinzip sowie Artt. 3 Abs. 1 und 14 GG[171] beschränken:

I. Rechtsstaatsprinzip

Zu den Grundvoraussetzungen einer funktionierenden Rechtsordnung zählen die Rechtssicherheit und der Vertrauensschutz seiner Bürger. Dieses zu gewährleisten, ist Aufgabe des Rechtsstaatsprinzips i. S. d. Art. 20 Abs. 3 GG. Für ein verfassungskonformes Steuerbilanzrecht sind dabei vor allem der Gesetzesvorbehalt und das Bestimmtheitsgebot zu beachten[172]:

1. Gesetzesvorbehalt und Prinzip der Tatbestandsmäßigkeit der Besteuerung

Zur Herstellung von Rechtssicherheit und Vertrauensschutz im Steuerrecht kommt vor allem dem *steuerrechtlichen Legalitätsprinzip* herausragende Bedeutung zu. [173] Es leitet sich „jedenfalls“ aus Art. 2 Abs. 1 GG und Art. 20 Abs. 3 GG

---

[171] Zur steuerlichen Bedeutung weiterer Freiheitsrechte wie Artt. 6 Abs. 1 und 12 Abs. 1 GG statt vieler *Kirchhof*, AöR Band 128 (2003), 1, 22 ff.

[172] Auch das Rückwirkungsverbot sollen nicht näher behandelt werden. Relevant wurde es allerdings insbesondere im Zusammenhang mit dem durch das *StEntlG* eingeführte Wertaufholungsgebot des § 6 Abs. 1 Nr. 1 S. 4 EStG; dazu unter § 2 B. IV. 4. b) dd) (2). Hier sei auf *Schön*, BB 1997, 1333, 1333 ff. und *Tipke*, Steuerrechtsordnung, Band I, § 6, S. 145 ff. verwiesen.

[173] Vgl. hierzu nur BVerfGE 87, 153, 169 und *Lang*, in: *Tipke/Lang*, § 4 Rz. 53. Inhaltsgleich ist die Bezeichnung *Grundsatz der Gesetzmäßigkeit der Besteuerung*.

ab[174] und setzt sich zusammen aus der sog. Tatbestandsmäßigkeit der Besteuerung[175] und sowie dem Vorbehalt und Vorrang des Gesetzes.
Nach dem *Prinzip der Tatbestandsmäßigkeit* muss der jeweilige Eingriff tatsächlich vom gesetzlichen Tatbestand gedeckt sein[176] sowie der hier vorgesehen Rechtsfolge entsprechen.[177] Ergänzend verlangt der *Gesetzesvorbehalt*, dass dieser Eingriff auch auf einer gesetzlichen und vom Parlament selbst verabschiedeten Grundlage beruht.[178] Damit kommt ihm insbesondere eine *Warn- und Kontrollfunktion* zu: Entscheidungen im Hinblick auf Eingriffe in den Rechtskreis des Einzelnen sollen den Weg eines formellen Gesetzgebungsverfahrens und die hiermit verbundenen, diversen Kontrollmechanismen durchlaufen.[179] *Vorrang des Gesetzes* wiederum bedeutet, dass Rechtsverordnungen und Verwaltungsakte nicht gegen das Gesetz verstoßen.[180]
Da die Ermittlung des steuerlich relevanten Gewinnes zur Bemessungsgrundlage des staatlichen Steuerzugriffs führt, leitet sich somit auch für die Methodik der Gewinnermittlung die Notwendigkeit einer gesetzlichen Kodifikation ab.[181] Gleichzeitig stellt sich jedoch die Frage, wie detailliert diese ausgestaltet sein muss. Hielte man es nämlich für erforderlich, dass jede einzelne Regelung vom Parlament selbst zu verabschieden ist, so wären dessen Arbeitskapazitäten bald erschöpft. Angesichts dessen hat sich inzwischen die sog. Wesentlichkeitstheorie durchgesetzt, dass der das Parlament zumindest Entscheidungen von *wesentlicher Bedeutung* - vor allem solcher mit grundrechtsbeeinträchtigender Wirkung[182] – selbst zu treffen hat.[183]

---

[174] BVerfGE 87, 153, 169; *Birk*, Rn. 143; *Lang*, in: *Tipke/Lang*, § 4 Rz. 153 ff. Eine einfachgesetzliche Kodifikation findet sich in § 3 Abs. 1 AO.

[175] Gemeint ist hiermit jedoch nicht nur der reine Tatbestand an sich, vielmehr muss von diesem Prinzip auch die Rechtsfolge erfasst sein, vgl. *Tipke*, Steuerrechtsordnung, Band I, § 6, S. 128.

[176] *Kahle*, WPg 2002, 178, 180.

[177] Siehe hierzu nur *Lang*, in: *Tipke/Lang*, § 4, Rz. 158: „Die Steuer muß sich auch der Höhe nach aus dem Gesetz ergeben".

[178] BVerfGE 40, 237, 248 f.; 48, 210, 221; 61, 260, 275; *Dreier*, in *Dreier*, Grundgesetz-Kommentar, Art. 20 (Rechtsstaat) Rdnr. 95, 103 ff, 107 ff.; *Kirchhof*, StuW 2002, 3, 3 und 10; *Sommermann*, in: *v. Mangoldt/Klein/Starck*, Bonner Grundgesetz, Art. 20 Abs. 3 Rdnr. 263 mwN; *Weber-Grellet*, DB 1994, 288, 289.

[179] *Dreier*, in *Dreier*, Grundgesetz-Kommentar, Art. 20 (Rechtsstaat) Rdnr. 95; *Kirchhof*, ZGR 2000, 681, 681; *Sommermann*, in: *v. Mangoldt/Klein/Starck*, Bonner Grundgesetz, Art. 20 Abs. 3 Rdnr. 176 ff., 267 ff.

[180] BVerfGE 8, 274 (Leitsatz), sowie 325 ff.; BVerfGE 48, 210, 221 f.; *Lang*, in: *Tipke/Lang*, § 4, Rz.150.

[181] So zum Steuerbilanzrecht BT - Drucks. 14/2683, S. 93; *Arbeitskreis Bilanzrecht der Hochschullehrer Rechtswissenschaft*, BB 2002, 2372, 2379; *Herzig/Bär*, DB 2003, 1, 4.

[182] Zur Konkretisierung des Merkmals „wesentlich" bspw. *Sommermann*, in: *v. Mangoldt/Klein/Starck*, Bonner Grundgesetz, Art. 20 Abs. 3 Rdnr. 265 ff.

[183] BVerfGE 49, 89, 126 f.

Auf das Steuerrecht trifft dies zwar in besonderem Maße zu, da der staatliche Steuerzugriff immer Auswirkungen auf die Grundrechtsausübung hat. Dennoch bedeutet dies nicht automatisch, dass das Parlament jede steuerlich relevante Regelung selbst zu treffen hat: Zum einen darf die Klärung von Detailfragen aufgrund des Art. 80 Abs. 1 GG als besondere Ausprägung des Gesetzesvorbehaltes[184] auch in Form von Rechtsverordnungen durch das BMF[185] und damit durch ressortzuständige Exekutive erfolgen.[186] Und zum anderen ist es ihm erlaubt, mittels Verweisungen Bezug auf andere Spezialregelungen zu nehmen, welche die Einzelfragen der jeweiligen Materie aufgrund ihrer größeren Sachnähe genauer erfassen.[187] Dabei kommt es angesichts der rechtsverbindlichen Natur der in Bezug genommenen Regelungen nicht zuletzt vor dem Hintergrund des Demokratieprinzip - welches zusammen mit dem Rechtsstaatsprinzip die „tragende verfassungsrechtliche Säule des Gesetzesvorbehaltes" bildet[188] - entscheidend darauf an, dass sie von einem Organ erlassen werden, auf den eine staatliche und den Anforderungen des Demokratieprinzips entsprechende ununterbrochene Legitimationskette zurückreicht[189]; eine rechtsverbindliche Konkretisierung grundrechtsrelevanter bzw. steuerlicher Fragen durch ein privatrechtliches Organ kommt in Ermangelung einer solchen Legitimation daher nicht in Betracht. [190]

Die „wesentliche Entscheidung" für eine *Steuerbilanz* hat ihren gesetzlichen Niederschlag in § 4 Abs. 1 EStG bzw. §§ 4 Abs. 1, 5 Abs. 1 EStG gefunden. Wie die Bilanzierung jedoch im Detail durchzuführen ist, darf auch hier mittels Verweis konkretisiert werden. Nach dem oben Dargestellten gilt dabei allerdings vor allem zweierlei zu beachten: Zum einen muss es sich bei den in Bezug genommenen Regelungen ebenfalls um Gesetze handeln. Denn auch die Art und Weise der Gewinnermittlung hat Einfluss auf die Reichweite des staatlichen Steuerzugriffs, so dass schon die steuerlich relevanten Bilanzierungsregeln eine „wesentliche

---

[184] Vgl. BVerfGE 49, 89, 127.

[185] Hierzu *Lang*, in: *Tipke/Lang*, § 5, Rz. 6. Die Zuständigkeit der Landesfinanzminister ist angesichts der geringen Relevanz der Landesgesetzgebungskompetenz im Steuerrecht [vgl. Art. 105 Abs. 2 (konkurrierende Gesetzgebungskompetenz) bzw. Abs. 3 (ausschließliche Gesetzgebungskompetenz für Verbrauchs- und Aufwandssteuern, aber in den jeweiligen Landes-KAG delegiert auf die Kommunen)] außer Acht zu lassen.

[186] Siehe hierzu z. B. *Lang*, in: *Tipke/Lang*, § 4, Rz. 159.

[187] Siehe hierzu z. B. die jeweiligen Verweisungen auf einzelne Bücher des SGB in § 3 EStG.

[188] *Lang*, in: *Tipke/Lang*, § 4, Rz. 151.

[189] *Tipke*, Steuerrechtsordnung, Band I, § 6, S. 123. Zu dieser Problematik im Zusammenhang mit Art. 80 GG und dem Erlass von Rechtsverordnungen bzw. einer Delegation der Gesetzgebungsverantwortung durch das Parlament vgl. z. B. BVerfG 1, 14, 60 ff.

[190] Allerdings gibt es durchaus Bereiche, in denen auf Entscheidungen privatrechtlicher Gremien zurückgegriffen wird; als Beispiel seien hier nur § 48 BImSchG und die TA-Luft bzw. TA – Lärm sowie die jeweiligen DIN-Vorschriften erwähnt. Unter welchen Voraussetzungen und mit welcher Reichweite ein solcher Rückgriff möglich ist, soll jedoch erst im Vierten Kapitel näher dargestellt werden.

Entscheidung“ des Gesetzgebers darstellen[191] und daher vom Gesetzesvorbehalt erfasst sind. Zum anderen folgt hieraus unmittelbar, dass diese allgemein verbindlichen Bilanzierungsregeln von einem Organ aufgestellt werden müssen, welches hierzu legitimiert ist; auch hier scheidet damit eine Konkretisierungs- und Regelungsbefugnis eines privatrechtlichen und bspw. nach Vereinsstatuten gewählten Gremien aus.

Auch gesetzlich geregelte Bilanzierungswahlrechte können vor diesem Hintergrund problematisch sein: Angespielt wird hier auf die Kritik, diese räumten dem Steuerpflichtigen die Möglichkeit ein, die Höhe seines steuerlichen Gewinnes eigenständig zu gestalten und als „Richter in eigener Sache“ zu agieren.[192] Hierzu sei an dieser Stelle nur soviel gesagt: Eine derartige Befürchtung lässt sich nicht gegen jedes Bilanzierungswahlrecht anführen. So können entsprechende Regelungen bspw. dann gerechtfertigt sein, wenn sie einer Vereinfachung und Effizienz der steuerlichen Gewinnermittlung dienen sollen.[193] Entscheidend ist dabei vor allem, dass sie keine bewußte Steuerungen des Gewinnergebnisses bzw. der hieraus resultierenden steuerlichen Belastung durch den Steuerpflichtigen ermöglichen.[194] Da diese Problematik jedoch nicht pauschal, sondern für jedes Bilanzierungswahlrecht unter Berücksichtigung seines Inhaltes und gesetzgeberischen Hintergrundes separat entschieden werden muss, soll sie hier nicht näher dargelegt werden[195].

2. Bestimmtheitsgebot

Steuerlich wirkende Tatbestände müssen ferner dem Bestimmtheitsgebot entsprechen. Vertrauensschutz und Rechtssicherheit können nur dann gewährleistet sein, wenn Eingriffe in den Rechtskreis des Einzelnen nicht „in das unüberprüfbare Ermessen der Verwaltung“ oder eines sonstigen Dritten gestellt werden.[196] Dies gelingt jedoch nur, wenn Steuergesetze Kontinuität, Zugänglichkeit, Durchsetzbarkeit und Rechtsklarheit aufweisen[197] und Inhalt, Gegenstand, Zweck und Um-

---

[191] BT - Drucks. 14/2683, S. 93; *Arbeitskreis Bilanzrecht der Hochschullehrer Rechtswissenschaft*, BB 2002, 2372, 2379; ähnlich *Herzig/Bär*, DB 2003, 1, 4.

[192] *Pezzer*, DStJG 14 (1991), 3, 6 mwN.

[193] Siehe nur *Broer*, Maßgeblichkeit, S. 351 mwN; *Lang*, in: *Tipke/Lang*, § 9, Rz. 329; *Pezzer*, DStJG 14 (1991), 3, 6 mwN.

[194] Statt vieler *Lang*, in: *Tipke/Lang*, § 9, Rz. 329; *Zeitler*, DB 2003, 1529, 1532.

[195] Zu grundsätzlichen Fragen der Zulässigkeit steuerrechtlicher (Bilanzierungs)Wahlrechte vgl. daher vor allem BFH (GrS), BStBl. II 1969, 291, 293. sowie *Lang*, in: *Tipke/Lang*, § 4 Rz. 160 und § 9, Rz. 337 ff.; *Pezzer*, DStJG 14 (1991), 3, 6; *Weber-Grellet*, DStR 1992, 1417, 1417 ff..

[196] BVerfGE 64, 208, 214 f.; 78, 32, 36; 80, 137, 161; *Kirchhof*, StuW 2002, 3, 3; *Tipke*, Steuerrechtsordnung, Band I, § 6, S. 137.

[197] *Budde/Steuber*, in: *Baetge*, Deutsches Bilanzrecht 2001, S. 57, 61; *Kahle*, WPg 2002, 178, 180.

fang eines Steuertatbestandes sowie dessen Rechtsfolge so objektiv und eindeutig verfasst sind, dass sich der Steuerpflichtige auf den hieraus folgenden Eingriff und die entsprechende Belastungswirkung einstellen kann.[198] Insgesamt sollte ein Steuersystem daher so einfach und transparent wie möglich und seine Normen insbesondere nicht als Ermessenstatbestände ausgestaltet sein.[199]
Angesichts der begrenzten Arbeitskapazitäten des Parlaments sowie einer mangelnden Vorsehbarkeit zukünftiger Entwicklungen, darf der Gesetzgeber jedoch auf generalisierende, typisierende und pauschalierende Regelungen sowie unbestimmte Rechtsbegriffe zurückgreifen.[200] Dies gilt jedenfalls insoweit, als dem Parlament die letztendliche Gesetzgebungskompetenz verbleibt[201], die wesentlichen Bestimmungen mit hinreichender Genauigkeit getroffen sind und eventuelle Zweifelsfragen durch Gerichte und Verwaltungsbehörden mit Hilfe der anerkannten Auslegungsmethoden beantwortet werden können.[202]
Für das *Steuerbilanzrecht* bedeutet dies, dass es als konkretisiertes bzw. konkretisierbares Normensystem auszugestalten ist, welches eine einfache, verständliche und praktikable Bilanzierung ermöglicht.[203] Da die Höhe des Gewinnes und damit die Bemessungsgrundlage für den Steuerzugriff entscheidend durch die jeweiligen Bilanzposten beeinflusst werden, müssen diese selbst objektiv überprüfbar sein: Der Objektivierung kommt damit als sog. Prinzip der Verläßlichkeit grundlegende Bedeutung zu.[204]

---

198 St. Rspr. des BVerfG, siehe nur BVerfGE 19, 253, 267; 48, 210, 222; *Birk* Rn. 45; *Kirchhof*, StuW 2002, 3, 3; *ders.*, AöR Band 128 (2003), 1, 39; *Tipke*, Steuerrechtsordnung, Band I, § 6, S. 138.

199 BT - Drucks. 14/2683, S. 93; grundlegend zur Gesetzesrealität jedoch bspw. *Tipke*, Steuerrechtsordnung, Band I, § 6, S. 138 f., 142 f.; *Weber-Grellet*, Steuerbilanzrecht, § 2 Rn 3.; *ders.*, DB 1994, 288, 289.

200 BVerfGE 48, 210, 221 f.; 79, 106, 120; 81, 228, 237; *Kirchhof*, AöR Band 128 (2003), 1, 38; *Lang*, in: *Tipke/Lang*, § 4 Rz. 132; *Pezzer*, DStJG 14 (1991), 3, 6; *Tipke*, Steuerrechtsordnung, Band I, § 6, S. 138, 143.

201 BVerfGE 21, 209, 215; 48, 210, 222; *Dreier*, in *Dreier*, Grundgesetz-Kommentar, Art. 20 (Rechtsstaat) Rdnr. 132; zu den weiteren Grenzen *Lang*, in: *Tipke/Lang*, § 4 Rz. 132.

202 BVerfGE 21, 209, 215; *Birk*, Rn. 145; *Pezzer*, DStJG 14 (1991), 3, 6; siehe hierzu auch *Tipke*, Steuerrechtsordnung, Band I, § 6, S. 138 „Auslegungsbedürftikeit nimmt einer gesetzlichen Regelung noch nicht die rechtsstaatlich gebotene Bestimmtheit".

203 *Hennrichs*, DStJG 24 (2001), 301, 313; *Schreiber*, FS Beisse 1997, S. 491, 506; *Weber-Grellet*, DB 1994, 288, 289.

204 *Hennrichs*, DStJG 24 (2001), 301, 313; *Herzig*, WPg 2000, 104, 113; *Zeitler*, DB 2003, 1529, 1532.

II. Grundrechte

1. Art. 3 Abs. 1 GG und die Gleichmäßigkeit der Besteuerung

a) Grundsatz: Besteuerung nach der wirtschaftlichen Leistungsfähigkeit

Als oberstes systemtragendes Prinzip des Steuerrechts gilt der aus Art. 3 Abs. 1 GG abgeleitete Grundsatz der Gleichmäßigkeit der Besteuerung bzw. Grundsatz der Belastungsgleichheit, welcher insbesondere durch die Unterprinzipien der horizontalen und vertikalen Steuergerechtigkeit konkretisiert wird: In horizontaler Richtung müssen Steuerpflichtige gleicher Leistungsfähigkeit gleich hoch besteuert werden, während die vertikale Steuergerechtigkeit eine angemessene und ausdifferenzierte Besteuerung von Steuerpflichtigen unterschiedlicher Leistungsfähigkeit erfordert.[205] Bei der Ausgestaltung der ESt bzw. des Steuerbilanzrechts wäre damit also an die wirtschaftliche Leistungsfähigkeit des jeweiligen Steuerpflichtigen anzuknüpfen.[206]

aa) Konkretisierungsschwierigkeiten

Mit dieser Erkenntnis allein ist allerdings wenig gewonnen. Denn feststellen lässt sich hier zunächst nur zweierlei: Zum einen kann die wirtschaftliche Leistungsfähigkeit in eine Objektive und in eine Subjektive unterteilt werden.[207] Und zum anderen ist eine Besteuerung nach diesem Postulat nur dann gewährleistet, wenn sie nicht erst bei der Ermittlung des zu versteuernden Einkommens und den darauf anwendbaren Tarif, sondern schon auf der Ebene der Einkünfteermittlung und damit bei der Bemessungsgrundlage selbst ansetzt.[208] Eine weitere Konkretisierung dieses Grundsatzes ist hingegen schwierig. So wird insbesondere kritisiert, dass sich aus dem Leistungsfähigkeitsprinzip nur schwerlich „umfassende Folgerungen" für die Einkünfteermittlung ziehen lassen. Stattdessen bedürfe es hier

---

[205] BVerfGE 66, 214, 223; BVerfGE 82, 60, 89; *Kirchhof*, StbJB 1999/2000, 17, 25; *Schön*, StuW 1995, 366, 369. Im Gegensatz zum GG enthielt Art. 134 WRV noch den ausdrücklichen Hinweis auf eine Besteuerung nach der Leistungsfähigkeit.

[206] Nicht näher soll an dieser Stelle auf die Frage nach einer *eigenen steuerlichen Leistungsfähigkeit* von *Körperschaften* eingegangen werden. Diese Problematik stellt sich vornehmlich bei der Ausgestaltung der KSt. Ausführlicher hierzu *Tipke*, Steuerrechtsordnung, Band II, § 13, S. 732 - 738.

[207] Die objektive Leistungsfähigkeit wird auf der Ebene der Ermittlung der Einkünfte (Einnahmen abzüglich erwerbsbezogener Aufwand) durch sog. objektives Nettoprinzip konkretisiert, während durch den anschließenden Abzug des existenzsichernden Aufwandes die subjektive Leistungsfähigkeit (sog. subjektives Nettoprinzip) ermittelt wird. Ausführlicher hierzu *Lang*, in: *Tipke/Lang*, § 9, Rz. 68 ff.

[208] *Lang*, in: *Tipke/Lang*, § 4 Rz. 92; *Pezzer*, DStJG 14 (1991), 3, 10 mwN; *Schulze - Osterloh*, DStJG 23 (2000), 67, 68.

Wertungen, „deren Richtigkeit wissenschaftlich nicht bewiesen werden kann“.[209] Als Deduktionsbasis für Einzelfragen der Gewinnermittlung sei es daher „völlig ungeeignet“.[210] Wie bereits im *Ersten Kapitel* angedeutet, lassen sich aus der Verfassung selbst keine „eindeutig richtigen“ und präzise ausgestaltete Gewinnermittlungsnormen oder Bilanzierungsregeln ableiten.[211] Eine entsprechende Erwartungshaltung wäre allerdings auch unangebracht: Die Verfassung kann und darf solches nicht leisten. Die Details konfliktträchtiger Sachverhalte sollen gerade mittels einfacher Gesetze erfasst und geregelt werden, da nur so die Möglichkeit besteht, einen differenzierten und sachgerechten Ausgleich unter Berücksichtigung aller in Betracht kommenden und eventuell divergierenden Interessen zu erzielen. Welchen dieser Interessen dabei vorrangig Geltung zukommen soll, ist dann nun einmal im Wege von Wertungen zu entscheiden. Das *„Recht“* selbst ist demzufolge nicht eindeutig richtig und beweisbar[212], so dass sich die verfassungsrechtlichen Anforderungen nicht auf eine konkrete ökonomische Größe reduzieren lassen. Um daher *überhaupt* eine Ermittlung von Einkünften zu ermöglichen, muss es dem Gesetzgeber zwingend erlaubt sein, bestimmte - und vor dem Hintergrund einer sich verändernden Werteordnung auch durchaus wandelbare - Wertungen zu treffen. In erster Linie entscheidend ist dabei nicht ihre „wissenschaftliche Richtigkeit“, die - wie sich nicht zuletzt im Zusammenhang mit den Gewinnergebnissen nach internationalen Rechnungslegungsstandards zeigt - im Übrigen ja ebenso wandelbar ist. Vielmehr kommt es darauf an, ob sie den zugrundeliegenden Konflikt möglichst sachgerecht zu lösen geeignet sind.

Das Leistungsfähigkeitsprinzip fasst nun jahrhundertealte Erkenntnisse zur Besteuerung zusammen und ist weltweit als fundamentaler Maßstab einer gleichmäßigen Lastenverteilung anerkannt.[213] Abgeleitet aus dem Gleichheitssatz ist es jedenfalls nicht unbestimmter als dieser selbst.[214] Dass sich hieraus zumindest bestimmte Leitlinien zur Ausgestaltung einer gleichmäßigen Einkünfte- bzw. Gewinnermittlung ableiten lassen, konnte – wie sich im folgenden noch zeigen wird - von den Gerichten und der Wissenschaft inzwischen mehr und mehr herausgearbeitet werden; die entsprechenden Erkenntnisse werden auch vom Steuergesetzgeber selbst immer wieder aufgegriffen.[215] Will man also eine dem Gleichheitssatz entsprechende Besteuerung erreichen, so muss und darf sich der Gesetz-

[209] So z. B. *Kahle*, WPg 2002, 178, 185 mwN; *Wagner*, BB 2002, 1885, 1888 mwN.
[210] *Schreiber*, FS Fischer 1999, S. 879, 897.
[211] *Hennrichs*, DStJG 24 (2001), 301, 312, Fn. 57 sowie S. 314 mwN; *Kahle*, WPg 2002, 178, 186 mwN; *Schön*, BB 1997, 1333, 1339.
[212] *Pezzer*, DStJG 14 (1991), 3, 9 f.; vgl. auch *Lang*, in: *Tipke/Lang*, § 4 Rz. 9 ff.
[213] Ausführlich *Lang*, in: *Tipke/Lang*, § 4 Rz. 81 ff.; ferner *Broer*, Maßgeblichkeit, S. 315 mwN; *Eichhorn*, S. 32.
[214] *Pezzer*, DStJG 14 (1991), 3, 9.
[215] Siehe nur BT - Drucks. 14/23, S. 170 f; BT - Drucks. 14/2683, S. 93.

geber für bestimmte Leitlinien und Wertungen entscheiden. Damit er sich entscheiden kann, steht ihm ein (zunächst) weiter Gestaltungsspielraum zu.[216]

bb) Konkretisierung durch den Begriff „Gewinn"

(1) Relativität des Gewinnbegriffs

Die objektive Leistungsfähigkeit von Gewerbetreibenden soll sich nun gem. § 2 Abs. 2 Nr. 1 EStG aus dem Indikators „Gewinn" ableiten. Dessen *zeitliche* Dimension lässt sich noch relativ einfach bestimmen: Mit der Ausgestaltung der ESt als Jahressteuer (vgl. § 2 Abs. 7 S. 1 EStG) hat sich der Gesetzgeber für eine Besteuerung des Perioden- und nicht Totalgewinnes entschieden.[217] Der Versuch einer weiteren Konkretisierung erweist sich demgegenüber als schwierig und zeigt wieder, dass sich hinter dem „Gewinnbegriff" keine feste, über dem Gesetz stehende Größe verbirgt: Vielmehr wird das, was unter „Gewinn" zu verstehen ist, erst durch die Art seiner Ermittlung verdeutlicht.[218] Seine Definition hängt somit maßgeblich davon ab, wie man ihn misst. Diese Entscheidung bestimmt sich nun wiederum danach, was man unter einem „besteuerungswürdigen" Gewinn versteht.

(2) Exkurs: Theorien zum Gewinnbegriff

Da Gewerbetreibende Erträge erwirtschaften, läge es auf den ersten Blick vielleicht nahe, als Besteuerungsgrundlage den Ertragswert des jeweiligen Unternehmens heranzuziehen und das zur Erzielung der Einnahmen eingesetzte Betriebsvermögen nicht als Summe einzelner Wirtschaftsgüter, sondern als Barwert aller künftigen Ein- und Auszahlungen zu verstehen.[219] Tatsächlich könnte eine derartige Gewinnermittlung bei entsprechender Verläßlichkeit des (Wirtschafts- und Kapital-)Marktes sowie vollständiger Information und Sicherheit im Hinblick auf die künftig zu erwartenden Vermögenszuflüsse den Vorteil einer Investitions- und Inflationsneutralität aufweisen.[220] Da derartige Rahmenbedingungen jedoch nicht existieren und eine solche Gewinnermittlung somit auf bloßen Hypothesen beruhte, wäre sie nicht zuletzt vor dem Hintergrund der Tatbestandsmäßigkeit der

---

[216] BVerfGE 84, 239, 271; 93, 121, 136; BVerfG, BStBl. II 1999, 152, 156; *Birk*, Rn. 157; *Crezelius*, DB 1994, 689, 691; *Kirchhof*, StbJB 1999/2000, 17, 25; *ders.*, AöR Band 128 (2003), 1, 37; *Pezzer*, DStJG 14 (1991), 3, 10.

[217] Ebenso die KSt (§ 7 Abs. 3 S.1 KStG) und GewSt (§ 14 GewStG).

[218] *Hennrichs*, DStJG 24 (2001), 301, 309; *Herzig*, WPg 2000, 104, 112; *Pezzer*, DStJG 14 (1991), 3, 12 f.

[219] Siehe hierzu auch *Broer*, Maßgeblichkeit, S. 327 mwN.

[220] *Broer*, Maßgeblichkeit, S. 327 mwN.

Besteuerung unzulässig und darüber hinaus auch unpraktikabel.[221] Eine gesetzliche Entsprechung fand die Ertragswertbestimmung daher nie.

Stattdessen verfolgten die jeweiligen Steuergesetzgeber im Laufe der Zeit zwei andere Theorien zum Einkommens- und Gewinnbegriff: So basierte die Einkommensermittlung des preußischen EStG von 1891 noch vollständig auf *Fuistings* Quellentheorie[222]. Hier soll nur das tatsächlich zufließende Einkommen besteuert werden und jedwede Vermögensveränderungen der zur Einkünfteerzielung eingesetzten Quelle selbst unberücksichtigt bleiben.
Zumindest ähnlich ist dem das vornehmlich in der betriebswirtschaftlichen Literatur zunehmend vertretene, zahlungsstromorientierte Einkommenverständnis der sog. Cash- Flow- Besteuerung[223], welche Einkommen grundsätzlich als Überschuß der Zahlungsmittelzuflüsse über die Abflüsse versteht.[224]

Ein anderer Ansatz besteht nun darin, zunächst eine isolierte Erfassung und Bewertung von Vermögensveränderungen des betrieblichen Reinvermögens vorzunehmen und die Summe dieser Erfolgsbeiträge mit der Summe der vorangegangenen Periode zu vergleichen. „Gewinn" ist dann die Differenz dieses Betriebsvermögensvergleichs. Auf dieser Vorstellung von (gewerblichem) Einkommen beruht die *klassische Reinvermögenszugangstheorie* (sog. *Schanz-Haig-Simons-Konzept)*[225], welche Eingang in das REStG von 1920 fand. Hiernach umfasst die laufende Gewinnermittlung jede Vermögensveränderung bereits im Zeitpunkt ihrer wirtschaftlichen Verursachung und unabhängig von den Auswirkungen auf die Liquidität sowie jeden Vermögenszugang in Form einmaliger oder wiederkehrender Einkünfte. Auf die Berücksichtigung unrealisierter Vermögenszuwächse wird daher nur aus Gründen der Praktikabilität und im Ausnahmefall verzichtet. Während die klassische Reinvermögenstheorie später in Form der (hier sog.) Reinvermögens*zuwachs*theorie fortbestand, nahm die (hier sog.) *modifizierte* Reinvermögens*zugangs*theorie bzw. die *Theorie vom Markteinkommen* gewisse Einschränkungen vor. Diese Auffassungen vom Einkommen legen der Gewinnermittlung nun lediglich den (am Markt) realisierten Vermögenszuwachs zugrunde, so dass hier umgekehrt die Berücksichtigung unrealisierter Gewinne rechtfertigungsbedürftig ist.[226] Ein Unterschied zwischen diesen Theorien besteht

---

[221] Statt vieler *Broer*, Maßgeblichkeit, S. 327.

[222] *Fuisting*, S. 57 ff.

[223] Diese ist nicht zu verwechseln mit Überschußrechnung des § 4 Abs. 3 EStG, da insbesondere die sich ein hiernach ermittelten Gewinn voneinander abweichen können.

[224] Zu der grundsätzlichen Sichtweise der Cash-Flow-Besteuerung sowie eventuellen Ausnahmen bspw. im Zusammenhang mit dem Zu- und Abgang von Wirtschaftsgütern des Betriebsvermögens vgl. z. B. *Schreiber*, FS Fischer 1999, S. 879, 900 f.; *Wagner*, DB 1998, 2073, 2077; *ders.* BB 2002, S. 1885, 1885 ff.

[225] Vgl. nur *Schanz*, FA 1896, S. 1 – 87 (insbesondere S. 24, 29, 46, 54 f.).

[226] Ausführlich *Lang*, in: *Tipke/Lang*, § 8, Rz. 30 ff.; *Pezzer*, DStJG 14 (1991), 3, 14 mwN: ferner *Küting/Kessler*, StuB 2000, 21, 23.

allerdings darin, wie streng das Merkmal der Realisation auszulegen ist und wann hiervon abgewichen werden darf.[227]
Im Rahmen ihres Gestaltungsspielraumes wollten sich nun weder die Gesetzgeber der REStGe von 1925 und 1934 noch der Gesetzgeber des EStG ab 1945 auf eine einzige, der Quellen- *oder* Reinvermögenszugangstheorie entsprechenden Ermittlungsmethode festlegen. Stattdessen haben sie sich zunächst für den sog. *Dualismus der Einkunftsarten* entschieden, wonach sieben unterschiedlichen Einkunftsarten in Überschuß- oder Gewinneinkünfte eingeteilt werden. Während die Ermittlung der Überschußeinkünfte zwar Ansätze der Markteinkommenstheorie aufweist, vom Grundsatz her aber immer noch der Quellentheorie folgt, weist die Ermittlung von Gewinneinkünften eine „Zweispurigkeit" auf: Das EStG sieht hier unterschiedliche Techniken vor, welche aufgrund einer abweichenden zeitlichen Erfassung von Ein- und Ausgaben auch eine unterschiedlichen Gewinnhöhe und damit eine „Relativität des Gewinnbegriffs" zur Folge haben können.[228] Als „Kernmethoden" sind hier die Überschußrechnung nach § 4 Abs. 3 EStG und der Betriebsvermögensvergleich i. S. d. § 4 Abs. 1 bzw. §§ 4 Abs. 1, 5 Abs. 1 EStG relevant.
Außer Betracht bleiben die Gewinnermittlung nach § 13 a EStG und § 5 a EStG, da diese vornehmlich aus Vereinfachungs- und/oder Subventionsmotiven normiert wurden.

(3) Gewinn i. S. d. Betriebsvermögensvergleichs

Gewerbetreibende[229] ermitteln ihren laufenden Gewinn gem. § 4 Abs. 1 S. 1 EStG auf Grundlage eines Vergleich von Vermögensübersichten (Bilanzen) i. S. d. § 4 Abs. 2 EStG. Hierbei ist das Endvermögen des einen Wirtschaftsjahres (Schlussbilanz) dem Endvermögen des vorangegangenen Wirtschaftsjahres gegenüberzustellen. Der Differenzbetrag stellt den „Gewinn" dar und kann sowohl in Form positiver als auch negativer Betriebsergebnisse bestehen.[230] Die Vornahme des Betriebsvermögensvergleichs wird nun für buchführende Gewerbetreibende[231] - und damit für alle Einzelkaufleute und Unternehmen gleich welcher Rechtsform - durch § 5 Abs. 1 S. 1 EStG modifiziert. Diese haben bei der Erstellung ihrer

---

[227] Siehe hierzu *Broer*, Maßgeblichkeit, S. 330 f.
[228] *Hennrichs*, DStJG 24 (2001), 301, 309.
[229] Sowie buchführende Selbständige und Land- und Forstwirte.
[230] Für die Besteuerung maßgeblich, und nur insofern als steuerrechtlicher „Gewinn" zu bezeichnen, ist dieser Betrag allerdings erst nach der in § 4 Abs. 1 EStG vorgeschriebenen Korrektur durch Hinzurechnung der Entnahmen und Abzug der Einlagen.
[231] Die Buchführung kann sowohl freiwillig als auch aufgrund einer gesetzlichen Pflicht erfolgen. Die praxisrelevanteste Buchführungspflicht ergibt sich aus § 140 AO i. V. m. § 238 Abs. 1 HGB und gilt für alle Einzelkaufleute (§§ 1 ff HGB), die OHG und KG (§ 6 HGB), die GmbH (§ 13 Abs. 3 GmbHG) und die AG (§ 3 AktG i.V.m. § 6 HGB). Daneben finden sich Buchführungspflichten bspw. in § 14 DepotG und § 33 BörsenG. § 141 AO begründet demgegenüber eine originär steuerrechtliche Buchführungspflicht.

Vermögensübersichten die handelsrechtlichen GoB soweit zu beachten, als das Steuerrecht keine spezielleren Regeln enthält. Aus rechtssystematischer Sicht ist § 5 Abs. 1 EStG ein Unterfall des § 4 Abs. 1 EStG, so dass hier von einem „Allgemeinen" und einem „besonderen" Betriebsvermögensvergleich gesprochen werden kann.[232] In zeitlicher Hinsicht wird durch den Vergleich des Betriebsvermögen der jeweiligen Wirtschaftsjahre (§ 4 a EStG) die Ermittlung eines periodisierten Gewinnes vorgenommen (Prinzip der Periodenabgrenzung).[233] In ermittlungstechnischer Hinsicht liegt dem Betriebsvermögensvergleich als wesentlicher Unterschied zu anderen Methoden die Idee zugrunde, den Periodengewinn auch perioden*gerecht* zu ermitteln: Vermögensveränderungen sollen bereits im Zeitpunkt ihrer *wirtschaftlichen Verursachung* berücksichtigt und als Erträge oder Aufwand der Periode zugeordnet werden, zu der sie wirtschaftlich gehören.[234] Das hier zum Ausdruck kommende Periodisierungsprinzip soll es ermöglichen, sämtliche Vermögensveränderungen des Steuerpflichtigen zu erfassen und dem Zeitraum zuzuordnen, in dem sie die wirtschaftliche Leistungsfähigkeit beeinflussen können.[235] Insofern ist diese Gewinnermittlungstechnik unmittelbar auf die klassische Reinvermögenszugangstheorie zurückzuführen und wird sogar als deren „idealtypische Verwirklichung" bezeichnet.[236] Ihr Zweck soll darin bestehen, eine gleichmäßigere und lückenlosere Ermittlung der wirtschaftlichen Leistungsfähigkeit zu ermöglichen, als dies im Wege einer auf reinen Zahlungszu- und -abflüsse ausgerichteten Gewinnermittlung gelingen kann[237]; der Periodisierung wird daher auch ein „Glättungseffekt" zugeschrieben.[238] Demgegenüber findet im Rahmen der Gewinnermittlung nach § 4 Abs. 3 EStG sowie bei der Ermittlung von Überschußeinkünften das sog. *Zu- und Abflußprinzip* i. S. d. § 11 EStG Anwendung. Betriebseinnahmen und –ausgaben werden hier grundsätzlich im Zeitpunkt des tatsächlichen Geldzu- oder -abflusses erfasst.

Ausnahmen können sich bspw. aufgrund des § 4 Abs. 3 S. 3 und 4 EStG ergeben. Trotz dieser Abweichungen und einiger Korrekturen soll die Überschußrechnung vom Grundgedanken her

---

232 *Kempermann* in Kirchhof/Söhn/Mellinghoff, § 5 EStG B 31 mwN; *Pfahl*, S. 200. Zur Bedeutung der handelsrechtlichen GoB für § 4 Abs. 1 EStG siehe *Schreiber* in Blümich, § 5 EStG Rn. 61 ff.

233 *Hennrichs*, DStJG 24 (2001), 301, 310; *Weber-Grellet*, Steurbilanzrecht, § 2 Rn. 2.

234 *Lang*, in: *Tipke/Lang*, § 9, Rz. 191; *Schreiber* in Blümich § 5 EStG Rn. 66.

235 *Lang*, in: *Tipke/Lang*, § 9, Rz. 191; *Pezzer*, DStJG 14 (1991), 3, 13; *Tipke*, Steuerrechtsordnung, Band II, § 12, S. 611; siehe aber auch *Knobbe-Keuk*, § 7 II S. 269.

236 *Eichhorn*, S. 100; *Pezzer*, DStJG 14 (1991), 3, 13 ; *Tipke*, Steuerrechtsordnung, Band II, § 12, S. 611.

237 *Küting/Kessler*, StuB 2000, 21, 23; *Pezzer*, DStJG 14 (1991), 3, 13; *Tipke*, Steuerrechtsordnung, Band II, § 12, S. 611.

238 *Lang*, in: *Tipke/Lang*, § 9, Rz. 191; *Tipke*, Steuerrechtsordnung, Band I, § 12, S. 611; *Wagner*, BB 2002, 1885, 1886.

aber immer noch eine Geldverkehrsrechnung darstellen.[239]

Während der gesetzgeberische Gestaltungsspielraum zur Konkretisierung der wirtschaftlichen Leistungsfähigkeit so weit geht, dass der Indikator „Gewinn" auch mittels unterschiedlicher „Subsysteme" der Gewinnermittlung präzisiert werden darf[240], ist er im Hinblick auf die anschließende, konkrete Ausgestaltung der jeweiligen Ermittlungstechnik wieder einzuschränken. Denn eine Besteuerung nach der Leistungsfähigkeit setzt sowohl eine Steuergerechtigkeit innerhalb eines als auch zwischen den jeweiligen Subsystemen voraus und kann insbesondere nur dann gewährleistet sein, wenn den „Unterprinzipien" der Sachgerechtigkeit, Systemgerechtigkeit innerhalb des Steuerrechts und der Folgerichtigkeit ausreichend Rechnung getragen wird.[241]

b) Steuergerechtigkeit zwischen den Subsystemen

Steuergerechtigkeit ist zunächst zwischen den einzelnen Ermittlungsmethoden herzustellen. Da vor allem § 4 Abs. 3 EStG eine andere Technik, jedoch keinen anderen Gewinnbegriff als § 4 Abs. 1 EStG (i. V. m. 5 Abs. 1 EStG) normieren soll[242], müssten beide Methoden im Ergebnis zu demselben Totalgewinn führen.[243] Indem das Periodisierungsprinzip jedoch anders als § 11 EStG nicht erst auf den tatsächlichen Zufluß, sondern bereits auf den früheren Zeitpunkt der wirtschaftlichen Verwirklichung eines Gewinnes abstellt, können die jeweils ermittelten Periodengewinne (zumindest) in zeitlicher Hinsicht divergieren. Dies gilt insbesondere dann, wenn man der klassischen Reinvermögenszugangstheorie in ihrer späteren Ausprägung als Reinvermögenszuwachstheorie folgt.

Welche Risiken hiermit einher gehen können und ob auf diese Weise tatsächlich ein vergleichbarer Totalgewinn ermittelt wird, soll an dieser Stelle noch nicht näher diskutiert werden. Selbst wenn man aber von einem solchen ausgeht, so kann doch zumindest das progressiv ausgestaltete Steuertarifssystem eine im Ergebnis abweichende Steuerlast bewirken, welche sich auch auf

---

[239] BFH, BStBl. II 1975, 441. Siehe bspw. *Birk* Rn. 886 ff. zu einzelnen Abweichungen.

[240] BVerfGE 27, 111, 127; *Hennrichs*, DStJG 24 (2001), 301, 310; *Schön*, StuW 1995, 366, 370 f; *Tipke*, Steuerrechtsordnung, Band II, § 12, S. 611.

[241] Siehe nur BVerfG, NJW 2003, 2079 sowie BVerfGE 66, 214, 223 f. mwN: „Zwar führt eine Systemwidrigkeit für sich allein noch nicht zu einem Verstoß gegen Art. 3 Abs. 1 GG. Eine Verletzung der vom Gesetz selbst statuierten Sachgesetzlichkeit kann jedoch einen solchen Verstoß indizieren". Ferner bspw. BVerfGE 81, 228, 237; BVerfG, WM 1998, 2257, 2259; *Hennrichs*, DStJG 24 (2001), 301, 311 mwN; *Kirchhof*, AöR Band 128 (2003), 1, 44 f.; *Lang*, in: *Tipke/Lang*, § 4 Rz. 77; *Schulze – Osterloh*, DStJG 23 (2000), 67, 73.

[242] *Birk* Rn. 867; *Wolffgang* in Kirchhof/Söhn/Mellinghoff, § 5 EStG C 20: Der Gewinn ist „bei allen Einkunftsarten eine einheitliche Größe".

[243] Sog. Grundsatz der Gesamtgewinngleichheit, vgl. BFH (GrS) BStBl. II 1990, 830, 834; *Crezelius*, Steuerrecht II, § 8 Rn. 81; *Tipke*, Steuerrechtsordnung, Band II, § 12, S. 611.

die Totalperiode hin nicht unbedingt wieder ausgleichen muss.

Ein der Steuergerechtigkeit zwischen den Subsystemen entsprechender Betriebsvermögensvergleich hat daher zunächst zu verhindern, dass Gewinne im Verhältnis zu anderen Ermittlungstechniken „zu“ früh und Verluste „zu“ spät berücksichtigt werden. Dies macht gegebenenfalls gewisse *Schutzmechanismen* erforderlich, was - wie sich noch zeigen wird – sowohl ein Grundgedanke der modifizierten Reinvermögenszugangstheorie bzw. Theorie vom Markteinkommen als auch der Begründungen zur Anbindung der Steuer- an die Handelsbilanz ist.
Derartige Schutzmechanismen müssen jedoch wiederum auch die Ermittlung des „vollen Gewinnes“[244] gewährleisten. Diese Formulierung des BFH ist vielleicht hinsichtlich der Tatsache, dass es keinen „leeren“ oder „halbvollen“ Gewinn gibt, etwas unglücklich gewählt. Inhaltlich ist hiermit jedoch gemeint, dass dem Gewerbetreibenden gegenüber Steuerpflichtigen, die ihre Einkünfte nach einer anderen Methode ermitteln, umgekehrt auch keine Privilegien entstehen dürfen.[245] Ihm soll es gerade nicht ermöglicht werden, sich mit Hilfe von zu seinem Schutz vorgesehenen Bilanzierungsregeln „ärmer zu rechnen“, als es seiner tatsächlichen wirtschaftlichen Leistungsfähigkeit entspricht.[246] In ermittlungstechnischer Hinsicht bedeutet dies, dass in der Steuerbilanz nur objektiv feststellbare sowie willkürfrei und auf einfache Art zu ermittelnde Positionen zum Ansatz kommen dürfen.[247] Eine Gleichmäßigkeit der Besteuerung kann nur durch eine verläßliche Bilanzierung ermöglicht werden.[248] Damit leitet sich die Notwendigkeit des Objektivierungsprinzips bzw. das Prinzip der Verläßlichkeit nicht nur aus Gründen der Rechtssicherheit und des Vertrauensschutzes, sondern auch aus dem Grundsatz der Gleichmäßigkeit der Besteuerung ab. Auch vor diesem Hintergrund können vor allem Bilanzierungswahlrechte problematisch bzw. unzulässig sein.[249]

c) Steuergerechtigkeit innerhalb eines Subsystems

Die „Relativität des Gewinnbegriffs“ zeigt sich aber nicht nur anhand unterschiedlicher Ermittlungsmethoden. Angesichts der Tatsache, dass zahlreiche Varianten von Bilanzierungsregeln und Kombinationsmöglichkeiten von Ansatz-

---

[244] BFH (GrS), BStBl. II 1969, 291, 293.
[245] *Weber-Grellet*, Steuerbilanzrecht, § 2 Rn 2; *ders.*, DB 1994, 288, 289; allgemeiner BT - Drucks. 14/2683, S. 93.
[246] BFH (GrS), BStBl. II 1969, 291, 293; *Weber - Grellet*, DB 1994, 288, 289.
[247] *Buchholz/Weis*, DStR 2002, 512, 513; *Glade*, S. 80 f..; *Hennrichs*, DStJG 24 (2001) 301, 313; *Weber-Grellet*, Steuerbilanzrecht, § 2 Rn 4; *ders.*, DB 1994, 288, 289.
[248] *Buchholz/Weis*, DStR 2002, 512, 513; *Glade*, S. 82; *Hennrichs*, DStJG 24 (2001), 301, 313; *Pezzer*, DStJG 14 (1991), 3, 6.
[249] BFH (GrS), BStBl. II 1969, 291, 293; *Hennrichs*, Wahlrechte, S. 65; *Moxter*, DB 1997, 195, 195 mwN; *Weber - Grellet*, DB 1994, 288, 289.

und Bewertungsvorschriften denkbar sind, gilt dies sogar für die Methode des Betriebsvermögensvergleichs selbst.

So kann insbesondere ein Bilanzgewinn, der auf Basis der Reinvermögenszuwachstheorie ermittelt wird, durchaus von dem i. S. d. modifizierten Reinvermögenszugangs- oder Markteinkommenstheorie abweichen.

Angesichts dessen lässt sich Steuergerechtigkeit nur unter Beachtung von Systemkonsequenz und Folgerichtigkeit erzielen. Diese machen es erforderlich, dass die einmal getroffene gesetzgeberische Entscheidung, die wirtschaftliche Leistungsfähigkeit in zeitlicher Hinsicht mittels einer periodengerechten Gewinnermittlung zu konkretisieren, auch in ermittlungstechnischer Hinsicht konsequent umgesetzt wird.[250] Daher sind die jeweiligen Geschäftsvorfälle grundsätzlich anhand einer wirtschaftlichen Betrachtungsweise zu beurteilen.[251] Allerdings müssen sie auch objektiv nachprüfbar sein. Dieses Erfordernis kann nun dann mit einer periodengerechten Gewinnermittlung kollidieren, wenn eine wirtschaftliche Beurteilung auf noch nicht ausreichend verobjektivierten Anhaltspunkten beruht.
Ein ermittlungstechnisch konsequent umgesetzter Betriebsvermögensvergleich sollte daher so ausgestaltet sein, dass entsprechende Konfliktsituationen in einen jeweils sachgerechten sowie in sich stimmigen Ausgleich gebracht sind. Gleichzeitig muss sich die Aktivierbarkeit von Einnahmen sowie die Passivierbarkeit von Ausgaben nach jeweils einheitlichen Kriterien bestimmen.[252] Insgesamt bedarf es somit einer näheren Konkretisierung, wann sich ein Sachverhalt auf steuerlich relevante Weise vermögensverändernd auswirkt. Diesbezüglich bietet sich hier *entweder* ein Gewinnverständnis i. S. d. Reinvermögenszuwachstheorie *oder* eines i. S. d. modifizierten Reinvermögenszugangstheorie bzw. Markteinkommenstheorie an.[253] Unabhängig davon, welchen Ansatz der Gesetzgeber hier wählt – die einmal getroffene Entscheidung hinsichtlich der jeweiligen Berücksichtigung von Gewinnen und Verlusten ist auch in der Folgezeit systemkonsequent weiterzuführen.
Ferner müssen steuerrechtliche Normen sowohl zur materiellen Begründung des Steueranspruchs als auch zu dessen tatsächlichen Vollzug geeignet sein.[254] Für die Bilanzierung resultiert hieraus die Notwendigkeit, dass sie unproblematisch durchführbar ist und für die Finanzverwaltung möglichst einfach nachprüfbar

---

[250] BVerfGE 81, 228, 236 ff.; *Hennrichs*, DStJG 24 (2001), 301, 313; *Kirchhof*, StbJB 1999/2000, 17, 22 f.
[251] Siehe hierzu nur BFH, BStBl. II 1994, 977 – 981 (Transferentschädigungen im Lizenzfußball) sowie *Löcke*, BB 1998, 415, 416.
[252] BVerfGE 81, 228, 236 ff.; *Hennrichs*, DStJG 24 (2001), 301, 313; *Schön*, StuW 1995, 366, 371.
[253] Siehe auch *Küting/Kessler*, StuB 2000, 21, 23.
[254] BVerfGE 84, 239, 272; *Kirchhof*, StuW 2002, 3, 10; *ders.*, AöR Band 128 (2003), 1, 37.

ist.[255] Denn auch ein zur Gewährleistung der verfassungsrechtlichen Anforderungen zu kompliziert ausgestaltetes, unpraktikables Gewinnermittlungssystem widerspricht dem Grundsatz der Gleichmäßigkeit der Besteuerung.[256] Da insbesondere die Überschußrechnung im Allgemeinen eine Arbeitserleichterung gegenüber der Bilanzierung darstellt[257] und dem Steuerpflichtigen eine Gewinnermittlung mittels Bilanzierung nicht „unnötig" erschwert werden darf, können im Rahmen Letzterer daher auch gewisse Vereinfachungen gerechtfertigt sein. Dies gilt selbst dann, wenn sie zu Steuerwerten führen, die von dem abweichen, was unter dem „wirklichen" oder „betriebswirtschaftlich richtigen" Wert verstanden wird.[258] Unzulässig sind jedoch wiederum Vorgehensweisen und steuerbilanzielle Taktiken, durch die sich der Kaufmann „nach Belieben ärmer oder reicher rechnen" kann.[259]

2. Art. 14 Abs. 1 GG und das Prinzip der eigentumsschonenden Besteuerung

Da Art. 14 Abs. 1 GG eine - im Vergleich zu Art. 3 Abs. 1 GG - geringere Relevanz im Steuer(bilanz)recht aufweist, sei an dieser Stelle nur soviel gesagt: Die Eigentumsfreiheit gewährleistet jedenfalls keinen Schutz vor der Auferlegung von Steuern an sich, da diese als reine Geldschuld zu begleichen sind und daher kein bestimmtes Eigentumsobjekt belasten.[260] Ein Grundrechtsschutz im Steuerrecht wurde vom BVerfG daher lange Zeit nur bei einer Beeinträchtigung der Vermögensverhältnisse bejaht, die einer „erdrosselnden Wirkung" gleichkamen.[261] Demgegenüber vertrat *Kirchhof* die These, dass sich aus Art. 14 Abs. 1 GG ein Prinzip der eigentumsschonenden Besteuerung ableiten lasse: Hiernach sei zwar eine Besteuerung des neu erworbenen Eigentums und des Privateigentums beim Eigentumsgebrauch gestattet, eine Besteuerung der bloßen Innehabung dürfe jedoch nur in abgeschwächter Form erfolgen. Gleichzeitig ergebe sich aus Art. 14

---

255 Ähnlich *Pezzer*, DStJG 14 (1991), 3, 10 mwN; *Weber-Grellet*, DB 1994, 288, 289.

256 BT - Drucks. 14/2683, S. 93; *Lang*, in: *Tipke/Lang*, § 4 Rz. 130; *Pezzer*, DStJG 14 (1991), 3, 10. Allgemein hierzu *Kirchhof*, StuW 2002, 3, 10; *ders.*, AöR Band 128 (2003), 1, 37.

257 *Tipke*, Steuerrechtsordnung, Band I, § 12, S. 611.

258 *Weber-Grellet*, DB 1994, 288, 289; ferner *Löcke*, BB 1998, 415, 416.

259 BFH (GrS), BStBl. II 1969, 291, 293; BFH (GrS), DStR 2000, 1682, 1687: „Grund und Höhe der Besteuerung (können) nicht vom Willen des Steuerpflichtigen abhängig gemacht werden"; *Weber-Grellet*, DB 1994, 288, 289.

260 BVerfGE 95, 267, 300; 81, 108, 122; *Kirchhof*, StbJB 1999/2000, 17, 23.

261 BVerfGE 87, 153, 169; 95, 267, 300.

Abs. 2 S. 2 GG eine steuerliche Belastungsobergrenze.[262]
Eingegangen ist dieser Gedanke in die sog. *Einheitswertbeschlüsse* des BVerfG[263] und wurde insbesondere durch den sog. *Halbteilungsgrundsatz* konkretisiert[264]. Bis heute allerdings sind das Ob und die weiteren Einzelheiten des Prinzip der eigentumsschonenden Besteuerung umstritten[265]: Dabei wurden nicht nur formal-rechtsstaatliche Bedenken gegenüber den Einheitswertbeschlüsse an sich geäußert[266], auch in materieller Hinsicht ist die Anwendung bzw. Reichweite dieser Grundsätze teilweise unklar[267]. Nach dem Ersten Senat des BVerfG lässt sich hieraus jedenfalls kein allgemeiner Grundsatz ableiten, nach dem das persönliche Gebrauchsvermögen gänzlich steuerlich freizustellen wäre[268], negiert der BFH schon grundsätzlich die Existenz eines derartigen Halbteilungsgrundsatzes und hält es insbesondere im Bereich der Ertragssteuern für zulässig, wenn bspw. die Gesamtsteuerbelastung aus ESt und Gewerbeertragssteuer bei ca. 60 % liegt.[269]
Für das Steuerbilanzrecht wird aus der Prinzip der eigentumsschonenden Besteuerung gefolgert, dass die Besteuerung in unternehmenssubstanzschonender Weise vorzunehmen ist und daher insbesondere nicht an unrealisierte Gewinne anknüpfen darf[270]: Denn die Besteuerung unrealisierter Gewinne könne schlimmstenfalls zur Folge haben, dass der Steuerpflichtige zur Begleichung der ihm auferlegten

---

262 *Kirchhof*, StbJB 1999/2000, 17, 23 f.; *ders*, StuW 2002, 3, 5 und 7; *ders.*, AöR Band 128 (2003), 1, 19 f.; zustimmend bspw. *Schön*, BB 1997, 1333, 1339; *Zeitler*, DB 2003, 1529, 1531.

263 BVerfG, BStBl. II 1995, 655 (Vermögenssteuer) und BVerfG, BStBl. II 1995, 667 (Erbschaftssteuer).

264 Vgl. BVerfGE 93, 121, Leitsatz 3: „Die Vermögenssteuer darf zu den übrigen Steuern auf den Ertrag nur hinzutreten, soweit die steuerliche Gesamtbelastung des Sollertrages bei typisierender Betrachtung von Einnahmen, abziehbaren Aufwendungen und sonstigen Entlastungen in der Nähe einer hälftigen Teilung zwischen privater und öffentlicher Hand verbleibt". Hierzu auch *Kirchhof*, AöR Band 128 (2003), 1, 20 f.

265 Siehe nur das Sondervotum von *Böckenförde*, BStBl. II 1995, 655, 665. Kritisch bspw. auch *Birk*, Rn. 162 mwN; *Broer*, Maßgeblichkeit, S. 324; zustimmend hingegen *Lang*, in: *Tipke/Lang*, § 4 Rz. 220 ff.; *ders.*, NJW 2000, 457, 458 ff.; *Tipke*, Steuerrechtsordnung, Band I, § 8, S. 449 ff.

266 So kritisierte das Mitglied des Zweiten Senates *Böckenförde*, dass mit diesen Beschlüssen das Gebot des judicial self-restraint verletzt und unzulässig in den Kompetenzbereich des Gesetzgebers eingegriffen werde, vgl. hierzu sein Sondervotum in BStBl. II 1995, 655, 665 = BVerfGE 93, 149, 151. Ausführlich zu dieser Problematik *Lang*, in: *Tipke/Lang*, § 4 Rz. 74 ff., 220 ff.

267 Ausführlich zu der Problematik einer Bestimmung des Halbteilungsgrundsatzes bspw. *Tipke*, Steuerrechtsordnung, Band I, § 8, S. 451 ff., S.

268 BVerfG, BStBl. II 1999, 152, 152 (Leitsatz 2), ferner S. 154 f.

269 BFH, BStBl. II 1999, 771 (Leitsatz) sowie vor allem S. 774, vgl. hierzu die Anmerkungen von *Lang*, NJW 2000, 457, 458 ff.; ferner BFH, BStBl. II 1998, 671, 672.

270 Statt vieler *Hennrichs*, DStJG 24 (2001), 301, 312; *Schön*, BB 1997, 1333, 1339; *Herzig*, WPg 2000, 104, 113; *Zeitler*, DB 2003, 1529, 1531. A. A. z. B. *Broer*, Maßgeblichkeit, S. 340.

Steuerschuld zur Veräußerung der Eigentumsbestandteile gezwungen ist, auf welche die noch nicht realisierten Wertsteigerungen entfallen. Ein derartiger Steuerzugriff bedeutete einen Eingriff in die Substanz des Vermögens, welcher – solange jedenfalls die endgültige Besteuerung dieser Buchgewinne gesichert ist – einer besonderen Rechtfertigung bedarf.[271]

Bei *Kirchhof* findet sich zudem die Argumentation, dass eine, den staatlichen Steuerzugriff legitimierende Sozialpflichtigkeit des Eigentums erst bei dessen Berührung mit dem „Markt" als „staatlich – gesellschaftlich organisierte Instanz" eintritt. Indem die Gesellschaft dem Einzelnen den Markt zur Erzielung von Einkünften zur Verfügung stellt, dürfe sie auch auf die hier erzielten Einkünfte zugreifen. Da eine Marktberührung aber regelmäßig erst mit einem Umsatzakt einhergeht, ergebe sich hieraus die grundsätzliche Unzulässigkeit einer Besteuerung unrealisierter Gewinne.[272]

B. Zwischenergebnis und Funktion des Steuerbilanzrechts

Anhand dieser Ausführungen kann zunächst festgestellt werden, dass ein verfassungskonformes Steuerbilanzrecht Rechtssicherheit und Vertrauensschutz bieten muss. Dieses wiederum gelingt nur dann, wenn es in Form ausreichend bestimmter bzw. bestimmbarer Rechtsnormen besteht und im Wege eines parlamentarischen Verfahrens ergangen ist. Daneben muss es der Gleichmäßigkeit der Besteuerung Rechnung tragen und eine zutreffende Ermittlung der tatsächlichen wirtschaftlichen Leistungsfähigkeit ermöglichen. Um dieses gewährleisten zu können, sollten seine leittragenden Prinzipien „Periodisierung" und „Objektivierung" lauten, welche in eine eigentumsschonende Besteuerung einzubetten sind.
Allerdings lassen sich die aus der Verfassung abgeleiteten Grundsätze nicht unmittelbar in ein konkretes Gewinnermittlungssystem umsetzten: Denn zum einen besteht regelmäßig ein Konflikt zwischen den Interessen des Steuerpflichtigen und des Fiskus. Und zum anderen können auch die einzelnen Bilanzierungsprinzipien miteinander kollidieren. Dies gilt vor allem dann, wenn gleichzeitig eine möglichst periodengerechte sowie objektive Bilanzierung erfolgen soll. Zur Gewährleistung einer gleichmäßigen Besteuerung sollte das Steuerbilanzrecht somit dazu geeignet sein, die widerstreitenden Interessen des Steuerpflichtigen und des Staates im Allgemeinen und eventuelle Konflikte zwischen der „Periodisierung" und der „Objektivierung" im Besonderen sachgerecht auszugleichen. Um dieses ermöglichen zu können, muss es dem Gesetzgeber erlaubt sein, bestimmte Wertungen zu treffen.

---

[271] Siehe nur *Hennrichs*, DStJG 24 (2001), 301, 312; *Schön*, BB 1997, 1333, 1339.

[272] *Kirchhof* in Kirchhof/Söhn/Mellinghoff, § 2 EStG, A 98 – 101; zustimmend bspw. *Küting/Kessler*, StuB 2000, 21, 23 f; a. A. *Broer*, Maßgeblichkeit, S. 340.

Dabei gilt zu bedenken, dass das Steuerrecht eine eigene Rechtsmaterie darstellt[273]: Bei der Herstellung einer „praktischen Konkordanz" sind seine Wertungen und Zielsetzungen demzufolge nicht an die des einfachen Rechts - so etwa des Zivil- oder Handels(bilanz)rechts - , sondern ausschließlich an die verfassungsrechtlichen Vorgaben gebunden.[274] Die Steuerbilanz ist nicht bloß eine „abgeleitete Handelsbilanz"[275], sondern verfolgt ihre eigenen Zwecke. Ob dies im Rahmen des „Ist –Zustandes" - also des Steuerbilanzrechts de lege lata – angemessen berücksichtigt wird, soll im Folgenden beurteilt werden:

§ 2 Der „Ist - Zustand" des Steuerbilanzrechts

A. Das Maßgeblichkeitsprinzip, § 5 Abs. 1 EStG

I. Problemaufriss

1. Gesetzgeberische Motive für den Rückgriff auf die „handelsrechtlichen GoB"

De lege lata knüpft das Steuerbilanzbilanzrecht insofern an das Handelsbilanzrecht an, als dass der buchführende Gewerbetreibende gem. § 5 Abs. 1 S. 1 EStG den Betriebsvermögensvergleich auf Grundlage der handelsrechtlichen GoB und vorbehaltlich steuerrechtlicher Spezialregeln vorzunehmen hat.

Diesbezüglich verlangt die materielle Maßgeblichkeit, dass in der Steuerbilanz das ausgewiesen werden muss, was auch in der Handelsbilanz auszuweisen ist (sog. Aktivierungs- bzw. Passivierungsgebot). Ergänzt wird sie durch die formelle Maßgeblichkeit, wonach die Steuerbilanz an die konkrete, nach den GoB erstellte Handelsbilanz einschließlich ihrer Wertansätze gebunden ist.[276] Daneben sieht § 5 Abs. 1 S. 2 EStG vor, dass steuerrechtliche Wahlrechte in Übereinstimmung mit der handelsrechtlichen Jahresbilanz auszuüben sind (sog. umgekehrte Maßgeblichkeit).[277]

---

[273] Statt vieler *Birk*, Rn 62; *Pfahl*, S. 205.

[274] *Lang*, in: *Tipke/Lang*, § 1 Rz. 16 ff.; *Löcke*, BB 1998, 415, 416. *Tipke*, Steuerrechtsordnung, Band I, § 3, S. 50: „Präzedenz, aber keine Prävalenz"; *Weber-Grellet*, DStR 1998, 1343, 1347. Als Beispiel sei hier nur auf BFH, BStBl. II 1994, 977 – 981 verwiesen (angesichts einer ausreichenden Verobjektivierung wurde hier ein „entgeltlicher Erwerb" i. S. d. § 5 Abs. 2 EStG bejaht, obwohl kein synallagmatischen Verhältnis i. S. d. §§ 320 ff. BGB vorlag).

[275] So aber z. B. *Beisse*, in: *Baetge*, Deutsches Bilanzrecht 2001, S. 1, 6 und *Knobbe-Keuk*, § 2 I S. 19.

[276] Statt vieler *Knobbe-Keuk*, § 2 II S. 21; *Schreiber* in Blümich, § 5 EStG Rn. 181.

[277] Ausführlich hierzu *Hennrichs*, Wahlrechte, S. 169 ff; *Knobbe-Keuk*, § 2 III S. 28 ff.

Die Anbindung der steuerbilanziellen Gewinnermittlung an das Handelsbilanzrecht weist eine langjährige Tradition auf.[278] So hielten es bereits die historischen Gesetzgeber für „unzweckmäßig“ oder sogar „unmöglich“, wenn ein Kaufmann zwei Abschlüsse – „einen für die Steuer und einen für die Buchführung“- zu erstellen hätte.[279] Der Reichsgesetzgeber von 1920 führte darüber hinaus an, dass durch die Verknüpfung von Handels- und Steuerbilanz auch für die Finanzverwaltung eine sichere Grundlage zur Ermittlung des Gewinnes bestimmter Gewerbetreibender geschaffen werden könne. So werde durch den Verweis auf das Handelsrecht eine Objektivierung der Gewinnermittlung und hierdurch eine Gleichmäßigkeit der Besteuerung sichergestellt, da für eine nach den GoB erstellte Bilanz die Vermutung ihrer Richtigkeit bestehe.[280] Auch der heutige Gesetzgeber betonte immer wieder die grundlegende Bedeutung und Vorzüge des Maßgeblichkeitsprinzips[281]: Neben den historischen Motiven führte er an, dass es einer Vereinfachung der steuerlichen Gewinnermittlung sowie der Einheit der Rechtsordnung diene.[282]

2. Das Maßgeblichkeitsprinzip in der wissenschaftlichen Diskussion

Die Diskussion über das Maßgeblichkeitsprinzip hat inzwischen zu einer unüberschaubaren Vielzahl an Literatur geführt. Um jedoch einen Eindruck eventueller Vor- und Nachteile dieser Gewinnermittlungsmethode zu vermitteln, werden die wesentlichen „Pro“ und „Kontra“ – Punkte kurz dargestellt:

a) Kritiker

Einwände gegen § 5 Abs. 1 S. 1 EStG wurden schon immer geäußert. Neuen Zündstoff erhielten sie jedoch vor allem durch das *Gesetz zur Fortführung der*

---

278 Bereits das § 5 Abs. 3 EStG Bremen von 1874 enthielt einen Verweis auf die „ordnungsgemäß erstellte Jahresbilanz“; das EStG Sachsens von 1874 war ähnlich aus-gestaltet. Erstmals reichseinheitlich kodifiziert wurde eine auf dem Maßgeblichkeitsprinzip beruhenden Gewinnermittlung in § 33 Abs. 2 EStG 1920, wobei eine konkrete Anbindung an die GoB durch das EStG 1925 stattfand. Die bis heute gültige Formulierung „handels-rechtliche“ GoB wurde hingegen erst durch das StNOG vom 16. 12. 1954 (Gesetzes zur Neuordnung von Steuern, BGBl. I 1954, 373; vgl. BT-Drucks. 2/481, S. 76) eingeführt. Ausführlicher zur Entstehungsgeschichte des Maßgeblichkeitsprinzips *Pfahl*, S. 39 ff.

279 Nachweise *Strutz* in Strutz, Handbuch des Reichssteuerrechts, S. 391 ff.

280 Zum EStG 1927 und die entsprechenden Ansichten des Reichsgesetzgebers vgl. *Strutz* in Strutz, Handbuch des Reichssteuerrechts, S. 391 ff, Anm. 94 ff sowie S. 400, Anm. 98.

281 So z. B. die Begründung zum BiRiLiG, BT-Drucks. 10/317, S. 67 und BT-Drucks. 10/4268, S. 88. In jüngerer Zeit wurde dies auch im Rahmen des *StEntlG* deutlich: Zwar erkannte der Gesetzgeber mögliche Konflikte im Zusammenhang mit dem Maßgeblichkeitsprinzip. Statt es jedoch aufzugeben, entschied sich vielmehr für dessen Einschränkung, vgl. BT-Drucks. 14/23, S. 170.

282 BT-Drucks. 7/1470, S. 223; BT- Drucks. 10/317, S. 65.

Unternehmenssteuerreform bzw. das *StEntlG*, im Rahmen derer zahlreiche steuerrechtliche Spezialregelungen normiert wurden. Unabhängig von einer möglichen Öffnung der handelsrechtlichen GoB gegenüber den IFRS – welche in diesem Kapitel noch außer acht gelassen werden soll – gipfeln sie oftmals in der Forderung nach einer Abschaffung des § 5 Abs. 1 S. 1 EStG sowie der Normierung eines eigenständigen Steuerbilanzrechts[283], teilweise sogar in Überlegungen zur Aufgabe des Betriebsvermögensvergleich an sich.[284] Zur Begründung wird insbesondere angeführt, dass die handelsrechtlichen GoB nicht ausreichend bestimmt seien, zahlreiche Wahlmöglichkeiten enthielten und die Vorwegnahme künftiger Verluste zuließen.[285] Zudem verfolgten das Handels- und Steuerbilanzrecht unterschiedliche bzw. sogar konträre Zwecke, so dass eine auf dem handelsrechtlichen Vorsichtsprinzip basierende Bemessungsgrundlage nicht mehr dem Gleichmäßigkeitsgrundsatz entspräche.[286] Auch dem Argument „Einheit der Rechtsordnung" käme keine Relevanz (mehr) zu: Dies zeige sich nicht zuletzt an der Vielzahl der steuerrechtlichen Spezialregelungen, welche im Übrigen dazu führten, dass das Bilanzsteuerrecht de lege lata eine „schwer genießbare Mischung" ohne einheitliches System darstelle.[287] Der Gedanke der Vereinfachung bzw. Ermöglichung einer Einheitsbilanz könne sowohl aufgrund der gesetzlichen Realität[288] als auch in Anbetracht der Entwicklungen in der elektronischen Datenverarbeitung[289] nicht mehr überzeugen. Daneben aber sei eine Verknüpfung dieser beiden Rechtsgebiete auch aus handelsrechtlicher Sicht wenig wünschenswert; der steuerliche Einfluss auf die Handelsbilanz – mithin § 5 Abs. 1 S. 2 EStG - führe zu einem verzerrten Bild der Vermögens-, Finanz- und Ertragslage des Unternehmens.[290] Vorbehalte gegen die Maßgeblichkeit finden sich in jüngerer Zeit auch auf Seiten des *Gesetzgebers*. Obschon er insbesondere im Rahmen des *StEntlG* grundsätzlich an

---

283 So schon die Steuerrechtskommission von 1971, zum Referentenentwurf vgl. *Rau*, DB 1972, 156, 158; ferner *Hennrichs*, DStJG 24 (2001), 303, 328; *Weber-Grellet*, DStR 1998, 1343, 1344 und 1346 ff; *ders.*, StuB 2000, 1289, 1306.

284 *Hennrichs*, StuW 1999, 138, 153; *Wagner*, DB 1998, 2073, 2076 f.; *Weber-Grellet*, DB 1994, 288, 288; *ders.*, DStR 1998, 1343, 1349.

285 *Müller*, DB 1996, 689, 694 ff.; *Wagner*, DB 1998, 2073, 2077; *Weber-Grellet*, DStR 1998, 1343, 1343 ff.; *ders.*, DB 1994, 288, 288.

286 *Schneider*, DB 1999, 105, 106; *Siegel*, StuB 1999, 195, 196 ff.; *Wagner* , DB 1998, 2073, 2077; *Weber-Grellet*, DB 1994, 288, 289; *ders.*, DStR 1998, 1343, 1344.

287 So *Weber-Grellet*, DStR 1998, 1343, 1343; *ders.*, DB 1994, 288, 288; zustimmend u. a. *Broer*, Maßgeblichkeit, S. 391; *Müller*, DB 1996, 689, 693; *Siegel*, StuB 1999, 195, 196.

288 *Hennrichs*, DStJG 24 (2001) 301, 302 ff; *Herzig/Bär*, BB 2003, 1, 3; *Küting*, DStR 2000, 38, 42; *Schulze – Osterloh*, StuW 1991, 284, 291; *Schütz*, S. 185; *Theile*, GmbHR 1999, 1241, 1248; *Wassermeyer*, DStJG 14 (1991), 29, 45 f.; *Weber-Grellet*, DB 1994, 288, 288; *ders.*, DStR 1998, 1343, 1343 f..

289 *Weber-Grellet*, DStR 1998, 1343, 1349.

290 *Eichhorn*, S. 7; *Wöhe*, § 11, S. 74, 89; *Herzig/Dautzenberg*, BFuP 1998, 23, 24; *Watrin*, DB 2001, 933, 938; *Wassermeyer*, DStJG 14 (1991), 29, 46.

§ 5 Abs. 1 EStG festhielt, erfolgten seine zunehmenden Durchbrechungen nicht ohne Grund: Unter dem Aspekt „Gleichmäßigkeit der Besteuerung" findet sich hier die wiederholte Kritik, dass eine Gewinnermittlung i. S. d. §§ 4 Abs. 1, 5 Abs. 1 EStG trotz der bereits bestehenden Einschränkungen der Maßgeblichkeit immer noch (unzulässige) Steuervorteile gegenüber anderen Arten der Einkünfteermittlung biete.[291]

b) Befürworter

Insbesondere als Reaktion auf diese Kritik finden sich in der Literatur immer wieder Versuche, den Zweck der Maßgeblichkeit zu begründen bzw. zu rechtfertigen. Besondere Bedeutung kommt hier dem 1971 von *Döllerer* entwickelten *„Teilhabergedanken"*[292] zu, welcher auch in der jüngeren Literatur noch vielfach als Argument herangezogen wird[293]: Der Fiskus sei *„stiller Teilhaber"* des Unternehmens und dürfe damit nur seinen Anteil am entnahmefähigen Gewinn verlangen. Genau dieser werde aufgrund der Anbindung an die handelsrechtlichen GoB ermittelt. Da das Maßgeblichkeitsprinzip eine zu einseitige Ausrichtung der steuerlichen Gewinnermittlung durch den Gesetzgeber verhindere, gewährleiste es *Schutz* vor einer übermäßigen Besteuerung. Gleichzeitig wird hier grundlegend unterstellt, dass eine spezifische steuerliche Leistungsfähigkeit von Gewerbetreibenden nicht existiert; das Steuerrecht sei nicht in der Lage, einen diesbezüglichen Maßstab eigenständig zu konkretisieren.[294] Weil nun demgegenüber der handelsbilanzielle Gewinn auch aus steuerrechtlicher Sicht einen überzeugenden Maßstab der wirtschaftlichen Leistungsfähigkeit des Kaufmannes darstelle, müsse das Steuerrecht schon aus diesem Grund auf das Handelsbilanzrecht zurückgreifen.[295] Dabei sollen auch die Anforderungen der Gleichmäßigkeit der Besteuerung erfüllt sein: Spätestens durch das BiRiLiG sei das Handelsrecht von Handlungsspielräumen und Willkürelementen befreit worden.[296] Darüber hinaus wird auch der Gedanke der Einheitsbilanz nach wie vor als Argument für die Maßgeblichkeit angeführt: Von der Masse der Bilanzierenden könne die Handelsbilanz

---

[291] Begründungen zum Entwurf des *StEntlG*, insbesondere BT - Drs. 14/23, S. 170 und BT - Drs. 14/265, S. 171.

[292] *Döllerer*, BB 1971, 1333, 1334.

[293] So bspw. von *Crezelius*, DB 1994, 689, 690 f.; *Grotherr/Jorewitz*, FS Strobel 2001, S. 123, 146; *Hauser/Meurer*, WPg 1998, 269, 269 f.; *Lang*, in: *Tipke/Lang*, § 9, Rz. 309; *Moxter*, DB 1997, 195, 195; *Schön*, StuW 1995, 366, 376; *Schulze - Osterloh*, StuW 1991, 284, 293; *Schütz*, S. 250; teilweise auch *Institut „Finanzen und Steuern"*, IFSt-Schrift Nr. 387, S. 88 ff.

[294] *Döllerer*, BB 1971, 1333, 1334.

[295] *Döllerer*, BB 1971, 1333, 1334; *Institut „Finanzen und Steuern"*, IFSt-Schrift Nr. 387, S. 94 ff. ; *Hauser/Meuerer*, WPg 1998, 269, 271; *Lang*, in: *Tipke/Lang*, § 9 Rz. 307 (jedenfalls „prinzipiell"); *Schütz*, S. 250.

[296] *Crezelius*, DB 1994, 689, 691; *Schön*, StuW 1995, 366, 375, nach dem die handelsrechtlichen GoB sogar eine Schranke gegen willkürliche Bilanzmanipulationen darstellen; ähnlich *Lang*, in: *Tipke/Lang*, § 9, Rz. 309.

trotz der o. g. Reformen immer noch zu steuerlichen Zwecken verwenden werden.[297] Ferner sei § 5 Abs. 1 S. 1 EStG das geeignete Mittel, um die den jeweiligen Geschäftsvorfällen zugrundeliegenden zivilrechtlichen Sachverhalte und die daran anknüpfenden steuerlichen Rechtsfolgen tatbestandlich zu verbinden.[298] Gäbe es den Maßgeblichkeitsgrundsatz nicht, so müsste das Steuerrecht den Gegenstand des Handelsbilanzrechts selber regeln: „Dies würde das Steuerrecht unnötig aufblähen".[299] Schlussendlich würden die Durchbrechungen der Maßgeblichkeit immer noch von der Gesamtheit der in Bezug genommenen handelsrechtlichen GoB überwogen, so dass nach wie vor eine weitreichende Übereinstimmung zwischen der Handels- und Steuerbilanz bestünde.[300] Daher leiste das Maßgeblichkeitsprinzip immer noch einen wesentlichen Beitrag zum Schutz des Steuerpflichtigen, zur Vereinfachung der steuerliche Gewinnermittlung und der Einheit der Rechtsordnung.[301]

II. Zwischenergebnis und weitere Vorgehensweise

Da eine Beurteilung des Maßgeblichkeitsprinzips im Wesentlichen davon abhängt, ob und inwiefern ein Betriebsvermögensvergleich auf Basis der handelsrechtlichen GoB eine verfassungskonforme steuerliche Gewinnermittlung gewährleisten kann und ein sachgerechter Ausgleich der dargestellten potentiellen Konflikte erzielt wird, hat eine entsprechende Untersuchung mehrere Teilprobleme aufzugreifen: Klärungsbedürftig ist zunächst, ob der Begriff „handelsrechtliche GoB" bestimmt genug ist, was hierunter zu verstehen ist und welche GoB formell von der Verweisung des § 5 Abs. 1 S. 1 EStG erfasst sind. Zum anderen ist zu diskutieren, ob und inwieweit eine Einschränkung dieses Verweisungsumfanges aufgrund materieller Erwägungen im Wege der teleologischen Reduktion in Betracht kommt. Innerhalb dieses Abschnittes soll dies anhand grundsätzlicher Überlegungen untersucht und im Abschnitt *B.* am Beispiel der bilanziellen Behandlung immaterieller Wirtschaftsgüter verdeutlicht werden.

---

297 *Beisse*, in: *Baetge*, Deutsches Bilanzrecht 2001, S. 1, 7 und 16; *Broer*, Maßgeblichkeitsprinzip, S. 388 mwN.

298 *Schön*, StuW 1995, 366, 375 mwN; insoweit auch *Moxter*, DStZ 2000, 157, 159.

299 *Wassermeyer*, DB 2001, 1053, 1055; *ders.*, DStJG 14 (1991), 29,

300 So *Schütz*, S. 183.

301 *Beisse*, in: *Baetge*, Deutsches Bilanzrecht 2001, S. 1, 7; *Crezelius*, DB 1994, 689, 691; *Institut „Finanzen und Steuern"*, IFSt-Schrift Nr. 387, S. 88; *Glade*, S. 78.

III. Beurteilung der Verknüpfung von Steuer- und Handelsbilanzrecht

1. Überlegungen zum formellen Verweis auf die handelsrechtlichen GoB

a) Vereinbarkeit mit dem Rechtsstaatsprinzip

Einigkeit besteht noch darüber, dass § 5 Abs. 1 S. 1 EStG dem Gesetzesvorbehalt entspricht[302]: Wie bereits dargelegt, darf der Gesetzgeber auch im Steuerrecht auf Verweisungen und Generalklauseln zurückgreifen, solange dem Parlament eine letztendliche Gesetzgebungskompetenz verbleibt.
Wenn hingegen die „handelsrechtlichen GoB" als unbestimmter Rechtsbegriff kritisiert werden, „hinsichtlich dessen Inhalt bis heute kein allgemeiner Konsens hergestellt werden konnte"[303], so könnte dies die Frage nach der ausreichenden Bestimmtheit des steuerrechtlichen Verweises auf die handelsrechtlichen GoB aufwerfen. Hier ist zunächst zu beachten, dass die Verwendung unbestimmter Rechtsbegriffe grundsätzlich zulässig ist: Dies gilt auch im Steuerrecht, da es den Finanzbehörden nur so ermöglichen werden kann, den Umständen des Einzelfalles gerecht zu werden.[304] Entscheidend ist vielmehr, ob unbestimmte Rechtsbegriffe mit Hilfe der anerkannten Methoden durch die Gerichte und Verwaltungsbehörden ausgelegt und damit bestimmt werden können.[305]
Sowohl bei der Handels- als auch der Steuerbilanz handelt es sich um Bilanzen im Rechtssinne, da sie bestimmte, gesetzlich vorgezeichnete Zwecke zu erfüllen haben.[306] Damit aber ist ihr auch Inhalt bestimmbar. Zwar mögen die Definition der handelsrechtlichen GoB und ihre Konkretisierung Schwierigkeiten bereiten. So herrscht bspw. Uneinigkeit darüber, welche Rechnungslegungsvorschriften des HGB zu den handelsrechtlichen GoB i. S. d. § 243 Abs. 1 HGB zu zählen sind und ob es „GoB -widrige" Vorschriften gibt.[307] Inzwischen ist jedoch überwiegend anerkannt, dass auch die handelsrechtlichen GoB Rechtsnormen darstellen

---

302 *Pezzer*, DStJG 14 (1991), 3, 6: „Stück offengelassener Gesetzgebung"; zustimmend auch *Mathiak* in Kirchhof/Söhn/Mellinghoff, § 5 EStG A 180; *Wolffgang* in Kirchhof/Söhn/Mellinghoff, § 5 EStG B 36.

303 So *Weber-Grellet*, DB 1994, 288, 288; zustimmend bspw. *Budde/Steuber*, in: *Baetge*, Deutsches Bilanzrecht 2001, S. 57, 67.

304 BVerfGE 48, 210, 222; *Broer*, Maßgeblichkeit, S.325.

305 BVerfGE 21, 209, 215; 79, 106, 120; 81, 228, 237; *Pezzer*, DStJG 14 (1991), 3, 6.

306 *Knobbe-Keuk* § 1 S. 13; *Weber-Grellet*, DB1996, 2089, 2089.

307 Ferner wird bspw. zwischen GoB im engeren und weiteren Sinne, formellen und materiellen sowie oberen und unteren GoB differenziert, was hier jedoch nicht näher dargestellt werden soll. Näher hierzu z. B. *Beisse*, GS Knobbe-Keuk 1997, S. 385, 401.

und dazu dienen, die jeweiligen gesetzlichen Bilanzzwecke zu erfüllen.[308] In Folge dessen sind sie deduktiv aus dem Bilanzzweck und nicht induktiv anhand den „Bilanzierungsweisen eines gewissenhaften Kaufmannes" zu ermitteln.[309] Rechtssicherheit wird daher sowohl aufgrund ihrer Rechtsnatur und Systematik als auch mittels dieser Auslegungsmethode gewährleistet.[310]
Vor allem aber sind die vormals im großem Umfang ungeschrieben handelsrechtlichen GoB mit der Umsetzung des BiRiLiG weitestgehend kodifiziert worden, so dass auch die praktische Bedeutung einer Auslegung dieses unbestimmten Rechtsbegriffes abgenommen hat.[311] Denn sobald ein Kaufmann gem. § 242 HGB zur Erstellung des Einzelabschlusses verpflichtet ist, hat er die auf ihn anwendbaren Vorschriften zu beachten, und zwar unabhängig davon, ob man sie zu den handelsrechtlichen GoB zählen mag oder nicht.[312]
Noch weniger kommt es für den Verweisungsumfang des § 5 Abs. 1 S. 1 EStG darauf an, welche Vorschriften des HGB noch Ausdruck „handelsrechtlicher GoB" sind und den jeweiligen Zwecken der Handelsbilanz gerecht werden. Denn dieser bemisst sich allein auf Grundlage einer steuerlichen Betrachtungsweise.[313] Dies ergibt sich schon aus dem Gesetzesgestaltungsmittel der Verweisung an sich, wird hier aber zusätzlich durch den Wortlaut und die Entstehungsgeschichte[314] des § 5 Abs. 1 S. 1 EStG belegt. Der Formulierung „Grundsätze ordnungsgemäßer Buchführung" wurde durch das StNOG 1954 ausdrücklich das Wort „handelsrechtlichen" hinzugefügt, womit gleichzeitig klargestellt werden sollte, dass die handelsrechtlichen GoB Handelsrecht bleiben sollten.[315] Somit muss aus han-

308 Siehe nur *Hennrichs*, Wahlrechte, S. 79 f. mwH zum Meinungsstand; ferner bspw. *Budde/Steuber*, in: *Baetge*, Deutsches Bilanzrecht 2001, S. 57, 65 ff.; *Euler*, BB 2002, 875, 875; *Moxter*, DStZ 2000, 157, 159.

309 So schon *Döllerer*, BB 1969, 501, 501; ferner *Kahle*, WPg 2002, 178, 186 mwN; *Lang*, in: *Tipke/Lang*, § 9, Rz. 311; *Moxter*, FS Goerdeler 1987, S. 361, 364.

310 *Kahle*, WPg 2002, 178, 186 mwN.

311 Vgl. *Crezelius*, Steuerrecht II, § 8 Rn. 8; *Knobbe – Keuk*, § 3 II, S. 42; *Lang*, in: *Tipke/Lang*, § 9, Rz. 311 mwN.

312 Dies gilt insbesondere für die umstrittene Fallgruppen handelsrechtlicher Wahlrechte, die handelsrechtlichen Öffnungsklauseln gegenüber dem Steuerrecht (bspw. §§ 247 Abs. 3, 254, 273, 279 Abs. 2, 280, 281 HGB) sowie das „true and fair view" - Prinzip des § 264 Abs. 2 HGB, da das HGB die Anwendung dieser Bilanzierungsregeln für die jeweiligen Bilanzierenden nun einmal ausdrücklich normiert.

313 Das Steuerrecht macht sich die handelsrechtlichen GoB nur „zu Nutze" und qualifiziert sie nicht in „Steuerrechtliche" um. Ihre Zugehörigkeit zum Handelsrecht wird also nicht verändert. Vgl. hierzu nur *Ahmann*, FS Schmidt 1993, S. 268, 274; *Hennrichs*, StuW 1999, 138, 144; *Schulze-Osterloh*, DStZ 1997, 281, 286. A.A. *Pezzer*, DStJG 14 (1991), 3, 5, nach dem „ein wesentlicher Teil des Handelsrechts in das Steuerrecht inkorportiert" wurde; ebenso *Pfahl*, S. 202 mwN; *Weber-Grellet*, DB 1994, 288, 288 ff.

314 Diesen kommt gerade bei nachkonstitutionellen Gesetzen eine besondere Bedeutung zu, vgl. BVerfGE 54, 277, 297 f.

315 Vgl. BT-Drucks. 2/481, S. 76 f.

delsrechtlicher Sicht bestimmt werden, was unter den „handelsrechtlichen GoB" zu verstehen ist, während es für das Steuerrecht herauszufinden gilt, welche GoB sowohl in formeller als auch materieller Hinsicht vom Umfang der Verweisung erfasst und im Rahmen der steuerlichen Gewinnermittlung zu beachten sind.[316] Dieses wiederum ist vor dem Zweck der Steuerbilanz zu beurteilen. Selbst wenn also bis heute noch nicht abschließend geklärt sein sollte, welche Bilanzierungsregeln „handelsrechtliche GoB" darstellen, so ist dieser unbestimmte Rechtsbegriff einer Auslegung doch grundsätzlich zugänglich und konkretisierbar. Damit wird § 5 Abs. 1 S. 1 EStG auch dem Bestimmtheitsgebot gerecht.[317] Insgesamt ist somit davon auszugehen, dass die Norm den rechtsstaatlichen Anforderungen Stand hält.

b) Konkretisierung des formellen Verweisungsumfanges

aa) Meinungsstand

Zu der Frage nach dem Inhalt und der Reichweite des formellen Verweisungsumfanges werden im Wesentlichen drei Ansichten vertreten: Nach einer Meinung fällt hierunter die Gesamtheit der kodifizierten und unkodifizierten Gewinnermittlungsregeln des HGB, soweit sie sich aus den §§ 238 Abs. 1 S. 1, 243 Abs. 1 HGB ergeben.[318] Innerhalb dieser Ansicht ist jedoch umstritten, ob sich der Verweis nur auf für alle Kaufleute geltenden Vorschriften (vgl. §§ 238 bis 263 bzw. 256 HGB[319])[320] oder auch auf rechtsformspezifische GoB (§§ 264 ff. HGB) sowie GoB für bestimmte Geschäftszweige (z.B. §§ 340 ff. HGB für Kreditinstitute) beziehen kann.[321] Demgegenüber sind hier nach einer dritten Ansicht nur solche Vorschriften gemeint, die Ausdruck von „GoB im engeren Sinne" bzw. „obere GoB" sind: „GoB- widriges Gesetzesrecht" seien bspw. §§ 247 Abs. 3, 254 HGB und bestimmte Wahlrechte wie §§ 249 Abs. 2, 253 Abs. 4, 255 Abs. 4 HGB.[322]

---

[316] *Hennrichs*, StuW 1999, 138, 141; *Lang*, in: *Tipke/Lang*, § 9, Rz. 311.

[317] Im Ergebnis ebenso *Broer*, Maßgeblichkeit, S. 325; *Hennrichs*, StuW 1999, 138, 141; *Schütz*, S.189.

[318] *Beisse*, in: *Baetge*, Deutsches Bilanzrecht 2001, S. 1, 6; *Broer*, RIW 2001, 756, 761 mwN; *Hennrichs*, StuW 1999, 138, 141.

[319] §§ 257 - 263 HGB enthalten keine Gewinnermittlungsregeln.

[320] *Beisse*, in: *Baetge*, Deutsches Bilanzrecht 2001, S. 1, 6 und 16; *Broer*, RIW 2001, 756, 760; *Hennrichs*, StuW 1999, 138, 150; *Lang*, in: *Tipke/Lang*, § 9, Rz. 311; *Schütz*, S. 46 f.

[321] So bspw. H 28 EStR 2001; *Schreiber* in Blümich, § 5 EStG Rn 206 mwN.

[322] Vor allem *Weber-Grellet*, Steuerbilanzrecht, § 1 Rn 9; aber auch *Kempermann* in Kirchhof/Söhn/Mellinghoff, § 5 EStG B 119; *Schulze-Osterloh*, DStJG 14 (1991), 123, 130; *ders.*, StuW 1991, 284, 284; *Wassermeyer*, DStJG 14 (1991), 29, 37.

bb) Stellungnahme

Zur Konkretisierung des formellen Verweisungsumfanges sind zunächst wiederum der Wortlaut und die Entstehungsgeschichte der Norm zu beachten. Bereits hieraus lässt sich jedoch keine Beschränkung auf nur bestimmte GoB ableiten[323]: Vielmehr spricht § 5 Abs. 1 S. 1 EStG allgemein von „Grundsätzen ordnungsgemäßer Buchführung".

Zurückzuführen ist dieser Wortlaut auf das EStG 1925, welches auf die Generalnorm der bilanziellen Gewinnermittlung des § 38 Abs. 1 HGB 1897 Bezug nahm. Da die Handelsbilanz dieser Zeit im Wesentlichen auf ungeschriebenen GoB basierte, sollten nach der Vorstellung des historischen Steuergesetzgebers sowohl die damals schon kodifizierten als auch ungeschriebenen GoB maßgeblich sein. Auch durch die zwischenzeitliche, weitreichende Kodifizierung der GoB durch das BiRiLiG erfuhr diese Formulierung - so z. B. durch eine Beschränkung der Verweisung auf bestimmte Paragraphen des HGB als Ausdruck „oberer" oder „allgemeiner" GoB – keine Änderung.

Ebensowenig spricht die Systematik des Steuerrechts für eine derartige Beschränkung: Vor dem Hintergrund des § 141 Abs. 1 S. 2 AO[324] erscheint es widersprüchlich, wenn buchführende Kaufleute aufgrund von § 5 Abs. 1 S. 1 EStG nur bestimmte GoB und Nicht-Kaufleute alle hier genannten und damit zusätzliche HGB-Vorschriften zu beachten hätten.[325]
Einschränkendes ergibt sich hingegen aufgrund des folgenden Aspektes: Das EStG regelt die Gewinnermittlung von natürlichen Personen. Die §§ 264 ff. HGB wiederum gelten nur für Personenmehrheiten und zwar auch nur für solche, an denen keine natürliche Person als persönlich haftender Gesellschafter beteiligt ist. Sowohl mit der Gesetzessystematik als auch dem Grundsatz der Gleichmäßigkeit der Besteuerung wäre es aber nicht zu vereinbaren, wenn im Rahmen der Steuerbilanz - je nach Rechtsform - unterschiedliche GoB zum Tragen kämen.[326] Daher kann sich der Verweis des § 5 Abs. 1 S. 1 EStG nur auf die §§ 238 – 263 (bzw. - § 256) HGB und nicht auf die §§ 264 ff. HGB beziehen. Gleichzeitig entspricht nur dieses Ergebnis der vom Gesetzgeber gewollten, „steuerneutralen Umsetzung" der Bilanzrichtlinie (in der ursprünglichen Form 78/660/EWG).[327] Anderes ergibt sich ebensowenig aus § 5 Abs. 1 S. 1 EStG i.V.m. § 8 Abs. 1 KStG: Der Wortlaut des § 8 Abs. 1 KStG weist ausdrücklich darauf hin, dass sich die Einkommensermittlung „nach den Vorschriften" des EStG richtet. Der Verweisungs-

---

[323] *Beisse*, GS Knobbe-Keuk 1997, S. 385, 401; *Broer*, RIW 2001, 756, 761; *Schütz*, S. 40.
[324] Dieser ordnet die sinngemäße Anwendung der §§ 238, 240 bis 242 Abs. 1 und §§ 243 bis 256 HGB an.
[325] Ebenso *Hennrichs*, StuW 1999, 138, 140; *Schön*, StuW 1995, 366, 375. Nach *Schulze-Osterloh*, DStJG 14 (1991), 123, 128 hingegen könne aus § 141 Abs. 1 S. 2 AO kein Ergebnis zum formellen Verweisungsumfang des § 5 Abs. 1 S. 1 EStG abgeleitet werden.
[326] BFH, DStR 1999, 151, 153; in der Literatur statt vieler *Schütz*, S. 47.
[327] Vgl. BT-Drucks. 10/4268, S. 88.

umfang der einen Norm kann jedoch nicht dadurch erweitert werden, indem eine andere Norm Bezug auf sie nimmt. Dieses wäre - wenn überhaupt - vielmehr vor dem Hintergrund des § 8 Abs. 1 KStG zu beurteilen. Damit bezieht sich der formelle Verweisungsumfang des § 5 Abs. 1 S. 1 EStG auf die Vorschriften der §§ 238 – 263 (bzw. - 256) HGB.

cc) Bedeutung für die Anwendbarkeit ausgewählter Rechnungslegungsgrundsätze

Auch in der Steuerbilanz sind daher bspw. die Grundsätze der Vollständigkeit (§ 246 Abs. 1 HGB), der Klarheit und Übersichtlichkeit (§ 243 Abs. 2 HGB), das Vergleichbarkeits- und Stetigkeitsgebot (§ 252 Abs. 1 Nr. 1 und 6 HGB) und das Saldierungsverbot von Aktiv- und Passivposten gem. § 246 Abs. 2 HGB anwendbar. Darüber hinaus aber kennt das Steuerrecht selbst Bilanzierungsgrundsätze, die mit handelsrechtlichen GoB vergleichbar oder sogar identisch sind, so dass sich deren Anwendbarkeit in der Steuerbilanz nicht notwendigerweise aus § 5 Abs. 1 S. 1 EStG ableiten muss. Dies gilt u. a. für die Einzelbewertung (arg ex § 6 Abs. 1 EStG), die wirtschaftliche Betrachtungsweise (arg ex § 39 AO) und das „going concern"-Prinzip des § 252 Abs. 1 Nr. 2 HGB, welches sich in der Teilwertdefinition des § 6 Abs. 1 Nr. 1 S. 3 EStG wiederfindet. Besondere Aufmerksamkeit ist jedoch folgenden Rechnungslegungsvorschriften zu widmen:

(1) § 252 Abs. 1 Nr. 4 und 5 HGB

Ebenfalls vom Verweisungsumfang umfasst sind § 252 Abs. 1 Nr. 4 und 5 HGB. *§ 252 Abs. 1 Nr. 4 HGB* normiert das sog. *Vorsichtsprinzip*, nach dem gem. HS. 1 vorsichtig zu bewerten ist und alle bis zum Abschlussstichtag entstandenen und vorhersehbaren Risiken und Verluste zu berücksichtigen sind. Obschon es sich dem Wortlaut nach nur auf die Bewertung bezieht, herrscht Einigkeit darüber, dass es ebenso für den Bilanzansatz gilt.[328] Konkretisiert wird es u. a. durch das *Realisationsprinzip*, das *Anschaffungskostenprinzip*, das Aktivierungsverbot für unentgeltlich erworbene und selbsterstellte immaterielle Anlagewerte (§ 248 Abs. 2 HGB), aber auch durch das *Imparitätsprinzip*.[329] Sein handelsrechtlicher Zweck besteht darin, den Kaufmann vor einer zu optimistischen Einschätzung seiner Ertragslage und den Gläubiger vor überhöhten Entnahmen bzw. Ausschüttungen und damit einer Gefährdung der Haftungssubstanz des Unternehmens zu schützen. Um eventuelle Risiken beim Bilanzansatz bzw. der Bewertung weitest möglich auszuschließen, darf der Kaufmann sein Vermögen im Zweifel daher eher zu niedrig als zu hoch ausweisen.[330] Demgegenüber enthält *§ 252 Abs. 1 Nr. 5 HGB* das *Periodisierungsprinzip*, welches hier jedoch den Einschränkungen einer vor-

---

[328] Statt vieler *Kropff*, in: FS Baetge, S. 65, 77; *Weber-Grellet*, Steuerbilanzrecht, § 5 Rn. 7.
[329] *Knobbe – Keuk*, § 3 III, S. 48; *Weber-Grellet*, Steuerbilanzrecht, § 5 Rn. 8.
[330] Statt vieler *Knobbe – Keuk*, § 3 III, S. 47 f.

sichtigen Bilanzierung unterliegt: Nach § 252 Abs. 1 Nr. 4 2. HS HGB dürfen Gewinne nämlich erst dann berücksichtigt werden, wenn sie am Abschlussstichtag „realisiert" sind. Dabei ist unter „Realisation" nicht ein tatsächlicher Mittelzufluss zu verstehen; dieses würde das Periodisierungsprinzip im Übrigen gänzlich unterlaufen. Gemeint ist vielmehr, dass ein Geschäftsvorfall nur dann erfolgswirksam erfasst werden darf, wenn er durch einen Umsatzprozess zwischen zwei Vertragspartnern intersubjektiv in Erscheinung getreten ist und so ein Mindestmaß an Objektivität und Sicherheit aufweist.[331]

Die Einzelheiten des Realisationszeitpunktes sind jedoch für die jeweils in Betracht kommenden Geschäftsvorfälle umstritten[332]. Als problematisch können sich u. a. Dauerschuldverhältnisse oder Geschäftsvorfälle ohne Umsatzakte wie bspw. Wertaufholungen erweisen. Im Regelfall allerdings führt das Realisationsprinzip dazu, dass tatsächlich vorhandene, jedoch (noch) nicht durch einen Umsatzakt bestätigte Wertsteigerungen des aktivierten Vermögens keinen bilanziellen Niederschlag finden und zu stillen Reserven des Unternehmens führen.[333]

Im Gegensatz dazu müssen Verluste bereits dann berücksichtigt werden, wenn sie *vorhersehbar* sind (§ 252 Abs. 1 Nr. 4 1. HS. HGB, sog. Imparitätsprinzip). Oftmals wird daher von einer Verlustantizipation gesprochen.[334] Das strenge bzw. gemilderte Niederstwertprinzip des § 253 Abs. 2 und 3 HGB präzisieren das Imparitätsprinzip im Hinblick auf die Bewertung, während es sich für den Bilanzansatz dem Grunde nach bspw. in §§ 249, 250 HGB wiederfindet.[335] Das handelsrechtliche Verständnis von einer periodengerechten Gewinnermittlung hat somit unterschiedliche Anforderungen für die Berücksichtigung von Vermögensmehrungen und -minderungen zur Folge: Während der Ausweis von Gewinnen eine hohe „Eintrittswahrscheinlichkeit" in Form der Realisation voraussetzt, reicht für die Berücksichtigung von Verlusten eine geringere Wahrscheinlichkeit i. S. e. „Vorhersehbarkeit" aus.
Die Frage, ob und inwieweit diese Sichtweise ebenfalls mit dem „Soll – Zustand" eines verfassungsgemäßen Steuerbilanzrechts vereinbar ist, bedarf einer ausführlicheren Klärung und soll – da sie ggf. eine Einschränkung des formellen Verweisungsumfanges zum Ergebnis hat - erst unter dem noch folgenden Punkt „Überlegungen zum materiellen Verweisungsumfang" vertieft werden.

(2) § 264 Abs. 2 HGB

§ 264 Abs. 2 HGB normiert das bereits erwähnte *„true and fair view"* – Prinzip, nach dem der Jahresabschluss „ein den tatsächlichen Verhältnissen entsprechen-

---

331 Statt vieler *Knobbe – Keuk*, § 3 III, S. 47 ff.
332 Siehe hierzu z. B. *Baetge/Ziesemer*, in: Baetge/Kirsch/Thiele, Bilanzrecht – Kommentar, § 252 HGB, Rz. 188 ff.
333 Ausführlicher *Wöhe*, § 20, S. 130; ferner *Broer*, Maßgeblichkeit, S. 337 ff.
334 *Budde/Steuber*, in: *Baetge*, Deutsches Bilanzrecht 2001, S. 57, 66 mwN.
335 *Birk*, Rn 763; *Lang*, in: *Tipke/Lang*, § 9, Rz. 318 f.

des Bild der Vermögens-, Finanz- und Ertragslage" vermitteln soll. Angesichts seiner systematischen Stellung und Wortlautes ist es nur auf Kapital- und Personenhandelsgesellschaften i. S. d. § 264 a HGB anwendbar.[336]

Die handelsrechtliche Einordnung des „true and fair view" – Prinzips ist umstritten. Während ihm nach der sog. Abkopplungsthese ausschließlich Bedeutung für den Anhang zukommt[337], stellt es nach anderer Ansicht die „Generalnorm" des Jahresabschlusses dar, welche - trotz einer Relativierung durch die anderen GoB - bei der Auslegung gesetzlicher Einzelregelungen (z. B. Wahlrechte und Ermessensspielräume) als „verpflichtende Leitlinie" heranzuziehen ist.[338] Dabei kann § 264 Abs. 2 HGB in einem potentiellen Konflikt mit dem Vorsichtsprinzip und der unterschiedlichen Erfassung von Gewinnen und Verlusten stehen, welcher dann im Rahmen einer „praktischen Konkordanz" in Ausgleich zu bringen sei.[339]

Von dem hier vertretenen Verweisungsumfang ist § 264 Abs. 2 HGB nicht erfasst.[340] Interpretiert man dieses Prinzip jedoch dahingehend, dass es zu einer „wahren", mithin zutreffenden Darstellung der Vermögensverhältnisse des Steuerpflichtigen führen soll, so lässt es sich für das Steuerbilanzrecht zumindest als sog. *„Redlichkeitsgrundsatz"*[341] herleiten und zwar sowohl einfachgesetzlich, vor allem aber verfassungsrechtlich herleiten: Einfachgesetzlich ergibt sich dieser aus den Prinzipien der Bilanzwahrheit und -vollständigkeit (§§ 239 Abs. 2, 246 Abs. 1 HGB) sowie aus § 242 Abs. 1 HGB.[342] Und aus verfassungsrechtlicher Sicht ist eine Bilanzierung nach diesem Grundsatz sogar unerlässlich. Denn nur eine den „tatsächlichen" wirtschaftlichen Verhältnissen entsprechende Steuerbilanz kann auch die Ermittlung der „tatsächlichen" wirtschaftliche Leistungsfähigkeit gewährleisten.

---

336 Vgl. BT-Drucks. 10/4268, S. 90 f.; BFH, BStBl. II 1999, 130, 132. Hieran ändert sich auch nichts durch die anderslautende Regierungsmeinung im Fall „BIAO" (vgl. bei EuGH vom 7. 1. 2003 (Rs. C-306/99), Textziffer 85 f. und Erstes Kapitel § 1, B. I. 2., S. 17 f.).

337 Hiernach kommt dem „true and fair view"-Prinzip nur Informations-, nicht aber Gewinnermittlungsfunktion zu, so dass es – als bloße Anhangsvorschrift - auch keinen GoB darstellt, so z. B. *Beisse*, in: *Baetge*, Deutsches Bilanzrecht 2001, S. 1, 19; *Institut „Finanzen und Steuern"*, IFSt-Schrift Nr. 387, S. 45 f.; *Knobbe-Keuk*, § 3 III S. 44; dagegen bspw. *Weber-Grellet*, DB1996, 2089, 2089.

338 BFH, BStBl. II 1999, 130, 132; *Baetge/Kirsch/Thiele*, Bilanzen, S. 33; *Weber-Grellet*, DB 1996, 2089, 2090. Nach *Knobbe – Keuk*, § 3 III, S. 44 gilt § 243 Abs. 1 HGB als „bilanzrechtliche Generalnorm", die für Kapitalgesellschaften durch § 264 Abs. 2 HGB (allerdings nur hinsichtlich des Anhanges) ergänzt werde.

339 Hierzu auch der EuGH („Tomberger"), DStR 1996, 1093, 1094, Anm. 18.

340 Ebenso bspw. *Lang*, in: *Tipke/Lang*, § 9, Rz. 311. Gestützt wird diese Auffassung ferner auf die gesetzgeberisch gewollte, steuerneutral Umsetzung der Bilanzrichtlinie (vgl. BT-Drucks. 10/4268, S. 88). Dieses Ziel wäre jedoch von vorne herein verfehlt, wenn dem „true and fair view"- Prinzip Einfluss auf die Bemessungsgrundlage zukäme. Zu den Einzelheiten siehe *Kempermann* in Kirchhof/Söhn/Mellinghoff, § 5 EStG B 51.

341 Vgl. BFH (GrS), DStR 2000, 1682, 1686; *Weber-Grellet*, Steuerbilanzrecht, § 5 Rn. 4.

342 *Weber-Grellet*, Steuerbilanzrecht, § 5 Rn. 4; ähnlich *Knobbe – Keuk*, § 3 III, S. 44.

Eine ganz andere Frage hingegen ist es, welches Verhältnis der so verstandene steuerrechtliche Redlichkeitsgrundsatz zum Vorsichtsprinzip (hier vor allem zum Realisations- und Imparitätsprinzip) und zum „true and fair view" – Prinzip aufweist. Das Verhältnis zu Letzterem ist nun angesichts der bestehenden Gesetzessystematik in erster Linie im Zusammenhang mit der mögliche Internationalisierung des Einzelabschlusses relevant und wird daher erst im Vierten Kapitel[343] zu untersuchen sein. De lege lata bedeutsam ist hingegen die Beziehung zum handelsrechtlichen Vorsichtsprinzip. Da auch diese ausführlicher geklärt werden muss, soll sie ebenfalls erst unter dem folgenden Punkt dargestellt werden.

2. Überlegungen zum materiellen Verweisungsumfang

Der hier konkretisierte formelle Verweisungsumfang auf die §§ 238 – 263 (bzw. - § 256) HGB gilt nicht uneingeschränkt. Zu beachten sind zunächst die Sonderregelungen des EStG. Daneben allerdings wird auch über ungeschriebene Ausnahmen zur Maßgeblichkeit diskutiert.

a) Gesetzliche Einschränkungen

Das Steuerbilanzrecht ist bereits de lege lata überwiegend im EStG geregelt: Für die Bilanzierung dem Grunde nach bestimmt sich bspw. die Abgrenzung zwischen dem Privat- und Betriebsvermögen (Entnahmen und Einlagen) nach § 5 Abs. 6 i. V. m. § 4 Abs. 1 EStG, der Betriebsausgabenabzug nach § 5 Abs. 6 i. V. m. § 4 Abse. 5 - 8 EStG und die Bilanzänderung nach § 5 Abs. 6 i. V. m. § 4 Abs. 2 EStG; ferner enthalten bspw. § 5 Abse. 3 bis 4 b) EStG Sonderregelungen zur Bildung von Rückstellungen. Die Wertbemessung wird sogar nahezu vollständig im EStG geregelt, da hier der sog. Bewertungsvorbehalt des § 5 Abs. 6 i. V. m. §§ 6 ff. EStG greift. Inwiefern hier noch ein Rückgriff auf das Handelsrecht verbleibt, wird im Rahmen der Bewertung noch näher dargestellt.

b) Teleologische Reduktion des § 5 Abs. 1 S. 1 EStG

aa) Meinungsstand

Umstritten ist hingegen, ob über die gesetzlich vorgesehenen Einschränkungen hinaus auch eine teleologische Reduktion zu § 5 Abs. 1 S. 1 EStG möglich bzw. sogar zwingend vorzunehmen ist. Von einer Meinungsgruppe wird dies mit dem Argument abgelehnt, dass die Handels- und Steuerbilanz in ihren Primärzwecken übereinstimmen und der Gesetzgeber keine weiteren Einschränkungen neben den bereits vorgesehenen der Maßgeblichkeit gewollt habe.[344] Dem konträr gegenüberstehend vertritt eine andere Ansicht, dass Handels- und Steuerbilanz grund-

---

[343] Vgl. hier § 1, C. I. 1.

[344] *Crezelius*, DB 1994, 689, 69; *Knobbe-Keuk*, § 2 II, S. 27.

sätzlich oder zumindest vornehmlich divergierende Zwecke verfolgen.[345] Von der Rechtsprechung, der überwiegenden Literatur sowie seitens des Gesetzgebers wird hingegen eine vermittelnde Position eingenommen, nach der die Funktionen von Handels- bzw. Steuerbilanz nur teilweise divergieren[346]: Dort jedoch sei notwendigerweise eine teleologische Reduktion vorzunehmen, so dass durchaus ungeschriebene Ausnahmen zur Maßgeblichkeit existieren können.[347]

bb) Stellungnahme

Wesentlicher Anknüpfungspunkt zur Beurteilung der Notwendigkeit einer teleologischen Reduktion ist also die Frage, ob und inwieweit die Funktionen der Handels- und Steuerbilanz divergieren und in welchen Bereichen unterschiedliche Bilanzierungszwecke Ausnahmen zur Maßgeblichkeit erforderlich machen könnten. Denn da das Steuerrecht eine gegenüber dem Zivil- bzw. Handelsrecht eigenständige Rechtsmaterie darstellt, kann ein steuerlicher Rückgriff auf die handelsrechtlichen GoB nur dort legitimiert sein, wo dies zu sachgerechten (und am Ende verfassungskonformen) Ergebnissen führt.

(1) Überblick über die Funktion der Handelsbilanz

Die Funktion des Einzelabschlusses wurde bereits schlagwortartig mit „Gläubigerschutz durch Ausschüttungsbemessungsfunktion" umschrieben. Tatsächlich stellt es jedoch eines der Kernprobleme des Handelsbilanzrechts dar, die Frage nach dem Zweck des Einzelabschlusses zu beantworten.[348]

Dabei sei kurz erwähnt, dass sich in im Laufe der Zeit unterschiedliche Theorien zur Funktion der Handelsbilanz herausgebildet haben. Die wohl größte Bedeutung weisen hier die *statische* und die *dynamischen Bilanzauffassung* auf. Da nun allerdings sowohl der handelsrechtliche als auch steuerliche Gewinn aufgrund einer kodifizierten „Bilanz im Rechtssinne" ermittelt werden, können diese Theorien nur insoweit von möglichem Interesse und als Hilfsmittel zur Auslegung herangezogen werden, als sie Ausdruck im Gesetz oder als GoB gefunden haben.[349] In diesem Zusammenhang gilt wiederum zu bedenken, dass weder die Handels- noch die Steuerbilanz einer einheitlichen Konzeption folgen und selbst einzelne Bilanzposten - wie sich an den

---

[345] So z. B. *Pfahl*, S. 200; *Siegel*, StuB 1999, 195, 196 ff.; *Weber – Grellet*, DB 1994, 288, 289; *ders.*, DStR 1998, 1343, 1344 und 1346.

[346] BT-Drucks. 7/1470, S. 223; BFH, BStBl. II 1969, 291, 293; BFH (GrS) DStR 2000, 1682, 1687; *Beisse*, in: *Baetge*, Deutsches Bilanzrecht 2001, S. 1, 6; *Broer*, Maßgeblichkeit, S. 352; *Costede*, StuW 1995, 115, 116; *Hennrichs*, StuW 1999, 138, 146 ff.; *Lang*, in: *Tipke/Lang*, § 9 Rz. 309; *Pezzer*, DStJG 14 (1991), 3, 7 ff.; *Schreiber*, FS Beisse 1997, S. 491, 506; *Schulze – Osterloh*, DStJG 23 (2000), 67, 73; *Schütz*, S. 206.

[347] Siehe statt vieler *Hennrichs*, StuW 1999, 138, 146 ff.

[348] *Baetge/Thiele*, FS Beisse 1997, S. 11, 11; *Glade*, S. 109 („Über die Handelsbilanzzwecke besteht keine Einigkeit"); *Pezzer*, DStJG 14 (1991), 3, 17 .

[349] *Knobbe-Keuk* § 1 S. 13; *Hennrichs*, Wahlrechte, S. 81; *Weber-Grellet*, Steuerbilanzrecht, § 1 Rn. 17.

Rückstellungen zeigt - sowohl statische als auch dynamische Elemente aufweisen. Daher soll auf eine nähere Darstellung der einzelnen Theorien verzichtet werden.[350]

Den Gesetzesmaterialien zum BiRiLiG ist zu entnehmen, dass die Handelsbilanz den „Schutz der Gesellschafter, Kapitalanleger, Gläubiger und anderer Dritter" bezweckt.[351] Deren Interessen sind nun vielfältig: So sind die Gesellschafter sind an einem möglichst hohen ausschüttungsfähigen Gewinn, Gläubiger an einem möglichst hohen, aber tatsächlich vorhandenen Schuldendeckungsbetrag, externe Kapitalgeber sowie an der Geschäftsführung unbeteiligte Gesellschafter an größtmöglicher und der Kaufmann an kritischer Selbstinformation interessiert. Da diese Zwecke nicht gleichwertig verfolgt werden können, muss also auch die Funktion des Handelsbilanzrecht in der Herstellung eines sachgerechten Ausgleichs dieser potentiell divergierenden Interessen liegen.[352]
Indem der Adressatenkreis des jeweiligen Einzelabschlusses nicht zuletzt von der Rechtsform des Kaufmannes abhängig ist, hat sich der Gesetzgeber für ein auf dem Klammerprinzip aufbauendes Rechnungslegungssystem in Form allgemeiner (§§ 238 - 263 HGB) und spezieller (§§ 264 ff. HGB) Vorschriften entschieden.[353] Einzelkaufleute und Personenhandelsgesellschaften[354] müssen strukturbedingt weniger und vor allem qualitativ andere Kapitalgeber informieren als Kapitalgesellschaften. Der hier ausschließlich interessierende Einzelabschluss i. S. d. §§ 238 - 263 HGB stellt daher weniger ein Informations-, als vielmehr ein *Zahlungsbemessungsinstrument* dar[355]: Es soll die Ermittlung eines solchen Gewinnes ermöglichen, der ohne eine Gefährdung der Unternehmenssubstanz und der Gläubigerinteressen an Schuldendeckung sowie unter gleichzeitiger Wahrung der Entnahme- bzw. Ausschüttungsinteressen aus dem Betrieb abfließen darf.[356]
Allerdings resultiert hieraus die Möglichkeit eines *Interessenskonfliktes* in Bezug auf die Ermittlung des - in diesem Sinne - *„richtigen Gewinnes"*, welcher damit ebenso Kollisionen zwischen den einzelnen, der Gewährleistung dieser Interessen

[350] Ausführlich hierzu z. B. *Baetge/Kirsch/Thiele*, Bilanzen, S. 12 ff..
[351] BT-Drucks. 10/4268, S. 87. Hierzu auch *Baetge/Thiele*, FS Beisse 1997, S. 11, 13.
[352] *Schreiber*, FS Fischer 1999, S. 879, 888 f.; *Schön*, StuW 1995, 366, 376.
[353] BT – Drucks. 10/317, S. 64, 66; BT-Drucks. 10/4268, S. 88.
[354] Bei denen die unbeschränkt persönlich haftenden Gesellschafter natürliche und an der Geschäftsführung beteiligte Personen sind (vgl. §§ 114, 161 Abs. 2, 164 HGB).
[355] Die §§ 264 Abs. 2 HGB enthalten daher insofern Modifikationen und Ergänzungen, als dies für Bilanzadressaten von Personenmehrheiten ohne persönlich haftenden Gesellschafter erforderlich ist. Allerdings kommt auch dem „allgemeinen" Einzelabschluss Informationsfunktion zu; sie ist hier nur von geringerer Bedeutung, vgl. *Baetge/Thiele*, FS Beisse 1997, S. 11, 18; *Moxter*, FS Goerdeler 1987, S. 361, 368 und 372; *Schaffer*, S. 102.
[356] *Euler*, BB 2002, 875, 878; *Kropff*, in: FS Baetge, S. 65, 75; *Moxter*, FS Goerdeler 987, S. 361, 369 f.; *ders.*, DB 1997, 195, 196; *Schulze-Osterloh*, ZIP 2003, 93, 95; *Watrin*, DB 2001, 933, 936.

dienenden Bilanzierungsregeln aufwerfen kann.[357] Deutlich wird dies insbesondere am Verhältnis zwischen § 252 Abs. 1 Nr. 4 und Nr. 5 HGB: Während das Periodisierungsprinzip Erträge und Aufwendungen im Zeitpunkt ihrer wirtschaftlichen Verursachung und damit periodengerecht erfassen soll, bezweckt das Vorsichtsprinzip den Schutz vor einer zu positiven Einschätzung der Ertragslage.[358] Vor dem Hintergrund einer vorsichtigen Bilanzierung ist es aber problematisch, wenn die wirtschaftliche Verwirklichung eines Geschäftsvorfalles mit Unsicherheiten behaftet ist. Dies macht es notwendig, dass die für einen Bilanzausweis in Frage stehenden Sachverhalte eine gewisse Nachprüfbarkeit aufweisen. Insofern lässt sich daher auch für die Handelsbilanz ein Objektivierungserfordernis ableiten.[359]

Schwierig ist dabei, den Maßstab einer ausreichenden Objektivierung zu konkretisieren: Zu enge Anforderungen gefährden die Entnahme- bzw. Ausschüttungsinteressen. Umgekehrt kann eine zu hoch gewichtete Vorsicht zu einem objektiv nachprüfbaren, niedrigen Gewinn führen, obwohl ein höherer Gewinn bereits ebenso nachweisbar vorliegt und ein entsprechender Bilanzausweis zumindest aus Objektivierungsgründen nicht erforderlich wäre. Daher ist es auch verfehlt, eine „objektive" mit einer „vorsichtigen" Bilanzierung gleichzusetzen.[360] Vielmehr sind auch diese Bilanzierungsgrundsätze im Konfliktfall gegeneinander abzuwägen.

(2) Gemeinsamkeiten mit der Funktion der Steuerbilanz

Stellt man die Funktionen der Steuer - und Handelsbilanz gegenüber, so zeigen sich zunächst einige Parallelen: Beide dienen der Ermittlung eines möglichst periodengerechten, aber auch objektiven Gewinnes. Damit unterliegen sie einem vergleichbaren Grundkonflikt zwischen Periodisierung und Objektivierung, den es jeweils auszugleichen gilt. Auch hinsichtlich dieses Ausgleichs sind auf den ersten Blick vergleichbare Erwägungen zu berücksichtigen: Während aus handelsrechtlicher Sicht ein Ausschüttungsbetrag ermittelt werden muss, der dem Unternehmen ohne eine Gefährdung der Unternehmenssubstanz unter gleichzeitiger Wahrung der Entnahme- und Ausschüttungsinteressen entzogen werden darf, verlangen die Grundsätze der Gleichmäßigkeit und eigentumsschonenden Besteuerung die Ermittlung eines Gewinnes, der die tatsächliche wirtschaftliche Leistungsfähigkeit des Gewerbetreibenden frei von Vor- und Nachteilen gegenüber anderen Steuerpflichtigen wiedergibt und ohne eine Substanzschädigung zur Fol-

---

357 Hieraus resultiert auch die Kritik an einem widersprüchlichen GoB-System, vgl. *Baetge/Thiele*, FS Beisse 1997, S. 11, 19.

358 Statt vieler *Knobbe – Keuk*, § 3 III, S. 47.

359 *Euler*, BB 2002, 875, 876 mwN; *Moxter*, BB 1979, 1102, 1104.

360 *Herzig*, WPg 2000, 104, 112; *Ranker/Wohlgemuth/Zwirner*, KoR 2001, 269, 270 f.

ge besteuert werden darf.[361] Demzufolge muss ein sachgerechter Ausgleich der bestehenden Konflikte sowohl nach Handels- als auch nach Steuerbilanzrecht zu einem gleichzeitig „nach oben" wie auch „nach unten" begrenzten Gewinnbetrages führen. Denn nur die Ermittlung eines Solchen ermöglicht eine Berücksichtigung der jeweiligen Bilanzierungsziele und kann daher den „richtigen" Gewinn darstellen. In diesem Sinne spricht tatsächlich einiges dafür, die konkrete Ausgestaltung zur Ermittlung dieses Wertes dem Handelsbilanzrecht zu überlassen und für die Steuerbilanz der Einfachheit halber auf diese Lösungsmöglichkeiten zu verweisen.
Allerdings können Praktikabilitäts- und Funktionalitätsgesichtspunkte bzw. das Argument der Einheit der Rechtsordnung nur soweit als Rechtfertigung für einen steuerrechtlichen Rückgriff auf das Handelsrecht herangezogen werden, als hierdurch maßgebliche Grundsätze der Besteuerung nicht an Bedeutung verlieren[362]: In diesem Zusammenhang ist zu berücksichtigen, dass die Steuer- im Gegensatz zur Handelsbilanz gerade nicht dazu dient, die Interessen der Gläubiger an einem ausreichenden Schuldendeckungspotential zu schützen oder den Informationsbedarf möglicher Kapitalgeber zu decken.[363] Zumindest insofern verfolgen das Handels- und Steuerrecht also *unterschiedliche Sachgesetzlichkeiten*.[364]
Diese Divergenz in den Bilanzierungszwecken wäre jedoch möglicherweise dann unschädlich, wenn sich der im Handelsbilanzrecht getroffene Ausgleich dennoch sachgerecht auf das Steuerbilanzrecht übertragen ließe. Denn zum einen unterscheidet sich das Gläubigerinteresse an einer gewissen Haftungssubstanz nicht wesentlich von der Prämisse, dass sich die Besteuerung des Unternehmensgewinnes nicht übermäßig bzw. substanzschädigend wirken darf.[365] Und zum anderen muss auch eine auf Information abzielende Bilanz nicht von vorne herein mit den Zwecken der Steuerbilanz unvereinbar sein. Vielmehr kommt es darauf an, welchem Einfluss die Informationsfunktion auf den Bilanzausweis hat bzw. ob sie andere Bilanzierungszwecke gefährdet.

---

[361] Und zwar schon infolge einer zu weiten Bemessungsgrundlage und nicht erst durch einen zu hohen Steuertarif!

[362] *Lang*, in: *Tipke/Lang*, § 4 Rz. 130 ff.; *Moxter*, DStZ 2000, 157, 159; *Pfahl*, S. 204; *Weber-Grellet*, DB 1994, 288, 289 f.; *ders.*, DStR 1998, 1343, 1344.

[363] *Ahmann*, FS Schmidt 1993, S. 268, 275; *Hennrichs*, DStJG 24 (2001), 301, 314; *Siegel*, StuB 1999, 195, 196; *Weber – Grellet*, DB 1994, 288, 289; *ders.*, DStR 1998, 1343, 1344.

[364] Siehe nur BFH (GrS), DStR 2000, 1682, 1687; *Costede*, StuW 1995, 115, 116; *Pezzer*, DStJG 14 (1991), 3, 17; *Pfahl*, S. 202 ff; *Siegel*, StuB 1999, 195, 196.

[365] Zudem entspricht es ebenso den wirtschaftspolitischen Interessen des Staates, dass Unternehmen aufgrund einer (zu) hohen Steuerlast nicht in die Insolvenz geraten. Siehe hierzu insbesondere die Begründung zum StSenkG und der Einführung des einheitlichen KSt - Tarifs auf ausgeschüttete sowie thesaurierte Gewinn: Hierdurch sollte die schlechte Eigenkapitalisierung und dadurch bedingte Krisen - und Insolvenzanfälligkeit deutscher Unternehmen beseitigt werden, vgl. BT - Drucks. 14/2683, S. 93 f.

Problematisch wäre es allerdings, wenn das Handelsbilanzrecht die entsprechenden Abwägungsentscheidungen *mehrheitlich* zugunsten eines von der *Steuerbilanz abweichenden Zweckes* trifft:

(3) Problem: Was bedeutet eine „vorsichtige Bilanzierung" in der Handelsbilanz und inwieweit gilt diese für die Steuerbilanz?

(a) Meinungsstand zur Bedeutung des handelsrechtlichen Vorsichtsprinzips

Genau in diesem Punkt aber besteht bis heute Uneinigkeit in der Literatur. Einer großen Meinungsgruppe zufolge führt der aus dem *Kapitalerhaltungsgrundsatz* resultierende hohe Stellenwert des *Vorsichtsprinzip* dazu, dass der Bilanzierende insbesondere die Ausübung handelsrechtlicher Wahlrechte *auch* zu einer *bilanzpolitisch motivierten Risikovorsorge* nutzen könnte[366]: Dieses wiederum habe (in nicht unerheblichem Umfang) die Möglichkeit einer „willkürlichen" Bildung stiller Reserven zur Folge, welche letztendlich zu Lasten anderer Bilanzierungszwecke wie insbesondere der Informationsfunktion gehe.[367] Selbst wenn man in § 253 Abs. 1 S. 1 HGB und dem Grundsatz der „vernünftigen kaufmännischen Beurteilung" eine Schranke gegen „*exzessive* Fehlbewertungen" sähe[368], so könne man das handelsrechtliche Vorsichtsprinzip als ein „alles überragendes Prinzip" bezeichnen, welchem gegenüber der periodengerechten und vielleicht sogar der objektiven Gewinnermittlung Vorrang eingeräumt werde.[369]

Dem wiederum wird entgegengehalten, dass eine derartige Anwendung des handelsrechtlichen Vorsichtsprinzips spätestens seit Umsetzung der Bilanzrichtlinie (in der Form 78/660/EWG) im Jahr 1985 nicht mehr der gesetzlichen Realität entspräche.[370] Vielmehr sei es vor dem Hintergrund der gesetzlich vorgesehene Zwe-

---

366 Als Beispiel nennen *Freidank/Pottgießer*, StuB 2003, 886, 890 hier u. a. die mögliche Bewertung zu Teilkosten und die Einbeziehungswahlrechte gem. § 255 Abs. 2 und 3 HGB, welche einen „erheblichen bilanzpolitischen Freiraum" vorsähen.

367 Vgl. nur BT - Drs. 14/23, S. 170 und BT - Drs. 14/265, S. 171; *Freidank/Pottgießer*, StuB 2003, 886, 890; *Herzig*, WPg 2000, 104, 110 f.; *Oestreicher/Spengel*, DB 1999, 593, 594; *Wagner*, DB 1998, 2073, 2075 und 2077; *Weber-Grellet*, DStR 1998, 1343, 1343 ff.; *ders.*, DB 1994, 288, 288; siehe hierzu auch *Arbeitskreis Bilanzrecht der Hochschullehrer Rechtswissenschaft*, BB 2002, 2372, 2379: „In der Tat wird man konzedieren müssen, dass die bisherige (vorsichtige) Bilanzierung durch die Bildung und Auflösung stiller Reserven den Eigenkapitalgebern nicht immer einen vollständigen Einblick in die tatsächliche Entwicklung des Unternehmens gewährt hat."

368 *Moxter*, DStZ 2000, 157, 160.

369 Siehe nur *Moxter*, DStZ 2000, 157, 160; *Niehus*, DB 1997, 1421, 1422; *Schreiber*, FS Beisse 1997, S. 491, 504; *Siegel*, StuB 1999, 195, 196. Ferner *Born*, S. 36 und *Herzig*, WPg 2000, 104, 110 und 112.

370 Vgl. statt vieler nur *Kropff*, in: FS Baetge, S. 65, S. 83 f. sowie *Lang*, in: *Tipke/Lang*, § 9, Rz. 309: „Das moderne Bilanzrecht huldigt nicht mehr dem historischen Gläubigerschutz.

cke der Handelsbilanz auszulegen: Hieraus aber könne kein GoB hergeleitet werden, nach dem das Unternehmen bspw. durch entsprechende Ausübung von Wahlrechten eine „bilanzpolitische Risikovorsorge“ betreiben müsste bzw. dürfte, welche über das noch als zulässig anzusehende Maß an Kapitalerhaltung hinausginge: Für Kapitalgesellschaften leite sich dies schon aus § 264 Abs. 2 HGB und für Nicht-Kapitalgesellschaften zumindest aus einer Abwägung mit den neben dem Gläubigerschutz durch Kapitalerhaltung existierenden Bilanzzwecken „Dokumentation“ und Selbstinformation“ ab; eine entsprechende, d. h. übermäßige Ausübung des Vorsichtsprinzip verstoße daher gegen den Zweck der Rechnungslegung und wäre somit unzulässig.[371]

(b) Grundsätzliche Überlegungen zur Steuerbilanz

Eine Entscheidung dieses Meinungsstreites soll an dieser Stelle nicht erfolgen. Für die Steuerbilanz kommt ihm selbst dann lediglich untergeordnete Bedeutung zu, wenn man mit der ersten Meinungsgruppe der Ansicht ist, das Vorsichtsprinzip könne zum Zwecke der Kapitalerhaltung und des Gläubigerschutzes – zumindest faktisch - zu Lasten anderer GoB bzw. Bilanzierungszwecke ausgeübt werden und ermögliche eine über das zulässige Maß hinausgehende und insbesondere bilanzpolitisch motivierte Risikovorsorge. Denn hier ist zu bedenken, dass sowohl die Frage nach dem materiellen Verweisungsumfang des § 5 Abs. 1 S. 1 EStG im Allgemeinen als auch die steuerlichen Anwendbarkeit des handelsrechtlichen Vorsichtsprinzips im Speziellen ausschließlich vor dem Hintergrund des Zweckes der steuerlichen Gewinnermittlung und damit allein aus steuerrechtlicher Sicht zu beantworten ist. Danach aber ergibt sich Folgendes:

Wie bereits dargelegt, bedarf die Ermittlung dessen, was der wirtschaftlichen Leistungsfähigkeit entsprechen soll, einer Konkretisierung durch den Gesetzgeber. Sein diesbezügliches Ermessen hat er dergestalt ausgeübt, dass sie sich grundsätzlich anhand eines unter Anwendung der handelsrechtlichen GoB ermittelten Gewinnes bestimmt.[372] Damit also könnten auch die aus handelsrechtlicher Sicht „vorsichtigen“ Bilanzansätze der tatsächlichen Leistungsfähigkeit entsprechen.[373]

Indem es sich bei dem Steuerbilanzrecht aber um eine eigenständige steuerrechtliche Materie handelt, die nicht an die Wertungen des Handels-, sondern an die des Verfassungsrechts gebunden ist[374], kann die Konkretisierung der Leistungsfähigkeit mittels einer Anbindung an den handelsbilanziellen Gewinn nur insoweit

---

Seine Normen bezwecken im Rahmen objektiver Richtigkeit und Willkürfreiheit die Ermittlung des ausschüttbaren, dem Unternehmen entziehbaren Gewinn“.

[371] Ausführlich und treffend hierzu *Kropff*, in: FS Baetge, S. 65, S. 69, S. 71, S. 85 – 87.

[372] *Knobbe-Keuk*, § 2 II, S. 27.

[373] Ähnlich *Crezelius*, DB 1994, 689, 691.

[374] BFH (GrS), DStR 2000, 1682, 1687; *Weber-Grellet*, DB 1994, 288, 289; *ders.*, DStR 1998, 1343, 1347; ähnlich *Pezzer*, DStJG 14 (1991), 3, 26.

zulässig sein, als die verfassungsrechtlichen Anforderungen an das Steuerbilanzrecht nicht unterlaufen werden.[375]
Sollten aufgrund des handelsrechtlichen Vorsichtsprinzip jedoch auch bilanzpolitisch motivierte und damit letztlich (bspw. durch konsequente Unterbewertungen) „willkürlich" gebildete stille Reserven möglich bzw. gerechtfertigt und damit GoB - konform sein, so bestünde – abgesehen von eventuellen Kollisionen mit dem steuerrechtlichen Legalitätsprinzip - die Möglichkeit, dass der handelsbilanziell ermittelte Gewinn (in materieller Hinsicht) nicht der tatsächlichen wirtschaftlichen Leistungsfähigkeit entspricht.[376]

Auch das „true and fair view" – Prinzips böte hier keine Hilfestellung: Unabhängig davon, ob man dessen Anwendbarkeit über § 264 Abs. 2 HGB i.V.m. § 5 Abs. 1 S. 1 EStG oder in Form des Redlichkeitsgrundsatz als „Generalnorm des deutschen Steuerrechts" bejaht - dem BFH zufolge bewirkt es jedenfalls keine Aufgabe des Realisations- und Vorsichtsprinzips: „Er ergänzt beide Grundsätze, macht sie jedoch weder überflüssig, noch verkehrt er sie in ihr Gegenteil."[377] Zudem kann es vor dem Hintergrund unterschiedlicher Bilanzierungszwecke aus handelsrechtlicher Sicht anders interpretiert werden, als dies aus steuerrechtlicher Sicht notwendig wäre.

Da in diesem Fall „der Konflikt mit dem Steuerrecht vorprogrammiert" wäre[378], stellte sich eine uneingeschränkte Verknüpfung des Handels- und Steuerbilanzrechts durchaus als problematisch dar und könnte auch nicht mittels des bereits angesprochenen und in diesem Zusammenhang immer wieder angeführten Schutzgedanken der *Teilhaber – These*[379] gerechtfertigt werden; der Schutz des Steuerpflichtigen ergibt sich vielmehr allein aus dem Verfassungsrecht.[380]

Dass der Schutzgedanke der *Teilhaber - These* nicht überzeugt, ergibt sich aus folgendem: Nach der freiheitlichen Ordnung der Verfassung deckt der Staat seinen Finanzbedarf zwar grundsätzlich mittels einer steuerlichen Teilhabe am Erfolg des privaten Wirtschaftens. Allerdings kann hieraus nicht abgeleitet werden, dass dem Fiskus damit gleichzeitig die Stellung eines „stillen Teilhabers" zukommt. Denn unabhängig davon, dass es hierfür an gesetzlichen Belegen fehlt, beweisen die immer schon normierten Steuervorbehalte eine „Sonderstellung" des Fiskus.[381] Darüber hinaus stellt die Maßgeblichkeit kein „dem Steuerbilanzrecht vorgegebenes Grund-

---

375 *Lang*, in: *Tipke/Lang*, § 4 Rz. 130 ff.; *Moxter*, DStZ 2000, 157, 159; *Pezzer*, DStJG 14 (1991), 3, 18; *Weber-Grellet*, DB 1994, 288, 289 f.
376 Statt vieler hier *Kirchhof*, StuW 2002, 3, 7.
377 So ausdrücklich BFH (GrS), DStR 2000, 1682, 1686.
378 Nach *Hennrichs*, StuW 1999, 138, 148. Im Ergebnis ebenso *Broer*, Maßgeblichkeit, S. 350; *Pezzer*, DStJG 14 (1991), 3, 17;
379 Siehe *Döllerer*, BB 1971, 1333, 1334.
380 *Broer*, Maßgeblichkeit, S. 390; *Eichhorn*, S. 39; *Hennrichs*, StuW 1999, 138, 144; *Weber-Grellet*, DB 1994, 288, 290.
381 *Broer*, Maßgeblichkeit, S. 390 f.; *Hennrichs*, StuW 1999, 138, 144; *Herzig*, WPg 2000, 104, 113; ähnlich *Pezzer*, DStJG 14 (1991), 3, 17; *Schneider*, DB 1999, 105, 106.

prinzip" dar.[382] Angesichts seines Gestaltungsspielraums ist dem Gesetzgeber eine jederzeitige Einschränkung dieses Grundsatzes möglich. Schon dessen Entstehungsgeschichte zeigt, dass das Idealbild der „Einheitsbilanz" nie der gesetzlichen Realität entsprach.[383] Zwar wollte der Gesetzgeber insbesondere die EG-Richtlinien durch das BiRiLiG 1985 steuerneutral umsetzen[384] und sah gleichzeitig steuerrechtliche Öffnungsklauseln im HGB vor (z.B. §§ 247 Abs. 3, 273 HGB). Allerdings stellte er bereits 1971 im Entwurf zur Dritten Steuerrechtsreform fest, dass sich aufgrund der unterschiedlichen Ziele von Handels- und Steuerrecht keine völlige Übereinstimmung erzielen lasse.[385] Spätere Reformen wie bspw. im Rahmen des *StEntlG* sollten dazu gerade dienen, die Anbindung an die handelrechtlichen GoB einzuschränken, um hierdurch die steuerliche Gewinnermittlung zu „verobjektivieren".[386]
Gleichzeitig ist damit ebenso die im Zusammenhang mit der *Teilhaber – These* angeführte Annahme abzulehnen, das Steuerrecht kenne weder eine spezifische steuerliche Leistungsfähigkeit, noch könne sie einen geeigneten Maßstab für diese finden, und müsse deshalb auf die handelrechtliche Gewinnermittlung zurückgreifen[387]: Die Steuerrechtswissenschaft konnte das Gegenteil beweisen, was nicht zuletzt durch die (o. g.) die zahlreichen steuerrechtlichen Spezialregelungen bestätigt wird.

Will man also die Reichweite des materiellen Verweisungsumfanges des § 5 Abs. 1 S. 1 EStG insbesondere im Hinblick auf das Vorsichtsprinzip – und zwar unabhängig von seiner handelsrechtlichen Dimension – konkretisieren, muss die Frage vielmehr lauten, ob und inwieweit seine Anwendung von verfassungsrechtlichen Erwägungen gerechtfertigt ist:

(c) Existenz und Rechtfertigung eines steuerlichen Vorsichts- bzw. Realisationsprinzipsprinzips?

Der Gesetzgeber wies (lange Zeit) immer wieder darauf hin, dass er an einer steuerlichen Geltung des Vorsichtsprinzips festhalten möchte.[388] Das kann er grundsätzlich auch - schließlich steht ihm ein Spielraum bei der Konkretisierung der Leistungsfähigkeit zu. Allerdings gilt dies nur insoweit, als eine gleichmäßige Besteuerung nicht unterlaufen wird. Bedeutung erlangt in diesem Zusammenhang u. a. der Grundsatz der Folgerichtigkeit, nach dem eine einmal getroffene Belastungsentscheidung systemkonsequent umzusetzen ist. Für die Gewinnermittlung mittels Bilanzierung bedeutet dies insbesondere: „Wenn schon periodisieren (...), dann richtig".[389]
Während aber das Periodisierungsprinzip Erträge und Aufwendungen im Zeitpunkt ihrer wirtschaftlichen Verursachung und damit periodengerecht erfassen

[382] *Pfahl*, S. 217; ähnlich *Siegel*, StuB 1999, 195, 196.
[383] *Hennrichs*, StuW 1999, 138, 145.
[384] BT-Drucks. 10/4268, S. 88.
[385] BT-Drucks. 7/1470, S. 223.
[386] So ausdrücklich BT-Drucks. 14/23, S. 170.
[387] *Döllerer*, BB 1971, 1333, 1334.
[388] Vgl. nur den Entwurf zum KapAEG, BR – Drucks. 967/96, S. 12: „seine Aufgabe oder Einschränkung kommt daher nicht in Frage."
[389] *Hennrichs*, DStJG 24 (2001), 301, 313.

soll, verlangt das Vorsichtsprinzip des § 252 Abs. 1 Nr. 4 HGB im Hinblick auf Gewinne – auf die Verlustberücksichtigung soll erst im folgenden Abschnitt eingegangen werden -, dass diese erst im Zeitpunkt ihrer Realisation zu erfassen sind. Indem der Zeitpunkt der Realisation eines Gewinnes aber von seiner wirtschaftlichen Verursachung abweichen kann, wird der Periodisierungsgrundsatz insofern eingeschränkt.

Insbesondere angesichts der Grundsätze der Folgerichtigkeit und Systemkonsequenz kommt eine derartige Einschränkung des Periodisierungsprinzips in der Steuerbilanz allerdings nur dann in Betracht, wenn sich hierfür auch „originär steuerrechtliche" Gründe finden lassen. Im Kern ist damit also die Frage nach der Existenz und konkreten Ausgestaltung eines *„steuerrechtlichen Vorsichts- bzw. Realisationsprinzips"* angesprochen. Diesbezüglich sei auf nun folgende Überlegungen hingewiesen:

Das Steuerbilanzrecht ist sowohl ein Teilgebiet des staatlichen Eingriffs – als auch Lastenverteilungsrecht. Da die Berücksichtigung eines Gewinnes – isoliert betrachtet - zu einem „höheren" steuerlichen Zugriff führt, bedarf sie somit einer besonderen Rechtfertigung. Die periodengerechte Gewinnermittlung muss daher selbst erst einmal gerechtfertigt sein. Dies wird man vor dem Hintergrund ihres Zweckes grundsätzlich bejahen können. Allerdings stellt sich die Frage, ob auch die hierdurch ermittelten, unrealisierten Vermögenssteigerungen – ganz unabhängig von den teilweise geäußerten Zweifeln, dass sie überhaupt zu einer Erhöhungen der Leistungsfähigkeit beitragen[390] - schon als *steuerlich berücksichtigungsfähige* bzw. *„erzielte Einkünfte"* i. S. d. § 2 Abs. 1 S. 1 EStG gelten dürfen.

An dieser Stelle wird deutlich, dass die Konkretisierung einer besteuerungswürdigen Leistungsfähigkeit letztendlich eine Wertungsfrage ist und dabei potentiell divergierende Interessen zu berücksichtigen hat. So darf auch das Ziel einer zutreffenden Abschnittsbesteuerung nicht dazu führen, dass andere wesentliche verfassungsrechtliche Anforderungen unterlaufen werden. Besondere Relevanz kommen hier nun den Grundsätzen der tatbestandsmäßigen, gleichmäßigen und substanzschonenden Besteuerung zu. Diesen kann allerdings nur dann Rechnung getragen werden, wenn ein Gewinnbeitrag sowohl dem Grunde als auch der Höhe nach ausreichend nachprüfbar und sicher ist.[391] Bis zur Realisation einer Vermögenssteigerung handelt es sich - sofern man dies überhaupt bejaht – jedoch nur um eine Erhöhung der Leistungsfähigkeit „auf dem Papier". Sie ist von lediglich theoretischer Natur und birgt das Risiko in sich, sowohl grundsätzlich, aber auch der konkreten Höhe nach tatsächlich nicht realisierbar zu sein. Da gerade keine „vollkommenen Marktverhältnisse" und vollständige Informationen und Sicherheiten im Hinblick auf künftig zu erwartenden Vermögenszuflüsse existieren, weisen derartige Erfolgsbeiträge am Bilanzstichtag vor der Realisation (regelmä-

---

[390] Kritisch nämlich z. B. *Knobbe – Keuk*, § 7 II, S. 269, nach der in diesem Zeitpunkt noch keine Erhöhung der Leistungsfähigkeit auszumachen ist.

[391] Statt vieler *Buchholz/Weis*, DStR 2002, 512, 513; *Hennrichs*, DStJG 24 (2001), 301, 316.

ßig) nicht unerhebliche Ansatz- und Bewertungsunsicherheiten auf und beruhen letztendlich auf reinen Hypothesen und Hoffnungen.
Der diesbezügliche Konflikt zwischen einer möglichst objektiven und sicheren Bilanzierung und dem Periodisierungs- bzw. dem Vollständigkeitsgrundsatz verlangt daher nach einem sachgerechten Ausgleich, der wiederum nur durch eine Abwägung der entgegenstehenden Interessen und damit letztlich durch eine wertende Entscheidung getroffen werden kann.
Nun kommt es bei der Gewinnermittlung durch Bilanzierung zwar gerade nicht auf den tatsächlichen Geldzufluss an; dieses würde das Periodisierungsprinzip ad absurdum führen. Die uneingeschränkte Erfassung unrealisierter Gewinne kann jedoch einen Eingriff zur Folge haben, welcher faktisch die Gefahr einer substanzschädigenden und gleichheitswidrigen „Steuervorauszahlung" des Steuerpflichtigen in sich birgt.[392]

Hinweise auf ein System bestehend aus einem vollständigen Verlustausgleich, einer Liquiditätshilfe und einer Verzinsung zuviel entrichteter Steuern[393] könnten daher – wenn überhaupt – nur im Rahmen einer de lege ferenda – Betrachtung, nicht jedoch bei einer Beurteilung der bestehenden Gewinnermittlung Berücksichtigung finden.

Solange daher im Zeitpunkt des Bilanzstichtages nicht *ausreichend* sichergestellt wird, dass der künftige Zahlungszufluss erfolgen wird, ist eine Erfassung unrealisierter Gewinne nicht rechtfertigungsfähig.

Zur Klarstellung: Hier geht es nicht darum, *Garantien* über künftige Gewinne abzugeben und bspw. eventuelle, *nach dem Bilanzstichtag* eintretende, negative Wertschwankungen oder das Insolvenzrisiko einer Vertragspartei auszuschließen. Derartige Unsicherheiten sind der periodenbezogenen Einkünfteermittlung – vor allem im Vergleich zur Totalperiode - immanent. Vielmehr müssen Gewinne und damit letztendlich auch die Leistungsfähigkeit *am Bilanzstichtag* so *sicher wie möglich* erscheinen und die in diesem Zeitpunkt bestehenden Unsicherheiten berücksichtigt werden.

Diesem wird durch einen Gewinnbegriff i. S. d. *klassischen Reinvermögenszugangstheorie* bzw. Reinvermögens*zuwachs*theorie nicht hinreichend Rechnung getragen; insofern ist er zu weit.[394] Eine tatbestandsmäßige, gleichmäßige und unternehmensschonende Besteuerung verlangen nach einem Mindestmaß an Sicherheit und Objektivität, welches sich insofern durchaus mit dem Schlagwort „vorsichtige Bilanzierung" bezeichnen lässt.

---

392 So bspw. auch *Eichhorn*, S. 102; *Hennrichs*, DStJG 24 (2001), 301, 316; *Institut „Finanzen und Steuern"*, IFSt-Schrift Nr. 387, S. 94, 96; *Kahle*, WPg 2002, 178, 186; *Küting/Kessler*, StuB 2000, 21, 23; *Lang*, in: *Tipke/Lang*, § 8 Rz. 33 und § 9, Rz. 404; *Leplow*, S. 121. Differenzierend *Broer*, Maßgeblichkeit, S. 335 und 340 f.

393 *Broer*, Maßgeblichkeit, S. 341; *Eichhorn*, S. 103 und 249; *Kahle*, WPg 2002, 178, 186.

394 Vgl. nur *Lang*, in: *Tipke/Lang*, § 8 Rz. 33; *Pezzer*, DStJG 14 (1991), 3, 13. Und so auch wieder *Broer*, Maßgeblichkeit, S. 335.

Richtiger ist daher ein Gewinnverständnis, welches der *modifizierten Reinvermögenszugangstheorie* bzw. *Markteinkommenstheorie* entspricht und somit grundsätzlich nur das erwirtschaftete und realisierte Reinvermögen als besteuerungsfähig ansieht. Dessen nähere Bestimmung kann nun unter Berücksichtigung des Realisationsprinzips erfolgen[395] und bspw. auch eine *rechtliche Beurteilung* der jeweiligen Geschäftsvorfälle erforderlich machen, falls eine ausreichende Objektivität durch die dem Periodisierungsprinzip zugrundeliegende, wirtschaftliche Betrachtungsweise nicht gewährleistet ist.[396] Dass dies auch dem Willen des Gesetzgebers nahekommt und er insofern dem hier zugrundegelegten Gewinnverständnis folgt, lässt sich nicht zuletzt aus der Anbindung der steuerlichen an die handelsrechtliche Gewinnermittlung folgern.
Somit ist bis hierhin festzuhalten, dass sich durchaus originär steuerliche Gründe für eine steuerliche Anwendung des Vorsichtsprinzip anführen lassen, welches durch ein Realisations- und Anschaffungskostenprinzip oder bestimmte Aktivierungsverbote zum Ausdruck kommt.[397]
Da sich eine Anwendbarkeit des Vorsichts- bzw. Realisationsprinzips allerdings allein mit dem verfassungsrechtlichen Objektivierungserfordernis begründen lässt[398], kann eine „vorsichtige Bilanzierung" i. S. d. Handelsrechts nur insoweit auf das Steuerbilanzrecht übertragen werden, als Vorgaben beachtet werden und sein Zweck gewährleistet bleibt. Fraglich ist damit also nicht das *„Ob"* einer steuerlichen Anwendung des handelsrechtlichen Vorsichtsprinzips. Vielmehr besteht die Herausforderung darin, die *Grenzen* des *steuerrechtlich zulässigen* Maß an Vorsicht auszuloten; insbesondere das handelsrechtliche Realisationsprinzip bedarf daher einer weiteren Konkretisierung. Hierin besteht nun allerdings eines der Kernprobleme dieser Gewinnermittlungsmethode: Schon angesichts der Vielzahl unterschiedlicher Geschäftsvorfälle ist eine pauschale bzw. allgemeingültige Antwort nicht möglich.

---

[395] *Pezzer*, DStJG 14 (1991), 3, 22 sowie S. 23: Realisationsprinzip als „das systemtragende Prinzip der einkommensteuerlichen Gewinnermittlung"; ferner *Füllbier/Gassen*, DB 1999, 1511, 1512; *Institut „Finanzen und Steuern"*, IFSt-Schrift Nr. 387, S. 94; *Lang*, in: *Tipke/Lang*, § 9, Rz. 404; *Schulze - Osterloh*, DStJG 23 (2000), 67, 71. A. A. *Schreiber*, FS Fischer 1999, S. 879, 901.

[396] Statt vieler *Moxter*, BB 1997, 195, 198. Siehe aber bspw. auch BFH, BStBl. II 1994, 977 ff. (Transferentschädigungen im Lizenzfußball). Hier wurde der entgeltliche Erwerb i. S. d. § 5 Abs. 2 EStG auf Grundlage einer *wirtschaftliche Betrachtungsweise* bejaht, da dies im konkreten Fall dem Objektivierungsprinzip näherkam als eine rechtliche Betrachtungsweise; hierzu *Kronner*, DStR 1996, 1185, 1186; *Löcke*, BB 1998, 415, 416.

[397] *Arbeitskreis Bilanzrecht der Hochschullehrer Rechtswissenschaft*, BB 2002, 2372, 2379; *Broer*, Maßgeblichkeit, S. 350; *Füllbier/Gassen*, DB 1999, 1511, 1512; *Hennrichs*, DStJG 24 (2001), 301, 316 f.; *Moxter*, BB 1997, 195, 197; *ders.*, DStZ 2000, 157, 158; *Pezzer*, DStJG 14 (1991), 3, 13 f.; *Weber - Grellet*, DStR 1998, 1347.

[398] *Hennrichs*, DStJG 24 (2001), 301, 325; *Herzig*, WPg 2000, 104, 113

So kann man z. B. eine Kaufpreisforderung bereits bei Vertragsabschluss oder erst im Zeitpunkt der Leistungserfüllung bzw. des Gefahrübergangs für ausreichend gesichert halten, während bei Forderungen aus langfristigen Fertigungen oder Dauerschuldverhältnissen wiederum auf ganz andere Zeitpunkte abgestellt werden könnte. Zusätzlich problematisch wird es u. a., wenn wie beim Tausch zwar ein Umsatzakt am Markt, dann aber kein tatsächlicher Geldzufluß vorliegt.

Gleichzeitig divergieren auch die modifizierte Reinvermögenszugangstheorie und die Markteinkommenstheorie dahingehend, wann aus steuerrechtlicher Sicht der Zeitpunkt einer ausreichenden Realisation anzunehmen ist bzw. ob und in welchen Fällen Ausnahmen von diesem Kriterium zuzulassen sind. Denn während eine konsequente Befolgung der Markteinkommenstheorie Ausnahmen vom Realisationsprinzip für unzulässig halten muss, kann eine steuerrechtliche Berücksichtigung von Vermögenssteigerungen trotz eines fehlenden Umsatzaktes am Markt durchaus angebracht sein, wenn dies vor dem Zweck einer Ermittlung der tatsächlichen Leistungsfähigkeit gerechtfertigt erscheint.
Ohne hier näher auf diesen Theorienstreit einzugehen[399], sei folgendes erwähnt: Zunächst wäre es insbesondere vor dem Hintergrund einer gleichmäßigen Besteuerung nicht sachgerecht, aus Vorsichtsgründen einen niedrigen Gewinn auszuweisen, obwohl ein höherer Gewinn bereits nachweisbar vorliegt. Denn eine zugleich möglichst objektive, zutreffende und periodengerechte Gewinnermittlung ist nur dann gewährleistet, wenn *alle* vermögensbeeinflussenden Tatsachen – d. h. sowohl negative als auch positive - *gleichwertig* berücksichtigt werden. [400] Somit darf es insgesamt weder zu einer Erfassung von überhöhten oder „zu frühen" und umgekehrt auch nicht zu unterbewerteten oder „zu späten“ Gewinnen kommen.

Auf einen Umsatzakt am Markt kann daher u. a. dann verzichtet werden, wenn es um die Rückgängigmachung von Abschreibungen geht. Insofern richtig ist daher bspw. auch die grundsätzliche Einführung eines Wertaufholungs*gebotes*, wie es (nunmehr) in § 6 Abs. 1 Nr. 1 S. 4 EStG und § 7 Abs. 1 S. 6 EStG vorgesehen ist.[401]

Ferner kann auf eine Besteuerung unrealisierter Gewinne und die hiermit zusammenhängenden stillen Reserven nur dann und auch nur solange verzichtet werden, als ihre endgültige steuerliche Erfassung bei späterer Realisation gesichert ist. Dem Gewerbetreibenden darf es aufgrund dieser Schutzmechanismen gerade nicht ermöglicht werden, endgültige Steuerausfälle zu erzielen. Daneben können auch weitere, der steuerlichen Einkünfteermittlung immanente Gründe gegen ein Abstellen auf das Kriterium der Realisation bzw. auf einen Umsatzprozess am

---

[399] Ausführlicher *Broer*, Maßgeblichkeitsprinzip, S. 330 f.
[400] Ebenso *Hennrichs*, DStJG 24 (2001), 301, 325; *Herzig*, WPg 2000, 104, 113; ähnlich *Weber – Grellet*, DStR 1998, 1343, 1347.
[401] Dazu aber mehr unter § 2 B. IV. 4. b) dd) (2).

Markt sprechen. Als Beispiel sei hier nur auf die Entnahme- bzw. Einlageregelung verwiesen.[402]

Insgesamt ist an dieser Stelle festgehalten: Der Zweck der steuerrechtlichen Gewinnermittlung erlaubt zwar die grundsätzliche Anwendung eines handelsrechtlichen Vorsichts- und Realisationsprinzips, allerdings kann dieses nicht uneingeschränkt auf die Steuerbilanz übertragen werden. Welche Grenzen hier jedoch zu beachten sind, ist für jeden Einzelfall bzw. Bilanzposten vor dem Hintergrund des Zweckes des Betriebsvermögensvergleichs individuell zu ermitteln. Im Folgenden wird dies anhand der Bilanzierung immaterieller Werte darzustellen versucht.

(d) Existenz und Rechtfertigung eines steuerlichen Imparitätsprinzips?

Weitaus umstrittener ist, ob das steuerrechtliche Vorsichtsprinzip auch zur Rechtfertigung einer ungleichen Behandlung von Gewinnen und Verlusten - mithin einer Anwendung des Imparitätsprinzips – herangezogen werden kann. Kritisiert wird dies zunächst vor dem Hintergrund der Systemkonsequenz: Denn wenn dieses nach einheitlichen Kriterien sowohl für die Aktivierbarkeit von Einnahmen als auch die Passivierbarkeit von Ausgaben verlangt und man auch für die Steuerbilanz die Richtigkeit des Realisationsprinzips bejaht, so könnte die zeitlich frühere und volle Erfassung von Verlusten auf den ersten Blick tatsächlich problematisch sein.[403] Zudem wird argumentiert, das Imparitätsprinzip bewirke eine Antizipation *künftiger* Verluste, welche im Ergebnis gleichheitswidrige und mit der Besteuerung nach der wirtschaftlichen Leistungsfähigkeit unvereinbare Steuerstundungseffekten ermögliche.[404] Im Übrigen kenne das Steuerrecht (mit §§ 2 Abs. 3, 10 d EStG) ein „eigenes System der Verlustberücksichtigung und Verlustverrechnung“.[405]

Letzterem wäre schon das System der Einkommensermittlung entgegenzuhalten: Eine Ermittlung der Summe der Einkünfte der jeweiligen Einkunftsart findet gem. § 2 Abs. 2 EStG auf der ersten Stufe statt. Demgegenüber ist ein interner bzw. externer Verlustausgleich i. S. d. § 2 Abs. 3 EStG erst auf der zweiten bzw. dritten Stufe bei der Ermittlung der Gesamtsumme der Ein-

---

[402] Ein Überblick über Geschäftsvorfälle, in denen Ausnahmen vom Realisationsprinzip sachgerecht sein können, findet sich u. a. bei *Crezelius*, Steuerrecht II, § 8 Rn. 73 und 75 ff.

[403] So die Begründungen zum Entwurf des *StEntlG*, BT - Drucks. 14/23, S. 171 f. und BT - Drucks. 14/265, S. 172 f.; ferner *Eichhorn*, S. 101; *Müller*, DB 1996, 689, 693; *Oestreicher/Spengel*, DB 1999, 593, 594; *Schulze – Osterloh*, DStJG 23 (2000), 67, 73; *Schreiber*, FS Beisse 1997, S. 491, 504; *Wagner*, DB 1998, 2073, 2075.

[404] So ausdrücklich BT - Drucks. 14/23, S. 172 zur Teilwertabschreibung. Ferner *Broer*, Maßgeblichkeit, S. 348 f; *Budde/Steuber*, in: *Baetge*, Deutsches Bilanzrecht 2001, S. 57, 66 mwN; *Kahle*, WPg 2002, 178, 186; *Kirchhof*, StuW 2002, 3, 7; *Müller*, DB 1996, 689, 695; *Oestreicher/Spengel*, DB 1999, 593, 594; *Schneider*, DB 1999, 105, 108; *Schulze – Osterloh*, DStJG 23 (2000), 67, 72; *Wagner*, DB 1998, 2073, 2075.

[405] *Broer*, Maßgeblichkeit, S. 348; *Oestreicher/Spengel*, DB 1999, 593, 594; ähnlich *Schneider*, DB 1999, 105, 108; *Schulze – Osterloh*, DStJG 23 (2000), 67, 74 f.

künfte vorzunehmen und zudem nur unter restriktiven Bedingungen möglich. Auch der Verlustabzug nach § 10 d EStG kommt – ebenso hinsichtlich Zeitspanne und Umfang beschränkt - erst im *Anschluss* an die Gewinnermittlung für den jeweiligen Gewerbebetrieb zur Anwendung und ist daher schon aufgrund seines Zweckes und Systematik nicht oder nur eingeschränkt mit dem Ziel einer möglichst *zeitnahen* und *betriebsbezogenen* Erfassung von Verlusten im Wege des Imparitätsprinzips vergleichbar.
Diesbezüglich könnte man zwar die Argumentation mit Systematiken und Prinzipien dann für nicht überzeugend erachten, wenn die Ergebnisse der unterschiedlichen Lösungsansätze letztlich dieselben wären, d. h., im vorliegenden Fall die jeweiligen Verluste sowohl über das Imparitätsprinzip als auch im Wege des dem Steuerrecht immanenten System der Verlustberücksichtigung und Verlustverrechnung *gleichermaßen* erfasst wären. Auch dies ist jedoch vor dem Hintergrund des Progressionsvorbehaltes zu verneinen. Denn solange ein solcher existiert, besteht bei einer nicht unmittelbaren (d. h im Wirtschaftsjahr der Entstehung) Erfassung von Verlusten immer die Gefahr, dass diese nicht vollständig und mit den gleichen Steuerergebnissen zur Folge mit künftigen Gewinnen verrechnet werden können.

Nun soll hier nicht auf alle Einzelheiten zur Rechtfertigung einer steuerlichen Anwendung des Imparitätsprinzip eingegangen werden. Vor allem der in diesem Zusammenhang besonders problematische Bereich der Rückstellungen[406] ist nicht Teil des Untersuchungsgegenstandes.
Anderes gilt allerdings für die Bewertung von (immateriellen) Wirtschaftsgütern und die hierdurch bedingte Erfassung von Wertminderungen. Auch in diesem Zusammenhang wird immer wieder eine steuerliche Anwendung des Imparitätsprinzips kritisiert; so soll vor allem *die Teilwertabschreibung*[407] eine Antizipation künftiger Verluste ermöglichen.[408] Tatsächlich sind hier jedoch einige Zweifel angebracht: Denn wenn diese Kritik von einer Vorwegnahme *künftiger* Verluste ausgeht, liegt dem entweder ein falsches Verständnis des Imparitätsprinzips zugrunde[409], oder aber es kann mit der Teilwertabschreibung nicht in Verbindung gebracht werden: § 6 Abs. 1 Nr. 1 S. 2 EStG setzt den Eintritt einer „voraussichtlich dauernden Wertminderung" voraus. Diese bedarf nicht erst eines Umsatzaktes am Markt, um sich auf die tatsächliche wirtschaftliche Leistungsfähigkeit auszuwirken. Denn ist eine Wertminderung eingetreten, so steht dem Steuerpflichtigen bereits in diesem Zeitpunkt auch nur noch ein, in seiner Werthaltigkeit bzw. Nutzungsmöglichkeit gemindertes Wirtschaftsgut zur Verfügung. Die Teilwertab-

---

406 Vgl. hierzu *Pezzer*, DStJG 14 (1991), 3, 24; *Schulze – Osterloh*, DStJG 23 (2000), 67, 79 ff., *Siegel*, StuB 1999, 195, 196 ff.

407 Bei der „Teilwertabschreibung" handelt es sich nicht um eine Abschreibung im eigentlichen Sinne, sondern vielmehr um eine (Neu-)Bewertung des Wirtschaftsgutes, vgl. hierzu bspw. *Ehmcke* in Blümich, § 6 EStG Rn. 542. Allerdings hat sich diese Bezeichnung in der Praxis eingebürgert und soll auch hier beibehalten werden.

408 Siehe nur BT - Drucks. 14/23, S. 171 und BT - Drucks. 14/265, S. 172; *Müller*, DB 1996, 689, 693; *Schulze – Osterloh*, DStJG 23 (2000), 67, 80.

409 So z. B. *Groh*, DB 1999, 978, 979; *Küting/Kessler*, StuB 2000, 21, 23 sowie S. 25.

schreibung berücksichtigt daher auch nicht erst künftige, sondern *bereits eingetretene* Verluste.[410]

Auch aus dem Merkmal „voraussichtlich" dauernde Wertminderung ergibt sich nichts anderes: Aus der „Entstehungsgeschichte" dieses Kriteriums lässt sich ableiten, dass es sich nicht auf den grundsätzlichen *Eintritt*, sondern auf das *längerfristige Fortbestehen* - also die zeitliche Dimension- der Wertminderung bezieht. Durch seine Einführung im Rahmen des *StEntlG* wollte der Gesetzgeber die Möglichkeit einer Teilwertabschreibung einschränken und für den vormals noch möglichen Fall der „vorübergehenden" Wertminderungen ausschließen.[411]

Insofern könnte man sie daher auch als „real existent" und somit als durchaus „realisiert" bezeichnen; dies ist wohl eher eine Frage der Terminologie.[412] Eine Anwendung des Realisationsprinzips i. S. d. § 252 Abs. 1 Nr. 4 HGB könnte somit nur bedeuten, den bereits eingetretenen Verlust *im Nachhinein einer Marktbestätigung* zu unterwerfen. Nun wird dessen steuerliche Anwendung damit begründet, dass die Marktbestätigung zu einer größeren Objektivierung der Gewinnermittlung führt. Für Wertminderungen, die im Wege der Teilwertabschreibung erfasst werden, kann es daher an einem derartig verobjektivierenden Merkmal fehlen. Hier ist allerdings zunächst bedenken, dass sich manche Verluste nicht durch einen Umsatzakt bestätigen lassen. Dies gilt vor allem dann, wenn das entsprechende Wirtschaftsgut (wie z. B. ein „Ladenhüter" oder der Geschäftswert) gar nicht erst (einzeln) am Markt handelbar ist. Wertminderungen können gerade aus der fehlenden Marktgängigkeit resultieren. In diesem Zusammenhang dürfen die Anforderungen an eine objektive Bilanzierung jedoch nicht so eng gezogen werden, dass sie von vorne herein nicht erbracht werden können. Auch dies widerspräche der Ermittlung der tatsächlichen Leistungsfähigkeit.
Hinzu kommt folgendes: Die Erfassung von *Gewinnen* bedingt einen „höheren" Steuereingriff und bedarf daher einer besonderen Rechtfertigung. Für Verluste hingegen gilt dies – jedenfalls in der Form - nicht, da sie einen „niedrigeren" Steuerzugriff zur Folge haben. Während eine steuerliche Anwendung des Realisationsprinzips im Bereich der Gewinnberücksichtigung dem Schutz des Steuerpflichtigen dient, käme ihm im Bereich der Verlustberücksichtigung ein umgekehrter Effekt zu. Die Ungleichbehandlung von Gewinnen und Verlusten in Form des „Nichtabstellens" auf einen Umsatzakt ist also insgesamt durch eine *mangelnde Vergleichbarkeit* gerechtfertigt.[413]

---

410 *Groh*, StuW 1976, 32, 33; *Hennrichs*, DStJG 24 (2001), 301, 322 mwN; *Küting/Kessler*, StuB 2000, 21, 25; *Leplow*, S. 154; *Schaffer*, S. 156; *Schön*, BB 1997, 1333, 1340; *Wöhe*, § 23, S. 151 ff.
411 Siehe BT-Drucks. 14/443, S. 22.
412 Anders nämlich *Küting/Kessler*, StuB 2000, 21, 23, die hier von „Eintritt", aber nicht von „Realisation" sprechen.
413 Im Ergebnis ebenso *Pezzer*, DStJG 14 (1991), 3, 24.

Dabei gerät hier auch die Markteinkommenstheorie nicht in Erklärungsnotstand: Diese könnte auf den ersten Blick zwar eine Marktberührung auch für die Berücksichtigungsfähigkeit von Verlusten erforderlich machen. Hier wurde jedoch bereits dargelegt, dass insbesondere die Teilwertabschreibung bereits eingetretene Verluste erfasst und das Reinvermögen somit schon vor einer Marktberührung betroffen ist. Der Hintergrund der Markteinkommenstheorie besteht darin, zum Schutz des Steuerpflichtigen nur einen möglichst sicheren Vermögenszuwachs steuerlich zu erfassen.[414] Dies setzt jedoch umgekehrt die Berücksichtigung all derer Verluste voraus, die bis zum Bilanzstichtag eingetreten sind. Zweifelhaftes oder nicht vorhandenes Vermögen muss daher aus der Gewinnermittlung „eliminiert werden", so dass es hier „zwangsläufig" zu unterschiedlichen Zeitpunkt bei der Erfassung von positiven und negativen Erfolgsbeiträgen kommt.[415] Damit ist der Markteinkommenstheorie nicht nur das Realisations-, sondern auch das Imparitätsprinzip immanent. [416]

Das Imparitätsprinzip als Abweichung zum Realisationsprinzip führt die periodengerechte Gewinnermittlung somit wieder auf ihren systemkonsequenten Weg zurück. (Nicht zuletzt) Im Sinne einer zutreffenden Abschnittsbesteuerung ist es folglich systemkonform.[417]
Allerdings stellt sich nun auch hier die Frage, wie das handelsrechtliche Imparitätsprinzip bzw. die „Vorhersehbarkeit" i. S. d. § 252 Abs. 1 Nr. 4, 1. HS HGB vor dem Zweck der Steuerbilanz zu konkretisieren ist, d. h. also, wann aus steuerrechtlicher Sicht ein sowohl dem Grunde als auch der Höhe nach ausreichend nachprüfbarer Verlust angenommen werden kann.
In diesem Zusammenhang findet sich der Vorschlag, diese Entscheidung in Anbetracht der Tatbestandsmäßigkeit der Besteuerung und dem Übermaßverbot *im Zweifel* immer *zugunsten* des Steuerpflichtigen zu treffen.[418] Diesem ist allerdings entgegenzuhalten, dass vor dem Hintergrund einer gleichmäßigen Besteuerung und zur Vermeidung von (ungerechtfertigten) Steuerstundungseffekten auch die Verlustberücksichtigung dem Erfordernis einer objektiven Bilanzierung entsprechen muss.[419] Solange daher Zweifel an der Objektivität und Nachprüfbarkeit bestehen, gehen sie zu Lasten des Steuerpflichtigen.[420] Welcher Beweismaßstab hier anzuwenden ist, kann allerdings nur für die jeweilige Art von Verlusten bzw. Bilanzposten separat beantwortet werden. Für die Erfassung von Wertminderungen soll dies noch näher im Rahmen der Folgebewertung und hier vor allem am Bei-

---

[414] *Pezzer*, DStJG 14 (1991), 3, 24.
[415] *Pezzer*, DStJG 14 (1991), 3, 24.
[416] Statt vieler *Pezzer*, DStJG 14 (1991), 3, 24 f. Widersprüchlich daher *Küting/Kessler*, StuB 2000, 21, 23, nach denen im Bereich der Gewinnberücksichtigung die Markteinkommenstheorie und im Rahmen der Verlustberücksichtigung die Reinvermögenszuwachstheorie Anwendung findet.
[417] *Hennrichs*, DStJG 24 (2001), 301, 324; *Groh*, DB 1999, 978, 979; *Moxter*, DStZ 2000, 157, 160; *Pezzer*, DStJG 14 (1991), 3, 25.
[418] Vgl. den Diskussionsbeitrag von *Schön*, DStJG 23 (2000), 172.
[419] So auch *Hennrichs*, DStJG 24 (2001), 301, 322 mwN; *Pezzer*, DStJG 14 (1991), 3, 25.
[420] *Pezzer*, DStJG 14 (1991), 3, 25.

spiel der Teilwertabschreibung eines Geschäftswertes dargestellt werden. Bereits hier wird jedoch deutlich, dass das Kriterium der „voraussichtlich dauernden" Wertminderung die Beweislast verschärft hat.

IV. Zwischenergebnis

Nach diesen Ausführungen ist festzuhalten, dass sowohl die Handels- als auch die Steuerbilanz (vornehmlich) auf eine Zahlungsbemessung ausgerichtet sind. Beide Bilanzen weisen größtenteils vergleichbare Bilanzierungsprinzipien auf und unterliegen einem ähnlichem Grundkonflikt zwischen der Periodisierung und der Objektivierung, so dass auch der diesbezüglich im Handelsbilanzrecht de lege lata getroffenene Ausgleich grundsätzlich auf die Steuerbilanz übertragbar ist.
Dies kann zwar nicht uneingeschränkt gelten, da das Handelsrecht eine andere Sachmaterie zum Gegenstand hat. *Soweit* jedoch eine sachgerechte Besteuerung nicht unterlaufen wird und buchführende Gewerbetreibende weder begünstigt noch benachteiligt sind, ist auch nicht von einer grundsätzlichen Unvereinbarkeit von Handels- und Steuerbilanz auszugehen. Damit ist der vermittelnden Ansicht darin zuzustimmen, dass die Verweisung des § 5 Abs. 1 S. 1 EStG dort teleologisch zu reduzieren ist, wo die Zwecke der Handels- und Steuerbilanz nicht miteinander übereinstimmen.[421]
Problematisch ist dabei in erster Linie, ob und wie die Anwendbarkeit des handelsrechtlichen Vorsichtsgedanken über die gesetzlichen Einschränkungen hinaus einzugrenzen ist. Einige grundsätzliche Überlegungen wurden diesbezüglich bereits angestellt. Wie sich dies jedoch konkret darstellen kann, soll im nächsten Abschnitt am Beispiel von immateriellen Wirtschaftsgüter nachgegangen werden:

B. Der Ausweis immaterieller Wirtschaftsgüter anhand ausgewählter Beispiele

I. Funktion und Bedeutung der Aktivierung

1. Abstrakte und konkrete Aktivierungsfähigkeit

Aktivierung meint im weitesten Sinne den Ausweis eines Bilanzpostens auf der Aktiva-Seite und soll eine Aussage darüber treffen, welche Vermögensbestandteile dem Bilanzierenden mit welchem Wert zuzurechnen sind. Grundlegend gilt, dass ein Objekt nur dann Vermögensbestandteil und somit Gegenstand der Aktiva

---

[421] *Hennrichs*, StuW 1999, 138, 144.

- Seite einer Bilanz im Rechtssinne sein kann, wenn es werthaltig und damit *abstrakt aktivierungsfähig* ist.[422]

Die Werthaltigkeit bzw. abstrakte Aktivierungsfähigkeit eines Objektes wird handelsrechtlich mit dem Begriff *Vermögensgegenstand* und steuerrechtlich mit dem Begriff *Wirtschaftsgut* bezeichnet. Allerdings enthalten weder das HGB noch das EStG eine Definition der Werthaltigkeit. Diesbezüglich bereitet vor allem die Bestimmung Schwierigkeiten, ab wann sich entsprechende Hoffnungen und Erwartungen des Bilanzierenden soweit verdichtet haben, dass sie wirtschaftlich selbständig und damit bilanziell erfassbar ist. Aus diesem Grunde ist auch nur eine annähernde Konkretisierung der Werthaltigkeit und zwar in dem Sinne möglich, dass bei dem Vorliegen bestimmter Voraussetzungen von einer „gewissen Verstärkung" bzw. zumindest „ausreichend" manifestierten Hoffnungen und Erwartungen auszugehen ist.[423]

Ob eine abstrakte Aktivierbarkeit vorliegt, bestimmt sich anhand des Aktivierungsgrundsatzes. Auch r ist nicht definiert, sondern stellt einen ungeschriebenen GoB dar, welcher vor dem Hintergrund des jeweiligen Bilanzzweckes und unter Berücksichtigung der weiteren GoB zu konkretisieren ist.[424] Angesichts dessen findet sich hier die Problematik der teilweise divergierenden Zwecke von Handels- und Steuerbilanz wieder, was sich im Laufe der folgenden Untersuchung noch verdeutlichen wird. Als „kleinster gemeinsame Nenner" kann jedoch festgehalten werden, dass sich die Werthaltigkeit eines Objektes nach seiner *Gewinn- und Vermögenswirksamkeit* bestimmt[425]: Es muss für den Bilanzierenden insofern von Nutzen sein, als dass es dem grundlegenden wirtschaftlichen Ziel der Gewinnerzielung dient und die Fähigkeit aufweist, künftige Einnahmeüberschüsse zu produzieren.[426]

Des weiteren muss ein Vermögensgegenstand bzw. Wirtschaftsgut *konkret aktivierungsfähig* sein. Dies setzt voraus, dass das Objekt dem Bilanzierenden sowohl (1) objektiv als „Betriebsvermögen" als auch (2) subjektiv als „sein" Betriebsvermögen zugerechnet werden kann und (3) keine Bilanzierungsverbote eingreifen.[427]

Aus systematischer Sicht sind die Fragen nach der abstrakten und konkreten Aktivierungsfähigkeit zwar grundsätzlich nacheinander zu beantworten. Vor allem bei immateriellen Anlagewerten wird die schwierige Bestimmung der abstrakten Aktivierungsfähigkeit jedoch oftmals mit dem Hinweis umgangen, dass es in Er-

---

[422] Vgl. statt vieler *Hennrichs*, in: MünchKomm AktG, § 246 HGB, Rz. 12. Ausführlicher zur Werthaltigkeit *Costede*, StuW 1995, 115, 117; *Glade*, S. 27.

[423] Zu dieser Problematik ausführlich *Arnold*, S. 47.

[424] *Baetge/Kirsch/Thiele*, Bilanzen, S. 124.

[425] BFH, BStBl. II 1988, 348, 351; *Costede*, StuW 1995, 115, 116; *Glade*, S. 29 f.

[426] BFH, BStBl. II 1978, 370, 371; *Costede*, StuW 1995, 115, 116; *Glade*, S. 29 und S. 36 mwN; *Werndl* in Kirchhof/Söhn/Mellinghoff, § 6 EStG B 338.

[427] Statt vieler *Hennrichs*, in: MünchKomm AktG, § 246 HGB, Rz. 12.

mangelung eines entgeltlichen Erwerbs i. S. d. § 5 Abs. 2 EStG „jedenfalls" an einer konkreten Aktivierungsfähigkeit fehle.[428]

Hinsichtlich der Frage, mit welchem Betrag ein Vermögensgegenstand bzw. Wirtschaftsgut auszuweisen ist, sieht das EStG zwar vor, dass dies erst im Anschluß an die Bejahung der Aktivierungsfähigkeit zu prüfen ist.[429] Tatsächlich sind diese Fragen jedoch so eng miteinander verknüpft, dass sie sich oftmals nicht getrennt voneinander beantworten lassen.[430]

2. Periodisierungsprinzip vs. Aktivierungsverbote

Ein Aktivierungsverbot hingegen hat sowohl eine Einschränkung des Vollständigkeitsgrundsatzes (§ 246 Abs. 1 HGB), vor allem aber der periodengerechten Gewinnermittlung zur Folge, da die mit dem Objekt zusammenhängenden Aufwendungen als sofort abzugsfähige Betriebsausgaben zu erfassen sind und somit eine unmittelbare Gewinnminderung in dieser Periode bewirken. Die grundsätzliche Erfolgsneutralität des Vermögensbeschaffungsvorganges wird damit aufgehoben.[431] Demgegenüber löst die Aktivierung regelmäßig keine (sofortige) Gewinnwirksamkeit, sondern eine „Konservierung" dieser Aufwendungen aus.[432] Allerdings entspricht dies der erforderlichen Systemkonsequenz: Durch die nicht sofortige Abzugsfähigkeit von Ausgaben für ein aktivierungsfähiges Wirtschaftsgut kann sich zwar ein entsprechend höherer Periodengewinn ergeben. Dieser wird jedoch gleichzeitig durch eine nachweisbar erhöhte Leistungsfähigkeit des Steuerpflichtigen ausgeglichen. Denn im Gegensatz zu sofort abzugsfähigen Betriebsausgaben zeichnen sich aktivierungspflichtigen Aufwendungen grundsätzlich (d. h. mit Ausnahme von § 6 Abs. 2 S. 2 EStG) dadurch aus, dass mit ihnen ein objektiv nachprüfbares, werthaltiges Gut (hergestellt oder) angeschafft wurde, dessen Nutzen dem Steuerpflichtigen über *mehrere Perioden* zur Verfügung steht.[433] Eine Abnahme dieses Nutzens wird mittels (planmäßiger oder außerplanmäßiger) Abschreibungen berücksichtigt. Weil die Aktivierung eines Wirt-

---

428 so bspw. BFH, BStBl. II 1994, 444; hierzu auch *Kessler*, BB 1994, Beilage 12, 1, 2; *Wolffgang* in Kirchhof/Söhn/Mellinghoff, § 5 EStG C 9 mwN.

429 Arg ex § 5 Abs. 1 S. 1 und Abs. 6 i. V. m. §§ 6 ff. EStG; dazu auch BT-Drucks. V/3187, S. 3.

430 *Schreiber* in Blümich, § 5 EStG Rn. 206: „Denn jeder StB-Ansatz setzt logisch eine Bewertung voraus".

431 Die Aktivierung ist deswegen regelmäßig erfolgsneutral, da ihr normalerweise gleich hohe Vermögensminderung auf der Passiva-Seite gegenüberzustellen. Zu Ausnahmen und weiteren Einzelheiten siehe bspw. *Bordewin* in Brandt/Bordewin, §§ 4 - 5 EStG Rn. 673.

432 Eine steuerrechtliche Ausnahme stellt hier allerdings die Möglichkeit dar, Anschaffungs- oder Herstellungskosten für sog. geringwertige Wirtschaftsgüter (Wert unter 410 Euro) im Jahr der Abschaffung sofort als Betriebsausgaben abzuziehen, vgl. § 6 Abs. 2 S. 2 EStG. Für diese Wirtschaftsgüter wird gesetzlich unterstellt, dass sie nicht über mehrere Perioden (Wirtschaftsjahre) genutzt werden können.

433 BFH, BStBl. II 1969, 291, 293; *Costede*, StuW 1995, 115, 120; *Glade*, S. 36.

schaftsgutes daher einer möglichst zutreffenden Abschnittsbesteuerung dient[434], bedürfen entsprechende Aktivierungsverbote einer besonderen Rechtfertigung. Welche Gründe hierfür im Zusammenhang mit §§ 248 Abs. 2 HGB, 5 Abs. 2 EStG vorgetragen werden, soll noch näher gezeigt werden.

II. Immaterielle Wirtschaftsgüter in der Bilanz

1. Besondere Bilanzierungsunsicherheiten

Der Ausweis immaterieller Wirtschaftsgüter wirft oftmals Probleme auf, welche schon bei der näheren Begriffsbestimmung beginnen: Aufgrund des technischen Fortschritts und der Fortentwicklung im Wirtschaftsleben existiert eine Vielzahl unterschiedlicher Erscheinungsformen dieser Werte, was eine präzise Definition unter Erfassung aller ihrer Formen unmöglich macht und nicht zuletzt bei der Abgrenzung zu materiellen Wirtschaftsgütern Schwierigkeiten bereiten kann.[435] Insbesondere der Gesetzgeber, aber auch die Finanzverwaltung verzichteten daher auf die Normierung einer Definition und greifen statt dessen auf beispielhafte Aufzählungen zurück (vgl. § 266 Abs. 2 A. I. HGB, R 31 a Abs. 1 EStR). Für den Bilanzausweis selbst stellt sich regelmäßig die Frage, ob und wann immateriellen Werten überhaupt eine Werthaltigkeit zugeschrieben werden kann. Denn während materiellen Werten (regelmäßig[436]) das objektive und greifbare Kriterium der Substanz zukommt, weisen immaterielle Werte aufgrund ihrer Unkörperlichkeit eine gewisse „Flüchtigkeit" auf, die sie regelmäßig schwer nachweisbar macht. Da hierdurch bedingt oftmals weder der Zugangs- noch Abgangszeitpunkt (und zwar sowohl aus ex ante wie auch ex post- Sicht) feststellbar sind, ergeben sich Unsicherheiten bei der Konkretisierung der erstmaligen Aktivierungsmöglichkeit sowie der Anfangs- bzw. Folgebewertung. Demgemäß besteht gerade hier ein potentieller Konflikt mit dem Objektivierungsprinzip.[437]

2. Allgemeine Kategorisierung immaterieller Werte

Angesichts einer fehlenden Definitionsmöglichkeit wird vornehmlich versucht, immaterielle Werte mittels Kategoriesierungen und beispielhaften Aufzählungen

---

[434] BFH, BStBl. II 1969, 291, 293 mwN.

[435] Dies zeigt sich bspw. anhand von auf Disketten gespeicherter *Computer – Software* oder Forschungsergebnissen, die in sog. *Prototypen* zur Anwendung kommen. Näher hierzu *Kählert/Lange*, BB 1993, 613 ff.; *Kessler*, BB 1994, Beilage 12, 1, 8; *Nonnenmacher*, DStR 1993, 1231, 1232 f.

[436] Siehe aber auch *Costede*, StuW 1995, 115, 119 mwN, nach dem aufgrund der Einordnung von Nutzungsrechten als materielle Wirtschaftsgüter durch den BFH nicht auf das Unterscheidungskriterium der Unkörperlichkeit abgestellt werden kann.

[437] *Löcke*, BB 1998, 415, 418; *Knobbe-Keuk*, § 4 IV, S. 90; *Moxter*, BB 1979, 1102, 1102.

zu konkretisieren.[438] Daher sind auch die in der Gliederungsvorschrift des § 266 Abs. 2 A. I. HBG genannten Posten nicht abschließend gemeint.[439] Regelmäßig findet sich eine Einteilung in 1. Rechte, 2. wirtschaftliche Werte und 3. rein wirtschaftliche Vorteile.[440] Zu den Rechten bzw. den sog. Immaterialgüterrechten sind immaterielle Werte dann zu zählen, wenn der in ihnen verkörperte wirtschaftliche Vorteil (z. B. der geistige Gehalt) durch Vertrag oder Gesetz geschützt ist.[441] Dieser Gruppe gehören bspw. die in § 266 Abs. 2 A. I Nr. 1 HGB aufgezählten Werte (Konzessionen, gewerbliche Schutzrechte, Lizenzen z.B. für Patente oder Erfindungen, Urheberrechte) an. Wirtschaftliche Werte (bzw. tatsächliche Positionen, Immaterialgüter oder „Nicht-Rechte") sind wirtschaftliche Vorteile, die ähnlich den Rechten Objekte von Rechtsgeschäften sein können, jedoch nicht gleichermaßen vertraglich oder gesetzlich geschützt sind.[442] Hierunter fallen bspw. ungeschützte Computer-Software, Erfindungen oder sonstiges „know-how", aber auch der derivativ erworbene Geschäftswert eines Unternehmens.[443] Als rein wirtschaftliche Vorteile (oder ideele Werte) werden demgegenüber Werte bezeichnet, die keiner der beiden anderen Kategieren angehören. Dies gilt bspw. für den originären Geschäftswert oder Forschungs- und Entwicklungskosten.[444]

Eine derartige Kategoriesierung sagt indes noch nichts über die Aktivierungsfähigkeit aus: Für die Steuerbilanz bestimmt sich diese vielmehr danach, ob die Kriterien eines Wirtschaftsgut erfüllt sind.[445] Inwieweit dies nun auf den hier im Blickwinkel stehenden Geschäftswert sowie auf Forschungs- und Entwicklungskosten zutrifft, soll im Folgenden dargestellt werden:

---

[438] Ausführlich zu dieser Problematik *Arbeitskreis „Immaterielle Werte im Rechnungswesen" der Schmalenbach-Gesellschaft*, DB 2001, 989, 990 f.

[439] *Baetge/D. Fey/C.-P. Weber* in HdR, § 248 HGB, Rn. 21; *Glade*, S. 9. Dabei ist auch umstritten, ob sog. Finanzwerte angesichts ihrer Substanzlosigkeit zu den immateriellen Werten zählen (so *Weber-Grellet*, Steuerbilanzrecht, § 8 Rn. 12) oder aufgrund des § 266 Abs. 2 A. III. HGB eine eigenständige Art von Vermögensgegenständen bzw. Wirtschaftsgütern darstellen (vgl. *Baetge/Kirsch/Thiele*, Bilanzen, S. 253 ff.; *Bordewin* in Brandt/Bordewin, §§ 4 - 5 EStG Rn. 769; *Kählert/Lange*, BB 1993, 613, 614 mwN; *Schreiber* in Blümich, § 5 EStG Rn. 333; *von Keitz*, S. 6)

[440] So z. B. *Ballwieser* in MüKo, § 248 HGB, Rn. 18; *Kleindieck*, in: Staub, Großkomm HGB, § 246, Rz. 10; *Küting/Ulrich*, DStR 2001, 953, 955.

[441] *Glade*, S. 7; *von Keitz*, S. 6.

[442] *Glade*, S. 7; *von Keitz*, S. 6.

[443] *Ballwieser* in MüKo, § 248 HGB, Rn. 19.

[444] *Ballwieser* in MüKo, § 248 HGB, Rn. 18; *von Keitz*, S. 7.

[445] *Littmann*, DStR 1969, 321, 322.

III. Aktivierungsfähigkeit von Geschäftswerten sowie Forschungs- und Entwicklungskosten

1. Abstrakte Aktivierungsfähigkeit

Die abstrakte Aktivierungsfähigkeit in der Handels- und Steuerbilanz wird durch die gesetzlich nicht definierten Begriffe „Vermögensgegenstand“ bzw. „Wirtschaftsgut“[446] gekennzeichnet. Nach dem Willen des Gesetzgebers soll diesbezüglich allerdings nur ein terminologischer und kein inhaltlicher Unterschied bestehen.[447] Nach überwiegender Ansicht richtet sich die Bilanzierungsfähigkeit eines Wirtschaftsgutes daher nach der des Vermögensgegenstandes.[448] Gleichzeitig ist eine Konkretisierung dieser Begriffe jedoch unter Berücksichtigung der jeweiligen Bilanzzwecke und der GoB vorzunehmen.[449] Angesichts der Abweichungen zwischen den handels- und steuerbilanziellen Zwecken besteht somit die Möglichkeit, dass hieraus ebenso Unterschiede im Hinblick auf die bilanzielle Funktion und damit auch Definition eines Wirtschaftsgutes bzw. Vermögensgegenstandes resultieren können. Und tatsächlich konnte bis heute – obwohl gewünscht und für notwendig erachtet - keine einheitliche Definition gefunden werden. Besondere Relevanz besitzt dies für die Einordnung der Rechtsnatur des Geschäftswertes, so dass diese Problematik anhand der hier geführten Diskussion verdeutlicht werden soll.

a) Begriff und Konkretisierung des Geschäftswertes[450]

Die Bezeichnung „Geschäftswert“ stellt den Oberbegriff für ein immaterielles Gut dar, welches über die schon aufgezeigten Schwierigkeiten immaterieller Werte

---

[446] Das EStG 1925 verwendete noch den Ausdruck „Gegenstand“. Der Begriff „Wirtschaftsgut“ wurde erst 1934 von der Rechtsprechung des Reichsgericht (vgl. bspw. RStBl. 1928, 260) übernommen.

[447] Auch durch die Einführung von § 6 EStG sollte keine eigenständige steuerrechtliche Bilanzierungs-, sondern lediglich eine Bewertungsvorschrift normiert werden, die sich auf die nach §§ 4 Abs. 1, 5 EStG zu bilanzierenden Wirtschaftsgüter - und damit auf den handelsrechtlichen Vermögensgegenstand - bezieht, vgl. hierzu BT-Drucks. 5/3187, S. 3, aber auch BT-Drucks. 10/4268, S. 89.

[448] BT-Drucks. 5/3187, S. 3; BT-Drucks. 10/4268, S. 89; st. Rspr., vgl. nur BFH (GrS), DStR 2000, 1682, 1684 mwN. In der Literatur darüber hinaus grds. zustimmend *Bordewin* in Brandt/Bordewin, §§ 4 - 5 EStG Rn. 678; *Knobbe-Keuk* § 4 IV S. 87 mwN; *Schreiber* in Blümich, § 5 EStG Rn. 304 ff. Kritisch hingegen z. B. *Costede*, StuW 1995, 115, 116; *Glade*, S. 113; *Lang*, in: *Tipke/Lang*, § 9, Rz. 339.

[449] *Baetge/Kirsch/Thiele*, Bilanzen, S. 124; *Glade*, S. 15, 27.

[450] Andere Bezeichnungen lauten „Firmenwert“, „Unternehmenswert“ oder „goodwill“, wobei hiermit insgesamt nur Gewerbe- sowie land- und forstwirtschaftliche Betriebe gemeint sind. Bei freiberuflichen Unternehmen spricht man hingegen von „Praxiswert“, welcher (im Gegensatz zum Geschäftswert) einen *betont personenbezogenen* Firmenwert darstellen soll. Siehe hierzu BMF, BStBl. I 1986, 532, 532.

hinaus noch zusätzliche Unsicherheiten aufweist. Auch dieser Begriff wird weder vom HGB noch EStG definiert[451], lässt sich jedoch anhand folgender Überlegungen konkretisieren: Der *Gesamtwert* eines Unternehmens bestimmt sich zunächst nach seinem *Substanzwert*, also dem Wert der bilanzierten Vermögensgegenstände bzw. Wirtschaftsgüter abzüglich vorhandener Schulden. Doch nicht nur dieser Wert allein, sondern gerade auch eine sinnvolle Kombination der vorhandenen Einzelwerte miteinander können maßgeblich zum Gesamtwert des Unternehmens beitragen: Hierdurch entstehen (zumindest am Bilanzstichtag noch) nicht greif- und meßbare, aber dennoch erfolgswirksame Faktoren (z. B. Standortbedingungen, Organisationsstruktur oder der Ruf des Unternehmens)[452], welche die Gewinnaussichten beeinflussen und wiederum in Form des sog. *Ertragswertes* auf den Gesamtwert des Unternehmens einwirken.[453] Charakteristisch für diese Faktoren ist, dass sie die Erträge nur in ihrer Gesamtheit beeinflussen und/oder in nicht aktivierungsfähigen Werten (wie bspw. selbsterstellten immateriellen Wirtschaftsgütern) verkörpert sind und damit - jedenfalls bis zum Bilanzstichtag - (noch) keinen wertmäßigen Ausdruck in der Bilanz gefunden haben.[454] Genau diese Sachlage - d. h. der Unterschiedsbetrag zwischen dem „bilanziellen Reinvermögen" und dem tatsächlichen Unternehmenswert - soll mit dem Geschäftswert erfasst werden. Üblicherweise wird er daher definiert als „der Mehrwert, der einem gewerblichen Unternehmen über den Wert der einzelnen materiellen und immateriellen Wirtschaftsgüter des Betriebsvermögens abzüglich der Schulden hinaus innewohnt".[455] Er ist Ausdruck der Gewinnchancen und Ertragsaussichten, die dem Unternehmen selbst zukommen - also von der Person des Unternehmers

---

451 §§ 255 Abs. 4 S. 1, 266 Abs. 2 A. I. 2. HGB sowie § 7 Abs. 1 S. 3 EStG regeln nur seine bilanzielle Behandlung. In der Literatur wird demgegenüber unter dem Begriff des „Firmenwertes" teilweise nur der Wert verstanden, der dem *Handelsnamen* eines Kaufmannes i.S.d. §§ 17 ff HGB – also seiner „Firma" – zukommt und soll daher einen Unterfall des Geschäftswertes darstellen, vgl. bspw. *Arnold*, S. 33; *Mujkanovic*, BB 1994, 894, 894; a. A. bspw. *Ortmann-Babel* in Lademann, § 6 EStG, Rn. 466; *Werndl* in Kirchhof/Söhn/Mellinghoff, § 6 EStG B 475 („synonym"). Im Folgenden wird der Einfachheit halber der Begriff „Geschäftswert" verwendet.

452 Statt vieler vgl. bspw. *Niemann*, S. 44 f.; *Plewka/Schmidt* in Lademann, § 5 EStG, Rn. 710. Eine ausführliche Einteilung der jeweiligen Faktoren findet sich bei *Arnold*, S. 39 ff.

453 *Adler/Düring/Schmalz*, § 255 HGB, Rn. 257; *Mayer-Wegelin* in Brandt/Bordewin, § 6 EStG Rn. 247 f; *Schoor*, DStZ 2000, 667, 667; *Tiedchen* in Herrmann/Heuer/Raupach, § 5 EStG, Rn. 367.

454 BFH, BStBl. II 1994, 224, 225 mwN; *Knop/Küting* in HdR, § 255 HGB, Rn. 422 mwN.

455 St. Rspr., vgl. BFH, BStBl. II 1982, 189, 190; BFH, BStBl. II 1994, 224, 225; BFH, BStBl. II 2001, 771, 772. In der Literatur bspw. *Adler/Düring/Schmalz*, § 255 HGB, Rn. 257; *Arnold*, S. 35 mwN; *Moxter*, BB 2000, 2143, 2143, *Ortmann-Babel* in Lademann, § 6 EStG, Rn. 467.

losgelöst sind - und sie im Verhältnis zu anderen Unternehmen mit sonst gleichen Wirtschaftsgütern höher oder zumindest gesicherter erscheinen lässt.[456]
Der Oberbegriff „Geschäftswert" wird näher unterteilt in den *originären* oder *derivativen* bzw. *positiven* oder *negativen* Geschäftswert. Gem. §§ 248 Abs. 2, 255 Abs. 4 S. 1 HGB darf in der Handelsbilanz nur der positive, derivative Geschäftswert und zwar in Höhe des Unterschiedsbetrages ausgewiesen werden, „um den die für die Übernahme eines Unternehmens bewirkte Gegenleistung den Wert der einzelnen Vermögensgegenstände des Unternehmens abzüglich der Schulden im Zeitpunkt der Übernahme übersteigt". Ähnlich verhält es sich mit der Steuerbilanz: Aus steuerlicher Sicht ist als Geschäftswert der Mehrwert über den Wert der einzelnen Wirtschaftsgüter des Betriebsvermögens abzüglich der vorhandenen Schulden auszuweisen, der beim Kauf eines Betriebes oder Teilbetriebes vom Erwerber mit dem Kaufpreis bezahlt wird.[457] Allerdings wird sich noch die Frage stellen, inwieweit der handels- und steuerrechtliche derivative Geschäftswert auch inhaltlich, d. h. sowohl dem Grunde als auch der Höhe nach, übereinstimmen und ob er - wie zum Teil vertreten - ein „Musterbeispiel für die Durchbrechung des Maßgeblichkeitsgrundsatzes"[458] darstellt.
Regelmäßig wird man davon ausgehen können, dass der Gesamtwert des Unternehmens den Substanzwert übersteigt und somit ein positiver Mehrwert vorliegt. Liegt er (im Fortführungsfall) aufgrund ungünstiger Ertragsaussichten oder sonstiger Gründe jedoch unter dem Substanzwert, so handelt es sich um einen sog. negativen Geschäftswert.[459]
Wie sich hier andeutet, besteht eine der Besonderheiten des Geschäftswertes darin, dass er im Gegensatz zu anderen Werten einen verfahrensbedingten, technischen Differenzbetrag darstellt.[460] Bereits an dieser Stelle sei daher darauf hingewiesen, dass dies zu zahlreichen Schwierigkeiten sowohl bei der Bilanzierung dem Grunde als auch der Höhe nach führt.

---

[456] St. Rspr., z. B. BFH, BStBl. II 1970, 804, 805; BFH, BStBl. II 1994, 224, 225; *Arnold*, S. 42 mwN *Mayer-Wegelin* in Brandt/Bordewin, § 6 EStG Rn. 240; *Ortmann-Babel* in Lademann, § 6 EStG, Rn. 472; *Plewka/Schmidt* in Lademann, § 5 EStG, Rn. 712.
[457] *Mayer-Wegelin* in Brandt/Bordewin, § 6 EStG Rn. 240; *Plewka/Schmidt* in Lademann, 5 EStG, Rn. 715; *Schoor*, DStZ 2000, 667, 668.
[458] *Knop/Küting* in HdR, § 255 HGB, Rn. 466 mwN.
[459] *Arnold*, S. 34; *Schreiber* in Blümich, § 5 EStG Rn. 625; *Weber-Grellet*, Steuerbilanzrecht, § 8 Rn 27. Der Klarstellung halber sei erwähnt, dass im Folgenden mit „originärer" und „derivativer" Geschäftswert immer nur ein positiver Geschäftswert gemeint sein soll.
[460] *Plewka/Schmidt* in Lademann, § 5 EStG, Rn. 719.

b) Aktivierungsfähigkeit des Geschäftswertes

aa) Rechtsnatur

(1) BFH

Der BFH vertritt einen grundsätzlich weiten Wirtschaftsgutbegriff. Hiernach sind Wirtschaftsgüter (1) über die Gegenstände des Bürgerlichen Recht hinaus auch tatsächliche Zustände, konkrete Möglichkeiten und Vorteile für den Betrieb, (2) deren Erlangung sich der Kaufmann etwas kosten läßt, (3) der Verkehrsauffassung nach einer besonderen Bewertung zugänglich sind und (4) ihrer Art nach einzeln oder zusammen mit dem Betrieb übertragen werden können.[461] Wann ein Wirtschaftsgut vorliegt, bestimmt sich grundsätzlich aufgrund einer wirtschaftlichen Betrachtungsweise und unter Heranziehung der handelsrechtlichen GoB.[462] In Abgrenzungsfragen kommen dabei vor allem dem dritten und vierten Merkmal besondere Bedeutung zu:
Für die *selbständige Bewertbarkeit* muss der wirtschaftliche Vorteil soweit verselbständigt sein, dass eine mess- und greifbare Wertschätzung möglich ist.[463] Denn: „Erst die *Greifbarkeit* erweist das Wirtschaftsgut".[464] Um aber gleichzeitig auch dem (steuerrechtlichen) Vorsichtsprinzip Rechnung tragen zu können, sind alle Risiken in Bezug auf die „künftige Erstarkung zu einer Zivilrechtsposition" zu berücksichtigen und kann dann gegebenenfalls eine weniger wirtschaftliche als vielmehr rechtliche Betrachtungsweise notwendig machen.[465] In Anbetracht dessen erfüllen rein tatsächliche Positionen sowie schlichte Vorteile das Kriterium der selbständigen Bewert- bzw. Greifbarkeit nicht[466]; der hier zu erwartende Nutzen kann zwar die Werthaltigkeit eines Wirtschaftsgutes begründen, selbst jedoch kein Wirtschaftsgut sein.[467] In Anlehnung an die Teilwertdefinition des § 6 Abs. 1 Nr. 1 S. 3 EStG liegt eine selbständige Bewertbarkeit vielmehr nur dann vor, wenn ein fiktiver Erwerber des (gesamten) Unternehmens den in Frage stehenden Vorteil als greifbaren Einzelwert ansieht, für diesen im Rahmen des Gesamtkaufpreises ein besonderes Entgelt ansetzen würde und der Vermögenswert dadurch

---

[461] BFH, BStBl. II 1969, 291, 294 mwN; BFH, BStBl. II 1991, 346, 347; BFH, BStBl. II 1992, 893, 894 f.; BFH (GrS), DStR 2000, 1682, 1684 mwN.
[462] BFH, BStBl. II 1979, 734, 736; BFH, BStBl. II 1984, 554; BFH (GrS), DStR 2000, 1682, 1684.
[463] St. Rspr., vgl. BFH, BStBl. II 1970, 35, 37.
[464] BFH, BStBl. II 1975, 809, 811; BFH, BStBl. II 1992, 893, 895; BFH (GrS), DStR 2000, 1682, 1684.
[465] Statt vieler *Moxter*, BB 1997, 195, 198.
[466] *Wolffgang* in Kirchhof/Söhn/Mellinghoff, § 5 EStG C 62 mwN.
[467] St. Rspr., vgl. BFH, BStBl. II 1988, 348, 352.

als Einzelheit ins Gewicht fällt.[468] Daneben müssen nicht nur die Vermögensvorteile selbst, sondern auch deren Anschaffungs- oder Herstellungskosten „greifbar" sein. Dieses wiederum ist dann anzunehmen, wenn sie vom Unternehmer klar abgrenzbar und mit einiger Sicherheit errechenbar sind.[469]
Beim *Geschäftswert* wird diesbezüglich auf die (noch näher darzustellende) sog. Restwertmethode zurückgegriffen. Für die Qualifizierung seiner Rechtsnatur kommt es allerdings ebenso entscheidend darauf an, dass die Annahme eines Wirtschaftsgutes nach Ansicht des BFH gerade *keine Einzelveräußerbarkeit*[470] voraussetzt. Insbesondere aus diesem Grund ist es dem BFH und der ihm folgenden Literatur möglich, den Geschäftswert als Wirtschaftsgut einzuordnen.[471] Gesetzlichen Rückhalt findet diese Ansicht in § 7 Abs. 1 S. 3 EStG.

(2) Kritik an der BFH-Rechtsprechung

Von Teilen der – vornehmlich handelsrechtlichen - Literatur wird die Ansicht des BFH in mehrerlei Hinsicht kritisiert: So wird zunächst angeführt, dass eine selbständige Bewertbarkeit nicht die (abstrakte) Aktivierungsfähigkeit, sondern die Bilanzierung der Höhe nach beträfe und die BFH -Definition des Wirtschaftsgutes daher die (gesetzlich vorgesehene) Reihenfolge der einzelnen Bilanzierungsschritte unterlaufe.[472] Vor allem aber sei dieses Kriterium im Hinblick auf das Objektivierungserfordernis zu konturenlos.[473] Für den (handelsrechtlichen) „Vermögensgegenstand" jedenfalls müsse über die selbständige Bewertbarkeit hinaus eine *selbständige Verkehrsfähigkeit* vorliegen.[474] Begründet wird dies zunächst damit,

---

468 BFH, BStBl. II 1990, 15, 16; BFH, BStBl. II 1992, 893, 894 f.; BFH (GrS), DStR 2000, 1682, 1684.

469 BFH, BStBl. II 1979, 734, 737.

470 BFH, BStBl. II 1976, 13, 14; BFH, BStBl. II 1990, 15, 16 mwN; BFH, BStBl. II 1992, 383, 384.

471 St. Rspr., vgl. BFH, BStBl. II 1976, 13, 14; BFH, BStBl. II 1994, 449, 450; BFH, BStBl. II 1995, 246, 247; BMF - Schreiben vom 20.11.1986, BStBl. I 1986, 532; In der Literatur bspw. *Schreiber* in Blümich, § 5 EStG Rn. 306; *Wagner/Schomaker*, DB 1987, 1365, 136; *Wolffgang* in Kirchhof/Söhn/Mellinghoff, § 5 C 156.

472 *Glade*, S. 47 mwN.

473 So z. B. *Marx*, BB 1994, 2379, 2382; *Tiedchen* in Herrmann/Heuer/Raupach, § 5 EStG, Rn. 351, 355.

474 Allerdings werden unterschiedliche Meinungen vertreten, wie die selbständige Verkehrsfähigkeit zu konkretisieren ist, so z. B. als abstrakte Einzelveräußerbarkeit (*Knobbe-Keuk* § 4 VI S. 88; *Glade*, S. 119 f; *Arbeitskreis „Immaterielle Werte im Rechnungswesen" der Schmalenbach-Gesellschaft-Gesellschaft*, DB 2001, 989, 991) oder selbständige Verwertbarkeit (*Baetge/Kirsch/Thiele*, Bilanzen, S. 128 f. mwN; *Kessler*, BB 1994, Beilage 12, 1, 4; *Kleindieck*, in: Staub, Großkomm HGB, § 255, Rz. 41; *Marx*, BB 1994, 2379, 2382; *von Keitz*, S.31) Hierzu sowie zu weiteren Ansichten vgl. den Überblick bei *Baetge/Kirsch/Thiele*, Bilanzen, S. 128 f. mwN. Ausdrücklich kritisch gegenüber dem Kriterium der selbständigen Verkehrsfähigkeit (für ein Wirtschaftsgut) hingegen BFH, BStBl. II 1976, 13, 14; BFH, BStBl. II 1990, 15, 16.

dass diese das einzige Kriterium sei, anhand dessen die Werthaltigkeit eines Objektes objektiv nachgewiesen werden könne.[475] Darüber hinaus aber bestünde die Funktion des Vermögensgegenstandes darin, das Schuldendeckungspotential des Unternehmens darzustellen. Dieser Funktion könne nur mittels eines Kriteriums wie der selbständigen Verkehrsfähigkeit entsprochen werden.[476] Da der *Geschäftswert* an den Betrieb geknüpft und damit nicht selbständig verkehrsfähig ist, könne er somit auch keinen Vermögensgegenstand darstellen.[477]

Im Übrigen ergebe sich dies auch aus den handelsrechtlichen Regelungen: § 266 Abs. 2 A. I. 2. HGB treffe nur eine deklaratorische Aussage hinsichtlich dessen Stellung im Gliederungsschema[478] und § 255 Abs. 4 S. 1 HGB stelle ein *Aktivierungswahlrecht* dar. Dieses deute darauf hin, dass der Gesetzgeber den Geschäftswert nicht als Vermögensgegenstand verstand, da er sonst in Hinblick auf das Vollständigkeitsgebot eine Aktivierungspflicht vorgesehen hätte.[479] Daneben würde der Ausweis als Vermögensgegenstand einen Verstoß gegen den Grundsatz der Einzelbewertung darstellen: Der Geschäfts- und Firmenwert als Konglomerat von immateriellen Vermögenswerten sei kein selbständig messbarer Einzelwert und damit auch nicht selbständig bewertbar.[480]

Uneinigkeit herrscht innerhalb dieser Ansicht allerdings darüber, ob der Geschäftswert nun eine bloße Bilanzierungshilfe[481] oder einen Wert eigener Art[482] darstellen soll.[483]

---

475 *Marx*, BB 1994, 2379, 2382; *Glade*, S. 119 f. beschränkt sich auf rein wirtschaftliche immaterielle Werte (Nichtrechte).

476 *Baetge/Kirsch/Thiele*, Bilanzen, S. 126 f.; *Ballwieser* in Beck HdR, B 131, Rn. 35; *Glade*, S. 125; *Knobbe-Keuk* § 4 VI S. 88.

477 So u.a. *Adler/Düring/Schmalz*, § 255 HGB, Rn 272; *Baetge/Kirsch/Thiele*, Bilanzen, S. 264; *Kleindieck*, in: Staub, Großkomm HGB, § 255, Rz. 41; *Knobbe – Keuk*, § 4 IV, S. 95; *Knop/Küting* in HdR, § 255 HGB, Rn. 428 ff; *Mujkanovic*, BB 1994, 894, 895 mwN. A. A. jedoch bspw. *Ellrott/Schmidt-Wendt* in BeckBilKomm, § 255 HGB, Rn. 511; *IDW*, WPg 2001, 664, 666; *Niemann*, S. 43.

478 *Baetge/Kirsch/Thiele*, Bilanzen, S. 264; *Knop/Küting* in HdR, § 255 HGB, Rn. 430; *Ludz*, S. 77.

479 *Ballwieser* in MüKo, § 255 HGB, Rn. 104; *ders.* in Beck HdR, B 131, Rn. 36, *Glade*, S. 131 mwN; *Mujkanovic*, BB 1994, 894, 895.

480 *Baetge/Kirsch/Thiele*, Bilanzen, S. 264 mwN; *Glade*, S. 130; *Knobbe – Keuk*, § 4 IV, S. 95; *Mujkanovic*, BB 1994, 894, 895; *Wagner/Schomaker*, DB 1987, 1365, 1365. Differenzierend *Zimmermann*, DB 2002, 385, 387 (für den Konzernabschluss).

481 So *Gail/Greth/Schuhmann*, DB 1991, 1389, 1391; *Kleindieck*, in: Staub, Großkomm HGB, § 255, Rz. 41; *Knobbe – Keuk*, § 4 IV, S. 96; *Knop/Küting* in HdR, § 255 HGB, Rn. 432; *Marx*, BB 1996, 2379, 2381; *Tiedchen*, in: MünchKomm AktG § 255 Rn. 86.

482 *Adler/Düring/Schmalz*, § 255 HGB, Rn 272; *Arnold*, S. 122; *Baetge/Kirsch/Thiele*, Bilanzen, S. 265; *Glade*, S. 132 mwN; *Ludz*, S. 293; *Schmidt*, Goodwill, S. 40.

483 Im früheren handelsrechtlichen Schrifttum wurde darüber hinaus zum Teil vertreten, dass er einen Rechnungsabgrenzungsposten darstellt. Diese Ansicht wurde jedoch mit der Umsetzung des BiRiLiG aufgegeben, vgl. hierzu *Ludz*, S. 69.

(3) Stellungnahme

Angesichts des § 6 Abs. 1 Nr. 2 EStG a. F. und des heutigen § 7 Abs. 1 S. 3 EStG könnte eine Stellungnahme zur Rechtsnatur des Geschäftswertes schnell gefunden sein: Für das Steuerrecht wird er vom Gesetzgeber - zumindest de lege lata - als Wirtschaftsgut eingeordnet. Insofern also könnte auch hier von einer Durchbrechung des § 5 Abs. 1 S. 1 EStG auszugehen sein.
Da sich hinsichtlich dieser Qualifizierung jedoch auch in der steuerrechtlichen Literatur kritische Stimmen finden – teilweise wird diese lediglich als gesetzlich *fingiert* angesehen[484] oder aber de lege ferenda eine andere Einordnung (bspw. als „Ausgleichsposten“) vorschlagen[485] - sei dennoch kurz auf die oben dargestellte Kritik eingegangen. Diesbezüglich ist zwischen der grundsätzlichen Problematik zur Definition eines Wirtschaftsgutes sowie der anschließenden Subsumtion des Geschäftswertes zu differenzieren:

Dabei soll auf den ersten Kritikpunkt, nach dem die „selbständige Bewertbarkeit“ eine Frage der Bilanzierung der Höhe nach sei - nicht näher eingegangen werden. Richtig ist zwar, dass der Bewertungsvorgang an die selbständige Bewertbarkeit anknüpft. Allerdings charakterisiert dieses Kriterium nur die Fähigkeit, dem Objekt einen selbständigen Wert beimessen zu können.[486] Das Vorliegen eines Wirtschaftsgutes kennzeichnet demnach die Möglichkeit, dass eine Bewertung der Werthaltigkeit *überhaupt* möglich ist[487], während durch den Bewertungsvorgang erst im Anschluss daran ermittelt werden soll, welche konkrete Werthöhe dem Wirtschaftsgut anhand der entsprechenden Beurteilungsmaßstäbe zuzuweisen ist.

Hinsichtlich der für die Handelsbilanz geforderten *selbständigen Verkehrsfähigkeit* ist festzustellen, dass diese für die Steuerbilanz weder vor dem Hintergrund ihrer bilanziellen Zwecke noch angesichts des Objektivierungsprinzips erforderlich ist:
Der Gesetzgeber hat zwar bewußt auf eine Definition des Begriffes „Wirtschaftsgut“ verzichtet und wollte ihn statt dessen mittels der Verweisung des § 5 Abs. 1 S. 1 EStG auf die handelsrechtlichen GoB sowie den – ebenfalls nicht definierten - Begriff „Vermögensgegenstand“ konkretisieren.[488]
Für die Vertreter der Literatur, die sich kritisch gegenüber der Definition des Wirtschaftsgutes seitens des BFH äußern und zusätzlich eine selbständige Verwertbarkeit für erforderlich halten, ist jedoch kennzeichnend, dass sie den Begriff „Vermögensgegenstand“ ausschließlich vor dem Zweck der Handelsbilanz ausle-

---

[484] *Tiedchen* in Herrmann/Heuer/Raupach, § 5 EStG, Rn. 367
[485] *Weber - Grellet*, in: Schmidt, § 5 EStG, Rn. 222 mwN.
[486] Ebenso *Niemann*, S. 24.
[487] BFH, BStBl. II 1990, 15, 16 f.
[488] Siehe hierzu die ausdrückliche Begründung zum EStÄndG 1969, BT-Drucks. 5/3187, S. 3. Um nicht den Eindruck einer Rechtsänderung hervorzurufen, hat er es später auch im Rahmen des BiRiLiG unterlassen, den Begriff „Vermögensgegenstand“ durch den Begriff „Wirtschaftsgut“ zu ersetzen, vgl. BT-Drucks. 10/4268, S. 89.

gen. Dabei erachten sie das Kriterium der selbständigen Verwertbarkeit deswegen für notwendig, da nur so der Bilanzzweck *„Ausweis des Schuldendeckungspotentials"* gewährleistet werden könne.
Auf die Frage, ob der Handelsbilanz - und damit mittelbar auch dem Vermögensgegenstand - tatsächlich eine solche Funktion zukommt[489], braucht hier nicht näher eingegangenen werden. Für die Steuerbilanz gilt dies jedenfalls nicht.[490] Hier sollen vielmehr Wertveränderungen des Vermögens und die damit zusammenhängenden Gewinne ermittelt werden, um so die Leistungsfähigkeit konkretisieren zu können. Diese allerdings bestimmt sich auch durch solche Werte, welche der Steuerpflichtige vielleicht nicht losgelöst vom zugehörigen Gewerbebetrieb veräußern bzw. verwerten könnte, denen aber aufgrund ihrer Nutzungsmöglichkeit innerhalb des Betriebes oder bei unterstellter Betriebsveräußerung ein selbständiger Wert beigemessen werden kann. Und auch im Hinblick auf das Objektivierungsprinzip bedarf es keiner selbständigen Verkehrsfähigkeit. Das Kriterium der selbständigen Bewertbarkeit bzw. „Greifbarkeit" stellt ein „Mindestmaß an Objektivierung" zur Konkretisierung der Werthaltigkeit eines Objektes dar, welches den steuerbilanziellen Zwecken ausreichend Rechnung trägt.[491] Im Übrigen entspricht dieses Ergebnis wohl auch dem Willen des Gesetzgebers, da er trotz Kenntnis keine korrigierenden Abweichungen (z. B. in Form eines Nichtanwendungserlasses oder der Normierung einer anderslautenden Definition im EStG) zur Definition des Wirtschaftsgutes durch den BFH vorgenommen hat.
Bezogen auf den Geschäftswertes ergibt sich zunächst, dass seine Qualifizierung als Wirtschaftsgut mit den verfassungsrechtlichen Grundsätzen vereinbar ist. Da dem Gesetzgeber ein Gestaltungsspielraum zur Konkretisierung der wirtschaftlichen Leistungsfähigkeit zusteht, darf er auch wertende Entscheidungen dahingehend treffen, welche wirtschaftlichen Vorteile die Leistungsfähigkeit widerspiegeln können und somit bilanziell zu erfassen sind. Dieser weite Gestaltungsspielraum ist zwar insofern begrenzt, als er dem Grundsatz der Sachgerechtigkeit und Systemkonsequenz entsprechen muss. Wenn aber das dem Geschäftswert zugrundeliegende Wertekonglomerat eine erhöhte Leistungsfähigkeit des Gewerbetreibenden ausdrückt[492], so ist ein Bilanzausweis als Wirtschaftsgut vor dem Hintergrund einer periodengerechten Gewinnermittlung gerechtfertigt. Gleichzeitig ist auch kein Widerspruch zum steuerrechtlichen Vorsichts- bzw. Realisationsprinzip erkennbar: Der Geschäftswert mag zwar (mittelbar) auch auf noch nicht realisierten Ertragserwartungen basieren. Zum einen allerdings soll er nicht die Höhe künftig erwarteter Gewinne widerspiegeln, sondern stellt die dem Unternehmen

---

[489] Kritisch nämlich bspw. *Hennrichs*, StuW 1999, 138, 147; *Schreiber* in Blümich, § 5 EStG Rn. 306; *Wolffgang* in Kirchhof/Söhn/Mellinghoff, § 5 EStG C 33.
[490] Statt vieler *Hennrichs*, StuW 1999, 138, 147 f..
[491] *Moxter*, BB 1979, 1102, 1104; *Schütz*, S. 78; *Wolffgang* in Kirchhof/Söhn/Mellinghoff, § 5 EStG C 62.
[492] Siehe nur BFH, BStBl. II 1976, 13, 14.

im *Zeitpunkt des Bilanzstichtages* innewohnenden Gewinnchancen dar. Und zum anderen ist die Aktivierung eines Wirtschaftsgutes schlussendlich immer mit der Hoffnung verbunden, hiermit künftige Erträge realisieren zu können (Stichwort „Gewinnwirksamkeit“). Dies ergibt sich schon aus dem going-concern - Prinzip. Damit wäre seine Qualifizierung als Wirtschaftsgut unter dem Aspekt der Gleichmäßigkeit der Besteuerung gerechtfertigt.
Übrig bliebe die Frage, ob die Werthaltigkeit des Geschäftswertes greifbar und er damit selbständig bewertbar ist. Dies wird man aber dann bejahen können, wenn man ihn als ein *Gesamtwirtschaftsgut* in Form der Differenzgröße ansieht, die den Substanzwert im Rahmen des Gesamtwertes des Unternehmens übersteigt.[493] Zwar setzt er sich aus mehreren, nicht im einzelnen bewertbaren Faktoren zusammen. Für die Greifbarkeit bzw. Einzelbewertbarkeit des *Gesamtwirtschaftsgut „Geschäftswert“* kommt es allerdings nicht auf die selbständige Bewertbarkeit seiner einzelnen Bestandteile oder wertbildenden Faktoren an. Dieser Gedanke findet sich in § 7 Abs. 1 S. 3 EStG.

Auch wenn es sich hierbei um eine Bewertungsvorschrift handelt, die nicht die Aktivierungsfähigkeit eines Wertes regeln soll, so muss sie – damit eine Bewertung überhaupt vorgenommen werden kann - doch zwingend die vorhergehende Feststellung einer selbständigen Bewertbarkeit und damit die Qualifizierung als Wirtschaftsgut voraussetzen.[494]

Unerheblich ist ferner, dass sich der Geschäftswert als Differenzgröße nur indirekt ermitteln lässt; dies bedingt nur eine bestimmte Methode der Bewertung.[495] Auch faktische Bewertungsschwierigkeiten widerlegen dies nicht. In diesem Falle obliegt es der Wissenschaft und richterlichen Fortbildung, entsprechende Methoden zu entwickeln und den hinter § 7 Abs. 1 S. 3 EStG stehenden Gesetzeszweck sachgerecht auszufüllen.
Indem ein als „Sammelposten“ verstandenes Wirtschaftsgut „Geschäftwert“ damit zumindest konkretisierungs- bzw. auslegungs*fähig* ist, sind schließlich auch die Anforderungen des Bestimmtheitsgebotes gewahrt. Insgesamt wird daher die Einordnung des Geschäftswerts als Wirtschaftsgut durch § 7 Abs. 1 S. 3 EStG auch nicht lediglich fingiert.

Zum *handelsrechtlichen Vermögensgegenstand* sei – ohne näher auf die Problematik „Schuldendeckungspotential“ einzugehen - nur soviel gesagt: Sieht man dessen Funktion tatsächlich darin, ein solches auszuweisen, so muss dies zur Divergenz der Begriffe „Wirtschaftsgut“ und „Vermögensgegenstand“ führen. Bei der Bestimmung „des einen“ kann dann gerade nicht auf „das andere“ zurückgegriffen werden. In diesem Fall wäre eine entsprechende gesetzliche Klar-

---

[493] Siehe *Meincke* in Littmann/Bitz/Pust, § 6 EStG, Rn. 401: Geschäftswert als Bezeichnung für das Wirtschaftsgut „Gewinnchancen des Unternehmens“. Ähnlich *Schmidt*, Goodwill, S. 143 (Gesamtvermögensgegenstand).
[494] Vgl. auch *Werndl* in Kirchhof/Söhn/Mellinghoff, § 6 EStG B 477.
[495] *Werndl* in Kirchhof/Söhn/Mellinghoff, § 6 EStG B 477.

stellung wünschenswert und de lege ferenda zu fordern. Gegen eine solche Divergenz spricht bislang allerdings der eindeutige, schon mehrfach geäußerte Wille des Gesetzgebers.[496]
Auch zur Eigenschaft des *Geschäftswertes als Vermögensgegenstand* soll hier keine abschließende Stellungnahme abgegeben werden. Vieles spricht allerdings für eine derartige Qualifizierung: Zunächst ist die Einordnung als Bilanzierungshilfe fragwürdig.[497] Ferner regelt auch § 255 Abs. 4 S. 2 HGB die Folgebewertung des Geschäftswertes: Wie bei § 7 Abs. 1 S. 3 EStG setzt jedoch voraus, dass überhaupt ein bewertbarer Vermögensgegenstand vorliegt.[498] Entscheidend ist jedoch, dass der Gesetzgeber im Rahmen des BiRiLiG zur Begründung des § 266 Abs. 2 HGB wortwörtlich klarstellte, dass „der Geschäfts- und Firmenwert ein Wirtschaftsgut ist" und der Begriff des Wirtschaftsgutes nicht weiter ginge als der des Vermögensgegenstandes.[499] Im Übrigen entspricht diese Qualifizierung auch einer richtlinienkonformen Auslegung: Sowohl in Art. 9 „Aktiva" C I. 3. bzw. Art. 10 „Aktiva" C. 3. als auch Art. 37 Abs. 2 der Vierten (Bilanz-) Richtlinie von 1978 wird von der Eigenschaft des Geschäftswertes als immaterielles Anlagegut ausgegangen.

bb) Abgrenzung des Geschäftswertes von anderen Wirtschaftsgütern

(1) Grundsätze

Wird das Vorliegen eines Wirtschaftsgutes bejaht, so kann die weitere, vor allem für die konkrete Aktivierungsfähigkeit bedeutsame Einordnung als immaterielles, materielles oder finanzielles[500] Wirtschaftsgut problematisch sein. Diesbezügliche Schwierigkeiten können sich in Anbetracht der fortschreitenden technischen Entwicklungen insbesondere bei der Abgrenzung zwischen immateriellen und materiellen Wirtschaftsgütern ergeben. Wirtschaftsgüter bestehen fast immer sowohl aus einer materiellen wie auch immateriellen Komponente; im Endeffekt beruht sogar jedes Wirtschaftsgut auf einer (vorherigen) geistigen Leistung.[501] Den geschäftswertbildenen Faktoren ist allerdings zu eigen, dass sie gerade nicht als selbständige Wirtschaftsgüter oder Bestandteile anderer - materieller oder

---

[496] Vgl. nur BT-Drucks. 5/3187, S. 3 und BT-Drucks. 10/4268, S. 89.
[497] Weder spricht § 255 Abs. 4 HGB von einer Bilanzierungshilfe noch sieht eine Ausschüttungssperre wie bei anderen Bilanzierungshilfen vor (vgl. §§ 269, 274 Abs. 2 S. 3 HGB). Ebenso *Ballwieser* in MüKo, § 255 HGB, Rn. 104; *Glade*, S. 132 mwN.
[498] Ähnlich *Zeitler*, DStR 1988, 303, 304, Fußnote 20.
[499] Vgl. BT-Drucks. 10/317, S. 81 zu § 244 – E HGB sowie BT-Drucks. 10/4268, S.89.
[500] Nach der hier vertretenen Ansicht leitet sich aus der in § 266 A III. HGB vorgesehenen Einordnung von Finanzwerten als separater Bilanzposten ab, dass diese – obwohl ebenfalls unkörperlich– nicht den immateriellen Wirtschaftsgütern zuzuordnen sind, so dass zwischen immateriellen, materiellen und finanziellen Vermögensgegenständen/ Wirtschaftsgütern zu unterscheiden ist. Ebenso z. B. *Bordewin* in Brandt/Bordewin, §§ 4 - 5 EStG Rn. 769; *Kählert/Lange*, BB 1993, 613, 614 mwN; *Knobbe-Keuk*, § 4 IV, S. 91, Fußn. 149.
[501] *Kählert/Lange*, BB 1993, 613, 614 mwN; *Wolffgang* in Kirchhof/Söhn/Mellinghoff, § 5 EStG C 72.

immaterieller - Wirtschaftsgüter erfassbar sind. Für den Geschäftswert besitzt die Abgrenzungsproblematik zwischen materiellen und immateriellen Wirtschaftsgütern somit keine Relevanz und soll hier nicht näher dargestellt werden.[502]

(2) Firmenwertähnliche Wirtschaftsgüter

Wesentlich bedeutsamer ist demgegenüber folgende Differenzierung: Da das immaterielle Wirtschaftsgut Geschäftswert ein Konglomerat nicht greifbarer Faktoren darstellt, ist eine Unterscheidung von solchen Faktoren erforderlich, die selbständig in anderen immateriellen Wirtschaftsgütern verkörpert sind. Entsprechende Abgrenzungsschwierigkeiten können vor allem im Zusammenhang mit (immer noch sog.) *firmenwertähnlichen Wirtschaftsgütern* auftreten. Diese zeichnen sich dadurch aus, dass sie – ähnlich dem Geschäftswert - ebenso mit dem Unternehmen und seinen Gewinnchancen unmittelbar verknüpfte Rechtspositionen oder faktische Verhältnisses darstellen, aber dennoch losgelöst diesem und als selbständige Wirtschaftsgüter übertragbar sind.[503] Daneben sollte die Bezeichnung „firmenwertähnlich" ehemals zum Ausdruck bringen, dass diese Wirtschaftsgüter ebenso wie der Geschäftswert – für diesen in § 6 Abs. 1 Nr. 2 EStG a. F. gesetzlich vorgesehen – und im Gegensatz zu sonstigen immateriellen Wirtschaftsgütern keiner Abnutzung unterlagen.[504]

Für den Geschäftswert hat sich die Rechtslage durch die Einführung des § 7 Abs. 1 S. 3 EStG geändert. Ab dem 31. 12. 1986 ist planmäßig über eine typisierte Nutzungsdauer von 15 Jahren abzuschreiben. Hinsichtlich firmenwertähnlicher Wirtschaftsgüter sah daraufhin ein entsprechendes BMF - Schreiben vor, dass auch der Verlagswert, nicht jedoch die Güterverkehrsgenehmigung abnutzbar sei.[505] Aus der Begründung dieses Schreibens wird nun gefolgert, dass neben dem Verlagswert auch andere firmenwertähnliche Wirtschaftsgüter abnutzbar sind und § 7 Abs. 1 S. 3 EStG bei vergleichbarer Interessenslage („Verflüchtigung" durch „Zeitablauf") zumindest analog anwendbar ist.[506] Angesichts der veränderten Gesetzeslage entstand zudem die Forderung, die nun lediglich terminologische Einteilung in firmenwertähnliche und sonstige immaterielle Wirtschaftsgüter aufzugeben.[507] Der BFH ist diesem inzwischen nachgekommen.[508] Auch bei diesen Wirtschaftsgütern – bis auf die Güterverkehrsgenehmigung – ist damit von einer grundsätzlichen Abnutzbarkeit auszugehen.

Eine Qualifikation als eigenständiges Wirtschaftsgut und Abgrenzung zum Geschäftswert ist anhand der bereits dargestellten Kriterien vorzunehmen, wobei

---

[502] Siehe daher die ausführliche Darstellung bei *Kählert/Lange*, BB 1993, 613 ff.

[503] BFH, BStBl. II 1994, 224, 226 mwN; BFH, DB 1998, 1892, 1892 mwN.

[504] BFH, BStBl. II 1970, 804, 806; BFH/NV 1990, 442, 444; BFH, DB 1998, 1892, 1892; *Weber-Grellet*, Steuerbilanzrecht, § 8 Rn 28.

[505] BMF - Schreiben vom 20.11.1986, BStBl. I 1986, 532 f., nunmehr H 31 a EStR; zustimmend BFH, BStBl. II 1992, 383; BFH, DB 1998, 1892, 1892.

[506] *Niemann*, S. 49; *Weber-Grellet*, Steuerbilanzrecht, § 8 Rn 28.

[507] *Korn/Stahl* in Korn, § 6 EStG, Rn. 265; *Niemann*, S. 49; *Zeitler*, DStR 1988, 303, 306.

[508] BFH, DB 1998, 1892.

auch hier das Hauptaugenmerk auf der selbständigen Bewertbarkeit liegt.[509] Selbständige firmenwertähnliche Wirtschaftsgut können neben der Güterverkehrsgenehmigung auch der Verlagswert und der Kundenstamm sein.[510] (Regelmäßig) Abgelehnt wird dies hingegen z. B. für die Kundenkartei, Geschäftsbeziehungen, schwebende und für den Betrieb vorteilhafte Verträge, den Ruf der Firma und die Qualität der Belegschaft.[511] Diese Zuordnung kann auch anders ausfallen.[512] Darüber hinaus reicht eine bloß äußerliche Bezeichnung als „immaterielles Einzelwirtschaftsgut" durch die Vertragsparteien selbst nicht aus: Vielmehr kommt es für die Abgrenzung auf die Zweckrichtung der hiermit zusammenhängenden Aufwendungen und den Willenserklärungen der Vertragspartner nur insoweit an, als dies den objektiven Gegebenheiten entspricht.[513]

c) Fehlende Aktivierungsfähigkeit von Forschungs- und Entwicklungskosten

Regelmäßig nicht aktivierungsfähig sind Forschungs- und Entwicklungskosten.[514] Oftmals ist schon deren abstrakte Aktivierungsfähigkeit zu verneinen: Ein Bilanzausweis von Aufwendungen („Kosten") kommt nur dann in Betracht, wenn hiermit ein werthaltiges Gut angeschafft oder hergestellt wurde, welches die Kriterien eines Wirtschaftsgutes erfüllt. Durch Forschung und Entwicklung selbst werden jedoch nur Erkenntnisse gewonnen, die erst im Anschluss hieran zur Herstellung oder Verbesserung eines Wirtschaftsgutes führen und sich bspw. in Form von Patenten etc. niederschlagen können.[515] Forschungs- und Entwicklungsvorgänge sind daher als *bloße Vorstufe* der Herstellung einzuordnen, so dass die je-

---

[509] BFH, BStBl. II 1994, 224, 226; *Arnold*, S. 50; *Wolffgang* in Kirchhof/Söhn/Mellinghoff, § 5 EStG C 161.

[510] BFH, BStBl. II 1970, 804, 804 f.(Verlagswert und Belieferungsrechte); BFH/NV 1990, 442 (Kundenstamm); BFH, DB 1998, 1892, 1892 (Güterverkehrsgenehmigung; Verlagswert; Kundenstamm; Belieferungsrechte; Wettbewerbsverbote). Anders zum Kundenstamm aber bspw. H 31 a EStR.

[511] BFH, BStBl. II 1982, 189 (Kundenkartei); BFH, BStBl. II 1986, 176 (Schwebende Arbeitsverträge). Zum Auftragsbestand und schwebenden Verträge bspw. *Arnold*, S. 56 ff.

[512] Vgl. nur BFH, BStBl. II 1971, 175, 176 (Kundenstamm als Teil des Geschäftswertes). Einzelheiten bspw. bei *Arnold*, S. 51 ff.

[513] BFH, BStBl. II 1970, 804, 805; BFH, BStBl. II 1982, 189, 190; BFH, BStBl. II 1986, 176, 177.

[514] „Forschung" meint die planmäßige Suche nach neuen wissenschaftlichen Erkenntnissen, während unter „Entwicklung" die unmittelbare Umsetzung dieser Ergebnisse zur Schaffung neuer Produkte, Dienstleistungen, Prozesse oder Technologien oder zur Verbesserung des Bestehenden zu verstehen ist, vgl. hierzu auch *Nonnenmacher*, DStR 1231, 1231 mwN.

[515] *Arbeitskreis „Immaterielle Werte im Rechnungswesen" der Schmalenbach-Gesellschaft*, DB 2001, 989, 991; *Niemann*, S. 163: „Erst die Ergebnisse von Forschungs- und Entwicklungsarbeiten können immaterielle Wirtschaftsgüter sein"; *Ranker/Wohlgemuth/Zwirner*, KoR 2001, 269, 272; *von Keitz*, S. 81; *Veit*, DB 1992, 641, 641.

weiligen Aufwendungen noch nicht die Voraussetzungen eines Vermögensgegenstandes bzw. Wirtschaftsgutes erfüllen[516] und statt als sofort abzugsfähige Betriebsausgaben der entsprechenden Periode zu behandeln sind.[517] Dies gilt im Übrigen auch insoweit, als sich diese Vorgänge in körperlichen Gegenständen niederschlagen, soweit sie im Verhältnis zu dem immateriellen Wert von lediglich untergeordneter Bedeutung[518] sind: Nicht aktivierungsfähig sind daher bspw. Pläne, Modelle und Beschreibungen, vor allem aber auch sog. Prototypen.[519]
Ein Bilanzansatz kommt nur dann in Betracht, wenn sie bspw. im Rahmen einer *auftragsgebundenen Entwicklung* anfallen und durch das Entgelt des Auftraggebers bestätigt werden oder nach der Verkehrsauffassung ausnahmsweise doch *als Bestandteil der Herstellungskosten* angesehen werden können.[520] Handelt es sich um die Herstellung eines immateriellen Wirtschaftsgutes, so sind für die konkrete Aktivierungsfähigkeit die § 248 Abs. 2 HGB, § 5 Abs. 2 EStG zu beachten: Interne oder bei Externen angefallene Forschungs- und Entwicklungsaufwendungen sind als Bestandteil der Herstellungskosten immaterieller Wirtschaftsgüter nur dann einer bilanziellen Erfassung zugänglich, sofern diese wiederum zum internen Umlaufvermögen zählen oder Anlagewerte darstellen, die entgeltlich vom Externen erworben wurden.[521]

Mit der Bilanzrichtlinie (und zwar sowohl in ihrer ursprünglichen Form 78/660/EWG als auch mit den später geänderten Fassungen) ist diese Handhabung vereinbar: Denn diese enthält in Art. 9 „Aktiva" C I. 1. bzw. Art. 10 „Aktiva" C. I. 1. ein Mitgliedsstaatenwahlrecht, nach dem Forschungs- und Entwicklungskosten dann ausgewiesen werden dürfen, „soweit die einzelstaatlichen Rechtsvorschriften eine Aktivierung gestatten".

516 *Niemann*, S. 163; *Nonnenmacher*, DStR 1993, 1231, 1232 mwN.

517 BFH, BStBl. II 1977, 234, 235; Koordinierter Ländererlaß vom 4.12.1958, BStBl. II 1958, 189, Tz. 1; *Niemann*, S. 164; *von Keitz*, S. 81.

518 Zur Abgrenzung von immateriellen und materiellen Vermögensgegenständen siehe z. B. *Hennrichs*, in: MünchKomm AktG, § 246 HGB, Rn. 56 ff.

519 *Hennrichs*, in: MünchKomm AktG, § 248 HGB, Rz. 13 mwN.

520 BFH, BStBl. II 1977, 234, 235; Koordinierter Ländererlaß vom 4.12.1958, BStBl. II 1958, 189, Tz. 2 und 6; *Nonnenmacher*, DStR 1993, 1231, 1232; *Hoffmann* in Littmann/Bitz/Pust, §§ 4, 5 Rn. 682.

521 Ausführlich hierzu *Hennrichs*, in: MünchKomm AktG, § 248 HGB, Rz. 20; *Nonnenmacher*, DStR 1993, 1231, 1232 ff.; ferner *Ranker/Wohlgemuth/Zwirner*, KoR 2001, 269, 272; *Veit*, DB 1992, 641, 641.

2. Konkrete Aktivierungsfähigkeit des Geschäftswertes

a) Zugehörigkeit zum Betriebsvermögen

Für die konkrete Aktivierungsfähigkeit ist es zunächst erforderlich, dass das (immaterielle) Wirtschaftsgut dem Betriebs- und nicht Privatvermögen angehört. Hiervon ist dann auszugehen, wenn es bereits objektiv erkennbar zum unmittelbaren Einsatz im Betrieb selbst bestimmt ist (sog. notwendiges Betriebsvermögen) oder hierfür objektiv geeignet ist und durch den Unternehmers subjektiv dazu bestimmt wird (sog. gewillkürtes Betriebsvermögen).[522] Für den Geschäftswert ist eine Betriebsvermögenszugehörigkeit immer zu bejahen; angesichts seiner engen Bindung an den Betrieb ist er bereits objektiv erkennbar dazu bestimmt, diesem als dauerhafter Anlagewert zu dienen (vgl. auch H 32 EStR). Ebenso unproblematisch stellt sich regelmäßig die subjektive Zurechnung zum konkreten Bilanzierenden dar[523]: Sowohl nach § 39 AO als auch nach § 246 Abs. 1 HGB i. V. m. § 5 Abs. 1 EStG ist der Geschäftswert dem bzw. den jeweiligen Betriebsinhaber(n) zuzuordnen.[524]

b) Das Aktivierungsverbot der §§ 248 Abs. 2 HGB, 5 Abs. 2 EStG

aa) Inhalt

§ 248 Abs. 2 HGB und § 5 Abs. 2 EStG enthalten ein – nicht wort-, aber inhaltsgleiches - Aktivierungsverbot für unentgeltlich erworbene und selbsterstellte immaterielle Anlagewerte, so dass die hiermit zusammenhängenden Aufwendungen als sofort abzugsfähiger Aufwand der jeweiligen Periode zu erfassen sind und der Periodisierungs- und des Vollständigkeitsgrundsatz insoweit durchbrochen wird.[525]

Während der originäre Geschäftswert in Ermangelung eines entgeltlichen Erwerbs sowohl steuerrechtlich als auch handelsrechtlich nicht aktivierungsfähig ist[526], spricht § 255 Abs. 4 HGB hinsichtlich der Aktivierung des derivativen

---

[522] BFH, BStBl. II 1997, 402; R 32 EStR; *Lang*, in: *Tipke/Lang*, § 9 Rz. 357 ff.

[523] Zum Erwerb bzw. der Zurechnung eines Geschäftswertes im Sonderfall der (unechten) Betriebsaufspaltung vgl. BFH, BStBl. II 2001, 771 ff.

[524] Die Frage, welche dieser Normen im Konfliktfall - bspw. beim bösgläubigen Besitzer - vorrangig anzuwenden ist, besitzt an dieser Stelle somit keine Relevanz. Ausführlicher hierzu z. B. *Schreiber* in Blümich, § 5 EStG Rn. 510 - 514; *Schütz*, S. 85 ff.

[525] Vor dem Hintergrund des § 246 Abs. 1 HGB wird daher auch - trotz des „darf" in § 248 Abs. 2 HGB - eine Aktivierungspflicht bei entgeltlichem Erwerb angenommen, vgl. BT-Drucks. 10/317, S. 80; *Budde/Karig* in BeckBilKomm, § 248 HGB, Rn. 7; *Baetge/D. Fey/C.-P. Weber* in HdR, § 248 HGB, Rn. 16. Für das Steuerrecht ist diese Frage schon allein angesichts des abweichendes Wortlautes des § 5 Abs. 2 EStG („ist") geklärt.

[526] Statt vieler BT-Drucks. 5/3187, S. 4.

Geschäftswertes von „darf". Steuerrechtlich ist es jedoch unerheblich, ob hierunter eine bloße *Bewertungs*vereinfachung[527] (bei bestehender Aktivierungs*pflicht*) oder ein *Aktivierungswahlrecht*[528] zu verstehen ist, da handelsrechtliche Aktivierungswahlrechte nach Rechtsprechung des BFH[529] immer zu steuerrechtlichen Aktivierungsgeboten führen. In der Steuerbilanz ist ein derivativer Geschäftswert demzufolge immer auszuweisen.[530]

b) Sinn und Zweck

(1) § 248 Abs. 2 HGB

Sowohl die Vorläufervorschrift des § 248 Abs. 2 HGB - § 153 Abs. 3 AktG 1965[531] - als auch Art. 9 „Aktiva" C I. 2. a) bzw. Art. 10 „Aktiva" C. I. 2. a) der Bilanzrichtlinie (und zwar nicht nur ihre ursprüngliche, sondern auch ihre später geänderten Fassungen) sehen ein Aktivierungsverbot für unentgeltlich erworbene und originäre immaterielle Anlagewerte vor; für den Geschäftswert wird dieses noch einmal in Art. 9 „Aktiva" C I. 3. bzw. Art. 10 „Aktiva" C. I. 3. der Bilanzrichtlinie festgehalten.[532] Allerdings enthält Art. 9 „Aktiva" C I. 2. b) bzw. Art. 10 „Aktiva" C. I. 2. b) auch ein *Mitgliedsstaatenwahlrecht* hinsichtlich der Aktivierung selbsterstellter, immaterieller Anlagewerte (mit Ausnahme des originären Geschäftswertes). Vom deutschen Gesetzgeber wurde dieses jedoch bewusst nicht ausgeübt[533]: Als Motiv wird auf die bereits dargestellte, unsichere Natur immaterieller Werte sowie die Tatsache verwiesen, dass ihnen aufgrund der Substanzlosigkeit ein wesentliches Merkmal zur Bestimmung von Existenz, Zugang, Wert-

---

527 Vgl. nur *Hennrichs*, Wahlrechte, S. 158 ff. (Aktivierungs*pflicht*) mwH auf abweichende Ansichten.

528 So z. B. *Kleindieck*, in: Staub, Großkomm HGB, § 255, Rz. 41; *Freidank/Pottgießer*, StuB 2003, 886, 889 (de lege ferenda Einführung einer Aktivierungspflicht); *Schaffer*, S. 147 mwN; *Schmidt*, Goodwill (de lege lata *Wahlrecht*, S. 39, de lege ferenda *Pflicht*, S. 143); *Tiedchen*, in: MünchKomm AktG § 255 Rn. 84.

529 Siehe wieder nur BFH (GrS), BStBl. II 1969, 291, 293.

530 BFH, BStBl. II 1982, 189, 191; *Döllerer*, BB 1969, 501, 504.

531 § 153 Abs. 3 AktG 1965 wurde aufgrund seiner Bedeutung über den formellen Anwendungsbereich hinaus als handelsrechtlicher GoB für alle Kaufleute angesehen, vgl. BT-Drucks. 5/3187, S. 4; zum Meinungsstand vor Erlaß des § 153 Abs. 3 AktG 1965 siehe insbesondere BFH, BStBl. II 1969, 291, 293.

532 Die Beschränkung des Aktivierungsverbotes auf das Anlagevermögen ergibt sich dabei aus der Überlegung, dass die „Risikolage" beim Umlaufvermögen „eine andere sei": Hier gibt „das vereinbarte oder zu erwartende Entgelt (...) eine ausreichende Bewertungsgrundlage", so ausdrücklich und statt vieler *Knobbe-Keuk*, § 4 IV S. 90 f.

533 Vgl. BT-Drucks. 10/317, S. 80.

haltigkeit und Nutzungsdauer fehlt.[534] Dieses Manko kann auch nicht durch den Ansatz von Herstellungskosten ausgeglichen werden: Zum einen liegen nicht immer genaue Anhaltspunkte dafür vor, wann der entsprechende Herstellungsvorgang tatsächlich abgeschlossen ist und dementsprechend von der Existenz oder dem Zeitpunkt des Zuganges eines immateriellen Wertes in das Betriebsvermögen ausgegangen werden kann.[535] Und zum anderen kommen gerade eigene Herstellungskosten regelmäßig nur aufgrund subjektiver Ermittlungen und Werteinschätzungen des Bilanzierenden zustande und sind daher nicht intersubjektiv nachprüfbar.[536] Demgegenüber erfordern es sowohl das handelsrechtliche Objektivierungs- wie auch Vorsichtsprinzip, dass sich der Ausweis von Vermögenswerten anhand objektiver und sicherer Maßstäbe bestimmen lässt. § 248 Abs. 2 HGB dient demzufolge der Sicherstellung, dass nur solche immateriellen Anlagewert ausgewiesen werden, die sowohl hinsichtlich ihrer Existenz als auch ihrer Werthaltigkeit durch einen entgeltlichen Erwerb des Bilanzierenden am Markt bestätigt wurden.[537] Damit stellt das Aktivierungsverbot eine Ausprägung des (handelsrechtlichen) Objetivierungs- und Vorsichtsprinzips dar und konkretisiert deren Existenz und Werthaltigkeit anhand des Anschaffungskostenprinzips.[538]
Zum Teil wird allerdings kritisiert, dass § 248 Abs. 2 HGB eine „Überobjektivierung" zur Folge hätte: So müsse bspw. auch der Entwicklungsaufwand aktiviert werden dürfen, da nur so ein „den tatsächlichen Verhältnissen entsprechendes Bild der Vermögens-, Finanz- und Ertragslage" i. S. d. § 264 Abs. 2 HGB vermittelt werden könne.[539] De lege ferenda wird daher auch eine Abschaffung

---

[534] Siehe die Begründung zu § 153 Abs. 3 AktG 1965 (§ 146 Abs. 1 AktG-E) , BT-Drucks. 4/171, S. 177.

[535] *Döllerer*, BB 1969, 501, 505; *Moxter*, BB 1979, 1102, 1103, allerdings auch mit Hinweisen auf Stimmen in der älteren (vor Erlaß des AktG 1965) Literatur, die Herstellungskosten für ausreichend hielten.

[536] *Hoffmann* in Littmann/Bitz/Pust, §§ 4, 5 Rn. 682; *Knobbe-Keuk*, § 4 IV, S. 90; *Moxter*, BB 1979, 1102, 1105: „willkürliche Ausübung von Kostenzurechnungsmöglichkeiten". Zur grundsätzlichen Problematik der Ermittlung von Herstellungskosten vgl. *Wöhe*, § 23 S. 141 ff.; a. A. hingegen *Veit*, DB 1992, 641, 642.

[537] Statt vieler *Budde/Karig* in BeckBilKomm, § 248 HGB, Rn 9.

[538] *Adler/Düring/Schmalz*, § 248 HGB, Rn 14; *Ballwieser* in Beck HdR, B 134, Rn. 3; *Döllerer*, BB 1969, 501, 505; *Hömberg/König*, in: Baetge/Kirsch/Thiele, Bilanzrecht – Kommentar, § 248 HGB, Rz. 32; *Moxter*, FS Goerdeler 1987, S. 361, 367. Kritisch zum Anschaffungskostenprinzip *Glade*, S. 38 ff mwN.

[539] *Arbeitskreis „Immaterielle Werte im Rechnungswesen" der Schmalenbach-Gesellschaft*, DB 2001, 989, 991 ff.; *Baetge/D. Fey/C.-P. Weber* in HdR, § 248 HGB, Rn. 19; *Küting/Ulrich*, DStR 2001, 953, 960. Demgegenüber weisen bspw. *Kessler*, BB 1994, Beilage 12, 1, 12 und *Veit*, DB 1992, 641, 642 darauf hin, dass man dem Informationsbedarf auch im Wege entsprechender Angaben im Anhang gerecht werden könne. Für die Aktivierung des originären Geschäftswert im Konzernabschluss *Zimmermann*, DB 2002, 385, 387, 389; vgl. hierzu die Erwiderung von *Siegel*, DB 2002, 749, 749.

des § 248 Abs. 2 HGB gefordert.[540] Da dies jedoch Überlegungen zur künftigen Gestaltung des Handelsbilanzrechts darstellen, soll hier auf diese Kritik nicht näher eingegangen werden.

(2) § 5 Abs. 2 EStG

(a) Zweck und Verhältnis zu § 248 Abs. 2 HGB

Während dieses Aktivierungsverbot in der Handelsbilanz schon frühzeitig Anwendung fand, war dessen steuerliche Geltung - trotz des Maßgeblichkeitsprinzips - nicht selbstverständlich: So wurde gerade die Aktivierung selbsterstellter immaterieller Anlagegüter durch den BFH lange Zeit „im Interesse einer möglichst zutreffenden Abschnittsbesteuerung" bejaht, da auch diese „einen wesentlichen und über die Dauer des einzelnen Steuerabschnitts hinausreichenden Wert für das gewerbliche Unternehmen besitzen".[541] Angesichts dessen hatte der Gesetzgeber die Abwägung zu treffen, ob der in diesem Aktivierungsverbot zum Ausdruck kommende handelsrechtliche Objektivierungs- und Vorsichtsgedanke für die Steuerbilanz gleichermaßen gelten sollte oder ob eine periodengerechte Gewinnermittlung höher zu bewerten sei.[542] Schlussendlich räumte er der Anbindung an die Handelsbilanz den Vorzug ein, wobei allerdings auch der Gedanke der Einheitsbilanzierung keine unerhebliche Rolle spielte.[543]
Inhaltlich entspricht die Norm dem handelsrechtlichen Vorsichtsprinzip[544] und soll vornehmlich der Klarstellung dienen, dass § 153 Abs. 3 AktG 1965 bzw. jetzt § 248 Abs. 2 HGB als handelsrechtlicher GoB für die Steuerbilanz zu beachten

---

[540] Hierzu vor allem *Arbeitskreis „Immaterielle Werte im Rechnungswesen" der Schmalenbach-Gesellschaft*, DB 2001, 989, 991 ff., 995; *Küting/Ulrich*, DStR 2001, 953, 960; *Pellens/Füllbier*, in: *Baetge*, Rechnungslegung nach IAS, S. 34, 58.

[541] BFH (GrS) vom 3.2.1969, BStBl. II 1969, 291, 293. Ausführlich auch *Littmann*, DStR 1969, 321, 321 mwN.

[542] Siehe hierzu die Diskussionen zwischen Bundesrat und Bundestag im Anschluß an die Begründung zur Einführung des § 5 Abs. 2 EStG, BT-Drucks. 5/3187, S. 5 und S. 6.

[543] Bei Ablehnung einer steuerlichen Geltung dieses Aktivierungsverbotes hätte die Gefahr bestanden, dass die Handels- und Steuerbilanz neben den nach §§ 6 ff. EStG möglichen Bewertungsunterschieden auch hinsichtlich des Bilanzansatzes divergieren; eine Einheitsbilanz wäre damit nicht unerheblich erschwert worden, so BT-Drucks. V/3187, S. 3 f.

[544] *Bordewin* in Brandt/Bordewin, §§ 4 - 5 EStG Rn. 765; *Knobbe-Keuk*, § 4 IV S. 90; *Schreiber* in Blümich, § 5 EStG Rn. 522. Nach *Moxter*, BB 1979, 1102, 1104 allerdings trug der BFH dem Objektivierungserfordernis mittels der selbständigen Bewertbarkeit schon ausreichend Rechnung, als das AktG 1965 und EStG das Kriterium des „entgeltlichen Erwerbes" noch gar nicht kannten.

ist.[545] Aufgrund des § 5 Abs. 1 S. 1 EStG i. V. m. (nunmehr) § 248 Abs. 2 EStG wird jedoch zum Teil vertreten, dass § 5 Abs. 2 EStG rein deklaratorischer Natur sei.[546]

Gleichzeitig wird das Aktivierungsverbot aber auch dem steuerrechtlichen Verständnis von einer vorsichtigen Bilanzierung gerecht; es macht die mit immateriellen Anlagewerten verbundenen Unsicherheiten mittels einer Marktbestätigung sowie entsprechender Anschaffungskosten auch im Rahmen der Steuerbilanz handhabbar.[547] Daneben wird diskutiert, ob § 5 Abs. 2 EStG (bzw. § 248 Abs. 2 HGB) auch der Vermeidung von Bewertungsschwierigkeiten dienen soll.[548] Auf dieses - dogmatische - Problem soll hier jedoch nicht näher eingegangen werden: Obschon eine solche Sichtweise der gesetzlich vorgesehenen Trennung zwischen der Bilanzierung dem Grunde und der Höhe nach widerspräche, führt § 5 Abs. 2 EStG zumindest faktisch zu einer Bewertungsvereinfachung. Insbesondere im Zusammenhang mit der Bilanzierung des Geschäftswertes wird noch deutlich werden, wie fließend die Grenzen zwischen Ansatz und Bewertung ineinander übergehen können.

(b) Durchbrechungen und Kritik

Die Kritik an § 5 Abs. 2 EStG richtet sich weniger gegen das Aktivierungsverbot an sich, als vielmehr gegen seine tatsächliche Geltungskraft und faktische Durchsetzbarkeit.[549] Denn so wenig selbstverständlich dessen steuerliche Geltung vor Normierung des § 5 Abs. 2 EStG war, so leicht kann es heute durch entsprechende vertragliche und bilanzpolitische Gestaltungen umgangen werden.

So besteht insbesondere im Zusammenhang mit *Veräußerungsgeschäften zwischen Konzernunternehmen* die Gefahr, dass das objektivierende Kriterium eines unter Marktbedingungen ausgehandelten Kaufpreises nicht erfüllt wird.[550] Derartige Transaktionen mögen zwar mangels

---

[545] BT-Drucks. 5/3187, S. 4 und S. 6; später auch BFH, BStBl. II 1976, 13, 14; *Littmann*, DStR 1969, 321, 321; *Schreiber* in Blümich, § 5 EStG Rn. 521; *Wassermeyer*, DStJG 14 (1991), 29, 42; *Wolffgang* in Kirchhof/Söhn/Mellinghoff, § 5 EStG C 33.

[546] *Hoffmann* in Littmann/Bitz/Pust, §§ 4, 5 Rn. 680; *Schreiber* in Blümich, § 5 EStG Rn. 521; *Wolffgang* in Kirchhof/Söhn/Mellinghoff, § 5 EStG C 33 mwN.

[547] BFH, BStBl. II 1976, 13, 14; BFH, BStBl. II 1987, 455, 457; *Costede*, StuW 1995, 115, 119; *Kronner*, DStR 1996, 1185, 1186; *Siegers*, DStR 1992, 1570,1573 f.

[548] Dafür u. a. *Ortmann-Babel* in Lademann, § 6 EStG, Rn. 459; *von Keitz*, S. 40 zu § 248 Abs. 2 HGB; dagegen bspw. *Wolffgang* in Kirchhof/Söhn/Mellinghoff, § 5 EStG C 51 ff.

[549] Statt vieler *Hoffmann* in Littmann/Bitz/Hellwig, §§ 4, 5 Rn. 684; aber auch *Weber- Grellet*, in: Schmidt, § 5 EStG, Rn.162, der § 5 Abs. 2 EStG - ohne nähere Begründung - für „bedenklich" hält.

[550] Hierzu *Kleindieck*, in: Staub, Großkomm HGB, § 248, Rz. 16; *Hömberg/König*, in: Baetge/Kirsch/Thiele, Bilanzrecht – Kommentar, § 248 HGB, Rz. 39; *Löcke*, BB 1998, 415, 415 ff; *Nonnenmacher*, DStR 1993, 1231, 1234 f.

Einhaltung dieses Kritiums nicht anzuerkennen sein.[551] Allerdings stellt sich – sofern nicht entsprechend offensichtliche Anhaltspunkte vorliegen - das praktische Problem, inwieweit das Fehlen von Kaufpreisverhandlungen überprüft und nachgewiesen werden kann. Da letztendlich beide Vertragsparteien „auf einer Seite“ stehen, werden sie es tunlichst vermeiden, Anhaltspunkte für eine das fehlende Aushandeln von Leistung und Gegenleistung oder sogar die Aufdoktrienierung eines bestimmten Kaufpreises seitens der Mutter – gegenüber der Tochtergesellschaft bekannt werden zu lassen.

Darüber hinaus jedoch erkennt auch die Rechtsprechung und Finanzverwaltung - und mit ihnen ein Teil der Literatur - bestimmte Durchbrechungen des § 5 Abs. 2 EStG an.[552] Erwähnt sei an dieser Stelle nur der Vorrang der Einlageregelung: Nach dem BFH findet das Aktivierungsverbot dann keine Anwendung, wenn ein selbsterstelltes immaterielles Anlagegut als (offene oder verdeckte) Einlage eingebracht wird.[553] Dies soll im Übrigen auch für den Geschäftswert gelten.[554] Die Nichtanwendbarkeit des § 5 Abs. 2 EStG wird hier mit dem *Vorrang der Einlageregelung* (siehe § 4 Abs. 1 S. 1 EStG) begründet, nach dem der private vom steuerlich relevanten, betrieblichen Bereich abgegrenzt werden soll.[555] Gesetzlichen Niederschlag findet diese Auffassung in § 6 Abs. 6 S. 2 und 3 EStG. Auf die Diskussion, inwieweit diese – oder bspw. auch im Bereich verdeckter Gewinnausschüttungen vertretene - Durchbrechung des § 5 Abs. 2 EStG tatsächlich gerechtfertigt erscheint, soll an dieser Stelle jedoch nicht näher eingegangen werden.[556]

---

[551] Allerdings ist diese Frage umstritten; so ist die wohl hM in der Literatur für die Anerkennung eines konzerninternen Kaufs oder Tausches, siehe bspw. *Hömberg/König*, in: Baetge/Kirsch/Thiele, Bilanzrecht – Kommentar, § 248 HGB, Rz. 39 mwN; *Niemann*, S. 56; dagegen z. B. *Hennrichs*, in: MünchKomm AktG, § 248 HGB, Rz. 22 mwN; *Löcke*, BB 1998, 415, 418.

[552] Vgl. R 31 a Abs. 2 EStR sowie bspw. *Schreiber* in Blümich, § 5 EStG Rn. 525.

[553] BFH, BStBl. II 1987, 455; BFH, BStBl. II 1987, 705; BFH (GrS), BStBl. II 1988, 348, 353; R 31 a Abs. 3 S. 3 EStR. Zustimmend bspw. *Schreiber* in Blümich, § 5 EStG Rn. 525; *Weber-Grellet*, in: Schmidt, § 5 EStG, Rn. 164; *Wolffgang* in Kirchhof/Söhn/Mellinghoff, § 5 EStG C 21 ff. mwN. A. A. *Knobbe-Keuk*, § 4 IV S. 289; *Marx*, BB 1994, 2379, 2386; *Siegers*, DStR 1992, 1570, 1572 ff; differenzierend *Hennrichs*, in: MünchKomm AktG, § 248 HGB, Rz. 25.

[554] BFH, BStBl. II 1987, 455 (Leitsatz) und S. 458; BStBl. II 1987, 705 (Leitsatz); *Hoffmann* in Littmann/Bitz/Pust, §§ 4, 5 Rn. 726. Ablehnend FG München, EFG 2001, 280, dessen Urteil vom BFH am 5. 6. 2002 aufgehoben wurde, vgl. DStRE 2003, 37; kritisch hierzu *Schmidt/Hageböke*, DStR 2003, 1813, 1815 ff.; ferner *Weber-Grellet*, BB 2002, 35, 35: Da der Geschäftswert an den Betrieb gebunden und im Vergleich zu anderen (immateriellen) Wirtschaftsgütern nicht entnehmbar sei, könne er auch nicht eingelegt werden.

[555] BFH, BStBl. II 1987, 455, 457; BFH, BStBl. II 1987, 705; BFH (GrS), BStBl. II 1988, 348, 353.

[556] Zur ablehnenden Haltung im Falle verdeckter Einlagen vgl. vor allem die Argumentation von *Siegers*, DStR 1992, 1570, 1572 ff.

c) Entgeltlicher Erwerb des Geschäftswertes

Unter dem für die konkrete Aktivierungsfähigkeit erforderlichen Kriterium des entgeltlichen Erwerbs versteht man grundsätzlich einen auf Leistungsaustausch am Markt beruhenden Anschaffungsvorgang.[557] Er setzt den (1) von einem Dritten abgeleiteten Erwerb voraus, bei dem (2) Ausgaben oder Ausgabenäquivalente (3) unter marktüblichen Bedingungen als (4) Gegenleistung dafür getätigt wurden, dass der immaterielle Anlagewert (5) aus dem Vermögen des Vertragspartners in das Betriebsvermögen des Erwerbers übergeht.[558] Die entsprechenden Aufwendungen müssen als Anschaffungskosten ausgelegt werden können und die Leistung und Gegenleistung nach kaufmänischen Gesichtspunkten gegeneinander abgewogen sein.[559] Indem der Geschäftswert nur zusammen mit einem (Teil-)Betrieb erworben werden kann, ist bei dessen entgeltlichen Übertragung auch der entgeltliche Erwerb des Geschäftswertes indiziert:

aa) Erwerb durch entgeltliche Übernahme eines Betriebes

Ein gerade neu gegründetes bzw. erst im Aufbau befindliches Unternehmen, welches noch nicht oder nur vergleichsweise kurz am Markt tätig wurde, weist regelmäßig noch keinen originären und anschließend derivativ erwerbbaren Geschäftswert auf.[560] Grundlegend gilt daher, dass der Geschäftswert nur zusammen mit einem „ganzen lebenden“ und über gewisse Zeit[561] „eingeführten“ (Teil-)Betrieb übergehen kann.[562] Gleichzeitig muss der (Teil-)Betrieb zum

---

[557] St. Rspr., siehe nur BFH, BStBl. II 1994, 444. Nach der Finanzverwaltung soll ein entgeltlicher Erwerb auch durch Hoheitsakt möglich sein, vgl. R 31 a Abs. 1 EStR. Zu der Frage des entgeltlichen Erwerbs eines immateriellen Vermögensgegenstandes, welcher erst im Zuge des Erwerbsgeschäft entsteht siehe z. B. *Hennrichs*, in: MünchKomm AktG, § 248 HGB, Rz. 19.

[558] BFH, BStBl. II 1987, 455, 457; in der Literatur statt vieler *Hennrichs*, in: MünchKomm AktG, § 248 HGB, Rz. 17. Ein Überblick über die einzelnen Erwerbsvorgänge findet sich bspw. bei *Weber-Grellet*, in: Schmidt, § 5 EStG, Rn. 190 ff. BFH, BStBl. II 1992, 977 ff. (Transferentschädigungen im Lizenzfußball) stellte jedoch nicht auf ein synallagmatisches Austauschverhältnis i. S. d. §§ 320 ff. BGB ab, sondern relativierte diese Voraussetzungen durch eine wirtschaftliche Betrachtungsweise. Ausführlich hierzu *Kronner*, DStR 1996, 1185, 1185 ff. mwN.

[559] BGH, BStBl. II 1994, 244. Zu Veräußerungsgeschäften zwischen Konzernunternehmen, vgl. *Löcke*, BB 1998, 415, 416.

[560] BFH, BStBl. II 1994, 224, 225; *Schreiber* in Blümich, § 5 EStG Rn. 619 mwN; differenzierend *Korn/Stahl* in Korn, § 6 EStG, Rn. 267.

[561] Im Falle einer Vor-GmbH hat der BGH eine Zeit von etwas mehr als einem Jahr (25. Juli 1989 bis 13. August 1990) zwischen Gründung und Eintragung in das Handelsregister für ausreichend zur Entstehung eines originären Geschäftswertes befunden, vgl. BGHZ 140, 35 (Leitsatz. Punkt 1).

[562] BFH, BStBl. II 1977, 595, 596; BFH, BStBl. II 1994, 224, 225; *Schoor*, DStZ 2000, 667, 669. Damit reicht der bloße Erwerb einzelner Wirtschaftgüter nicht aus, hierzu *Ortmann-Babel* in Lademann, § 6 EStG, Rn. 477. Nach st. Rspr. kommt die Übertragung mit einem

Zwecke der (unveränderten oder umstrukturierten) Fortführung erworben werden, da bei einer Stillegungs- oder Zerschlagungsabsicht gerade kein, über mehrere Berichtsperioden nutzbares Wirtschaftsgut angeschafft werden soll. Hier liegen sofort abzugsfähige Betriebsausgaben vor, die gegebenenfalls zur Verbesserung des eigenen –originären – Geschäftswertes aufgebracht wurden.[563]
§ 255 Abs. 4 S. 1 HGB und auch das Steuerrecht gehen dabei von der grundsätzlichen Situation des *asset deals* aus[564]; insbesondere der share deal stellt keine „Übernahme eines Betriebes“ dar.[565] Aus steuerrechtlicher Sicht allerdings kann ein Geschäftswert bspw. auch bei einer Betriebsaufspaltung und vor allem durch die Übertragung eines Mitunternehmeranteils nach § 16 Abs. 1 Nr. 2 EStG erworben werden.

Hier stellt der Erwerb einer Beteiligung an der Personengesellschaft keinen share deal, sondern einen asset deal dar. Denn im Gegensatz zu Kapitalgesellschaften hier liegt eine Gesamthandsgemeinschaft vor, so dass die Beteiligung des Mitunternehmers seinen quotenmäßige Anteil am Betriebsvermögen und damit an den einzelnen Wirtschaftsgütern ausdrückt.[566]

Da die diversen Konstellationen einer Betriebsübernahme allerdings spezifischen und an dieser Stelle zu weitführenden Besonderheiten aufweisen sowie zum Teil im UmwG bzw. UmwStG spezielgesetzlich geregelt sind, sollen sich die folgenden Ausführungen auf den *asset deal* beschränken.
Hier ist ein entgeltlicher Erwerb des Geschäftswertes dann anzunehmen, wenn im Rahmen der Betriebsübernahme ein einheitlicher Kaufpreis für das Unternehmen entrichtet wird und die Summe der Teilwerte (für die Handelsbilanz: Zeitwerte[567]) der einzelnen Wirtschaftgüter unter dem gezahlten Kaufpreis liegt.

Teilbetrieb nur dann in Betracht, sofern dieser eine „organisch geschlossene und mit gewisser Selbständigkeit ausgestattete Betriebseinheit ist, die auch als selbständiges Unternehmen bestehen könnte“, vgl. BStBl. II 1977, 595.

[563] BFH/NV 1990, 442, 443 f.; *Hoffmann* in Littmann/Bitz/Pust, §§ 4, 5 Rn. 726.

[564] *Adler/Düring/Schmalz*, § 255 HGB, Rn. 260; *Ballwieser* in MüKo, § 255 HGB, Rn. 101; *Ludz*, S. 297; *Schmidt*, Goodwill, S. 40. Nach einem Teil der Literatur soll § 255 Abs. 4 S. 1 HGB seit dem 1.1.1995 u. U. auch Verschmelzungen bzw. Umwandlungen nach dem UmwG erfassen, hierzu sowie zu den Unterschieden zwischen „Verschmelzungs-" und „Geschäftswert“ vgl. *Knop/Küting* in HdR, § 255 HGB, Rn. 451, Rn. 493 ff.

[565] Da das Unternehmen hier nicht wie beim asset deal durch den Erwerb der einzelnen Wirtschaftsgüter/Vermögensgegenstände erworben wird, kann auch kein „separater“ Erwerb des Geschäftswertes stattfinden. Dieser ist vielmehr in den Anschaffungskosten für die Beteiligungen enthalten, vgl. statt vieler *Adler/Düring/Schmalz*, § 255 HGB Rn. 261.

[566] Hierzu bspw. *Mayer-Wegelin* in Brandt/Bordewin, § 6 EStG Rn. 243 f; *Schreiber*, in: *Blümich*, § 5 EStG Rn. 740. Zum Erwerb eines Geschäftswertes im Falle der Betriebsaufspaltung vgl. BFH, BStBl. II 2001, 771 ff. Ein Überblick über die hier im einzeln möglichen Vorgänge findet sich bspw. bei *Ortmann-Babel* in Lademann, § 6 EStG, Rn. 477.

[567] Der Zeitwert stellt den „niedrigeren beizulegenden Wert“ i.S.d. § 253 Abs. 2 HGB dar. Er kann, muss aber nicht deckungsgleich mit dem steuerrechtlichen Teilwert sein, vgl. *Baet-*

bb) Vorliegen eines Geschäftswertes

Im Hinblick auf den entgeltlichen Erwerb eines Geschäftswertes stellt sich jedoch folgende Problematik: Das Vorliegen eines im Rahmen des Kaufpreises entrichteten Mehrwertes über den Substanzwert belegt nicht nur den „entgeltlichen Erwerb" und die konkrete Aktivierungsfähigkeit des Geschäftswertes, sondern vorrangig vor allem, dass ein solcher *existiert*. Denn die entgeltliche Übernahme eines Betriebs kann den entgeltlichen Erwerb eines Geschäftswertes naturgegebenermaßen nur dann indizieren, wenn ein solcher vorhanden ist. Beim Geschäftswert sind die Aspekte „Existenz" und (konkrete) Aktivierungsfähigkeit also eng miteinander verknüpft. Daher ist zunächst der Frage nachzugehen, unter welchen Voraussetzungen überhaupt von dem Vorliegen eines Geschäftswertes ausgegangen werden kann.

(1) Schwierigkeiten der Ermittlung

Die diesbezüglichen Schwierigkeiten werden schnell deutlich: Eine direkte Ermittlung seiner Existenz (und auch Höhe) scheidet regelmäßig aus, da eine Addition der im einzelnen nicht greif- und meßbaren, geschäftswertbildenden Wertfaktoren angesichts des Fehlens ausreichender Schätzgrundlagen oftmals nicht möglich ist.[568] Vielmehr lässt sich der derivative Geschäftswert sowohl dem Grunde als auch der Höhe nach grundsätzlich nur indirekt ableiten. Rein rechnerisch stellt er den Restbetrag dar, der dem Substanzwert des Unternehmens im Rahmen des Kaufpreises nicht zugeordnet werden kann.[569] Die Ermittlung dieses Restbetrages wiederum setzt die vorhergehende Feststellung voraus, welche Wirtschaftsgüter, stille Reserven und Schulden im Unternehmen vorhanden und wie sie zu bewerten sind. Dementsprechend kann das Vorliegens eines derivativen Geschäftswertes erst nach einer Bewertung der übrigen Werte des Unternehmens bejaht werden und fällt im Grunde genommen mit der Ermittlung seiner konkreten Anschaffungskosten und damit mit der *Bewertung* zusammen. Dennoch seien schon an dieser Stelle einige grundlegende Überlegungen angeführt, die bei der Ermittlung der Existenz eines Geschäftswertes zu berücksichtigen sind:

---

ge/Kirsch/Thiele, Bilanzen, S. 230; *Groh*, StuW 1976, 32, 35; *Hennrichs*, Wahlrechte, S. 202 f.

[568] *Plewka/Schmidt* in Lademann, § 5 EStG, Rn. 719.

[569] *Mayer-Wegelin* in Brandt/Bordewin, § 6 EStG Rn. 240; zu den Ausnahmen siehe gleich.

(2) Grundsätzliche Überlegungen

(a) Unterschied zwischen dem handels- und steuerrechtlichen Geschäftswert

Für die Annahme eines Geschäftswertes ist es grundsätzlich unerheblich, ob die Vertragspartner ausdrücklich den Erwerb eines solchen vereinbart haben.[570] Vielmehr bestimmen sich seine Existenz und der Erwerb danach, ob die Gegenleistung den Wert der einzelnen Vermögensgegenstände abzüglich der Schulden *tatsächlich* übersteigt. Wurde das Vorliegen eines Rest- bzw. Unterschiedsbetrages ermittelt, so soll dieser nach der überwiegenden Ansicht in der handelsrechtlichen Literatur[571] gem. § 255 Abs. 4 S. 1 HGB „pauschal", d. h. genau in dieser Höhe, als Geschäftswert in der Handelsbilanz aktiviert werden können. Diesbezüglich zeigt sich nun ein grundlegender Unterschied zum Steuerrecht: Hier kann, muss ein derivativer Geschäftswert nämlich nicht notwendigerweise genau in Höhe diese Mehrwertes existieren. Dies gilt vor allem dann, wenn der Kaufpreis noch durch weitere, nicht dem Unternehmen selbst innewohnende Faktoren - z. B. Abfindungen für einen „lästigen" Gesellschafter oder Stillegungsabsichten des Erwerbers - beeinflusst wurde.[572] Ist der Einfluss dieser Faktoren so hoch, dass ausschließlich diese und nicht die geschäftswertbildenden Faktoren zu einem entsprechenden Mehrwert führen, so ist das Vorliegen eines Geschäftswert sogar insgesamt ausgeschlossen.[573] Die entsprechend getätigten Aufwendungen stellen daher (anteilig oder vollständig) sofort abzugsfähige Betriebsausgaben dar.[574]
Aus steuerrechtlicher Sicht ist ein derivativer Geschäftswertes durch den Mehrbetrag also lediglich indiziert; sein tatsächliches Vorliegen kann dagegen erst nach dem Ausschluß anderweitiger Faktoren bejaht werden.[575] Wenn aber - zumindest de lege lata – mit der herrschenden Meinung in der handelsrechtlichen Literatur

---

[570] *Schoor*, DStZ 2000, 667, 668.

[571] So z. B. *Arbeitskreis „Immaterielle Werte im Rechnungswesen" der Schmalenbach-Gesellschaft*, DB 2001, 989, 991, nach dem bspw. auch der Mehrpreis aufgrund des Verhandlungsgeschicks des Verkäufers Teil des derivativen Geschäftswert es ist; ferner *Arnold*, S. 100; *Knop/Küting* in HdR, § 255 HGB, Rn. 464; *Mujkanovic*, BB 1994, 894, 896. Siehe hierzu aber auch die Differenzierung bei *Hennrichs*, Wahlrechte, S. 167 ff. Nach *Schmidt*, Goodwill, S. 147 sollte de lege ferenda jedoch eine derartige Unterscheidung angestrebt werden.

[572] Vgl. BFH, BStBl. II 1975, 807; BFH, BStBl. II 1984, 584, 585; BFH, BStBl. II 1994, 224, 226, insbesondere zur Abfindung für lästige Gesellschafter; zur Stillegungsabsicht siehe z. B. BFH, BStBl. II 1979, 369 .

[573] BFH, BStBl. II 1979, 369; BFH, BStBl. II 1984, 584, 585; BFH, BStBl. II 1995, 246, 248; *Hennrichs*, Wahlrechte, S. 167; *Stobbe* in Hermann/Heuer/Raupach, § 6 EStG Rn. 725; *Wolffgang* in Kirchhof/Söhn/Mellinghoff, § 5 EStG C 158.

[574] BFH, BStBl. II 1984, 584, 585; BFH, BStBl. II 1995, 246, 248.

[575] BFH, BStBl. II 1977, 409, 411.

eine derartige Differenzierung für die Handelsbilanz nicht vorzunehmen ist, können, müssen der handelsrechtliche und der steuerrechtliche Geschäftswert aber nicht übereinstimmen. Geht man zusätzlich – wie oben angedeutet – wieder mit einem Teil der handelsrechtlichen Literatur davon aus, dass § 255 Abs. 4 S. 1 HGB ein Aktivierungs- und nicht lediglich eine Bewertungswahlrecht darstellt, so besteht auch hier die Notwendigkeit einer teleologischen Reduktion des § 5 Abs. 1 S. 1 EStG. [576]

(b) Konkretisierung des Geschäftswertes aus steuerrechtlicher Sicht

Um also dem steuerrechtlichen Verständnis nach von dem Vorliegen eines Geschäftswertes ausgehen zu können, sind die sonstigen, außerhalb des Unternehmes stehenden und zu einem Mehrwert führenden Faktoren von dem ermittelten Differenzbetrag auszugrenzen bzw. abzuzuziehen. Allerdings stellt sich hier im ersten Schritt die Frage, anhand welcher Kriterien eine derartige Abgrenzung dem Grunde nach vorzunehmen ist, sowie anschließend, mit welchem Wert die jeweiligen Faktoren anzusetzen sind, um sie bei der Bilanzierung der Höhe nach in Abzug bringen zu können.

In diesem Zusammenhang könnte jedoch folgende Überlegung hilfreich sein: Da dem asset deal ein Kaufvertrag zugrunde liegt und er somit eine Grundlage für die intersubjektive Nachprüfbarkeit der einzelnen, hiermit zusammenhängenden Vorgänge aufweist, bietet sich zunächst eine Auslegung i. S. d. §§ 133, 157 BGB an. Unter Berücksichtigung aller objektiv nachprüfbaren Umstände sind hierdurch möglicherweise bestimmte Anhaltspunkte und Kriterien ermittelbar, anhand derer eine entsprechende Abgrenzung sowohl dem Grunde als auch der Höhe nach ermöglicht wird.[577] Oftmals wird es jedoch auch beim asset deal vorkommen, dass entweder die Vertragsparteien kein Interesse an der Offenlegung der Verhältnisse haben oder aber sich diese Faktoren aus sonstigen Gründen nicht konkret ermitteln und abgrenzen lassen. In diesem Fall ist auf die vom BFH entwickelten Beweislastregeln zurückzugreifen: Hiernach ist grundsätzlich davon auszugehen, dass ein Kaufmann Aufwendungen nur macht, wenn er eine entsprechende Gegenleistung dafür erhält.[578] Aufgrund der Aktivierungspflicht eines Geschäftswert besteht nun eine tatsächliche Vermutung dahingehend, dass der Mehrbetrag auch als Gegenleistung für den Erwerb eines Geschäftswertes geleistet wurde und da-

---

[576] *Arnold*, S. 100, 179 ff.; *Ludz*, S. 324; *Schulze-Osterloh*, StuW 1991, 284, 290; *Schmidt*, Goodwill, S. 48 f.; *Schütz*, S. 103.

[577] Nach BFH/NV 1990, 442, 443 ist „die Auslegung von Willenserklärungen und Verträgen (...) grundsätzlich Gegenstand der tatsächlichen Feststellungen, die das Finanzgericht vorzunehmen hat. Das Finanzgericht hat zu ermitteln, was die Vertragsparteien geäußert und subjektiv gewollt haben. Diese ermittelten Tatsachen hat das Finanzgericht zu würdigen und unter die steuerlich anwendbaren Normen und Rechtsgrundsätze zu subsumieren".

[578] BFH, BStBl. II 1982, 620, 621; BFH/NV 1990, 496, 497; *Hennrichs*, Wahlrechte, S. 167.

her zu aktivieren ist.[579] Unter Rückgriff auf die Rechtsprechung zum sog. „Lästigenausgleich" obliegt es nun dem Steuerpflichtigen, diese Vermutung zu entkräftigen und das Vorliegen sofort abzugsfähiger Betriebsausgaben nachzuweisen.[580] Im Ergebnis führt diese Beweislastregel also faktisch dazu, dass der materielle Geschäftswert aus Sicht des Steuerrechts regelmäßig dem pauschalen Unterschiedsbetrag des § 255 Abs. 4 S. 1 HGB und damit dem handelsrechtlichen Geschäftswert entspricht.

d) Sonderprobleme des negativen Geschäftswertes

(Noch) Problematischer ist die Konstealltion eines sog. negativen Geschäftswertes. Dieser ergibt sich, wenn im Fortführungsfall der Kaufpreis des Unternehmens den Substanzwert der bilanzierten Einzelwirtschaftsgüter unterschreitet.[581] Im Zusammenhang mit seines bilanziellen Behandlung bestehen zahlreiche Probleme, auf die im Rahmen dieser Untersuchung nicht näher eingegangen werden kann.[582] Allerdings sei Folgendes erwähnt: Nach überwiegender Auffassung stellt er kein ansatzfähiges Wirtschaftsgut dar.[583] Ein Ausweis auf der *Aktivaseite* - bspw. als Ausdruck eines sog. „lucky buy", bei dem der Kaufpreis (anteilig) „zu günstig" berechnet wurde - scheitert zunächst daran, dass sich aus den gesetzlichen Vorschriften (§§ 255 Abs. 4, 266 Abs. 2 A. I. 2. HGB, § 7 Abs. 1 S. 3 EStG) lediglich eine Aktivierungsfähigkeit des positiven Geschäftswertes ableiten läßt.[584] Im Übrigen wird im Rahmen des Unternehmenserwerbes keine Gegenleistung für den negativen Geschäftswert erbracht, so dass ein entsprechender Ausweis ebenso an § 5 Abs. 2 EStG scheitert.[585] Über die sonstigen Möglichkeiten einer bilanziellen Erfassung des derivativ erworbenen, negativen Geschäftswerts besteht Uneinigkeit. In Betracht kommt jedoch bspw. eine Abstockung der Buchwerte der aktiven Wirtschaftsgüter sowie eine Aufstockung der

---

579 BFH, BStBl. II 1975, 807, 808 f.; BFH, BStBl. II 1994, 224, 225; BFH, BStBl. II 1995, 246, 247; zustimmend bspw. *Ortmann-Babel* in Lademann, § 6 EStG, Rn. 487.

580 BFH, BStBl. III 1960, 509, 510; BFH, BStBl. II 1975, 807, 808; *Arnold*, S. 62; *Hennrichs*, Wahlrechte, S. 167.

581 *Plewka/Schmidt* in Lademann, § 5 EStG, Rn. 718; *Schreiber* in Blümich, § 5 EStG Rn. 625.

582 Einzelheiten hierzu finden sich bspw. bei *Bachem*, BB 1995, 350, 350 ff.

583 BFH, BStBl. 194, 344, 347; BFH, BStBl. II 1994, 745, 747; *Schreiber* in Blümich, § 5 EStG Rn. 625; *Weber-Grellet*, Steuerbilanzrecht, § 8 Rn 27; *Werndl* in Kirchhof/Söhn/Mellinghoff, § 6 EStG B 476 mwN; differenzierend *Zeitler*, DStR 1988, 303, 308. Ablehnend demgegenüber bspw. *Bachem*, BB 1995, 350, 350 ff. mwN als Vertreter des sog. Passivierungsmodells.

584 *Meincke* in Littmann/Bitz/Pust, § 6 EStG, Rn. 402; *Ortmann-Babel* in Lademann, § 6 EStG, Rn. 473; *Schreiber* in Blümich, § 5 EStG Rn. 625 mwN.

585 *Werndl* in Kirchhof/Söhn/Mellinghoff, § 6 EStG B 476.

passivierten Schuldposten.[586] Verbleibt danach immer noch ein Minderbetrag, so soll nach dem IV. Senat des BFH ein ausgleichender Sonderposten auf der Passivseite gebildet werden, der gegen zukünftige Verluste gewinnerhöhend aufzulösen ist.[587]

3. Zwischenergebnis

Anhand dieser Ausführungen lässt sich ersehen, dass eine teleologische Reduktion des § 5 Abs. 1 S. 1 EStG auch im Zusammenhang mit der Aktivierung von (immateriellen) Wirtschaftsgütern erforderlich sein kann. In welchem Umfang sowie an welcher Stelle dies jedoch der Fall ist, hängt nun in erheblichem Maße davon ab, welcher handelsrechtlichen Definition von einem Vermögensgegenstand man folgt. Zwar wird für die Aktivierungsfähigkeit eine vergleichbare Gewinnwirksamkeit und damit Werthaltigkeit vorausgesetzt. Bejahte man aber das Erfordernis einer selbständigen Verkehrsfähigkeit, so müsste sich die Definition des Wirtschaftsgutes notwendigerweise von der des Vermögensgegenstandes lösen und ausschließlich anhand einer steuerrechtlichen Betrachtungsweise bestimmen. Infolge dessen stellte der Geschäftswert dann tatsächlich ein „Musterbeispiel für die Durchbrechung des Maßgeblichkeitsgrundsatzes“[588] dar. Dessen Rechtsnatur als Wirtschaftsgut lässt sich nicht nur einfachgesetzlich aus § 7 Abs. 1 S. 3 EStG, sondern auch aus verfassungsrechtlichen Gründen herleiten. Übereinstimmungen bestehen demgegenüber bei der bilanziellen Behandlung von Forschungs- und Entwicklungskosten bzw. unentgeltlich erworbenen und selbsterstellten immateriellen Anlagewerten; § 248 Abs. 2 HGB und § 5 Abs. 2 EStG sind inhaltsgleich.

IV. Bewertung von Wirtschaftsgütern am Beispiel des Geschäftswertes

1. Grundzüge der Bewertung

Das Ziel der Bewertung besteht darin, die Werthaltigkeit von Wirtschaftsgütern des jeweiligen Bilanzierenden durch die Zuordnung von Geldeinheiten untereinander, in zeitlicher Hinsicht (von Bilanzstichtag zu Bilanzstichtag) sowie gegen-

---

[586] BFH, BStBl. II 1994, 745, 747; *Plewka/Schmidt* in Lademann, § 5 EStG, Rn. 718; *Weber-Grellet,* Steuerbilanzrecht, § 8 Rn 27. Die Differenz zwischen dem Substanzwert und dem niedrigeren Kaufpreis kann nicht unmittelbar als Ertrag im Wirtschaftsjahres des Zugangs erfasst werden, siehe BFH, BStBl. II 1994, 745.

[587] BFH, BStBl. II 1994, 745; zustimmend *Plewka/Schmidt* in Lademann, § 5 EStG, Rn. 718; *Schreiber* in Blümich, § 5 EStG Rn. 625; *Weber-Grellet,* Steuerbilanzrecht, § 8 Rn 27; kritisch hingegen *Bachem*, BB 1995, 350, 352 f.

[588] *Knop/Küting* in HdR, § 255 HGB, Rn. 466 mwN.

über den Wirtschaftsgütern anderer Steuerpflichtigen, insbesondere Bilanzierenden, vergleichbar zu machen. Zur Gewährleistung dieses Zweckes muss auch der Bewertungsvorgang verobjektiviert und intersubjektiv nachprüfbar sein. Insbesondere § 6 Abs. 1 Nr. 1 bis 3 a EStG dient dabei der Gleichmäßigkeit der Besteuerung: Indem die Bewertungsmaßstäbe dieser Vorschrift Mindestwerte vorsehen, soll eine Unterbewertung sowie eine hierdurch bedingte, willkürliche Bildung stiller Reserven verhindert werden.[589] Die Art der Bewertungsmethode und ihre konkrete Durchführung hängt wesentlich davon ab, ob das betreffende Wirtschaftsgut dem Anlage- oder Umlaufvermögen zuzuordnen ist und der Abnutzung unterliegt.[590]

Aufgrund des § 5 Abs. 6 EStG richtet sich dies vornehmlich nach den steuerrechtlichen Bewertungsvorschriften (vor allem §§ 6, 7 ff EStG). Allerdings wird auch hier auf das Handelsrecht zurückgegriffen: Anwendung finden nicht nur die handelsrechtlichen Definitionen der Anschaffungs- und Herstellungskosten, sondern auch handelsrechtliche GoB wie bspw. das Stichtagsprinzip, der Einzelbewertungsgrundsatz, das going-concern-Prinzip und das Anschaffungs- bzw. Herstellungskostenprinzip[591]; teilweise allerdings sind diese (zusätzlich) auch eigenständige im EStG normiert.[592]

2. Vorab: Besonderheiten bei der Bewertung des Geschäftswertes

Gem. § 7 Abs. 1 S. 3 EStG stellt der Geschäftswert ein abnutzbares Anlagegut dar, welches grundsätzlich planmäßig abzuschreiben ist, gegebenfalls aber auch auch außerplanmäßig mit dem niedrigeren Teilwert i. S. d. § 6 Abs. 1 Nr. 1 S. 3 EStG angesetzt werden kann. Allerdings weist seine Bewertung zahlreiche Besonderheiten und Probleme auf, was zum einen auf seine Natur als Konglomerat nicht greifbarer Einzelwerte und verfahrensbedingter Differenzbetrag und hieraus resultierend zum anderen auf die Unsicherheiten bei der Ermittlung der Ausgangsgrößen „Substanz"-, „Ertrags-" und „Gesamtwert" des Unternehmens zurückzuführen ist. Schwierig ist dabei vor allem eine Konkretisierung des Ertragswertes: Dieser bestimmt sich anhand der künftig erwirtschaftbaren Unternehmenserträge sowie eines - zur Kapitalisierung dieser

---

589 Statt vieler *Ehmcke* in Blümich, § 6 EStG Rn. 5.

590 Ausführlich hierzu bspw. *Crezelius,* Steuerrecht II, § 8 Rn.62 ff.

591 *Crezelius,* Steuerrecht II, § 8 Rn. 61; *Ehmcke* in Blümich, § 6 EStG Rn. 5; *Stobbe* in Herrmann/Heuer/Raupach, § 6 EStG, Rn. 269 und 281; *Weber - Grellet,* in: Schmidt, § 5 EStG, Rn. 35. Zu dem vor Erlaß des Wohnungsbauförderungsgesetzes vom 22. 12. 1989 (BGBl. I, S. 2408) und der hierdurch erfolgten Normierung des § 5 Abs. 1 S. 2 EStG bestehenden Meinungsstreites, ob und inwieweit die handelsrechtlichen *Bewertungs*vorschriften von der Maßgeblichkeit erfasst sind, siehe ausführlicher *Schütz,* S. 53 f.

592 Verwiesen sei hier nur auf das in § 6 Abs. 1Nr. 1 S. 1 EStG normierte Anschaffungs- und. Herstellungskostenprinzip sowie die Teilwertdefinition in § 6 Abs. 1 Nr. 1S. 3 EStG, welche das going – concern – Prinzip enthält.

Erträge angewandten - (individuell bestimmbaren) Kapitalisierungsfaktors.[593] Da künftige Erträge aber von so unkalkulierbaren Faktoren wie den jeweiligen Marktbedingungen oder der Marktpositionierung des Unternehmens abhängen, kann die Ermittlung des „Ertrags"- und damit auch die des „Gesamtwertes" in nicht unerheblichen Maße auf subjektiven Einschätzungen und Hoffnungen des Unternehmers beruhen.[594]

Angesichts dessen kommt dem Kriterium des „entgeltlichen Erwerbs" i. S. d. § 248 Abs. 2, § 5 Abs. 2 EStG (zumindest mittelbar) auch hier grosse Bedeutung zu: Zunächst verhindert es eine Aktivierung des - ausschließlich aus dem Ertragswert ableitbaren - originären Geschäftswert, dessen Bilanzierung ansonsten „unüberwindbare Objektivierungsprobleme" aufwerfen würde.[595] Gleichzeitig bewirkt es eine gewisse Erleichterung bei der Bewertung des derivativen Geschäftswertes, da sich der Bilanzierende so an den intersubjektiv nachprüfbaren Anschaffungskosten orientieren kann. Folgende Einschränkung sei jedoch schon an dieser Stelle gemacht: Die durch den Kaufvertrag bestätigten Anschaffungskosten können zwar bestimmte Unsicherheiten im Zeitpunkt der Erstbewertung mindern. Die Werthaltigkeit eines Wirtschaftsgutes muss jedoch auch in den Folgejahren der betrieblichen Nutzung nachprüfbar sein. Vorliegend besteht jedoch das Problem, dass sich die einzelnen Faktoren des derivativen Geschäftswertes genau genommen schon ab Beginn der Aktivierung „verflüchtigen" können und gegebenenfalls durch - weder dem Grunde noch der Höhe nach bestätigte - originäre Faktoren ergänzt oder abgelöst werden. Bedingt hierdurch gestaltet sich die Folgebewertung des Geschäftswertes als grundsätzlich schwierig und kann nicht zuletzt Konflikten mit dem Objektivierungserfordernis zur Folge haben. Abgemildert wird dies zwar noch im Rahmen der planmäßigen Abschreibung, da diese auch in der Folgezeit die ursprünglich bestätigten Anschaffungskosten zugrundelegt. Bei der sog. Teilwertabschreibung[596] allerdings können diese Unsicherheiten dafür um so offener zu Tage treten. Von der Rechtsprechung und Praxis wurden daher im Laufe der Zeit unterschiedliche Methoden entwickelt, mittels derer die spezifischen Erst - und Folgebewertungsprobleme des Geschäftswertes zu handhaben versucht werden.

---

[593] *Plewka/Schmidt* in Lademann, § 5 EStG, Rn. 722.

[594] *Korn/Stahl* in Korn, § 6 EStG, Rn. 269; *Plewka/Schmidt* in Lademann, § 5 EStG, Rn. 722.

[595] *Ballwieser* in Beck HdR, B 134, Rn. 3.

[596] Der Vollständigkeit halber sei erwähnt, dass die Abschreibung selbst keinen Bewertungsprozess, sondern vielmehr die Verteilung des Abschreibungsvolumens in Form der originären Anschaffungs- oder Herstellungskosten auf die (geschätzte) Nutzungsdauer darstellt.

3. Erstbewertung des Geschäftswertes

a) Überblick

Zum Zeitpunkt des erstmaligen Bilanzausweises ist ein erworbenes Wirtschaftsgut – und damit auch der derivative Geschäftswert[597] - (grundsätzlich) in Höhe seiner Anschaffungskosten zu aktivieren. Im Rückgriff auf § 255 Abs. 1 HGB sind hierunter auch steuerrechtlich solche Aufwendungen zu verstehen, die geleistet werden, um den Vermögensgegenstand bzw. das Wirtschaftsgut zu erwerben und in einen betriebsbereiten Zustand zu versetzen.[598] Anschaffungskosten des derivativen Geschäftswertes stellen somit den Betrag dar, der nicht als Anschaffungskosten für die einzelnen Wirtschaftsgüter des Unternehmens zu qualifizieren ist, sondern den Mehrwert darstellt, der im Rahmen des Gesamtkaufpreises über den Substanzwert hinaus zum Erwerb des Geschäftswertes geleistet wird.[599]

b) Individuelle Ermittlung der Anschaffungskosten

Wie bei jedem anderen Wirtschaftsgut sind auch die Anschaffungskosten des Geschäftswertes grundsätzlich individuell zu ermitteln. Dies geschieht im Wege der sog. Restwertmethode, bei der der Gesamtkaufpreis auf die Teilwerte der jeweiligen Wirtschaftsgüter einschließlich ihrer stillen Reserven (vgl. § 6 Abs. 1 Nr. 7 EStG) aufgeteilt wird.[600] Dabei ist zunächst zu klären, welche Wirtschaftsgüter im Einzelnen vom Käufer erworben wurden. Einen ersten Anhaltspunkt bietet hier das vom Veräußerer bilanziell ausgewiesene Betriebsvermögen. Im „Normalfall“ einer Betriebsübernahme hat der Erwerber die einzelnen bilanzierten Wirtschaftsgüter nun nicht mit den Buchwerten des Veräußerers, sondern gem. § 6 Abs. 1 Nr. 7 EStG mit ihrem Teilwert anzusetzen, sofern ihnen nicht niedrigere (Herstellungs- oder) Anschaffungskosten zukommen.[601] Aber auch Wirtschaftsgüter, die der Veräußerer bspw. aufgrund des § 5 Abs. 2 EStG nicht ausweisen durfte, können vom Käufer (entgeltlich) erworben und damit zu berücksichtigen sein.[602] Sofern daher festgestellt wurde,

---

[597] Ganz überwiegende Ansicht, vgl. nur *Ehmcke* in Blümich, § 6 EStG Rn. 758. Nach *Meincke* in Littmann/Bitz/Pust, § 6 EStG, Rn. 409, 415 hingegen soll der Geschäftswert schon bei dem erstmaligen Bilanzausweis mit seinem Teilwert angesetzt werden.

[598] BFH, BStBl. II 1982, 584, 586; BFH, BStBl. II 1994, 224, 226 mwN; H 32 a EStR.

[599] BFH, BStBl. II 1982, 189, 190; BFH, BStBl. II 1986, 176; *Ehmcke* in Blümich, § 6 EStG Rn. 758; *Korn/Stahl* in Korn, § 6 EStG, Rn. 268; *Ortmann-Babel* in Lademann, § 6 EStG, Rn. 483; *Schoor*, DStZ 2000, 667, 668.

[600] Vgl. hierzu bspw. die Darstellung bei *Ortmann-Babel* in Lademann, § 6 EStG, Rn. 484.

[601] BFH, BStBl. II 1970, 804, 805; BFH, BStBl. II 1982, 189, 190; *Schreiber* in Blümich, § 5 EStG Rn. 613.

[602] BFH, BStBl. II 1994, 224, 225; *Schreiber* in Blümich, § 5 EStG Rn. 613; *Stobbe* in Herrmann/Heuer/Raupach, § 6 EStG, Rn. 725.

dass der Kaufpreis die Summe der Teilwerte der aktivierten Wirtschaftsgüter übersteigt, ist daher zu ermitteln, ob und inwieweit der überschüssige Betrag zur Anschaffung weiterer und vormals nicht bilanzierter Einzelwirtschaftsgüter geleistet wurde.[603] Von großer Bedeutung ist hier insbesondere die bereits dargestellte Abgrenzung zwischen den firmenwertähnlichen Wirtschaftsgütern und dem Geschäftswert selbst: Denn führen die Vertragsparteien für bestimmte rechtliche und tatsächliche Vorteile eine erkennbar objektive und nachvollziehbare Einzelbewertung durch, so belegt dies zum einen deren selbständige Bewertbarkeit und damit ihre Eigenschaft als selbständige Wirtschaftsgüter sowie gleichzeitig einen entgeltlichen Erwerb i. S. d. § 5 Abs. 2 EStG.[604] Darüber hinaus aber trägt ein gesonderter Ausweis dieser Werte nicht unwesentlich zur Objektivierung der Bilanz des Erwerbers bei. Wie sich noch zeigen wird, kann dies insbesondere für die Teilwertbewertung des Geschäftswertes hilfreich sein. Als Teilwert der erworbenen firmenwertähnlichen Wirtschaftsgüter i. S. d. § 6 Abs. 1 Nr. 7 EStG sind die hierfür erbrachten Anschaffungskosten anzusetzen.[605]
Aus der Summe der Teilwerte aller erworbenen Wirtschaftsgüter abzüglich vorhandener Schulden leitet sich anschließend der Substanzwert des Unternehmens ab.[606] Entsprechen sich die Beträge des Gesamtkaufpreises und des Substanzwertes, so wurde selbst dann kein Geschäftswert erworben, wenn die Parteien seinen Erwerb vertraglich vereinbart haben.[607] Ergibt sich hingegen ein übersteigender Restbetrag, so stellt dieser grundsätzlich auch die Anschaffungskosten des derivativen Geschäftswertes dar und bestätigt gleichzeitig dessen Existenz. An dieser Stelle kommt also die o. g. Vermutungsregel zum Zuge, dass der Mehrbetrag auf den Geschäftswert und nicht auf andere, nicht dem Unternehmen selbst innewohnenden Faktoren zurückzuführen ist.
Auch die Aufteilung des Kaufpreises muss dem Objektivierungserfordernis entsprechen und anhand einer Würdigung der tatsächlichen Umstände des jeweiligen Einzelfall nachgeprüft werden können.[608] Die Nachweispflicht für eine ordnungsgemäße Aufteilung obliegt dabei grundsätzlich dem Steuerpflichtigen; dabei greifen auch hier bestimmte Vermutungsregeln für ihre Richtigkeit ein.[609]

---

[603] *Ehmcke* in Blümich, § 6 EStG Rn. 758.
[604] *Wolffgang* in Kirchhof/Söhn/Mellinghoff, § 5 EStG C 161.
[605] BFH, BStBl. II 1991, 595, 597.
[606] *Schreiber* in Blümich, § 5 EStG Rn. 613 mwN.
[607] BFH, BStBl. II 1972, 884, 885. *Ehmcke* in Blümich, § 6 EStG Rn. 759. Sofern der Substanzwert den Gesamtkaufpreis übersteigt, liegt ein negativen Geschäftswert vor.
[608] BFH, BStBl. III 1961, 95, 96; *Ortmann-Babel* in Lademann, § 6 EStG, Rn. 486.
[609] Eine solche Richtigkeitsvermutung besteht bspw. bei übereinstimmenden Vorstellungen der Vertragsparteien zum Bestand und Wert der einzelnen Wirtschaftsgüter. Zu den einzelnen Vermutungen ausführlich *Ortmann-Babel* in Lademann, § 6 EStG, Rn. 486 ff.

c) Pauschale Ermittlung im Schätzwege

aa) Beweggründe

Allerdings sind gewisse Ermittlungsunsicherheiten der Restwertmethode nicht von der Hand zu weisen: Da sich der Substanzwert hier insbesondere anhand der Summe der Teilwerte der erworbenen Wirtschaftsgüter bemisst und diese Teilwerte wiederum im Wege einer Schätzung zu ermitteln sind, kann seine Ermittlung zumindest problematisch sein. Und eine Ermittlung des Ertragswertes ist mit Hilfe dieser Methode sogar grundsätzlich nicht möglich. Aus der Tatsache, dass der Geschäftswert hier ein „Konklomerat geschätzter Werte" darstellt und sich die mit Schätzungen verbundenen Unsicherheiten hier kumulieren, leitete sich nun die Überlegung ab, ihn nicht indirekt durch eine „aufwendige und mühevolle Addition" vieler Einzelteilwerte, sondern der Einfachheit halber unmittelbar direkt zu schätzen.[610] Eine pauschale Ermittlung seiner Anschaffungskosten kann zwar zu Werten führen, die von dem abweichen, was möglicherweise als „betriebswirtschaftlich" richtig anzusehen wäre. Vor dem Hintergrund einer Vereinfachung der Gewinnermittlung können derartige Ergebnisse jedoch erlaubt sein, sofern dem Bilanzierenden keine gewinnsteuernden -bzw. mindernden Taktiken ermöglicht werden.[611] Damit kommt diese Verfahrensweise zumindest dann in Betracht, wenn sich eine individuelle Ermittlung der Anschaffungskosten als (zu) schwierig erweist.[612]

bb) Durch Kontrollrechnungen bestätigte Schätzung

Eine direkte Schätzung des Geschäftswertes kann nun im Wege unterschiedlicher Methode vorgenommen werden. Vorrangig zu beachten ist dabei, ob für die Branche, der das erworbene Unternehmen angehört, bereits eine „*anerkannte Verkehrsübung*" existiert.[613] Regelmäßig wird dies jedoch ausscheiden. Der Geschäftswert kann selten anhand einer „allgemeinen Faustformel" (z. B. bestimmter Prozentsatz des Jahresumsatz) ermittelt werden, da es zumeist an einer Relation zwischen Umsatz und Geschäftswert fehlt.[614] Vor diesem Hintergrund wurden die sog. *indirekte*, *direkte* und die *Mittelwertmethode* entwickelt, mit Hilfe derer

---

610 *Ortmann-Babel* in Lademann, § 6 EStG, Rn. 488. So schon *Meincke* in Littmann/Bitz/Pust, § 6 EStG, Rn. 409, 415, wonach nicht die Anschaffungskosten, sondern immer der Teilwert des Geschäftswertes i.S.d. § 6 Abs. 1 Nr. 7 EStG zu ermitteln und anzusetzen ist.

611 Siehe schon *Weber-Grellet*, DB 1994, 288, 289; *Löcke*, BB 1998, 415, 416.

612 *Ortmann-Babel* in Lademann, § 6 EStG, Rn. 488.

613 BFH, BStBl. III 1963, 565, 567; BFH, BStBl. III 1965, 248, 249; *Ortmann-Babel* in Lademann, § 6 EStG, Rn. 488.

614 BFH, BStBl. II 1968, 233; *Ortmann-Babel* in Lademann, § 6 EStG, Rn. 488 mwN; kritisch auch *Stengel*, S. 167.

das geschätze Ergebnis bestätigt werden soll.[615] Alle drei Methoden dienen dazu, die aktuelle Ertragskraft des Unternehmens sowie die Ausgangsgrößen Substanz- und Ertragswert zu ermitteln[616]:

Nach der *indirekten Methode*[617] ist zunächst der sog. modifizierte Ertragswert zu ermitteln. Dazu wird zunächst vom durchschnittlichen Erfolg einer möglichst großen Anzahl (vergangener) Wirtschaftsjahre ausgegangen, welcher auch für die Zukunft als gesichert gelten kann und anschließend zu kapitalisieren ist.[618] Von diesem kapitalisierten Ertragswert wird nun sowohl der Unternehmerlohn als auch der Substanzwert abgezogen.[619] Ein sich hieraus ergebende Differenzbetrag ist anschließend um einen Risikoabschlag zu mindern, was der Ausschaltung eventueller Unsicherheitsfaktoren dient.[620] Der schlussendlich ermittelte Restbetrag soll dann den Geschäftswert darstellen.

Nach der *direkten Methode*[621] ist ein Geschäftswert nur dann vorhanden, wenn über die normale Verzinsung des eingesetzen Kapitals und den kalkulatorischen Unternehmerlohnes hinaus die nachhaltige Erzielung eines „Übergewinnes" möglich ist.[622]

Daher wird hier zunächst ein nachhaltig erzielbarer Bruttogewinn ermitteln, von dem zum einen der Unternehmerlohn und zum anderen das normal verzinste Eigenkapital abzuziehen ist. Der sich hieraus ergebende Differenzbetrag wird üblicherweise mit einem Faktor von 10 kapitalisiert und stellt den Geschäftswert dar.[623] Dabei führen die direkte und indirekte Methode

---

[615] Auf eine nähere Darstellung der Berechnungsmethode des sog. *„Stuttgarter Verfahrens"* soll an dieser Stelle verzichtet werden, da sie zur Ermittlung des hier nicht relevanten „gemeinen Wertes" angewandt wird, vgl. hierzu z. B. BFH, BStBl. II 1991, 459, 460.

[616] Einzelheiten mit Beispielsrechnungen bspw. bei *Mayer-Wegelin* in Brandt/Bordewin, § 6 EStG Rn. 270 ff; *Ortmann-Babel* in Lademann, § 6 EStG, Rn. 489, 508 ff.

[617] BFH, BStBl. III 1960, 509.

[618] Bei der Bestimmung der Höhe des Zinssatzes besteht für den Steuerpflichtigen zwar grundsätzlich ein gewisser Ermessensspielraum, siehe hierzu noch BFH, BStBl. 1970, 690, 693. Von der späteren Rechtssprechung wurde jedoch regelmäßig vor allem ein Zinssatz i. H. v. 10% = Kapitalisierungsfaktor von 10 anerkannt. Daneben jedoch kann auch ein hiervon abweichender Zinssatz die Vermutung der sachlichen Begründetheit und Willkürfreiheit in sich tragen, wenn er von den Vertragsparteien einvernehmlich festgesetzt wurde, vgl. BFH, BStBl. II 1983, 667, 668.

[619] Einzelheiten zur Ermittlung des Unternehmerlohnes bei *Ortmann-Babel* in Lademann, § 6 EStG, Rn. 509. Der Ansatz des Substanzwertes ist im Laufe der Zeit durch die Rechtsprechung modifiziert worden und soll sich nunmehr aus der Summe der Teilwerte der einzelnen Wirtschaftsgüter und ohne den Geschäftswert zusammensetzen, vgl. BFH, BStBl. II 1977, 409.

[620] *Stobbe* in Herrmann/Heuer/Raupach, § 6 EStG, Rn. 726.

[621] Hierzu BFH, BStBl. II 1977, 73; BFH, BStBl. II 1980, 690.

[622] BFH, BStBl. II 1977, 73, 75.

[623] *Mayer-Wegelin* in Brandt/Bordewin, § 6 EStG Rn. 272; *Ortmann-Babel* in Lademann, § 6 EStG, Rn. 511.

insoweit zum gleichen Ergebnis, als dass der Substanzwert des Unternehmens den kapitalisierten Ertrag der einzelnen Wirtschaftsgüter widerspiegelt.[624]

Die sog. *Mittelwertmethode* wird vor allem in der Praxis angewandt und berechnet den Geschäftswert anhand der Formel:

[(Ertragswert + Substanzwert) : 2] – Substanzwert = Geschäftswert.[625]

Ebenso wie bei der indirekten Methode ist auch hier der Unternehmerlohn in Abzug zu bringen und der Substanzwert anhand der Teilwertes der einzelnen Wirtschaftsgüter zu bestimmen.[626] Allerdings bedarf es bei der Mittelwertmethode keines speziellen Risikoabschlages, da er dieser Methode durch die Halbierung der Summe aus Ertrags- und Substanzwert bereits innewohnt.

Aber auch der Abzug von Risikoabschlägen, die Anwendung von nicht gesetzlich klar bestimmten Kapitalisierungsfaktoren oder die bloße Halbierung einer Summe führen letztendlich zu pauschalisierten Werten. Allen drei Methoden ist somit gemein, dass sie nicht den gefestigten Nachweis für das Vorhandensein eines Geschäftswertes erbringen und eine rechnerische Genauigkeit für sich in Anspruch nehmen können[627]; insbesondere nach Ansicht des BFH sind sie daher allenfalls als ergänzende Kontrollrechnung heranzuziehen.[628]

d) Zwischenergebnis zur Erstbewertung

Anhand dieser Ausführungen wird deutlich, dass sowohl eine individuelle wie auch pauschale Ermittlung der Anschaffungskosten des Geschäftswertes immer mit einem gewissen Maß an Unsicherheit verbunden ist. Diese Unsicherheiten können auch mittels der einzelnen Kontrollrechnungen nicht gänzlich ausgeschlossen werden, da sie selber bestimmte Pauschalisierungen und damit Unsicherheitsfaktoren beeinhalten. Damit führen auch einschlägige Berechnungsmethoden nicht zu dem „einzig richtigen" Geschäftswert, sondern können lediglich die Wahrscheinlichkeit der „Richtigkeit" eines ermittelten Wertes erhöhen. Um jedoch den Ausweis des Geschäftswert in der Bilanz

[624] *Plewka/Schmidt* in Lademann, § 5 EStG, Rn. 724;

[625] Einzelheiten bei *Ortmann-Babel* in Lademann, § 6 EStG, Rn. 510.

[626] BFH, BStBl. II 1977, 409; weitere Einzelheiten bei *Mayer-Wegelin* in Brandt/Bordewin, § 6 EStG Rn. 273 ff; *Ortmann-Babel* in Lademann, § 6 EStG, Rn. 510.

[627] Siehe nur BFH, BStBl. II 1970, 690, 693; *Stobbe* in Herrmann/Heuer/Raupach, § 6 EStG, Rn. 726 (zur Problematik der Höhe des Risikoabschlages bei der indirekten Methode); ferner z. B. *Korn/Stahl* in Korn, § 6 EStG, Rn. 269 f zu typischen Streitpunkten zwischen der Finanzverwaltung und dem Steuerpflichtigen wie z.B. den der Berechnung des bei der indirekten Methode zugrunde gelegten Zinsfußes. Im Hinblick auf die Mittelwertmethode findet sich in der Literatur teilweise die Kritik, dass die hier vorzunehmende Halbierung zu „weitgehend beliebigen Ergebnissen" führt, so z. B. *Plewka/Schmidt* in Lademann, § 5 EStG, Rn. 724.

[628] Zur direkten und indirekten Methode bspw. BFH, BStBl. II 1970, 690, 693; BFH, BStBl. II 1977, 73, 75; BFH, BStBl. II 1980, 690, 692.

überhaupt möglich zu machen, wird dieser Wahrscheinlichkeitsgrad insbesondere vom BFH für ausreichend befunden und die bestehenden Restunsicherheiten in Kauf genommen.

An dieser Stelle wird die Relevanz des Anschaffungskostenprinzips bzw. des § 5 Abs. 2 EStG somit besonders deutlich. Zwar wird auch in diesem Zusammenhang kritisch von einer bloßen „Teilobjektivierung" gesprochen, da auch der sich im Verhandlungsergebnis des Kaufvertrages widerspiegelnde Ertragswert einen subjektiven Wertmaßstab darstelle und lediglich die subjektiven Wertvorstellungen der Vertragsparteien konkretisiere.[629] Zu beachten ist allerdings, dass diesen Wertvorstellungen und damit auch den Vertragsverhandlungen regelmäßig eine unterschiedliche, oft sogar konträre Interessenslage zugrunde liegt. Schließlich müssen die Parteien bei der Aushandlung des Gesamtkaufpreises von bestimmten Einzelwerten und Ausgangsgrößen ausgehen, so dass die Anschaffungskosten des Geschäftswertes auf zwei unterschiedliche Arten verobjektiviert sein können: Entweder werden detailierte Anschaffungskosten für die im einzelnen zu erwerbenden Wirtschaftsgüter vereinbart. Dann ist grundsätzlich von der Vermutung auszugehen, dass diese auch den Teilwerten i. S. d. § 6 Abs. 1 Nr. 7 EStG entsprechen und in ihrer Summe den vorhandenen Substanzwert widerspiegeln. Somit wäre in diesem Wege eine individuelle und durch den Kaufvertrag verobjektivierte Ermittlung der Anschaffungskosten möglich, deren Ergebnis nur durch einen konkreten und wiederum objektiv zu erbringenden Nachweis widerlegt werden müsste. Liegt kein so detaillierter Kaufvertrag vor, so muss auch dem pauschal geschätzen Geschäftwert kein „aus der Luft gegriffener" Wert zugrunde liegen. Vielmehr wird der Veräußerer ihn regelmäßig anhand (einer) der dargestellten Berechnungsmethoden ermittelt haben. Nimmt der Erwerber nun ein entsprechendes Angebot an, so fließt die angewandte Berechnungsmethode in den Kaufvertrag ein und wird dadurch trotz der mit ihr verbundenen Unsicherheiten verobjektiviert.[630] Ein durch die Vertragsparteien vereinbarter Gesamtkaufpreis hat damit eine Begrenzung des Höchstwertes des derivativen Geschäftswertes im Zeitpunkt des Erwerbes zur Folge. Solange kein Fall des § 42 AO vorliegt, gilt dieser Höchstwert unabhängig davon, ob er dem betriebswirtschaftlich „richtigen" Gesamtwert des Unternehmens entspricht oder gegebenenfalls hiervon abweicht.[631] Dies entspricht den bereits aufgezeigten Grundsätzen, dass in der Steuerbilanz objektiv feststellbare Positionen zum Ansatz kommen müssen und hierbei der Objektivierung sogar Vorrang vor der betriebswirtschaftlichen Richtigkeit zukommt. Indem somit der Gesetzgeber insbesondere den Bilanzausweis des Geschäftswertes an das Anschaffungskostenprinzip knüpft, führen die §§ 248 Abs. 2 HGB, 5 Abs. 2 EStG demzufolge (zumindest in der Praxis) zu einer Objektivierung und Erleichterung der Erstbewertung.

---

[629] Siehe nur *Plewka/Schmidt* in Lademann, § 5 EStG, Rn. 722.
[630] BFH, BStBl. II 1983, 667, 668 (zum Kapitalisierungszinssatz bei der direkten Methode).
[631] *Schreiber* in Blümich, § 5 EStG Rn. 613.

4. Folgebewertung des Geschäftswertes

a) Planmäßige Abschreibung

Bei dem Geschäftswert handelte es sich ehemals gem. § 6 Abs. 1 Nr. 2 EStG a.F. um ein nicht abnutzbares Wirtschaftsgut, welches mit Einführung des § 7 Abs. 1 S. 3 EStG durch das BiRiLiG in ein abnutzbares Wirtschaftsgut umqualifiziert wurde.[632] Nunmehr ist der Geschäftswert planmäßig über 15 Jahre abzuschreiben, wobei ist eine außerplanmäßige Bewertung mit dem niedrigeren Teilwert aber auch weiterhin möglich bleibt.[633] Für die planmäßige Abschreibung ist die typisierte 15-jährige Nutzungsdauer[634] zwingend und grundsätzlich selbst dann anzuwenden, wenn sich im Einzelfall aufgrund gesicherter Erkenntnisse eine kürzere Nutzungsdauer ergibt.[635] Nach Ansicht des BFH soll eine Verkürzung nur dann in Betracht kommen, wenn eine Abschreibung über 15 Jahre zu einer offensichtlich unzutreffenden Besteuerung führt.[636] Da der derivative Geschäftswert ein unbewegliches Wirtschaftsgut darstellt, ist seine Abschreibung nur in linearen Teilbeträgen möglich.[637]

---

[632] Die Änderung der §§ 6, 7 EStG sollte eine Angleichung des Steuerrechts an das Handelsrecht bezwecken, da hier eine „Verflüchtigung" der derivativen Faktoren schon vorher im Wege einer Abschreibung zu erfassen war, vgl. BT-Drucks. 10/4268, S. 147.

[633] Vgl. nur *Schoor*, DStZ 2000, 667, 669; *Ludz*, S. 325; *Wagner/Schomaker*, DB 1987, 1365, 1368. Nach Ansicht des BMF bleibt der Ansatz eines niedrigeren Teilwertes durch die Einführung des § 7 Abs. 1 S. 3 EStG zwar grundsätzlich unberührt, allerdings sei auch hier die betriebsgewöhnliche Nutzungsdauer von 15 Jahren zu berücksichtigen, siehe BMF, BStBl. I 1986, 532, 532.

[634] Die Länge der Nutzungsdauer scheint allerdings als eher willkürlich gewählt: So hat auch der Gesetzgeber angeführt, dass insbesondere die Befürchtung von Steuermindereinnahmen zu dieser Zeitspanne führten, vgl. BT-Drucks. 10/4268, S. 147.

[635] BMF, BStBl. I 1986, 532, 532; *Plewka/Schmidt* in Lademann, § 5 EStG, Rn. 717 mwN; *Ludz*, S. 324; *Stengel*, S. 139 ff.

[636] BFH, BStBl. II 1994, 449 (Leitsatz und S. 450, wo allerdings ausdrücklich offengelassen wird, wann dies der Fall sein soll); grds. zustimmend *Schoor*, DStZ 2000, 667, 669; kritisch hingegen *Plewka/Schmidt* in Lademann, § 5 EStG, Rn. 717.

[637] Zur anteiligen Abschreibung beim Erwerb im Laufe des Geschäftsjahres vgl. *Ortmann-Babel* in Lademann, § 6 EStG, Rn. 480.

b) Bewertung mit dem Teilwert

aa) Überblick

Ein Wirtschaftsgut kann bzw. muss[638] auch außerplanmäßig mit seinem Teilwert bewertet werden. Nach § 6 Abs. 1 S. 3 EStG handelt es sich hierbei um den Betrag, den ein Erwerber des ganzen Betriebs im Rahmen des Gesamtkaufpreises und im Fortführungsfall für das einzelne Wirtschaftsgut ansetzen würde. Der Teilwertermittlung liegt somit eine betriebsbezogene Sichtweise zugrunde und beruht auf mehreren Fiktionen: Der für das jeweilige Wirtschaftsgut anzusetzende Betrag bestimmt sich hier nach der Werthaltigkeit, die ihm aufgrund seiner Betriebszugehörigkeit sowie des Zusammenspiels mit anderen Wirtschaftsgütern zukommt.[639] Diesbezüglich ist ein fiktiver Gesamtwert des Unternehmens zu ermitteln, den ein ebenso fiktiver Erwerber bei unterstellter Fortführung des Betriebes leisten und anschließend auf die einzelnen Wirtschaftsgüter verteilen würde. Gem. § 6 Abs. 1 Nr. 1 S. 2 EStG der Ansatz eines abnutzbaren Wirtschaftsgutes mit seinen niedrigeren Teilwert dann möglich, wenn dessen Wert am Bilanzstichtag voraussichtlich dauerhaft[640] unter die fortgeführten Anschaffungs- oder Herstellungskosten gesunken ist.

Neben der Teilwertabschreibung kennt das EStG auch eine Teilwertzuschreibung. Während § 6 Abs. 1 Nr. 1 S. 4 EStG a. F. noch ein diesbezügliches Wahlrecht vorsah, gilt mit der Änderung des § 6 Abs. 1 Nr. 1 S. 4 EStG durch das *StEntlG* ein Wertaufholungsgebot.[641]

---

[638] Eine Pflicht zur Teilwertabschreibung ergibt sich aufgrund des eingeschränkten Niederstwertsprinzips des § 253 Abs. 2 S. 3 HGB i.V.m. § 5 Abs. 1 S. 1 EStG, vgl. BFH, BStBl. II 1991, 627; *Hennrichs*, Wahlrechte, S. 202.

[639] BFH, BStBl. II 1980, 327, 329; *Beiser*, DStR 2002, 1777, 1777; *Groh*, StuW 1976, 32, 35. Dabei soll hier dahingestellt bleiben, ob sich der Teilwert eines Wirtschaftsgutes nach dessen Substanz- (so bspw. *Glanegger* in Schmidt, § 6 EStG, Rn. 215) oder Ertragswert (vgl. bspw. *Wöhe*, § 23, S. 151 ff.) bestimmt. Vgl. hierzu *Beiser*, DStR 2002, 1777, 1777 ff. und *Ehmcke* in Blümich, § 6 EStG, Rn. 547: „Diese Entweder-oder-Frage ist im Ansatz unzutreffend". Vielmehr kommt es auf die Art des Wirtschaftsgutes an: Für die Teilwertermittlung des Geschäftswert spielen Ertragswertüberlegungen die größere Rolle.

[640] Eine dauerhafte Wertminderung liegt dann vor, „wenn der Wert des Wirtschaftsgutes während eines erheblichen Teils der Verweildauer im Unternehmen die Bewertungsobergrenze der (fortgeführten) Anschaffungs- oder Herstellungskosten und damit den Buchwert unterschreitet", siehe BT – Drucks. 14/443, S. 50; BMF, BStBl. I 2000, 372, 372. Zu diesem Erfordernis im Zusammenhang mit dem Umlaufvermögen vgl. *Mayer-Wegelin* in Brandt/Bordewin, § 6 EStG Rn. 144 d.

[641] Zur Begründung und weiteren Einzelheiten BMF, BStBl. I 2000, 372, 375; *Korn/Stahl* in Korn, § 6 EStG, Rn. 222 ff. Eine vergleichbare Regelung für die planmäßige Abschreibung findet sich in § 7 Abs. 1 S. 6 EStG.

bb) Vor- und Nachteile der Teilwertidee

Bei der Teilwertbewertung werden die Auswirkungen eines Konfliktes zwischen dem Periodisierungs- und Objektivierungsprinzips im Besonderen Maße sichtbar: Mittels dieser Bewertung sollen außerplanmäßige Wertveränderungen entweder überhaupt (bei nicht abnutzbaren Anlagewerten oder Umlaufvermögen, vgl. § 6 Abs. 1 Nr. 2 EStG) oder besonders zeitnah (bei abnutzbaren Anlagewerten) erfasst werden. Insofern stellt der Teilwert einen Korrekturwert zur planmäßigen AfA dar.[642] Wertminderungsverluste sollen ihrem tatsächlichen Entstehungszeitraum zugeordnet und daher vor allem einer periodengerechten Gewinnermittlung Rechnung getragen werden. Gleichzeitig muss diese Bewertungsmethode aber auch zu einem objektiven Wert führen. Gerade dies jedoch wirft in der Praxis zahlreiche Schwierigkeiten auf. Denn während die Ermittlung der Anschaffungskosten eine marktwertabhängige Betrachtungsweise zugrunde liegt und sie daher auch auf am Markt objektiv bestätigte Werte zurückgreifen kann[643], existieren immer noch keine exakten Methoden zur fiktiven Ermittlung des Gesamtwertes eines Unternehmens: Regelmäßig kann dies nur anhand von Schätzungen und unter Zuhilfenahme von wiederum marktwertabhängigen Werten gelingen.
In Anbetracht der fehlenden gesetzgeberischen Reaktionen auf diese Problematik hat der BFH im Laufe der Zeit sog. *Teilwertvermutungen* aufgestellt[644], welche vom Steuerpflichtigen – den hier die objektive Feststellungs- und Beweislast trifft - widerlegt werden können.[645] Nach Ansicht des BFH stellt der Teilwert damit insgesamt einen ausreichend verobjektivierten Wert dar.[646]
Gegen die Bewertung zum Teilwert wird angeführt, dass dieser einen rein fiktiven Wert darstelle, der in der Praxis tatsächlich nicht ermittelt werden könne.[647] Angesichts der Notwendigkeit, auf Markt- bzw. Schätzwerte und die hierzu entwickelten Teilwertvermutungen zurückgreifen zu müssen, sei von der ursprünglichen Teilwertidee nicht mehr viel vorhanden.[648] Zusätzlich findet sich im Zusammenhang mit der Teilwertabschreibung die Kritik an der Unzulässigkeit des Imparitätsprinzips in der Steuerbilanz wieder.[649] Vor allem im Rahmen des *StEntlG* kam es daher zu der Überlegung, die Teilwertabschreibung auf-

---

[642] *Ehmcke* in Blümich, § 6 EStG Rn. 544 f.
[643] *Wöhe*, § 23, S. 138.
[644] So soll sich bspw. der Teilwert eines abnutzbaren Anlagegutes mit der Höhe der (nach linearer AfA) fortgeführten Anschaffungs- oder Herstellungskosten decken, vgl. BFH, BStBl. II 1978, 335, 336; weitere Beispiele unter R 35 a EStR.
[645] Siehe auch BMF, BStBl. I 2000, 372, 372.
[646] BFH, BStBl. II 1991, 342; ebenso R 35 a EStR; zustimmend in der Literatur bspw. *Mayer-Wegelin* in Brandt/Bordewin, § 6 EStG Rn. 141.
[647] *Stengel*, S. 147; *Wöhe*, § 23, S. 153.
[648] Vgl. nur *Knobbe-Keuk*, § 5 IV S. 176; *Wöhe*, § 23, S. 153.
[649] BT - Drucks. 14/23, S. 171.

zugeben.[650] Diese Bestrebungen scheiterten jedoch insbesondere an den Interessen der Wirtschaft und führten stattdessen zu einer Einschränkung der Teilwertabschreibung auf „dauerhafte Wertminderungen“ sowie dem Wertaufholungsgebot i. S. d. § 6 Abs. 1 Nr. 1 S. 4 EStG.[651]

cc) Teilwertermittlung des Geschäftswertes

(1) Problemaufriss und Teilwertermittlung nach alter Rechtslage

Ist schon die grundsätzliche Ermittlung eines Teilwertes problematisch, so gilt dies erst Recht für den des Geschäftswerts. Im Gegensatz zu den Anschaffungskosten kann der Teilwert nicht anhand der Restgröße einer, unter Aufdeckung der stillen Reserven modifizierten Bilanz ermittelt werden. Darüber hinaus aber herrscht bis heute Uneinigkeit darüber, ob bei der Teilwertermittlung ausschließlich die derivativen oder auch die originären Elemente des Geschäftswertes Berücksichtigung finden müssen. Die diesbezügliche Argumentation knüpft oftmals an die Grundsätze an, welche vor der Umsetzung des BiRiLiG zu beachten waren:

Bis zur Einführung des § 7 Abs. 1 S. 3 EStG war die Teilwertabschreibung die einzige Möglichkeit, den Geschäftswert mit einem niedrigeren Wert als seinen ursprünglichen Anschaffungskosten anzusetzen. Zur Ermittlung des niedrigeren Teilwert wurde die sog. *Einheitstheorie* angewandt, nach der der Geschäftswert ein einheitliches Wirtschaftsgut darstellt.[652] Gesetzlich gestützt wurde sie auf den Klammerzusatz des § 6 Abs. 1 Nr. 2 S. 1 EStG a. F., welcher den Geschäftswert als Beispiel für ein nicht abnutzbares Wirtschaftsgüter aufführte und dabei nicht zwischen einem originären und derivativen Geschäftswert differenzierte.[653] Dabei liegt ihr die Vorstellung zugrunde, dass die sich im Laufe der Zeit verflüchtigenden, derivativen Faktoren durch originäre ersetzt werden und der Geschäftswert somit ein nicht abnutzbares Wirtschaftsgut mit einem grundsätzlich gleichbleibenden Wert darstellt.[654] Auch bei der Ermittlung des Teilwertes sollte der Geschäftswert daher stets im Ganzen bewertet und nicht in seine derivativen und originären Komponenten zerlegt werden. Vielmehr wurde unterstellt, dass ein aufgrund des Wegfalles eines derivativen Elementes entstehender, außerplanmä-

---

[650] Vgl. BT - Drucks. 14/23, S. 171 und 14/265, S. 172. In der Literatur bspw. *Schulze - Osterloh*, DStJG 23 (2000), 67, 80.

[651] Ausführlich zu den widerstreitenden Interessen BT – Drucks. 14/442, S. 18. Zur Einführung des Wertaufholungsgebotes näher *Leplow*, S. 128 f.

[652] BFH, BStBl. II 1973, 846, 847; BFH, BStBl. II 1982, 189, 191; BFH, BStBl. II 1982, 620, 621. Die Einheitstheorie wurde vom RFH entwickelt und später vom BFH übernommen. Zur Entwicklungsgeschichte vgl. BFH, BStBl. 1982, 758, 758.

[653] Vgl. BFH, BStBl. II 1982, 189, 191; BFH, BStBl. II 1982, 758, 760.

[654] BFH, BStBl. II 1973, 846, 847; BFH, BStBl. II 1982, 189, 191; BFH, BStBl. II 1982, 620, 621.

ßiger Wertverlust grundsätzlich durch eine Wertsteigerung originärer Elemente kompensiert wird.[655] Somit galt die Vermutung, dass der Teilwert des Geschäftswert grundsätzlich der Höhe der ursprünglichen Anschaffungskosten entspricht.[656] Eine Entkräftung dieser Vermutung war nur in folgenden Fällen möglich:

In Betracht kam hier zunächst der Nachweis, dass der Erwerb des Geschäftswertes eine *Fehlmaßnahme* darstellte.[657] Diese konnte darin bestehen, dass sich der Steuerpflichtige im Zeitpunkt des Unternehmenserwerbes über dessen Ertragskraft irrte und die Ursachen für die schlechtere Geschäftsentwicklung schon vor dem Erwerb vorhanden waren.[658] In diesem Zusammenhang sollte eine Teilwertabschreibung allerdings nur dann möglich sein, wenn sich die Fehlmaßnahme des Erwerb des Geschäftswertes bereits zum Ende des Wirtschaftsjahres erwies, in dem die Zahlung geleistet wurde.[659] Darüber hinaus konnte die obige Vermutung nur dadurch widerlegt werden, dass der Wert des Geschäftswertes einschließlich seiner originären Elemente dauerhaft unter den ursprünglichen Anschaffungskosten lag bzw. überhaupt nicht mehr vorhanden war.[660] Auch hierfür war das Vorbringen konkreter Anhaltspunkte (wie z.B. ein nachhaltiger Umsatzrückgang oder eine verminderte Rentabilität[661]) erforderlich, deren Beurteilung nach Ansicht des BFH jedoch erst nach einer Zeitspanne von einigen Jahren möglich war.[662] Nicht ausreichend sollte es hingegen sein, wenn sich ein niedrigerer Teilwert allein aufgrund der oben dargestellten Kontrollrechnungen ergab.[663]

(2) Meinungsstand nach der Umsetzung des BiRiLiG

(a) Einigkeit über die weitere Anwendung der Teilwertvermutung

(Spätestens) Seitdem der Geschäftswert mit Einführung des § 7 Abs. 1 S. 3 EStG in ein abnutzbares Wirtschaftsgut umqualifiziert wurde, besteht Uneinigkeit über eine (weitere) Anwendbarkeit der Einheitstheorie. Dabei gehen die hierzu vertre-

---

[655] Vgl. bspw. BFH, BStBl. II 1973, 846, 847: Der Wegfall alter Geschäftsbeziehungen wird durch eine Knüpfung und den Ausbau neuer Geschäftsbeziehungen ausgeglichen.

[656] BFH, BStBl. II 1982, 758, 760.

[657] BFH, BStBl. II 1977, 412; BFH/NV 1991, 226. Ausführlich hierzu *Stengel*, S. 150 ff.

[658] BFH/NV 1991, 226, 227. Eine Fehlmaßnahme kam damit z. B. dann in Betracht, wenn der Käufer im Zeitpunkt des Erwerbes erkennbar von bestimmten zukünftigen Umsätzen und Gewinnen ausging und diese Hoffnungen nicht eintraten.

[659] Statt vieler BFH, BStBl. II 1977, 412, 413; kritisch bspw. *Stengel*, S. 152.

[660] BFH, BStBl. II 1973, 846, 847; BFH, BStBl. II 1977, 73, 74.

[661] BFH, BStBl. II 1977, 73, 75; BFH/NV 1991, 226, 227; BFH/NV 1991, 595, 597. Siehe hierzu Stengel, S. 155 ff.

[662] BFH, BStBl. II 1982, 650, 652 (mindestens fünf Jahre); dagegen BFH/NV 1991, 226, 227 (drei Wirtschaftsjahre).

[663] BFH, BStBl. 1977, 412, 413.

tenen Lösungsansätze zunächst noch von dem gemeinsamen Ausgangspunkt aus, dass die o.g. Teilwertvermutung auch grundsätzlich weitergelten soll. Nach der neuen Gesetzeslage ist sie allerdings dahingehend modifiziert, als der Teilwert nun den Anschaffungskosten abzüglich der linearen AfA-Beträge i. S. d. § 7 Abs. 1 S. 3 EStG entspricht.[664] Um eine Teilwertabschreibung auf einen niedrigeren Wert vornehmen zu können, muss der Steuerpflichtige daher auch jetzt den Nachweis einer entsprechenden hierüber hinausgehenden Wertminderung erbringen. Da der BFH für die Teilwertabschreibung des Geschäftswertes jedoch schon immer eine längerfristige Betrachtungsweise voraussetzte, hat die Änderung des § 6 Abs. 1 Nr. 1 S. 2 EStG und die nunmehr erforderliche „voraussichtlich *dauernde* Wertminderung" praktisch keine zusätzlichen Auswirkungen.

(b) Uneinigkeit über die weitere Anwendung der Einheitstheorie

Das nunmehr aufgeworfene Problem lautet also vielmehr, wie der Nachweis einer derartigen außerplanmäßigen Wertminderung konkret zu erbringen ist:
Trotz der veränderten Gesetzlage vertreten das BMF, ein Teil der Finanzgerichte und einige Stimmen der Literatur immer noch die Ansicht, dass die Einheitstheorie auch weiterhin Anwendung finden soll.[665] Zur Begründung wird bspw. angeführt, dass hier im Laufe der Zeit nur ein Austausch unselbständiger Bestandteile des Geschäftswertes stattfände[666] und ein Unternehmen schon von der Begriffsbestimmung her nur einen Geschäftswert haben könne, der sich darüber hinaus auch nur einheitlich ermitteln lasse.[667] Auch § 7 Abs. 1 S. 3 EStG spreche von „dem" und nicht von „dem derivativen" Geschäftswert.[668] Zwar fänden bei der planmäßigen AfA lediglich die derivativen Faktoren Berücksichtigung. Dies sei aber ausschließlich darauf zurückzuführen, dass das Abschreibungsvolumen im Zeitpunkt des Erwerbes ermittelt werde und sich hier eben nur anhand der derivativen Faktoren bestimmen könne.[669] Ein Festhalten an der Einheitstheorie sei ferner deswegen von Vorteil, da sie höhere Voraussetzungen an die Teilwertabschreibung

---

[664] *Ehmcke* in Blümich, § 6 EStG Rn. 765; *Schoor*, DStZ 2000, 667, 669; kritisch aber *Glanegger* in Schmidt, § 6 EStG, Rn. 242.

[665] BMF, BStBl. I 1986, 532, 532; FG Baden-Württemberg, EFG 1998, 1529 (aufgehoben mit Urteil des BFH vom 16. 5. 2002, DStR 2002, 2411); *Ehmcke* in Blümich, § 6 EStG Rn. 766; *Glanegger* in Schmidt, § 6 EStG, Rn. 242; *Ortmann-Babel* in Lademann, § 6 EStG, Rn. 499; *Schreiber* in Blümich, § 5 EStG Rn. 629 mwN; *Stengel*, S. 135; *Weber-Grellet*, Steuerbilanzrecht, § 8, Rn. 27.

[666] *Schreiber* in Blümich, § 5 EStG Rn. 629.

[667] FG Baden-Württemberg, EFG 1999, 121, 123. Nach *Ortmann-Babel* in Lademann, § 6 EStG, Rn. 499 ist zu berücksichtigen, dass eine Teilwertermittlung gem. des § 6 Abs. 1 Nr. 1 S. 3 EStG aus Sicht des Erwerbers vorzunehmen ist: Dieser sehe jedoch das gesamte Unternehmen mit nur einem Geschäftswert.

[668] FG Baden-Württemberg, EFG 1999, 121, 123; *Ortmann-Babel* in Lademann, § 6 EStG, Rn. 499; *Schreiber* in Blümich, § 5 EStG Rn. 630; *Stengel*, S. 134.

[669] *Ortmann-Babel* in Lademann, § 6 EStG, Rn. 499.

stellt und so ein Unterlaufen der gesetzlich vorgesehenen Nutzungsdauer von 15 Jahren verhindere.[670] Schlussendlich widerspreche diese Sichtweise auch nicht § 5 Abs. 2 EStG, da diese Bestimmung keine Aussage dahingehend treffe, mit welchem Wert ein immaterielles Wirtschaftsgut anzusetzen sei.[671] Insgesamt käme der Ansatz eines niedrigeren Teilwertes demzufolge nur in den bisher zulässigen Fällen in Betracht[672], so dass auch die gängigen Kontrollrechnungen weiterhin Anwendung finden könnten.[673]

Von der Gegenansicht war die Einheitstheorie und die hiermit einher gehende Berücksichtigung der originären Faktoren bei der Teilwertermittlung entweder schon vor der Umsetzung des BiRiLiG[674] oder ist spätestens mit dieser abzulehnen.[675] Aufgrund der Umqualifizierung des Geschäftswertes in ein abnutzbares Wirtschaftsgutes durch § 7 Abs. 1 S. 3 EStG und der Streichung des Klammerzusatzes in § 6 Abs. 1 Nr. 2 EStG a. F. sei ihr die gesetzliche Grundlage entzogen worden.[676] Zudem stehe sie im Widerspruch zu § 5 Abs. 2 EStG.[677] Innerhalb dieser Ansicht besteht allerdings auch Uneinigkeit: Einige Vertreter halten den derivativen Teil des Geschäftswert für „rechtlich verselbständigt", so dass schon aus diesem Grund notwendigerweise zwischen den derivativen und originären Elementen differenziert werden müsse.[678] Andere wiederum wollen die originären Faktoren zwar auch außer Acht lassen, gehen aber dennoch von einem einheitlichen Wirtschaftsgut aus.[679] Für die Teilwertermittlung laufen diese Sichtweisen auf dasselbe hinaus: Hiernach ist es zum einen nicht möglich, dass eine außerplanmäßige Wertminderung durch einen Wertzuwachs originärer Faktoren kompensiert wird. Zum anderen gelingt eine Entkräftung der Teilwertvermutung in zeitlicher Hinsicht auch durch den Nachweis einer Fehlmaßnahme in den auf das Erwerbs-

---

670 *Ortmann-Babel* in Lademann, § 6 EStG, Rn. 499.

671 FG Baden-Württemberg, EFG 1999, 121, 123.

672 BMF, BStBl. I 1986, 532, 532; *Ehmcke* in Blümich, § 6 EStG Rn. 766; *Ortmann-Babel* in Lademann, § 6 EStG, Rn. 501 f.

673 *Ehmcke* in Blümich, § 6 EStG Rn. 766; *Ortmann-Babel* in Lademann, § 6 EStG, Rn. 506 f.

674 Siehe bspw. *Mayer-Wegelin* in Brandt/Bordewin, § 6 EStG Rn. 263.

675 *Arnold*, S. 190; *Kleindiek*, BB 2001, 2572, 2575; *Knobbe-Keuk*, § 5 XI, S. 242; *Knop/Küting* in HdR, § 255 HGB, Rn. 482; *Korn/Stahl* in Korn, § 6 EStG, Rn. 264; *Ludz*, S. 325; *Meincke* in Littmann/Bitz/Pust, § 6 EStG, Rn. 403; *Stobbe* in Herrmann/Heuer/Raupach, § 6 EStG, Rn. 726; *Wagner/Schomaker*, DB 1987, 1365, 1368; *Werndl* in Kirchhof/Söhn/Mellinghoff, § 6 EStG B 479; *Zeitler*, DStR 1988, 303, 304.

676 Vgl. nur *Ellrott/Schmidt-Wendt* in BeckBilKomm, § 255 HGB, Rn. 526; *Herrmann* in Frotscher, § 6 EStG, Rn. 356; *Meincke* in Littmann/Bitz/Pust, § 6 EStG, Rn. 403; *Zeitler*, DStR 1988, 303, 304.

677 Statt vieler *Stobbe* in Herrmann/Heuer/Raupach, § 6 EStG, Rn. 726; *Werndl* in Kirchhof/Söhn/Mellinghoff, § 6 EStG B 479. Mit Hinweis auf Art. 37 Abs. 2 der Bilanzrichtlinie führen *Zeitler*, DStR 1988, 303, 304 und *Kleindiek*, BB 2001, 2572, 2575 ferner an, dass die Einheitstheorie auch aufgrund § 5 Abs. 1 S. 1 EStG abgelehnt werden müsse.

678 *Mayer-Wegelin* in Brandt/Bordewin, § 6 EStG Rn. 266.

679 *Stobbe* in Herrmann/Heuer/Raupach, § 6 EStG, Rn. 726,

jahr *folgenden Wirtschaftsjahren.*[680] In ermittlungstechnischer Hinsicht reicht es hingegen aus, dass ein unter dem Buchwert liegender Wert *allein* auf eine außerplanmäßige Abnutzung bzw. eines Wegfall der derivativen Elemente zurückzuführen ist.[681]

Innerhalb dieser Ansicht sind auch die weiteren Einzelheiten zur Entkräftung der Teilwertvermutung umstritten: So herrscht Uneinigkeit darüber, ob angesichts der 15 - jährigen Nutzungsdauer eher strengere[682] oder im Gegenteil niedrigere[683] Anforderungen zu stellen sind. Ferner wird über eine weitere Anwendbarkeit der Kontrollrechnungen diskutiert. Während die Bestimmung des niedrigeren Teilwert einer Meinung nach nunmehr *ausschließlich* anhand der vom BFH entwickelten Teilwertvermutung zu erfolgen hat[684], wird die Anwendbarkeit der Kontrollrechnungen von anderer Seite deswegen bejaht, weil die heutige Rendite des übernommenen Geschäfts zu ermitteln sei, soweit es in seiner ursprünglichen Form noch vorhanden ist.[685]

Inwiefern sich der BFH zur Aufgabe der Einheitstheorie entschlossen hat, bleibt unklar: Während sie vom IV. Senat zunächst zaghaft[686], dann aber im Zusammenhang mit firmenwertähnlichen Wirtschaftsgütern deutlich abgelehnt wurde[687], lässt der III. Senat dies in einem neueren Urteil - und zwar insbesondere für die Teilwertabschreibung – ausdrücklich offen.[688] Allerdings kann die Einheitstheorie auch hiernach keine Aktivierung des originären Geschäftswertes rechtfertigen; diesem stehe § 5 Abs. 2 EStG ausdrücklich entgegen.[689]

---

680 *Wagner/Schomaker*, DB 1978, 1365, 1370; *Werndl* in Kirchhof/Söhn/Mellinghoff, § 6 EStG B 483; *Zeitler*, DStR 1988, 303, 305; Offengelassen (da nicht entscheidungserheblich) von BFH/NV 1991, 226, 227

681 Statt vieler bspw. *Knop/Küting* in HdR, § 255 HGB, Rn. 483; *Mayer-Wegelin* in Brandt/Bordewin, § 6 EStG Rn. 268. A. A. *Herrmann* in Frotscher, § 6 EStG, Rn. 356.

682 *Mayer-Wegelin* in Brandt/Bordewin, § 6 EStG Rn. 267 und *Meincke* in Littmann/Bitz/Pust, § 6 EStG, Rn. 419 möchten hierdurch eine Umgehung der Nutzungsdauer verhindern.

683 Nach *Werndl* in Kirchhof/Söhn/Mellinghoff, § 6 EStG B 482 sei hingegen zu berücksichtigen, dass die Zeitspanne der betriebsgewöhnlichen Nutzungsdauer von 15 Jahren eher willkürlich gezogen wurde.

684 *Werndl* in Kirchhof/Söhn/Mellinghoff, § 6 EStG B 481 mit weiteren Einzelheiten; so in seinen Ausführungen auch *Schoor*, DStZ 2000, 667, 669.

685 *Mayer-Wegelin* in Brandt/Bordewin, § 6 EStG Rn. 267; *Meincke* in Littmann/Bitz/Pust, § 6 EStG, Rn. 419 (mit Verweis auf die direkte Methode); wohl auch *Stobbe* in Herrmann/Heuer/Raupach, § 6 EStG, Rn. 726.

686 BFH, BStBl. II 1994, 590 (allerdings zum Praxiswert).

687 BFH, DB 1998, 1892, 1892.

688 Siehe BFH, DStR 2002, 2411, 2412 f.

689 BFH vom 16. 5. 2002, DStR 2002, 2411, 2413.

dd) Stellungnahme

Im Rahmen einer Stellungnahme ist zwischen der grundsätzlichen Diskussion um die Teilwertabschreibung und das Wertaufholungsgebot sowie den (hieraus ableitbaren) Konsequenzen für die Teilwertbewertung des Geschäftswertes zu differenzieren:

(1) Verfassungsrechtliche Notwendigkeit der Teilwertabschreibung

Im Hinblick auf die Konzeption der Bewertung zum niedrigeren Teilwert kann Folgendes festgehalten werden: Gerade weil die Teilwertidee auf einen fiktiven Erwerber abstellt und keine Marktrealisation von Wertminderungsverlusten verlangt, gewährleistet sie eine periodengerechte sowie dem Grundsatz der Gleichmäßigkeit der Besteuerung entsprechende Gewinnermittlung und ist daher zu befürworten. Zunächst ermöglicht es die hier zugrundegelegte fiktive und betriebsbezogene Sichtweise, dass Wertminderungsverluste bestimmter Wirtschaftsgüter *überhaupt* berücksichtigt werden können. Dies gilt nicht nur für das nicht abnutzbare Anlage- oder das Umlaufvermögen. Hinzukommt, dass gerade eine fehlende Marktgängigkeit Ursache der Wertminderung sein kann (so z. B. bei sog. Ladenhütern) oder nicht jedes Wirtschaftsgut seiner Natur nach (wie z. B. der Geschäftswert) einzeln am Markt veräußerbar ist. Daneben bewirkt sie eine besonders *zeitnahe* Erfassung von Wertminderungen. Denn diese bedürfen nicht notwendigerweise erst einen Realisationsakt am Markt, um die wirtschaftliche Leistungsfähigkeit beeinflussen zu können. Vielmehr ist die Werthaltigkeit des Wirtschaftsgutes unmittelbar im Zeitpunkt des Eintritts eines wertmindernden Ereignisses gemindert. Fänden derartige Verluste nun keine oder eine zeitlich spätere Berücksichtigung, so unterstellte man dem Steuerpflichtigen eine Leistungsfähigkeit, die in dieser Form und zu diesem Zeitpunkt tatsächlich nicht vorhanden ist. Wie bereits dargelegt[690]:
Die Teilwertabschreibung erfasst bereits eingetretene und nicht erst künftige Verluste.[691] Damit geht der - mit der Kritik an einer steuerlichen Anwendung des Imparitätsprinzips im Zusammenhang stehende –Vorwurf, sie stelle eine unzulässige Verlustantizipation dar, fehl: Entweder basiert er auf einem falschen Verständnis des Imparitätsprinzips[692] oder – sofern man tatsächlich eine hierdurch bedingte

[690] Siehe oben, § 2 A. III. 2. bb) (3) (d).

[691] *Groh*, StuW 1976, 32, 33; *Hennrichs*, DStJG 24 (2001), 301, 322 mwN; *Küting/Kessler*, StuB 2000, 21, 25; *Leplow*, S. 154; *Schaffer*, S. 156; *Schön*, BB 1997, 1333, 1340; *Wöhe*, § 23, S. 151 ff.

[692] Siehe auch *Groh*, DB 1999, 978, 979. Dies gilt jedenfalls dann, wenn man die in § 252 Abs. 1 Nr. 4 HGB gemeinten „vorhersehbaren Risiken und Verluste" richtigerweise als bereits eingetretene, nur noch nicht am Markt realisierte Verluste ansieht.

Verlustantizipation bejahen sollte - das Imparitätsprinzip kann mit der Teilwertabschreibung nicht in Verbindung gebracht werden.
Als problematisch wäre es allerdings zu beurteilen, wenn der Steuerpflichtige weiterhin am niedrigeren Teilwert festhalten dürfte, obwohl ein nachweisbar höherer Wert (wieder) vorhanden ist. Diesem ist nun mit der Einführung des zwingenden Wertaufholungsgebotes des § 6 Abs. 1 Nr. 1 S. 4 EStG im Rahmen des *StEntlG* abgeholfen worden. Spätestens seitdem also dient die Bewertung zum Teilwert in besonderem Maße einer Ermittlung der tatsächlichen wirtschaftlichen Leistungsfähigkeit des Steuerpflichtigen.[693] Denn letztere wiederum stellt eine Schranke gegen willkürliche Unterbewertungen dar und verhindert so unzulässige stille Reserven.
Die weitere Kritik, in der Praxis könne der Teilwert nicht oder nur schwer ermittelt werden, kann zu keinem anderen Ergebnis führen. Zwar muss eine Bewertungsmethode praktisch durchführbar und die hierdurch ermittelten Ergebnisse nachprüfbar sein. Zum einen jedoch sind die subjektiven Einschätzungen des Steuerpflichtigen auch bei der Teilwertermittlung grundsätzlich unerheblich.[694] Und zum anderen können im Rahmen der steuerlichen Gewinnermittlung auch unter dem Gesichtspunkt der Tatbestands- und Gleichmäßigkeit der Besteuerung gewisse Vereinfachungen gerechtfertigt sein. Diesbezüglich sind Bewertungsmethoden entwickelt worden, die den verfassungsrechtlichen Anforderungen genügen und in die Praxis umsetzbar sind.[695] Vor allem die originären bzw. fortgeführten Herstellungs- oder Anschaffungskosten bieten diesbezüglich ausreichend gesicherte Anhaltspunkte.
Die Kritik sollte sich daher auch nicht gegen die Teilwertermittlung an sich richten. Problematisch ist vielmehr, wenn sie der Einfachheit halber zu pauschal angewandt werden. Dem Steuerpflichtigen darf eine Entkräftung dieser Vermutungen daher nicht derartig erschwert werden, dass ihm dies sowohl in praktischer als auch finanzieller Hinsicht gar nicht möglich ist.[696] Insgesamt ist die Konzeption der Teilwertbewertung damit als dem System immanent zu beurteilen[697] und entspricht sowohl den Grundsätzen der Tatbestandsmäßigkeit als auch der Gleichmäßigkeit der Besteuerung.

---

[693] *Hennrichs*, DStJG 24 (2001), 301, 322 mwN; *Werndl* in Kirchhof/Söhn/Mellinghoff, § 6 EStG B 321.
[694] BFH, BStBl. II 1991, 342; *Werndl* in Kirchhof/Söhn/Mellinghoff, § 6 EStG B 327.
[695] *Mayer-Wegelin* in Brandt/Bordewin, § 6 EStG Rn. 137; *Werndl* in Kirchhof/Söhn/Mellinghoff, § 6 EStG B 330.
[696] *Mayer-Wegelin* in Brandt/Bordewin, § 6 EStG Rn. 137; *Werndl* in Kirchhof/Söhn/Mellinghoff, § 6 EStG B 330 f.
[697] *Hennrichs*, DStJG 24 (2001), 301, 322 f. mwN.

Schwierigkeit bereitet jedoch nicht nur die Teilwertabschreibung, sondern ebenso die im Grundansatz richtige, zwingende Wertaufholung des § 6 Abs. 1 Nr. 1 S. 4 EStG. Dies gilt zunächst im Hinblick auf ihre zeitliche Dimension: Tatsächlich kann die gebotene Rückgängigmachung von Teilwertabschreibungen bis zum ersten Wirtschaftsjahr nach der Eröffnung der ersten (DM-) Eröffnungsbilanz - d. h. bis 1990 (neue Bundesländer) oder sogar 1948 (alte Bundesländer) - zurückreichen.[698] Kompensiert werden sollen ihre steuerliche Folgen durch § 52 Abs. 16 S. 3 EStG, indem die Gewinnwirksamkeit der zugeschriebenen Beträge auf fünf Jahre verteilt wird. Ob hier nicht dennoch eine verfassungswidrige echte Rückwirkung vorliegt, soll nicht ausgeschlossen, an dieser Stelle jedoch auch nicht näher vertieft werden.[699]
Problematisch – und wie sich noch zeigen wird, im Hinblick auf eine mögliche steuerliche Anwendung der IFRS besonders relevant - ist nämlich zusätzlich, ob die Wertaufholung lediglich *bei Wegfall der ursprünglichen Abschreibungsgründe*[700] oder jährlich im Wege einer *Neubewertung* vorzunehmen ist, welche dann wiederum eine Berücksichtigung aller in Betracht kommenden Wertsteigerungen zur Folge hat.[701]
Ableiten lässt sich die Annahme einer Neubewertung zunächst aus der Entstehungsgeschichte des § 6 Abs. 1 Nr. 1 S. 4 EStG[702] sowie einem Wortlautvergleich mit § 7 Abs. 1 S. 6 EStG. Hier soll eine Wertaufholung bei zuvor vorgenommener AfaA ausdrücklich nur dann geboten sein, wenn der auslösende Grundes später weggefallen ist. Aber auch aus dem Teilwertbegriff selbst könnte sich die Notwendigkeit einer Neubewertung ergeben, da sich dieser an der Marktlage am Bilanzstichtag orientiert und durch die Eckdaten „Wiederbeschaffungskosten“ und „Einzelveräußerungspreis“ bestimmt wird.[703]
Eine Wertaufholung auf Basis dieser Bewertungskonzeption und auch der Teilwertbegriff müssen jedoch auch mit dem steuerrechtlichen Vorsichtsprinzip bzw. den dahinter stehenden, verfassungsrechtlichen Grundsätzen vereinbar sein. Sowohl vor dem Hintergrund des Sinn und Zweckes einer Wertaufholung als auch unter Berücksichtigung des Objektivierungsprinzips lässt sich eine Neubewertung

[698] Unterbleiben dürfen soll die Rückgängigmachung ausnahmsweise dann, wenn die ursprünglichen Kosten nicht mehr ermittelbar sind, vgl. insgesamt hierzu *Weber-Grellet*, StuB 2000, 1289, 1295.
[699] Siehe ausführlich hierzu *Schön*, BB 1997, 1333, 1333 ff., 1344, der eine verfassungswidrige Rückwirkung mit guten Argumenten bejaht.
[700] *Leplow*, S. 178; im Ergebnis auch *Schön*, BB 1997, 1333, 1344.
[701] BMF, BStBl. I 2000, 372, 375, Rz. 34; *Groh*, DB 1999, 978, 983; *Herzig/Rieck*, WPg 1999, 305, 311 ff.; *Korn/Stahl* in Korn, § 6 EStG, Rn. 226; *Weber-Grellet*, StuB 2000, 1289, 1295.
[702] *Herzig/Rieck*, WPg 1999, 305, 311. Hierzu auch *Leplow*, S. 169 ff.
[703] Vgl. nur H 35 a EStR.

allerdings nur schwerlich rechtfertigen.[704] Begreift man die Teilwertabschreibung als Korrekturbewertung, so kann für die Teilwertzuschreibung bzw. Wertaufholung nichts anderes geltend. Nun setzt die Wertaufholung aber eine zuvor erfolgte Teilwertabschreibung voraus. Aus dieser gesetzlichen Systematik bzw. diesem Abhängigkeitsverhältnis ergibt sich, dass die im Rahmen der Wertaufholung vorzunehmende Korrektur eine „Neutralisation“ der zuvor erfolgten Teilwertabschreibung darstellen soll; die außerplanmäßige Bewertung korrigiert sich hier also selbst.[705] Dies gelingt aber nur dann, wenn sich die Wertaufholung auf die der Teilwertabschreibung zugrundeliegenden Motive und damit den Wegfall der ursprünglichen Abschreibungsgründe beschränkt.[706] Denn wenn die Teilwertabschreibung die Bewertung zu den (fortgeführten) Anschaffungs- und Herstellungskosten korrigiert, dann kann die Wertaufholung als Korrektur der Teilwertabschreibung auch nur solche Umstände berücksichtigen, die ursprünglich mit den aufgewandten Anschaffungs- und Herstellungskosten abgegolten worden sind. Nur aus diesem Grund ist die hiermit einhergehende steuerliche Erfassung unrealisierter Buchgewinne gerechtfertigt. Für den durch eine Wertaufholung erfassten, wertsteigernden Umstand (also den Wegfall der Abschreibungsgründe) besteht die Möglichkeit eines objektiven Nachweises, dass die hieraus resultierenden Werte tatsächlich einmal vorhanden waren.[707] Sie sind durch die ursprünglich aufgewandten Anschaffungs- und Herstellungskosten abgegolten und insofern belegbar, so dass sie damit dem Objektivierungserfordernis gerecht werden.
Anderes gilt für die Neubewertung. Da sich der Teilwert insbesondere an der Eckkoordinate „Wiederbeschaffungspreis“ orientiert, käme es zu einer Berücksichtigung anderweitiger, d. h. „neuer“ preissteigernd wirkender Faktoren wie insbesondere inflationsbedingte Preissteigerungen.[708] Obschon man die Erfassung letzterer vor dem Hintergrund des Nominalwertprinzips rechtfertigen kann[709], müssen sich diese „Wertsteigerungen“ zum einen nicht positiv auf die tatsächlichen Gebrauchsmöglichkeiten innerhalb des Betriebes bzw. auf die hieraus ableitbare Werthaltigkeit des Wirtschaftsgutes auswirken und damit die Leistungsfähigkeit des Steuerpflichtigen beeinflussen. Denn solange die ursprünglichen Gründe für den außerplanmäßigen Verlust immer noch vorhanden sind, steht dem Steuerpflichtigen auch immer noch ein insoweit wertgemindertes Gut zur Verfü-

---

[704] *Leplow*, S. 168, 177 ff.; *Schön*, BB 1997, 1333, 1339 ff.

[705] *Leplow*, S. 152. Siehe auch *Herzig/Rieck*, WPg 1999, 305, 317: „Im Ergebnis ist der Steuerpflichtige nach Eintritt einer Zuschreibungsverpflichtung daher so zu stellen, als hätte in der Vergangenheit das Erfordernis einer Teilwertabschreibung nie bestanden“.

[706] *Leplow*, S. 131; *Schön*, BB 1997, 1333, 1341.

[707] Deutlich *Herzig*, WPg 2000, 104, 114: „Die Zuschreibung unterliegt derselben Objektivierungsdimension wie die vorangegangene Abwertung".

[708] *Korn/Stahl* in Korn, § 6 EStG, Rn. 226; *Leplow*, S. 131.

[709] *Herzig/Rieck*, WPg 1999, 305, 311.

gung. Besondere Bedeutung besitzt dies für das nicht abnutzbare Anlagevermögen.[710]

Beispiel: Teilwertabschreibung aufgrund der Kontamination eines Grundstückes bei vorausgesetzter „voraussichtlich dauernder Wertminderung". Steigen nun die Wiederbeschaffungskosten aufgrund von inflationsbedingten Preissteigerungen oder liegt das Grundstück in einem Gebiet, welches neuerdings als Bauland ausgewiesen wird, müssten diese Faktoren im Rahmen der Neubewertung erfasst werden. Sie wirken sich jedoch nicht auf die fortbestehende eingeschränkte Nutzungsmöglichkeit und verringerte Werthaltigkeit aufgrund der Kontamination aus. Und gleichzeitig ist es mangels Realisation nur schwer einschätzbar, ob auch das kontaminierte Grundstück vom allgemeinen Ansteigen der Grundstückspreise betroffen ist.[711]

Zum anderen weisen diese anderweitige Faktoren - da sie nicht zuletzt in Abhängigkeit vom Marktgeschehen ermittelt wurden – ein ungleich höheres Realisationsrisiko auf; sie führen zu solchen Buchgewinnen, die weder dem Grunde noch der Höhe nach ausreichend nachprüfbar sind.[712] Diese Unsicherheiten können durch das Anschaffungskostenprinzip nicht ausgeglichen werden: Da eventuelle, hierauf zurückzuführende Wertsteigerungen „neu" sind, ist die tatsächliche Existenz dieser wertsteigernd wirkenden Faktoren durch die originären Anschaffungskosten gerade nicht belegbar. Das Anschaffungskostenprinzip stellte hier lediglich eine höhenmäßige Begrenzung des Zuschreibungsbetrages dar, könnte aber nicht den Grund der Wertsteigerungen verobjektivieren. Unabhängig von dem vorgegebenen Konflikt mit § 5 Abs. 2 EStG wird dies besonders problematisch, wenn man die jahrzehntelange Rückwirkung des Wertaufholungsgebotes bedenkt.[713] Insgesamt ist daher es wenig vertretbar, einen fehlenden Markttest durch das steuerliche Verwaltungsverfahren vorwegzunehmen.

Dies gilt vor allem für Anlagewerte: Da diese schon grundsätzlich nicht zur Weiterveräußerung bestimmt sind, hat sich ihre Werthaltigkeit bzw. ihr Teilwert weniger am Absatzmarkt als an der betriebsindividuellen Nutzungsmöglichkeit zu orientieren.[714]

Mit einer Wertaufholung ist eine Gewinnwirksamkeit und damit ein höherer Steuerzugriff verbunden. Da aber die Erfassung unrealisierter, nicht objektiv nachprüfbarer Gewinne einen Verstoß gegen das Prinzip der unternehmensschonenden und gleichmäßigen Besteuerung sowie dem Grundsatz der Tatbestandsmäßigkeit der Besteuerung darstellt, ist eine Wertaufholung in Form der Neube-

---

[710] Siehe hierzu auch *Leplow*, S. 154; *Schön*, BB 1997, 1333, 1333; *Weber-Grellet*, StuB 2000, 1289, 1295.
[711] Siehe hierzu auch *Leplow*, S. 155, 162 f.
[712] *Leplow*, S. 153; *Küting/Kessler*, StuB 2000, 21, 23.
[713] Ähnlich *Schön*, BB 1997, 1333, 1341.
[714] *Leplow*, S.154 f.

wertung abzulehnen.[715] Sie stellt die unmittelbare Konsequenz eines Einkommensverständnisses dar, welches auf der Reinvermögenszuwachstheorie beruht. Dass dieses wiederum zu weit geht, wurde bereits dargelegt.
Die Nichtberücksichtigung von wertsteigernden Umständen, die nicht auf den Wegfall der ursprünglichen Abschreibungsgründe zurückzuführen sind, kann daher auch keine willkürliche Bildung stiller Reserven darstellen. Zudem sieht das EStG mehrere Tatbestände vor, die eine steuerliche Erfassung der stillen Reserven im Zeitpunkt ihrer Realisation sichern sollen.[716] Solange aber eine endgültige Besteuerung gesichert ist, kann dem Fiskus durchaus ein Abwarten des Markttests und daher einen Steuerzugriff ab Eintritt dieses Zeitpunktes zugemutet werden.[717] Daneben lässt sich dieses Ergebnis - trotz des abweichenden Wortlautes - auch vor § 7 Abs. 1 S. 6 EStG rechtfertigen: Für die in § 6 Abs. 1 Nr. 2 EStG genannten Wirtschaftsgüter besteht keine Möglichkeit zur Vornahme einer AfaA. Vergleichbare Wertminderungen können hier nur mittels einer Teilwertabschreibung erfasst werden. Die Teilwertabschreibung stellt damit also quasi die AfaA für bspw. nicht abnutzbare Anlagewerte dar. Umgekehrt müssen dann aber auch die gleichen Voraussetzungen gelten, wenn es um eine Rückgängigmachung geht. Damit ist eine Wertaufholung lediglich bei Wegfall der ursprünglichen Abschreibungsgründe vorzunehmen. Da man Abweichendes insbesondere aus dem Wortlaut des § 6 Abs. 1 Nr. 1 S. 4 EStG ableiten kann, kommt insofern eine entsprechende teleologische Reduktion in Betracht.[718]

(3) Konsequenzen für den Geschäftswert

(a) Teilwertabschreibung

Angesichts der planmäßigen Abschreibung i. S. d. § 7 Abs. 1 S. 3 EStG hat die Notwendigkeit bzw. praktische Relevanz einer außerplanmäßigen Bewertung bzw. Teilwertabschreibung des Geschäftswertes zwar abgenommen, vor dem Hintergrund einer Ermittlung der tatsächlichen wirtschaftlichen Leistungsfähigkeit muss die Möglichkeit zur Vornahme einer solchen jedoch fortbestehen bleiben. Nicht nur aus diesem Grund, sondern – wie sich im Vierten Kapitel noch zeigen wird - gerade auch im Zusammenhang mit der Beurteilung einer steuerlichen Anwendung der IFRS und der Tatsache, dass sich der BFH noch nicht eindeutig abschließend hierzu geäußert hat, weist die Frage zur Berücksichtigungs-

---

[715] *Küting/Kessler*, StuB 2000, 21, 23; *Leplow*, S. 178; *Schön*, BB 1997, 1333, 1340; inhaltlich zustimmend, letztendlich aber doch für Neubewertung *Herzig/Rieck*, WPg 1999, 305, 311 und S. 315; differenzierend auch *Broer*, Maßgeblichkeit, S. 340.
[716] Vgl. hierzu nur § 6 Abs. 5 EStG; ausführlicher *Lang*, in: *Tipke/Lang*, § 9, Rz. 405.
[717] So ausdrücklich auch *Hennrichs*, DStJG 24 (2001), 301, 317; ähnlich *Pezzer*, DStJG 14 (1991), 3, 22 f.
[718] Diesbezüglich wird bspw. von *Leplow*, S. 178 ff. mwN u. a. eine entsprechende - klarstellende - Änderung des Gesetzestextes vorgeschlagen.

fähigkeit von originären Faktoren immer noch große Bedeutung auf. Diesbezüglich soll jedoch nicht näher darauf eingegangen werden, ob die originären Faktoren dem ehemals derivativen Geschäftswert „zuwachsen“ oder durch einen selbständigen originären Geschäftswert verkörpert werden.

Letzteres mag man mit einem Blick auf die Gesetzesmaterialien zu § 7 Abs. 1 S. 3 EStG annehmen.[719] Und auch das Argument, dass die Teilwertermittlung aus Sicht des Erwerbers vorzunehmen ist und dieser nur ein Unternehmen mit nur einem Geschäftswert sieht[720], überzeugt nicht: Denn hier handelt es sich um einen fiktiven Erwerber[721]; die Ermittlung des Teilwertes geschieht tatsächlich aus Sicht des Steuerpflichtigen, dessen subjektiven Wertevorstellungen durch diese Fiktion verobjektiviert werden sollen.[722]

Für die Teilwertermittlung ist diese Frage grundsätzlich unerheblich, da sie sich nur auf die derivativen Faktoren beziehen kann:
So ist zunächst ist zu berücksichtigen, dass die Teilwertabschreibung ein Korrektur der planmäßigen AfA ermöglichen soll. Wenn diese jedoch nur an die derivativen Faktoren anknüpft, kann sich auch ihre Korrektur allein auf diese Faktoren beziehen.[723] Schließlich liegt deren Zweck darin, den außerplanmäßig gesunkenen und mittels der planmäßigen Abschreibung nicht erfassbaren Wert desselben Wirtschaftsgutes zu berücksichtigen.[724] Bezieht man nun originäre Faktoren mit ein, so kann es sich aber selbst nach der Einheitstheorie nicht mehr um dasselbe Wirtschaftsgut handeln – bei einem Geschäftswert, dessen Wert nunmehr bspw. aufgrund von neu erschlossenen Standortbedingungen im Wert gestiegen ist, handelt es sich nicht mehr um den zum Zeitpunkt des Erwerbes.
Ferner fänden die originären Faktoren auf diesem Wege auch eine bilanzielle Berücksichtigung. Dies widerspräche jedoch sowohl dem *Realisationsprinzip*[725] als auch *§ 5 Abs. 2 EStG*[726]: Die geschäftswertbildenden Faktoren spiegeln die künftigen Gewinnerwartungen des Unternehmens wider. Beim derivativen Geschäftswert werden sie durch den Veräußerer realisiert sowie durch den entgeltli-

---

[719] BT-Drucks. 10/4268, S. 147 betont, dass „davon auszugehen (sei), daß an Stelle des erworbenen Geschäfts- oder Firmenwertes, der sich verflüchtigt hat, ein neuer selbsterschaffener Geschäfts- oder Firmenwert getreten ist“ und „künftig der entgeltlich erworbene Geschäfts- oder Firmenwert abgeschrieben werden kann“.
[720] So z. B. *Glanegger* in Schmidt, § 6 EStG, Rn. 242.
[721] Vgl. nur BFH, BStBl. II 1991, 342, BFH, BStBl. II 1991, 627 sowie in der Literatur statt vieler *Winkeljohann* in Herrmann/Heuer/Raupach, § 6 EStG, Rn. 582.
[722] BFH, BStBl. II 1991, 342; BFH, BStBl. II 1991, 627; *Winkeljohann* in Herrmann/Heuer/Raupach, § 6 EStG, Rn. 582.
[723] Ebenso *Mayer-Wegelin* in Brandt/Bordewin, § 6 EStG Rn.266; *Werndl* in Kirchhof/Söhn/Mellinghoff, § 6 EStG B 479.
[724] *Wöhe*, § 23, S. 137 f., 151 ff.
[725] *Beiser*, DStR 2002, 1777, 1778.
[726] Statt vieler *Stobbe* in Herrmann/Heuer/Raupach, § 6 EStG, Rn. 726; *Werndl* in Kirchhof/Söhn/Mellinghoff, § 6 EStG B 479.

chen Erwerb bestätigt und verobjektiviert. Für die später hinzukommenden, originären Faktoren beim Erwerber gilt dies hingegen nicht. Deren bilanzielle Berücksichtigung bei der Teilwertermittlung des Geschäftswert stellte eine Durchbrechung des § 5 Abs. 2 EStG dar, welche in diesem Zusammenhang nicht zu rechtfertigen wäre. Gegen das Argument „Ermittlung der tatsächlichen wirtschaftlichen Leistungsfähigkeit durch periodengerechte Gewinnermittlung" spricht schon der hinter § 5 Abs. 2 EStG stehende gesetzgeberische Wille. Mit dieser Norm hat sich der Gesetzgeber im Rahmen seines Gestaltungsspielraumes bei der Konkretisierung der wirtschaftlichen Leistungsfähigkeit ausdrücklich gegen eine Aktivierungsfähigkeit unentgeltlich erworbener bzw. selbsterstellter immaterieller Anlagewerte und insofern für eine Einschränkung der periodengerechten Gewinnermittlung entschieden. Und auch mit Vereinfachungsgründen ließe sich hier eine Ausnahme zu § 5 Abs. 2 EStG nicht begründen.[727] Die Abgrenzung zwischen derivativen und originären Faktoren bereitet zwar Schwierigkeiten. Diese Schwierigkeiten bestehen aber auch, wenn bei der Teilwertermittlung nicht nur auf die derivativen, sondern zusätzlich auf originäre Faktoren abzustellen wäre. Denn um eine eventuelle Kompensation der, durch eine Verflüchtigung von derivativen Faktoren bedingten Wertminderung feststellen zu können, müsste sowohl die Existenz als auch der konkrete Wert der originären Faktoren ermittelt werden. Sollen demgegenüber ausschließlich derivative Faktoren erfasst werden, bedarf es nur der isolierten Betrachtung, ob sich die Verhältnisse im Zeitpunkt des Erwerbes nachträglich verschlechtern haben.[728]

Schlussendlich überzeugt auch der Hinweis, mittels einer Berücksichtigung der originären Faktoren eine Aushöhlung der planmäßigen Abschreibung über die betriebsgewöhnliche Nutzungsdauer von 15 Jahren zu verhindern, nicht: Dem Erhalt dieser Nutzungsdauer kommt kein höherer Stellenwert als dem Objektivierungserfordernis zu, und zwar nicht zuletzt, weil diese Zeitspanne vornehmlich auf haushaltspolitische und nicht auf sachlich – steuerbilanzielle Gründe zurückzuführen ist. Damit ergibt sich aus § 7 Abs. 1 S. 3 EStG, den Konzepten der planmäßigen AfA bzw. der Teilwertabschreibung, dem Realisationsprinzip und

[727] Ähnlich auch *Mayer-Wegelin* in Brandt/Bordewin, § 6 EStG Rn. 263: „Dass sich Schwierigkeiten bei der Ermittlung des Abnutzungsgrades ergeben, konnte die Einheitstheorie nicht stützen; dann hätte geschätzt werden müssen."

[728] Verdeutlicht werden soll dies am Beispiel „Geschäftsbeziehungen": Im Zeitpunkt des Erwerbes kommt diesen in objektiver Hinsicht zumindest der Wert zu, den der Käufer hierfür zu zahlen bereit war. Wertmäßig nachprüfbar ist in der Folgezeit jedoch nur, ob sich die ursprünglichen Geschäftsbeziehungen z. B. durch Kontaktabbruch oder geringere Auftragsvolumina etc. verschlechtert haben, nicht jedoch, welchen Preis ein potentieller Erwerber für die neu Hinzugekommenen zu zahlen bereit wäre.

aus § 5 Abs. 2 EStG die Notwendigkeit, bei der Teilwertermittlung ausschließlich auf die derivativen Faktoren abzustellen.[729]
Die Folgefrage besteht nun darin, *wie* die Teilwertabschreibung des Geschäftswertes in der Praxis durchgeführt werden könnte. Diesbezüglich sei nochmals auf die Problematik hingewiesen, dass sich die Teilwertermittlung schon vom Grundsatz her als schwierig gestaltet. Ebenso wie bei anderen Wirtschaftsgüter muss daher auch für die Bewertung des Geschäftswertes ein Rückgriff auf vereinfachende Schätzungen und Berechnungsmethoden bzw. Teilwertvermutungen erlaubt sein. Entscheidend ist, dass hierbei die tatsächlichen objektiven Umstände maßgeblich sind bzw. die gewonnenen Ergebnisse schlüssig, wirtschaftlich möglich und vernünftig erscheinen.[730] Für das Vorliegen einer außerplanmäßigen Wertminderung des Geschäftswertes käme daher z. B. der Nachweis in Betracht, dass übernommene Kunden nicht mehr vorhanden sind, sich die Produktionspalette geändert hat oder eine Wertminderung auf strukturelle Veränderungen zurückzuführen ist.[731]
Dabei wird zwar kontrovers diskutiert, ob in Anbetracht der gesetzlich fingierten Nutzungsdauer von 15 Jahren erhöhte oder erleichterte Anforderungen an diesen Nachweis bzw. die Entkräftung der Teilwertvermutung zu stellen sind.[732] Letztendlich kann es hierauf aber nicht ankommen: Denn die Entkräftung der Teilwertvermutung setzt das Vortragen konkreter und objektiv nachprüfbarer Umstände voraus. Eine objektive Nachprüfbarkeit kann jedoch nicht „höher" oder „geringer", sondern nur *überzeugend* ausfallen: Der Steuerpflichtige muss die Gründe, aus denen sich die Höhe der Teilwertabschreibung ergibt, so substantiiert und nachprüfbar vortragen, dass sich das Finanzamt und ggf. das Finanzgericht konkrete Vorstellungen über die Wertminderung machen können.[733] Dabei ist es auch von vergleichsweise geringer Relevanz, ob das geschätzte Ergebnis anschließend anhand einer entsprechenden Kontrollrechnung bestätigt werden kann. Denn letztendlich begründet sich die Ermittlung des Teilwertes bzw. das hierdurch gefundene Ergebnis nicht durch die jeweiligen Berechnungsmethode und deren Kontrollergebnis, sondern nur durch objektiv nachprüfbare Ausgangswerte. Die Teilwertermittlung des derivativen Geschäftswertes sollte damit auf Grundlage solcher, nach allgemeinen Maßstäben objektiv erbrachter Nachweise erfolgen,

[729] Diese wiederum führt auch nicht zu einer „Negierung" der originären Faktoren: Dass solche existieren und in einer Art Austauschverhältnis mit den derivativen Faktoren stehen, wird hier nicht bestritten. Sie dürfen nur keinen bilanziellen Niederschlag finden.
[730] BFH/NV 1996, 378; *Weber-Grellet*, Steuerbilanzrecht, § 19, Rn. 3.
[731] *Mayer-Wegelin* in Brandt/Bordewin, § 6 EStG Rn. 267; *Werndl* in Kirchhof/Söhn/Mellinghoff, § 6 EStG B 483.
[732] Für erhöhte Anforderungen *Mayer-Wegelin* in Brandt/Bordewin, § 6 EStG Rn. 267 und *Meincke* in Littmann/Bitz/Pust, § 6 EStG, Rn. 419; a. A. *Werndl* in Kirchhof/Söhn/Mellinghoff, § 6 EStG B 482.
[733] BFH, BStBl. II 1968, 801; BFH, BStBl. II 1977, 377.

die eine Bestätigung der außerplanmäßige Abnutzung derivativer Faktor ermöglichen. Inwieweit dies gelingen kann, ist vornehmlich eine Frage des Einzelfalles und u.a. davon abhängig, wie detailliert beim Erwerb des Unternehmens die „tatsächlichen Annahmen, die der Zahlung eines (...) Mehrpreises zugrunde liegen, kalkulierbar“ festgehalten wurden.[734]

(b) Wertaufholung des Geschäftswertes ?

Im Hinblick auf eine Wertaufholung des Geschäftswertes ist Folgendes zu bedenken: Unabhängig davon, ob man ihn als ein einheitliches Wirtschaftsgut ansieht oder in einem derivativen und originären Geschäftswert unterteilt - eine Wertsteigerung wird regelmäßig auf die nach Erwerb vorgenommenen Handlungen des Unternehmers und damit ausschließlich auf originäre Faktoren zurückzuführen sein. Dies gilt selbst dann (und macht eine Abgrenzung besonders problematisch), wenn derivative Faktoren (wie z. B. erworbene Standortbedingungen oder der Kundenstamm) in der Folgezeit nach Erwerb weiter ausgebaut werden. Eine entsprechende Wertaufholung hätte somit u. a. einen Verstoß gegen § 5 Abs. 2 EStG zur Folge und wird daher selbst von den heutigen Vertreter der Einheitstheorie abgelehnt.[735] Vor dem Hintergrund der obigen Ausführungen zu den grundsätzlichen Voraussetzungen einer Wertaufholung gilt dies allerdings mit einer Ausnahme: Der ursprüngliche Wertverlust des derivativen Geschäftswertes kann auf vom Unternehmer nicht beeinflussbare Ereignisse zurückzuführen sein, welche in den Folgejahren wieder „rückgängig“ gemacht wird.

Die Wertaufholung beträfe also lediglich den Wegfall des ursprünglichen Abschreibungsgrundes und stellte daher keine Neubewertung des Geschäftswertes dar. Der hieraus resultierende Wertzuwachs wiederum ist gerade nicht auf ein Handeln des Unternehmers selbst zurückzuführen, so dass auch kein originärer Faktor vorliegt. Zu diskutieren könnte ein Berücksichtigungsverbot auf Grundlage des § 5 Abs. 2 EStG nur deswegen sein, weil die „Rückgängigmachung“ des Wertverlustes keinen „entgeltlichen Erwerb“ darstellt. Dies erscheint jedoch zweifelhaft. § 5 Abs. 2 EStG dient der Vermeidung von Bilanzierungsunsicherheiten und soll nur den Bilanzausweis „neuer“, unentgeltlicher Faktoren bzw. hiermit zusammenhängende Wertsteigerungen verhindern. Demgegenüber wurde der vormals wertgeminderte derivative Faktor bereits entgeltlich erworben und schon in der Bilanz erfasst. In diesem Fall wird eventuellen Unsicherheiten durch

---

[734] So zutreffend *Zeitler*, DStR 1988, 303, 305.

[735] So z.B. *Ortmann-Babel* in Lademann, § 6 EStG, Rn. 496 b; ferner *Arbeitskreis Externe Rechnungslegung der Schmalenbach-Gesellschaft für Betriebswirtschaft*, DB 2003, 1585, 1587. A.A. allerdings *Dierichs*, StuB 1999, 831 in seiner Anmerkung zum Urteil des FG Baden-Württemberg, EFG 1999, 121. Ablehnend zur Wertaufholung im Konzernabschluss bspw. *Pellens/Sellhorn*, DB 2001, 713, 714 mwN.

das Anschaffungskostenprinzip ausreichend Rechnung getragen. Gerade im Sinne einer Ermittlung der tatsächlichen Leistungsfähigkeit ist in diesen Konstellationen somit auch eine Wertaufholung des Geschäftswertes durchzuführen.

Drittes Kapitel: Bilanzierung nach IFRS

§ 1 Einführung

A. Rechtsnatur und Bedeutung im nationalen Recht

Bei den IAS bzw. nunmehr IFRS[736] handelt es nicht um verbindliche, im Wege eines formellen Gesetzgebungsverfahren und durch einen nationalen Gesetzgeber verabschiedete Normen, sondern um rechtlich unverbindliche Empfehlungen zur Handhabung ausgewählter Rechnungslegungsfragen. Ihre Entwicklung und Veröffentlichung[737] oblag zunächst dem IASC[738] und seit dem 1. April 2001 nach dessen interner Umstrukturierung dem IASB[739].

Zum Teil werden die IFRS von einigen Staaten unmittelbar als nationale Gesetze übernommen bzw. als Grundlage zur Normierung eigener Vorschriften herangezogen. Regelmäßig dienen sie jedoch nur der Beurteilung und Entwicklung eigener, nationaler Rechnungslegungsstandards[740] oder als Zulassungsvorausset-

---

736 Die Bezeichnung „IAS" (International Accounting Standards) resultiert noch aus der Zeit vor der Umstrukturierung ihres Standardsetzers im März 2001. Hintergrund der Umbenennung in „IFRS" (International Financial Reporting Standards) war, dass die IAS-Rechnungslegung nicht nur „klassische Buchführungsstandards" (accounting), sondern vielmehr auch auf den Kapitalmarkt allgemein abzielende „Informationsstandards" (vgl. z. B. IAS 33 „Ergebnis je Aktie") enthält.

737 Diese finden im Wege eines formalisierten Verfahrens (sog. *due process*) statt, welches in drei Phasen eingeteilt ist und regelmäßig eine Dauer von drei bis vier Jahre aufweist: Sog. *draft statements of principles* (Standardvorentwürfe) und sog. *exposure drafts* (Standardentwürfe) stellen die Diskussionsgrundlage zur Entwicklung eines neuen IAS dar und werden zum Zwecke der Kommentierung durch die (sachverständige) Öffentlichkeit veröffentlicht. Nach einer Prüfung der Kommentare wird über die Veröffentlichung des jeweiligen Standards als „offizieller" IAS entschieden. Zu Einzelheiten des due process bspw. *Born*, S. 63 f.; *Wagenhofer*, IAS, S. 63 ff.

738 International Accounting Standards Committee, das 1973 als ein privatrechtlicher Verein der entsprechenden Berufsverbände aus Australien, Kanada, Frankreich, Deutschland, Japan, Mexiko, den Niederlanden, Großbritannien, Irland und den USA gegründet wurde. Mitglieder des IASC sind bspw. auch das IDW und die Wirtschaftsprüferkammer.

739 International Accounting Standards Board, welches u. a. die Umbenennung der IAS in IFRS veranlasste und die „alten" Standards in ihrer bestehenden Form übernahmen. Die Umstrukturierung des IASC fand im März 2001 statt und sollte u.a. eine engere Zusammenarbeit mit nationalen Standardsetzern sowie eine höhere Akzeptanz des IASC als internationalen Stan-dardsetzer ermöglichen. Weitere Organe dieser Foundation sind (nunmehr) das Standing Interpretation Committee (SIC), das neu geschaffene Standards Advisory Council und die neu geschaffenen "Trustees". Einzelheiten hierzu bspw. bei *Baetge/Thiele/Plock*, DB 2000, 1033 ff.; *Pellens*, S. 418 ff.

740 Vgl. *Achleitner/Behr*, IAS, S. 43 ff.; eine detaillierte Auflistung zur Art der Verwendung von IAS in den einzelnen Mitgliedsstaaten findet sich bei *Wagenhofer*, IAS, S. 59.

zung zur Notierung an bestimmten Börsen(segmenten). Zur Durchsetzung in den einzelnen Mitgliedstaaten fehlt es dem IASC bzw. IASB an Autorität. Und auch der Selbstverpflichtung zur nationalen Umsetzung der IFRS, welche die jeweiligen nationalen Berufsverbände als Mitgliedsorganisationen des IASC bzw. I-ASB eingegangen sind, kommt angesichts einer regelmäßig fehlenden Gesetzgebungskompetenz nur geringe Relevanz zu. Dementsprechend ist die praktische Umsetzung und Durchsetzung der IFRS in erster Linie von dem *faktischen* Einfluss dieser Organisationen auf die Rechnungslegung der nationalen Unternehmen und der Arbeit des nationalen Gesetzgebers abhängig.[741]

B. Das Grundsystem der IFRS

I. Inhalt und Regelungszusammenhang

Die Systematik der IFRS – Rechnungslegung folgt dem Prinzip „vom Speziellen ins Allgemeine": Die Beurteilung bilanzieller Sachverhalte ist (zunächst) anhand des oder der jeweils einschlägigen Standards[742] vorzunehmen, welche sich - ganz im Sinne des angloamerikanischen case law - mit jeweils ausgewählten Themen der Rechnungslegung befassen.[743] Im Gegensatz zum HGB und EStG enthalten sie zum Teil weitaus mehr Begriffsdefinitionen und versuchen, wesentlich detaillierter auf solche Fragen einzugehen, die im Zusammenhang mit dem jeweils erfassten Themenbereich auftreten können.[744] Sofern die einzelnen Standards bestimmte Sachverhalte nicht erfassen oder die Überarbeitung eines bestehenden Standards zur Diskussion steht, ist gegebenenfalls auf weitere Verlautbarungen des IASB (bzw. des ehemaligen IASC) zurückzugreifen. In Betracht kommen hier sowohl die SIC-Interpretationen als auch das framework[745]:

Die sog. *SIC - Interpretations* werden vom SIC für einzelne Standards erarbeitet und vom IASB autorisiert. Sie sind „verbindlich" und stehen in der Systematik

---

[741] Hierzu *Baetge/Thiele/Plock*, DB 2000, 1033, 1038; *Niehus*, DB 1997, 1421, 1423 f; *van Hulle*, ZGR 2000, 537, 545.

[742]. Der Aufbau eines Standards folgt grundsätzlich immer dem Schema 1. objective (Zielsetzung der Standards), 2. scope (Anwendungsbereich), 3. verbindlich anzuwendende Vorschriften und Erläuterungen, 4. disclosures (Angaben) sowie gegebenenfalls 5. transitional provisions (Übergangsvorschriften) sowie 6. effective date (Zeitpunkt des Inkrafttretens).

[743] Erfasst werden z.B. bestimmte Bilanzposten (IAS 38 „Immaterielle Vermögenswerte"), spezielle Probleme der Rechnungslegung (IAS 11 „Fertigungsaufträge"), die Gestaltung von Instrumenten der Rechnungslegung (IAS 7 „Kapitalflußrechnung") und Sonderfälle einzelner Branchen (IAS 30 „Angaben im Abschluss von Banken und ähnlichen Finanzinstitutionen").

[744] So enthält bspw. allein IAS 38 121 einzelne Paragraphen und spezielle Übergangsvorschriften zum Ausweis immaterieller Vermögensgegenstände.

[745] Der Vollständigkeit halber sei noch das sog. *preface* erwähnt, welches gewissermaßen die Satzung bzw. Verfassung des (ehemaligen) IASC darstellt. Auf die IAS selbst hat es jedoch keinen Einfluss. Näher hierzu z. B. *Förschle/Holland/Kronner*, IAS 1, S. 110.

der IAS-Rechnungslegung auf einer Stufe mit dem jeweiligen Standard. Anders als diese befassen sie sich jedoch nur mit Fragen von umfassender Bedeutung und sollen in erster Linie einer einheitlichen und zutreffenden Anwendung des einschlägigen Standards dienen.
Das *framework* hingegen stellt gem. F. 2 keinen IFRS dar, sondern konkretisiert das Konzept, welches der IFRS - Rechnungslegung im Hinblick auf die Aufstellung und Darstellung von Abschlüssen zugrunde liegt.[746] Dabei enthält es zwar keine konkreten Regelungen im Hinblick auf bestimmte Bilanzierungsfragen. Ferner tritt es insbesondere im Falle einer Kollision mit dem Inhalt des jeweils einschlägig Standards hinter diesem zurück, so dass ihm vornehmlich der Charakter einer Empfehlung zukommt.[747] Allerdings soll es nach F. 1 (a) als Leitlinie für die Entwicklung neuer bzw. der Überprüfung und Überarbeitung bestehender Standards dienen und nach F. 1 (d) – (f) von den Erstellern, Prüfern und Adressaten von IFRS - Abschlüssen als Auslegungs- und Orientierungshilfe herangezogen werden können, falls ein Standard in einzelnen Fragen lückenhaft ist. Zu diesem Zwecke legt es in den F. 12 – 14 die grundlegende Zielsetzung eines IFRS-Abschlusses fest, präzisiert in F. 22 und .23 sowie den F. 24 – .46 die „zu Grunde liegenden Annahmen" und „Qualitativen Anforderungen", welche es bei der Erstellung eines jeden IFRS-Abschlusses zu beachten gilt[748] und definiert bspw. in F. 49 ff. (Vermögenswerte, Schulden und Eigenkapital) oder F. 74 (Erträge) die wesentlichen Begriffe der IFRS-Rechnungslegung. Damit besteht seine Bedeutung vor allem darin, ein in sich konsistentes System zu schaffen und so den Mangel der zumindest momentan noch teilweise uneinheitlichen Systematik der einzelnen Standards untereinander auszugleichen.

II. Anwendungsbereich und Bestandteile des IFRS-Abschlusses

Indem die IFRS nur an wenigen Stellen zwischen Jahres- und Konzernabschlüssen differenzieren, erstreckt sich ihr sachlicher Anwendungs-bereich grundsätzlich auf beide Abschlüsse.[749] Nicht erfasst werden demgegenüber alle Formen der gesonderten Berichterstattung wie z. B. Börsen-prospekte und Darstellungen, die der steuerlichen Gewinnermittlung dienen (vgl. F. 6).[750] In personeller Hinsicht sind die IFRS und SIC auf alle Unternehmen unabhängig von deren Rechtsform, Größe oder Branche anwendbar, sofern bestimmte Standards keine Sonderregeln (bspw. IAS 14 und 30) enthalten. Nach IAS 1. 7 bzw. F. 7 besteht der IFRS - Abschluss aus einer Bilanz (balance sheet), einer

---

[746] F.1 „Zweck und Status"
[747] Vgl. *Achleitner/Behr*, IAS, S. 85, 94; *Pellens*, S. 436; *Wagenhofer*, IAS, S. 81.
[748] Näher hierzu im Folgenden unter dem Punkt B. III., 2.
[749] Eine Ausnahme stellen hier bspw. IAS 22. 3, .4 und .6 (Unternehmenszusammenschlüsse) dar, wonach dieser Standard nur begrenzt auf Einzelabschlüsse anwendbar ist.
[750] *Achleitner/Behr*, IAS, S. 94.

Gewinn- und Verlustrechnung (income statement), einer Kapitalflussrechnung (statement of changes in financial position), einer Darstellung von Änderungen des Eigenkapitals, den Angaben über Bilanzierungs- und Bewertungsmethoden sowie erläuternder Anhangsangaben (notes).

III. Zielsetzung und Grundsätze des IFRS - Abschlusses

Die grundsätzliche Zielsetzung der IFRS- Rechnungslegung findet sich im framework. Allerdings wurden 1997 im Rahmen der Überarbeitung des IAS 1 (*Presentation of Financial Statements*) einzelne Regelungen in diesen Standard aufgenommen, so dass diese nunmehr verpflichtend anzuwenden sind.

1. Adressaten und Zweck

Wie beim deutschen Einzelabschluss ist auch der Adressatenkreis des IFRS - Abschlusses weit gefasst: Gem. F. 9 fallen hierunter alle potentiellen und derzeitigen Investoren, Arbeitnehmer, Kreditgeber, Lieferanten, Kunden, staatliche Einrichtungen sowie die Öffentlichkeit. Im Gegensatz zum HGB weist F. 10 jedoch ausdrücklich auf das Problem hin, der Vielzahl dieser unterschiedlichen Interessen gerecht werden zu können. Eventuellen Konflikten soll nun dadurch Rechnung getragen werden, dass den Bedürfnisse der potentiellen und aktuellen Investoren vorrangige Bedeutung beigemessen wird: Da diese Kapital investieren, wird unterstellt, dass durch eine Ausrichtung des IFRS – Abschlusses auf diese Adressatengruppe gleichzeitig auch die Informationsinteressen der anderen Gruppen weitestgehend abgedeckt werden. Daher besteht der Zweck des IFRS - Abschlusses nach IAS 1. 5 und . 10 sowie F. 12 darin, den Investoren entscheidungsrelevante Informationen (sog. *decision usefullness*) zu vermitteln. Gem. IAS 1. 5 hat er die Vermögenswerte und Schulden, das Eigenkapital, die Erträge und Aufwendungen inklusive Gewinne und Verluste sowie die cashflows zu enthalten. Auf diese Weise sollen die tatsächlichen Verhältnisse der Vermögens-, Finanz- und Ertragssituation des Unternehmens abgebildet und dem in F. 12 bzw. IAS 1. 10 enthaltenen „true and fair view“-Prinzip als „Generalnorm“ der IFRS-Rechnungslegung[751] entsprochen werden. Im Gegensatz zum handelsrechtlichen Einzelabschluss kommt ihm hingegen nicht die Funktion einer Ausschüttungsbe-

[751] Ausführlicher hierzu *Pellens*, S. 441; *Wagenhofer*, IAS, S. 93. Dabei kommt diesem Prinzip selbst gegenüber den einzelnen IAS Vorrang zu: Tritt nämlich die Situation auf, dass die Anwendung eines bestimmten Standards zu einem „irreführenden“ Ergebnis führt, so hat das Unternehmen unter Angabe der nach IAS 1. 13 bekannt zugebenden Informationen von diesem Standard abzuweichen.

messung zu, so dass insbesondere Aspekte des Gläubigerschutzes durch Kapitalerhaltung nur geringe bzw. gar keine Berücksichtigung finden.[752]

Deutlich wird dies insbesondere an der Definition bzw. den Ansatzkriterien eines „Vermögenswertes" bzw. „assets": Während ein Teil der handelsrechtlichen Literatur davon ausgeht, dass die Handelsbilanz das Schuldendeckungspotential widerspiegeln soll und ein Vermögensgegenstand daher das Merkmal der *selbständigen Verkehrsfähigkeit* erfüllen muss, ist dieses Kriterium für die Annahme eines assets *unerheblich*.[753] Stimmt man dieser Literaturauffassung zu, so ginge der asset–Begriff demzufolge weit über den des Vermögensgegenstandes hinaus[754] und ist – zumindest insoweit - lediglich mit dem Begriff des Wirtschaftsgutes vergleichbar.[755]

Gleichzeitig dient der IFRS – Abschluss gem. F. 6 ebensowenig der Ermittlung eines steuerlich relevanten Gewinnes. Dies hat im Umkehrschluss zur Folge, dass auch assets und Wirtschaftsgüter nicht identisch sein müssen, vor allem aber, dass steuerliche Regelungen keinen Einfluss auf den IFRS – Abschluss haben (dürfen): Eine umgekehrte Maßgeblichkeit i. S. d. § 5 Abs. 1 S. 2 EStG ist hier unbekannt. Obwohl die IFRS selbst grundsätzlich nicht zwischen dem Einzel- und Konzernabschluss differenzieren und bis auf wenige Ausnahmen alle Standards auf beide Abschlüsse anwendbar sind, ist der IFRS – Abschluss aus deutscher Sichtweise sowohl hinsichtlich seiner Funktion als auch rechtlichen Stellung mit dem Konzernabschluss vergleichbar.[756]

2. Grundsätze und qualitative Anforderungen

Angelehnt an die angloamerikanische Normsetzungstechnik besteht auch im Rahmen des frameworks eine Stufenordnung hinsichtlich der anzuwendenden Rechnungslegungsgrundsätze, wobei zwischen Grundannahmen (*fundamental accounting assumtions*) und qualitativen Anforderungen (*qualitative characteristics*) differenziert wird:
Die beiden Grundannahmen der IFRS-Rechnungslegung finden sich auch für den Einzelabschluss: Ebenso wie nach § 252 Abs. 1 Nr. 2 HGB gilt nach IAS 1. 23

---

[752] *Arbeitskreis Bilanzrecht der Hochschullehrer Rechtswissenschaft*, BB 2002, 2372, 2373 f.; *Claussen/Scherrer* in KölnKomm zum AktG, Vorb. § 290 HGB, Rn. 51; *Ranker/Wohlgemuth/Zwirner*, KoR 2001, 269, 270.

[753] Der „asset" –Begriff basiert auf einer dynamischen Betrachtungsweise, während die entsprechende Literaturmeinung den „Vermögensgegenstand" statisch interpretiert; vgl. hierzu *Baetge/Kirsch/Thiele*, Bilanzen, S. 150 f.; *Ranker/Wohlgemuth/Zwirner*, KoR 2001, 269, 271 f. Differenzierend *von Keitz*, S. 182, 187 und 199 im Zusammenhang mit „intagible asset".

[754] *Arbeitskreis Bilanzrecht der Hochschullehrer Rechtswissenschaft*, BB 2002, 2372, 2374; *Herzig*, WPg 2000, 104, 114; *Schulze-Osterloh*, ZIP 2003, 93, 95; *Wagenhofer*, IAS, S. 98.

[755] *Arbeitskreis Bilanzrecht der Hochschullehrer Rechtswissenschaft*, BB 2002, 2372, 2374; *Herzig*, WPg 2000, 104, 114.

[756] *Wagenhofer*, IAS, S. 83.

und F. 23 zum einen das sog. „*going – concern*" – Prinzip. Zum anderen erfolgt auch die Aufstellung des IFRS- Abschlusses dem *Periodisierungsgrundsatz* gemäß im Wege einer periodengerechten Abgrenzung von Aufwendungen und Erträgen (*accrual principle*, vgl. IAS 1. 25 und .26 und F. 22). Anders als das Handelsrecht, welches unterschiedliche Maßstäbe und Zeitpunkte für die Berücksichtigung von Gewinnen (hohe Eintrittswahrscheinlichkeit) und Verlusten (vergleichsweise geringere Eintrittswahrscheinlichkeit) ansetzt, sieht IAS 1. 26 diesbezüglich gleich hohe Anforderungen vor. Erträge sind hier schon im Zeitpunkt ihrer Realisierbarkeit („*if probable*") zu berücksichtigen[757], während Aufwendungen nach dem Prinzip der sachlichen Abgrenzung (*matching principle*) auf Grundlage eines direktem Zusammenhangs zwischen den angefallenen Kosten und den entsprechenden Ertragsposten erfasst werden.[758] Ein Imparitätsprinzip ist der IFRS-Rechnungslgung daher unbekannt.[759]
Um die zum Zweck der ökonomischen Entscheidungsfindung erforderlichen Informationen vermitteln zu können, enthält das framework weitere qualitative Anforderungen an den IFRS – Abschluss. Diese stehen nicht isoliert von-, sondern sind vielmehr im Zusammenhang miteinander zu betrachten.[760] Auch ein Teil dieser Anforderungen sind mit handelsrechtlichen GoB vergleichbar, während andere keine Entsprechung im HGB finden[761]: Nach F. 24 müssen die vermittelten Informationen den Grundsätzen der Verständlichkeit (understandibility), Vergleichbarkeit (comparability, vgl. auch IAS 1. 38 ff.), Verläßlichkeit (reliability) und Wesentlichkeit bzw. Relevanz (relevance, vgl. auch IAS 1. 29 ff.) entsprechen.
Das Kriterium der „*Verläßlichkeit*" ist vom Grundansatz her durchaus mit dem im deutschen Recht geltenden *Objektivierungsprinzip* vergleichbar: Nach F. 33-38 ist die Vermittlung der Informationen nur dann als zuverlässig einzuschätzen, wenn sie auf einer glaubwürdigen Darstellung (faithful representation), wirtschaftlichen Betrachtungsweise (substance over form), Willkürfreiheit/Neutralität (neutrality) sowie Vollständigkeit (completeness) beruht. Ein expliziter Bilanzierungsgrundsatz wie die „*Relevanz einer Information*" ist dem Einzelabschluss demgegenüber fremd. Zwar sollen auch hier keine „unwesentlichen" oder „irrelevanten" Angaben gemacht werden. Nach F. 26 und IAS 1. 31 – und damit anders als nach HGB - bestimmt sich das Vorliegen der Relevanz einer bilanziell erfassbaren Informa-

---

757 *Achleitner/Behr*, IAS, S. 101 f. Zur teilweise divergierenden Auslegung des Ausdrucks „probable" im angloamerikanischen gegenüber dem kontinentaleuropäischen Raum vgl. *Wagenhofer*, IAS, S. 102 sowie S. 102 ff. zu weiteren Einzelheiten hinsichtlich der Realisation von Umsatzerlösen, Erträge aus Dienstleistungen sowie Werkverträgen etc.

758 Ausführlich *Wagenhofer*, IAS, S. 109 f.

759 *Buchholz/Weis*, DStR 2002, 512, 515, Fn. 28; *Wagenhofer*, IAS, S. 110.

760 Für den Konfliktfall sieht F. 45 vor, dass ein sachgerechter Ausgleich (balance between qualitative characters) gefunden werden muss.

761 Ausführlich hierzu *Achleitner/Behr*, IAS, S. 98 f.; *Buchholz/Weis*, DStR 2002, 512, 514 ff. Eine synoptische Darstellung dieser Anforderungen und ihrer eventuellen handelsrechtlichen Entsprechungen findet sich bspw. bei *Wöhe*, § 44, S. 284.

tion allerdings entscheidend danach, ob sie „die wirtschaftlichen Entscheidungen des Adressaten beeinflussen" kann.[762] Im investorenorientierten IFRS-Abschluss kommt diesem Rechnungslegungsgrundsatz daher herausragende Bedeutung zu. Probleme können sich allerdings dann ergeben, wenn eine Information gleichzeitig relevant, aber möglicherweise unzuverlässig ist: Hier besteht immer auch ein potentieller Konflikt zwischen der Relevanz und der Verläßlichkeit (vgl. F. 32).
Ein weiterer Unterschied besteht darin, dass zwar auch im Rahmen des IFRS – Abschluss ein sachgerechtes Maß an *Vorsicht* (*prudence*) anzuwenden ist, diesem Vorsichtsprinzip im Vergleich zum HGB aber nur untergeordnete Bedeutung beigemessen wird.[763] Gem. F. 37 ist es lediglich dann zu berücksichtigen, wenn aufgrund von Ungewißheiten ein Spielraum bei der Bewertung eines Bilanzpostens besteht. Dadurch soll zum Ausdruck gebracht werden, dass Unsicherheiten mit einem gewisses Maß an Umsicht gehandhabt werden sollen und diese nicht zu einer Überbewertungen von Aktiva, Unterbewertungen von Passiva und damit zum Ausweis eines zu hohen Jahresüberschusses führen sollen. Keinesfalls jedoch dürfen durch eine Anwendung des Vorsichtsprinzips stille Reserven entstehen, da dies dem Grundsatz der Willkürfreiheit und Verläßlichkeit widerspräche.[764] Im Rahmen der IFRS – Rechnungslegung kommt ihm damit nicht der Stellenwert eines übergeordneten Bilanzierungsgrundsatzes, sondern eher die Funktion einer „Handlungsanleitung" zu.[765] Zurückzuführen ist dies nicht zuletzt auf die unterschiedlichen Funktionen dieser Rechnungslegungssysteme.[766]
Auch für die IFRS – Rechnungslegung sind nun gewisse Kollisionsmöglichkeiten zwischen den einzelnen Bilanzierungsgrundsätzen auszumachen. Allerdings besteht ihr potentieller Kernkonflikt nicht wie im deutschen Recht zwischen der Periodisierung und Objektivierung (bzw. eventuellen Vorsichtsgründen), sondern vielmehr - und zwar gerade weil die IFRS eine investorenorientierte Rechnungslegung zum Ziel haben - zwischen der Objektivierung (Verläßlichkeit) und Relevanz. Ob und wie die IFRS - Rechnungslegung hier einen sachgerechten Ausgleich trifft bzw. treffen kann, soll nun im folgenden am Beispiel der Bilanzierung von immateriellen Vermögenswerten näher dargestellt werden:

---

[762] Relevante Informationen sollen hiernach bei der Beurteilung vergangener, derzeitiger oder künftiger Ereignisse zu helfen oder die Beurteilung aus der Vergangenheit bestätigen oder korrigieren.
[763] So bspw. auch *Arbeitskreis Bilanzrecht der Hochschullehrer Rechtswissenschaft*, BB 2002, 2372, 2373; *Buchholz/Weis*, DStR 2002, 512, 514; *Niehus*, DB 1997, 1421, 1422.
[764] *Achleitner/Behr*, IAS, S. 99.
[765] *Achleitner/Behr*, IAS, S. 99; *Baetge/Kirsch/Thiele*, Bilanzen, S. 120.
[766] Hierzu auch *Buchholz/Weis*, DStR 2002, 512, 514.

§ 2 Bilanzierung nach IFRS am Beispiel immaterieller Vermögenswerte

A. Immaterielle Anlagewerte

Die Bilanzierung immaterieller Anlagewerte richtet sich nach IAS 38 „Intangible assets" (revised 1998)[767] und ist - ähnlich dem deutschen Recht - an ein mehrstufiges Konzept geknüpft[768]: Dabei greift IAS 38 auf die Anforderungen zurück, die das framework an die Definition und den Ansatz eines „assets" stellt; für „intangible" assets werden lediglich Konkretisierungen vorgenommen. Sie müssen gem. § 18 zunächst die in §§ 7 bis 17 aufgeführten Definitions- und anschließend die in §§ 19 bis 55 genannten Ansatzkriterien erfüllen, andernfalls sind die hiermit zusammenhängenden Ausgaben als Aufwand der Periode der Verausgabung zu verbuchen. Dem Unternehmen obliegt es selbst, die Nachweise für das Vorliegen dieser Voraussetzungen zu erbringen. Eine aus der Aktivierungspflicht des § 19 abgeleitete Vermutung für das Vorliegen eines immateriellen Vermögenswertes besteht somit nicht.

I. Aktivierungsvoraussetzungen

1. Überblick über die Definitionskriterien

Ein immaterieller Vermögenswert ist gem. § 7 „ein identifizierbarer, nicht monetärer Vermögenswert ohne physische Substanz, der für die Herstellung von Erzeugnissen oder Erbringung von Dienstleistungen, die Vermietung an Dritte oder Zwecke der eigenen Verwaltung genutzt wird." In Anlehnung an die asset-Definition in F. 49 (a) wird auch hier das Vorliegen eines „künftigen wirtschaftlichen Nutzens", eine „Verfügungsmacht über die Ressource" sowie - als spezielles Definitionsmerkmal - die „Identifizierbarkeit" als selbständiger immaterieller Vermögenswert in Abgrenzung zum Geschäftswert vorausgesetzt. (vgl. §§ 7,

---

767 Im folgenden stellen alle §§ ohne nähere Bezeichnung solche des IAS 38 dar. Nicht anwendbar ist dieser Standards bspw. auf immaterielles Umlaufvermögen (vgl. hierzu IAS 2 und IAS 11) sowie den derivativen Geschäftswert. Auf die geplanten Änderungen des IAS 38 bzw. die Entwicklung des ED-IAS 38 im Rahmen des aktuellen IASB-Projekts „Business Combinations" wird im Vierten Kapitel näher eingegangen. Einzelheiten hierzu finden sich jedoch auch unter www.iasb.org.uk.

768 *Wehrheim*, DStR 2000, 86, 86 bezeichnet diese „Stufenordnung" als „abstrakte und konkrete Aktivierungsfähigkeit" und auch *Baetge/Kirsch/Thiele*, Bilanzen, S. 149 sprechen von einem „zweistufigen Konzept". Berücksichtigt man jedoch zusätzlich ausdrücklich vorgesehene Ansatzverbote, könnte man wohl eher von drei Stufen ausgehen.

9)[769]: Der *„künftige wirtschaftliche Nutzen"* eines Vermögenswertes besteht gem. F. 53 allgemein in dem „Potential, direkt oder indirekt zum Zufluss von Zahlungsmitteln und Zahlungsmitteläquivalenten zum Unternehmen beizutragen"[770] und ist somit im weitesten Sinne mit der Werthaltigkeit eines Wirtschaftsgutes vergleichbar. Die erforderliche *„Verfügungsmacht über die Ressource"* ist gem. § 13 dann zu bejahen, „wenn das Unternehmen die Macht hat, sich den künftigen wirtschaftlichen Nutzen, der aus der zu Grunde liegenden Ressource zufließt, zu verschaffen, und außerdem den Zugriff Dritter auf diesen Nutzen beschränken kann". Sowohl nach F. 57 als auch § 13 ist diesbezüglich eine wirtschaftliche Betrachtungsweise (substance over form) zugrunde zu legen. Allerdings wird in § 13 gleichzeitig darauf hingewiesen, dass die Kontrolle eines Unternehmens über den künftigen wirtschaftlichen Nutzen aus einem immateriellen Vermögenswert „normalerweise auf juristisch durchsetzbaren Ansprüchen" basiert. Fehlt es hingegen an entsprechenden Rechtsansprüchen, ist eine Kontrolle bedingt durch die unsichere Natur dieser Werte besonders schwierig nachzuweisen. Um auch für diesen Fall einen möglichst verlässlichen Bilanzausweis zu gewährleisten, sehen die §§ 14 bis 16 daher erhöhte Nachweisanforderungen vor.
Die *Identifizierbarkeit* als spezielles Definitionskriterium für immaterielle Vermögenswerte dient gem. § 10 der Abgrenzung vom Geschäftswert. Sie wird in IAS 38 nicht definiert, sondern lediglich durch bestimmte Anhaltspunkte und Fallbeispiele konkretisiert. Gem. § 11 ist sie regelmäßig dann zu bejahen, wenn der immaterielle Vermögenswert bzw. der ihm innewohnende wirtschaftliche Nutzen „separierbar" ist. Hieraus wird teilweise der Schluss gezogen, dass (auch) die IFRS - zumindest bei intangible assets – eine selbständige Verkehrsfähigkeit bzw. Verwertbarkeit für erforderlich halten.[771] Dem ist entgegenzuhalten, dass das Merkmal der „Separierbarkeit" gem. § 12 keine notwendige Voraussetzung der Identifizierbarkeit darstellt und diese auch auf andere Weise nachgewiesen wer-

---

769 Hinsichtlich der Abgrenzung zwischen materiellen und immateriellen Vermögenswerten bestimmt § 3, dass bei der Einordnung von aus beiden Elementen bestehenden Vermögenswerten auf das „wesentlichere Element" abzustellen ist. Für „Forschungs- und Entwicklungsaktivitäten" sieht § 4 hingegen vor, dass hier dem immateriellen Bestandteil immer Vorrang vor dem Physischen zukommt. Dies gilt selbst dann, wenn diese Aktivitäten zu einem Vermögenswert mit physischer Substanz wie z. B. einem Prototypen führen. Ferner differenzieren §§ 1 (a), 2 (f), 7 ausdrücklich zwischen finanziellen bzw. monetären und immateriellen Vermögenswerten.

770 Diesbezüglich stellt § 17 klar, dass der künftige Nutzen sowohl in der Erzielung von Einnahmen wie auch der Senkung von Kosten bestehen kann. Einschränkend allerdings § 57, wonach dies ähnlich dem § 248 Abs. 1 HGB bspw. für bestimmte Gründungs- und Anlaufkosten des Unternehmens sowie Kosten für Werbemaßnahmen und Weiterbildung verneint wird. Sie sind daher als periodengerechter Aufwand zu erfassen

771 *von Keitz*, S. 199.

den kann.[772] Damit stellt sie auch nicht auf einen möglichen Verwertungsvorgang, sondern vielmehr auf die „bilanzielle Greifbarkeit“ eines (intangible) assets ab[773] und ist –insofern - am ehesten noch mit der Definition des Wirtschaftsgutes vergleichbar.

2. Ansatzkriterien

a) Überblick

Liegt ein immaterieller Vermögenswert der Definition nach vor, so ist seine Aktivierungsfähigkeit an die weiteren Kriterien des § 19 geknüpft. Diesbezüglich zeigt sich ein deutlicher Unterschied zum deutschen Recht: Während §§ 248 Abs. 2 HGB, 5 Abs. 2 EStG auf einen entgeltlichen Erwerb abstellen, kommt es hierauf nach IAS 38 nicht an. Vielmehr ist ein immaterieller Vermögenswert gem. § 19 immer dann anzusetzen, wenn zum einen die „*Wahrscheinlichkeit*“ des zukünftigen Nutzenzufluss bejaht werden kann und zum anderen eine „*zuverlässige Ermittlung der Anschaffungs- oder Herstellungskosten*“ möglich ist. Damit versucht IAS 38, immaterielles und materielles Anlagevermögen weitestgehend gleich zu behandeln.[774]
Gerade die Möglichkeit des Ausweises selbsterstellter immaterieller Vermögenswerten wird als Argument dafür angeführt, dass die IFRS im Vergleich zum HGB „bessere“ Informationen über die tatsächliche Vermögenslage des Unternehmens vermitteln.[775] Wie sich allerdings noch zeigen wird, hängt der Bilanzausweis dieser Werte von zusätzlichen, restriktiven Voraussetzungen ab. Die praktische Relevanz dieser Aktivierungsmöglichkeit wird daher als eher gering eingestuft.[776]
Da die Bilanzierungsfähigkeit selbsterstellter immaterieller Vermögenswerte im Kern die bilanzielle Behandlung der Forschungs- und Entwicklungskosten betrifft, sollen sich die konkreten Ausführungen zu den Kriterien des § 19 dem Untersuchungsgegenstand entsprechend im Folgenden auf diese Vermögenswerte beschränken:

---

772 *Küting/Ulrich*, DStR 2001, 953, 959. In Betracht kommen hier bspw. vorhandene gesetzliche Rechte bzw. Rechtsansprüche, welche u.U. eben nicht einzeln verwertbar sind. Auch *von Keitz*, S. 199 führt einschränkend das Beispiel „Schankkonzession“ an.

773 *Euler*, BB 2002, 875, 877; *Wagenhofer*, IAS, S. 98, 149 f.

774 *Pellens/Füllbier*, in: *Baetge*, Rechnungslegung nach IAS, S. 34, 50; *Wagenhofer*, IAS, S. 155.

775 Siehe hierzu z. B. *Küting/Ulrich*, DStR 2001, 953, 960; *Wehrheim*, DStR 2000, 86, 86.

776 *Pellens*, S. 461; *Pellens/Füllbier*, in: *Baetge*, Rechnungslegung nach IAS, S. 34, 54; *Wehrheim*, DStR 2000, 86, 88.

b) Grundsätze zur Aktivierung entgeltlich erwobener immaterieller Vermögenswerte

Hinsichtlich „erworbener" immaterieller Vermögenswerte sei daher nur soviel gesagt: Ihre Aktivierungsfähigkeit bestimmt sich auch hier zunächst danach, ob der aus ihnen zu erwartende künftige Nutzen i. S. d. §§ 20, 21 *wahrscheinlich* zufließt. Im Gegensatz zu F. 83 ist eine bloße „Verknüpfung" des Nutzenzuflusses mit dem jeweiligen Posten jedoch nicht ausreichend; vielmehr muss er nach § 19 dem jeweiligen immateriellen Vermögenswert eindeutig zugeordnet werden können. Für intangible assets finden sich daher strengere Anforderungen an den Bilanzausweis.[777] Die Beurteilung einer hinreichenden Wahrscheinlichkeit liegt im Ermessen des Unternehmens und hat anhand vernünftiger sowie begründeter Annahmen zu erfolgen.[778] Allerdings enthalten weder IAS 38. 20 f. noch das framework eine Konkretisierung dahingehend, welcher Grad der Wahrscheinlichkeit ausreicht. In der Literatur wird angenommen, dass ein Prozentsatz von mehr als 50 v. H. genügt.[779] Die zuverlässige Ermittlung der Anschaffungsskosten i. S. d. § 19 (b) hat anschließend nach §§ 23 bis 35 zu erfolgen.[780]

c) Ansatzkriterien für selbsterstellte immaterielle Vermögenswerte

aa) Differenzierung zwischen der Forschungs- und Entwicklungsphase

Wie durch den Hinweis in § 39 ersichtlich wird, sind sich auch die IFRS den Unsicherheiten bewußt, die mit selbsterstellten immateriellen Werten zusammenhängen: Zur Handhabung der Frage, ab wann hier eine nachprüfbare und damit bilanziell erfassbaren Werthaltigkeit vorliegt, wird zunächst der Herstellungsprozess gem. § 40 in eine *Forschungs- und Entwicklungsphase*

---

[777] Vgl. auch *Wagenhofer*, IAS, S. 150.

[778] Als Anhaltspunkt dienen die „zum Zeitpunkt des erstmaligen Ansatzes zur Verfügung stehenden substanziellen Hinweise, wobei externen substanziellen Hinweisen größeres Gewicht beizumessen ist". Dabei soll insbesondere dann eine hinreichende Wahrscheinlichkeit unterstellt werden können, wenn das Unternehmen die Absicht zur Verwendung des Vermögenswertes nachweisen kann, vgl. *Wehrheim*, DStR 2000, 86, 87.

[779] *Baetge/Kirsch/Thiele*, Bilanzen, S. 152; *Pellens*, S. 445; *von Keitz*, S. 184. Nach *Wagenhofer*, IAS, S. 96 mwN soll für eigenkapitalerhöhende Posten hingegen ein tendenziell höherer Wahrscheinlichkeitsgrad erforderlich sein.

[780] Auch im Falle eines „kostenlosen Erwerbs aufgrund einer Zuwendung durch die öffentliche Hand" (§ 33) muss der Wert des intangible assets ebenso zuverlässig wie die Anschaffungskosten bei einem Erwerb durch Kauf, durch Unternehmenszusammenschlüsse (§§ 27 ff.) oder durch Tausch (§§ 26, 34 ff.) ermittelt werden können.

eingeteilt.[781] § 43 weist ausdrücklich darauf hin, dass sich Kosten der Forschungsphase noch nicht zu einer nachprüfbaren Werthaltigkeit verdichtet haben. Gem. § 42 können sie daher nicht aktiviert, sondern müssen als Periodenaufwand i. S. d. §§ 56 ff. erfasst werden. Das Problem besteht nun allerdings darin, dass diese Phasen regelmäßig fließend ineinander übergehen. Gem. § 41 sind sie daher im Zweifel der Forschungsphase zuzurechnen. Allerdings obliegt die Abgrenzung dieser Phase dem Bilanzierenden. Ihm wird damit also ein nicht unerheblicher *Beurteilungs- und Entscheidungsspielraum* im Hinblick auf die Einordnung und bilanzielle Behandlung entsprechender Aufwendungen eingeräumt.[782]

bb) (Ausschließliche) Aktivierungsfähigkeit von Kosten der Entwicklungssphase

(1) Überblick

Eine Nachprüfbarkeit der Werthaltigkeit, welche den Ausweis als selbsterstellter immaterieller Vermögenswert erlauben könnte, ist nach IAS 38 demzufolge ausschließlich für *Kosten der Entwicklungsphase* (vgl. § 46) möglich. Allerdings gilt dies nicht unmittelbar und auch nicht für alle Entwicklungskosten. So besteht ein generelles Aktivierungsverbot für selbst geschaffene Markennamen, Drucktitel, Verlagsrechte, Kundenlisten sowie ihrem Wesen nach ähnliche Sachverhalte (vgl. § 51) und den originären goodwill (vgl. § 36). Darüber hinaus ist die Aktivierungsfähigkeit von Entwicklungskosten an die zusätzlichen und kumulativ zu erfüllenden Voraussetzungen des § 45 geknüpft. Deren Vorliegen ist zwar explizit nachzuweisen, allerdings besteht auch hier *keine aktive Nachweispflicht*.[783]

(2) „Ob" und „Wie" der Wahrscheinlichkeit eines künftigen wirtschaftlichen Nutzens

Für die Aktivierung von Entwicklungskosten ist neben dem „Ob" einer hinreichenden Wahrscheinlichkeit i. S. d. §§ 19 ff. gem. § 45 (d) zusätzlich nachzuweisen, „wie" dieser Nutzen erzielt werden soll. Dies gelingt entweder durch den Nachweis eines Marktes für zum Verkauf bestimmte Produkte oder den Nutzen für das Unternehmens selbst, sofern das Produkt für den internen Gebrauch bestimmt ist. Gem. § 48 ist diesbezüglich auf die in IAS 36 enthaltenen

---

[781] Zur Definition der Begriffe „Forschung" und „Entwicklung" vgl. IAS 38. 7. Gem. § 40 ist die Bedeutung der Begriffe „Forschungs-" und „Entwicklungs*phase*" allerdings umfassender zu verstehen und wird in §§ 44, 47 konkretisiert.
[782] *Buchholz/Weis*, DStR 2002, 512, 516; *Pellens*, S. 461; *Wagenhofer*, IAS, S. 153 f. mwN
[783] Vgl. *Pellens*, S. 461; *Kirsch*, BB 2003, 1111, 1112; *Wagenhofer*, IAS, S. 153 f. mwN.

Grundsätze zur Wertminderung von Vermögenswerten oder das dort enthaltene Konzept der *zahlungsmittelgenerierenden Einheiten* zurückzugreifen.

(3) Zuverlässige Ermittlung der Herstellungskosten

Sowohl nach § 19 (b) als auch § 45 (f) besteht ein weitere Erfordernis darin, dass die Herstellungskosten zuverlässig bemessen werden können. Die *zuverlässige Bewertbarkeit* stellt das wohl am schwierigsten zu erfüllende Ansatzkriterium selbsterstellter intangible assets dar, und zwar nicht zuletzt deswegen, weil sich die anfallenden Kosten oftmals auf mehrere Werte verteilen und dem jeweiligen Vermögenswert daher nicht immer eindeutig zugeordnet werden können.[784] Andererseits weist die (zuverlässige) *Bewertbarkeit* aber auch einen engen Zusammenhang mit dem Definitionskriterium der *Identifizierbarkeit* auf, da eine Bejahung Letzterer die Bewertbarkeit zumindest indiziert und eine nicht mögliche Ermittlung der Herstellungskosten umgekehrt gegen eine eindeutige Abgrenzbarkeit von anderen immateriellen Vermögenswerten spricht.[785] Darüber hinaus ist eine zuverlässige Bewertbarkeit nicht dadurch ausgeschlossen, dass sich die Herstellungskosten nur anhand einer Schätzung ermittelt lassen: Schätzungen stellen schon grundsätzlich einen wesentlichen Bestandteil der Erstellung eines Jahresabschlusses dar. Vielmehr kommt es hier auf die Möglichkeit einer *zuverlässigen Schätzung* an.[786] Diesbezüglich geht § 50 davon aus, dass eine solche grundsätzlich anhand der Kostenrechnungssysteme eines Unternehmens durchgeführt werden könne.

(4) Weitere zusätzliche Ansatzkriterien

Darüber hinaus muss der Nachweis erbracht werden, dass die Fertigstellung des immateriellen Vermögenswertes technisch realisierbar ist und er damit dem Unternehmen zur Verfügung steht (§ 45 a), dass die Absicht besteht, ihn auch tatsächlich zur Nutzung fertigzustellen (§ 45 b), dass dem Unternehmen die Fähigkeit zukommt, den Vermögenswert zu nutzen oder zu verkaufen (§ 45 c) *und* dass adäquate technische, finanzielle und sonstige Ressourcen zur Verfügung stehen, um die Entwicklung abschließen und den immateriellen Vermögenswert nutzen oder verkaufen zu können (§ 45 e).[787] Letzteres soll gem. § 49 insbesondere anhand eines Unternehmensplanes nachgewiesen werden können, in welchem die benötigten Ressourcen sowie die Fähigkeit des Unternehmens zur Sicherung dieser Ressourcen darzulegen sind.

---

[784] *Achleitner/Behr*, IAS, S. 127; *von Keitz*, S. 201; *Wehrheim*, DStR 2000, 86, 88; ähnlich kritisch *Euler*, BB 2002, 875, 877 f.

[785] *von Keitz*, S. 202.

[786] *von Keitz*, S. 185 mit weiteren Einzelheiten; *dies.*, DB 2003, 1801, 1802.

[787] Kritisch gegenüber diesem Kriterium im Hinblick auf kleine und junge Unternehmen („Existenzgründern")*Wehrheim*, DStR 2000, 86, 87; siehe ferner *Kirsch*, BB 2003, 1111, 1112.

II. Bewertung immaterieller Vermögenswerte

1. Erstbewertung

Auch nach den IFRS sind (immaterielle) Vermögenswerte im Zeitpunkt ihres Zuganges mit den Anschaffungs- oder Herstellungskosten anzusetzen (vgl. hier IAS 38. 22). Zu den Herstellungskosten zählen nun gem. § 54 alle Ausgaben, die „der Schaffung, Herstellung und Vorbereitung des Vermögenswertes auf seinen beabsichtigten Gebrauch direkt zugerechnet oder auf vernünftiger und stetiger Basis indirekt zugeordnet werden können".[788] Auch in zeitlicher Hinsicht wird eine Konkretisierung vorgenommen: Nach § 53 dürfen nur die Kosten erfasst werden, welche ab dem Zeitpunkt des erstmaligen Vorliegens der Ansatzkriterien i. S. d. §§ 19 – 20 und § 45 anfallen. Ebensowenig zu berücksichtigen sind nach § 60 solche Kosten, die nach der Fertigstellung des Vermögenswertes anfallen.

Eine Ausnahme gilt dann, wenn nachträglich anfallende Ausgaben gem. § 60 (a) eine Steigerung des dem Vermögenswert innewohnenden, künftigen wirtschaftlichen Nutzens über die ursprünglich geschätzten Ertragskraft hinaus bewirken und gem. § 60 (b) eine zuverlässige Bewertung sowie eindeutige Zuordnung dieser Ausgaben zum jeweiligen Vermögenswert möglich ist. Gleichzeitig enthält § 61 jedoch die Vermutung, dass solche Ausgaben regelmäßig nur dem Erhalt und nicht der Steigerung der ursprünglichen Ertragskraft dienen. Immer als Aufwand zu erfassen sind demgegenüber gem. § 62 Ausgaben für Markennamen sowie die weiteren, in § 51 genannten Sachverhalte.

2. Abschreibungen und Folgebewertung

Hinsichtlich der Folgebewertung nennt IAS 38 die bevorzugte *Benchmark- Methode* sowie die alternativ zulässige Methode in Form der sog. *Neubewertung*. Unabhängig von der gewählten Bewertungsmethode[789] sind die ausgewiesenen Vermögenswerte wie im deutschen Recht auf ihre voraussichtliche Nutzungsdauer hin planmäßig abzuschreiben und eventuelle außerplanmäßige Wertminderungen zu berücksichtigen. Die in § 63 genannte Benchmark-Methode stellt den praxisrelevanteren „Normalfall" dar und sieht vor, den immateriellen Vermögenswert in Höhe seiner originären Anschaffungs- oder Herstellungskosten abzüglich der kumulierten Abschreibungen und Aufwendungen für Wertminderung anzusetzen. Im Folgenden sollen daher zunächst sowohl die planmäßige Abschreibung als auch die Berücksichtigung von

---

[788] § 54 (a) – (d) nennen diesbezüglich einzelne Beispielsfälle wie Materialkosten oder Löhne, während in § 55 aufgelistet wird, welche Ausgaben nicht als Bestandteil der Herstellungskosten berücksichtigt werden dürfen.

[789] Zu den Auswirkungen einer durchgeführten Neubewertung auf die planmäßige und außerplanmäßige Abschreibung siehe unten § 2 A. II. 2. c) dd).

außerplanmäßiger Wertminderungen auf *Grundlage dieser Bewertungsmethode* dargestellt werden. Gegebenenfalls bestehende Abweichungen im Zusammenhang mit der Neubewertung sollen im Rahmen ihrer Darstellung aufgegriffen werden.

a) Planmäßige Abschreibungen

Immaterielle Vermögenswerte sind nach IAS 38 prinzipiell abnutzbar und daher ab dem Zeitpunkt der ersten Gebrauchsmöglichkeit (§ 79) planmäßig abzuschreiben. Auch hier ist die Abschreibung kein Prozess der Bewertung, sondern - ebenso wie im deutschen Recht - die systematische und periodengerechte Verteilung des gesamten Abschreibungsvolumens auf die geschätzte Nutzungsdauer des Vermögenswertes. Daher hat sie gem. § 80 unabhängig von eventuellen, im Rahmen einer Neubewertung oder eines Niederstwerttests i. S. d. IAS 36 aufgedeckten, Wertveränderungen zu erfolgen. Die entsprechenden Abschreibungsbeträge der jeweiligen Periode sind gem. § 88 als Aufwand zu erfassen, sofern sie nicht nach Maßgabe anderer Standards in den Buchwert eines anderen Vermögenswertes, z. B. als dessen Herstellungskosten, einfließen (vgl. § 90 mit Hinweis auf IAS 2).
Das Abschreibungsvolumen ermittelt sich anhand der originären Kosten abzüglich eines potentiellen Restwertes des Vermögenswertes, welcher gem. § 91 jedoch grundsätzlich mit Null anzusetzen ist.[790] Demgegenüber ist die Nutzungsdauer gem. § 79 bestmöglich zu *schätzen*. Diesbezüglich besteht eine (nach Maßgabe des § 83) widerlegbare Vermutung dahingehend, dass sie zwanzig Jahre ab dem Zeitpunkt der Verfügbarkeit des intangible assets nicht übersteigt. Soll eine hiervon abweichende Nutzungsdauer geschätzt werden, so sind die in den §§ 80 – 87 näher aufgeführten Kriterien zu beachten. Angesichts der Unsicherheiten, die mit immateriellen Vermögenswerten verbunden sind, soll sie nach § 84 „vorsichtig, aber nicht unrealistisch kurz" einzuschätzen sein.

Gem. §§ 85, 86 kann bspw. die Geltungsdauer gewährter Rechtsansprüchen zu einer abweichenden Nutzungsdauer führen. Ist die Nutzungsdauer nicht näher konkretisiert, so sind bei ihrer Schätzung die in § 80 aufgezählten Faktoren zu berücksichtigen, so z. B. die voraussichtliche Nutzungsmöglichkeit insbesondere durch das jeweilige Management, eine mögliche technische oder technologische Veralterung und *sogar voraussichtliche Handlungen seitens Wettbewerbern und potentieller Konkurrenten* (!).[791]

Anschließend ist das Abschreibungsvolumen unter Anwendung der linearen, degressiven oder leistungsabhängigen Abschreibungsmethode (vgl. § 89) planmäßig auf diesen Zeitraum zu verteilen. Sofern sich der erwartete Abschreibungsverlauf

---

[790] Zu Abweichungen vgl. § 91 a) oder § 91 b). Wie der Restwert konkret zu ermitteln ist, wird in § 93 näher ausgeführt.
[791] Zur Kritik siehe auch § 3.

nicht ändert, ist eine einmal gewählte Methode zwar grundsätzlich stetig und von Periode zu Periode anzuwenden.

Die Wahl der Abschreibungsmethode richtet sich gem. § 89 nach dem erwarteten Abschreibungsverlaufs und soll gem. § 88 widerspiegeln, wie der künftige wirtschaftliche Nutzen des Vermögenswertes durch das Unternehmen verbraucht wird. Allerdings finden sich sowohl in § 88 als § 89 Einschränkungen hinsichtlich dieses Wahlrechts: So ist die lineare Methode nach § 88 immer dann anzuwenden ist, wenn sich ein abweichender Abschreibungsverlauf nicht zuverlässig ermittelt lässt. Gleichzeitig geht § 89 davon aus, dass für immaterielle Vermögenswerte selten überzeugende substanzielle Hinweise angeführt werden können, die für eine andere als die lineare Abschreibungsmethode sprechen.

Die Beibehaltung einer Methode ist nach Maßgabe der §§ 94 ff. wenigstens am Ende eines jeden Geschäftsjahres zu überprüfen.

b) Berücksichtigung außerplanmäßiger Wertminderungen nach IAS 36

Über die planmäßigen Abschreibungen hinaus sind gem. § 97 auch eventuelle außerplanmäßige Wertminderungen unter Rückgriff auf IAS 36 (Wertminderung von Vermögenswerten) zu berücksichtigen. Eine Wertminderung liegt gem. IAS 36. 7 dann vor, wenn der Buchwert den Betrag übersteigt, der durch die Nutzung oder den Verkauf in Form des sog. *erzielbaren Betrages* wiedererlangt werden könnte. Die Beurteilung, ob überhaupt eine Wertminderung eingetreten ist, hat das Unternehmen anhand der in IAS 36. 9 bis .11 aufgezählten Anhaltspunkte vorzunehmen und hierbei sowohl externe Informationen (z. B. ein gesunkener Marktwert) als auch interne Informationen (z. B. Überalterung oder physische Schäden des Vermögenswertes) zu berücksichtigen. Der anschließend zu ermittelnde, erzielbare Betrag stellt gem. IAS 36. 5 den höheren „der beiden Beträge aus *Nettoveräußerungspreis* und *Nutzungswert* eines Vermögenswertes“[792] dar. Er entspricht im wesentlichen dem *beizulegenden Wert* i. S. d. § 253 Abs. 2 HGB[793], allerdings ist er im Gegensatz zu diesem zwingend und unabhängig von der voraussichtlichen Dauer der Wertminderung zu berücksichtigen.[794] Die Höhe des erzielbaren Betrages ist für den einzelnen Vermögenswert im Wege des sog. *Niederstwerttests* (*impairment test*) nach Maßgabe der IAS 36. 15 bis .56 zu schätzen. Dabei ist die Bewertung der Wertminderung unabhängig von der zuvor zugrunde gelegten Methode zur Bewertung des Vermögenswertes vorzunehmen;

[792] Gem. § 5 IAS 36 werden diese beiden Begriffe wie folgt definiert.: „Der Nutzungswert ist der Barwert der geschätzten künftigen Cashflows, die aus der fortgesetzten Nutzung eines Vermögenswertes und seinem Abgang am Ende seiner Nutzungsdauer erwartet werden“. Der Nettoveräußerungspreis stellt demgegenüber den Betrag dar, „der durch den Verkauf eines Vermögenswertes in einer Transaktion zu Marktbedingungen zwischen sachverständigen, vertragswilligen Parteien nach Abzug der Veräußerungskosten erzielt werden könnte“.

[793] *Wagenhofer*, IAS, S. 120.

[794] Näher hierzu *Baetge/Kirsch/Thiele*, Bilanzen, S. 248; *Wagenhofer*, IAS, S. 141.

diese ist vielmehr nur dahingehend von Bedeutung, ob die ermittelten Wertminderungsaufwendungen erfolgswirksam oder –neutral zu berücksichtigen sind.
Die Erfassung und Bewertung des Wertminderungsaufwandes bestimmt sich grundsätzlich nach den IAS 36. 57 bis .63: Gem. IAS 36. 58 ist zunächst der Buchwert auf den erzielbaren Betrag zu verringern, wobei die entsprechende Differenz den *Wertminderungsbetrag* darstellt. Anschließend ist der Abschreibungsaufwand künftiger Perioden nach Maßgabe des IAS 36. 62 anzupassen. Wurde der Buchwert vormals anhand der Benchmark-Methode bewertet, so ist der Wertminderungsbetrag gem. IAS 36. 59 als Aufwand in der Gewinn- und Verlustrechnung zu erfassen. Ist er hingegen auf eine vorherige Neubewertung zurückzuführen, so bestimmt sich die Gewinnwirksamkeit nach den IAS 36. 59 f. i. V. m. IAS 38. 77.[795]
Wurde ein Wertminderungsaufwand einmal festgestellt, so hat das Unternehmen gem. IAS 36. 95 *zu jedem Bilanzstichtag* das Fortbestehen der ihm zugrundeliegenden Anhaltspunkte zu überprüfen.[796] Liegen Hinweise für eine Änderung oder einen Wegfall dieser Gründe vor, so ist der nunmehr erzielbare Betrag mit Hilfe eines erneuten Niederstwerttests zu schätzen. Gegebenenfalls ist - sofern eine wesentliche Abweichung i. S. d. IAS 36. 97 vorliegt - eine Anpassung des bisherigen Buchwertes im Wege einer *Wertaufholung* gem. IAS 36. 102 bis 107 vorzunehmen. Als wertmäßige Obergrenze sieht IAS 36. 102 den Buchwert in Form der fortgeführten Anschaffungs- oder Herstellungskosten bzw. den *Neubewertungsbetrag* vor, der ohne die vorherige Wertminderung angesetzt worden wäre. Insbesondere IAS 36. 103 stellt diesbezüglich folgendes klar: Eine aufgrund dieser Wertaufholung entstehende Erhöhung des nunmehr auszuweisenden Buchwertes über den ursprünglichen (d. h. fortgeführten originären und nicht wertgeminderten) Buchwert stellt *faktisch* eine *Neubewertung* dar. Dementsprechend richtet sich auch die Frage der Gewinnwirksamkeit dieser Wertaufholung danach, wie Werterhöhungen aufgrund einer Neubewertung nach den jeweils einschlägigen Standards – und damit für immaterielle Vermögenswerte nach IAS 36. 104 i.V.m. IAS 38. 76 - zu berücksichtigen sind.

Neben den Grundsätzen des IAS 36 sind nach IAS 38 einige Besonderheiten zu beachten: Zum einen regelt § 98 eine abweichende Berücksichtigung des Wertminderungsaufwandes für einen Vermögenswert, der im Rahmen eines Unternehmenszusammenschlusses nach IAS 22 neu hinzu erworben wurde. Zum anderen ist der Niederstwerttest für immaterielle Vermögenswerte, die noch nicht zum Gebrauch verfügbar sind oder deren Nutzungsdauer mehr als zwanzig Jahre

---

[795] Hiernach ist die Wertminderung zunächst erfolgsneutral gegen den Betrag aufzurechnen, welcher zuvor in eine aufgrund der Neubewertung eventuell gebildete Neubewertungsrücklage eingestellt worden ist. Wurde keine entsprechende Rücklage gebildet bzw. übersteigt die aufgedeckte Wertminderung diesen Betrag, so ist der (restliche) Wertminderungsbetrag als Aufwand erfolgswirksam in der Gewinn- und Verlustrechnung zu erfassen.
[796] Ausführlich hierzu IAS 36. 94 und 101.

beträgt, gem. § 99 selbst dann jährlich vorzunehmen, wenn keine Anzeichen für eine Wertminderung vorliegen.

c) Bewertung nach der alternativ zulässigen Methode

aa) Grundlagen

Statt der Bewertung zu den fortgeführten Anschaffungs- oder Herstellungskosten besteht nach der alternativ zulässigen Methode die Möglichkeit, den immateriellen Vermögenswert nach einer *Neubewertung* mit seinem *Markt – bzw. Zeitwert (fair value)* anzusetzen. Die Besonderheit der Neubewertung besteht nun darin, dass hier aufgrund der Berücksichtigung von nachträglichen Anschaffungs- oder Herstellungskosten i. S. d. § 66 oder entsprechenden Marktverhältnissen auch ein höherer als der ursprüngliche Wert ermittelt werden und damit eine Aufdeckung stiller Reserven erfolgen kann.[797] Ein Anschaffungskostenprinzip findet hier also gerade keine Anwendung. Damit kann sie also zu einer grundlegenden Änderung der Bewertungsbasis führen[798], was wiederum spezifische Auswirkungen sowohl auf die bilanzielle Behandlung eventuell aufgedeckter Wertsteigerungen bzw. – minderungen) als auch auf die in der Folgezeit vorzunehmenden Abschreibungen hat.

Wie in dem im folgenden Abschnitt noch näher darzustellenden §§ 76, 77 zum Ausdruck kommt, liegt der *Zeitwertbilanzierung mittels Neubewertung*[799] das Konzept der *Substanzerhaltung* zugrunde[800]: Hiernach wird ein Gewinn nur insoweit erzielt, als sich die, für eine Leistungserstellung notwendigen physischen Ressourcen im Laufe des Wirtschaftsjahres *quantitativ* erhöht haben. Reine Preisveränderungen des Vermögenswertes hingegen sollen keinen wirtschaftlichen, sondern nur einen bloßen Scheingewinn darstellen.[801] Im Rahmen der Neubewertung wird diesem nun dadurch Rechnung getragen, dass sich entsprechende Wertsteigerungen grundsätzlich nicht erfolgswirksam auswirken.

Demgegenüber verfolgen das HGB, das EStG, die Zweite gesellschaftsrechtliche EG – Richtlinie, die Bilanzrichtlinie (jedenfalls grundsätzlich) sowie andere Bewertungsmethoden innerhalb der IFRS - Rechnungslegung das *Konzept der no-*

---

797 *Schildbach*, BFuP 1998, 580, 586.

798 *Achleitner/Behr*, IAS, S. 129; *Wagenhofer*, IAS, S. 159.

799 *Andere Formen* der Zeitwertbilanzierung finden sich bspw. in IAS 39 (Finanzinstrumente: Ansatz und Bewertung), IAS 40 (Zu Spekulationszwecken gehaltene Grundstücke und Gebäude) sowie IAS 41 (Landwirtschaft); vgl. hierzu *Baetge/Kirsch/Thiele*, Bilanzen, S. 243; *Wagenhofer*, IAS, S. 306.

800 *Schildbach*, BFuP 1998, 580, 585; *Wagenhofer*, IAS, S. 300.

801 *Wagenhofer*, IAS, S. 300. Einzelheiten hierzu finden sich bspw. bei *Siegel*, BFuP 1998, 593, 595 f.; *Wöhe*, § 21, S. 134 ff.

minalen Kapitalerhaltung.[802] Gewinn ist hier die Differenz zwischen dem *nominalen monetären Wert* des Eigenkapitals am Ende des Wirtschaftsjahres im Vergleich zum Beginn desselben Wirtschaftsjahres.[803]

Ein Aufwand hingegen darf maximal mit seinen tatsächlich angefallenen Kosten und nicht mit gestiegenen Wiederbeschaffungskosten angesetzt werden, so dass insbesondere die Bildung einer steuerfreien Rücklage wegen mutmaßlich gestiegener Wiederbeschaffungskosten und zum Zwecke der Substanzerhaltung unzulässig ist.[804]

Damit stellt die Möglichkeit zur Vornahme einer Zeitwertbilanzierung mittels Neubewertung sowohl angesichts des hier denkbaren Ansatzes eines Wertes, der über die originären (Anschaffungs- oder) Herstellungskosten hinausgeht, als auch aufgrund des ihr zugrundeliegenden „Bilanzierungskonzeptes" eine wesentliche Abweichung zum deutschen Recht dar.

bb) Voraussetzung und Durchführung der Neubewertung

Gem. § 64 setzt die Neubewertung zunächst voraus, dass der immaterielle Vermögenswert zuvor - zumindest teilweise, vgl. § 66 - mit seinen (fortgeführten) Anschaffungs- oder Herstellungskosten in der Bilanz ausgewiesen wurde. Darüber hinaus aber darf die Ermittlung des Zeitwertes von immateriellen Vermögensgegenstände im Gegensatz zu Sachanlagevermögen[805] *ausschließlich* unter Bezugnahme auf einen *aktiven Markt* erfolgen. Dieses Kriterium soll angesichts der im Zusammenhang mit immateriellen Vermögenswerten bestehenden Unsicherheiten einer (Ver-) *Objektivierung der Bewertung* dienen[806] und ist an enge, kumulativ zu erfüllende Voraussetzungen geknüpft: Nach § 7 liegt ein aktiver Markt nur dann vor, wenn (a) die auf dem Markt gehandelten Produkte homogen sind, (b) jederzeit vertragswillige Käufer und Verkäufer gefunden werden können und (c) die Preise der Öffentlichkeit zur Verfügung stehen. Allerdings ist hier folgende Besonderheit zu beachten: Vor allem bei einem originären immateriellen Vermögenswert liegt gerade kein Geschäftsvorfall vor, welcher die Existenz eines solchen Marktes nachweisen könnte. Dementsprechend ist die Ermittlung des Zeitwertes hier nur bei dem Nachweis eines sog. *Sekundärmarktes* möglich, auf

---

[802] *Wagenhofer*, IAS, S. 299 f.. Zum Handels- und Steuerrecht vgl. BFH, BStBl. II 1980, 434; *Wöhe*, § 21. S. 133. Zur Zweiten Gesellschaftsrechtlichen Richtlinie vgl. Com (2000) 56. Demgegenüber sieht Art. 33 der Bilanzrichtlinie ein Mitgliedsstaatenwahlrecht vor, nach dem für Sachanlagewerte und Vorräte auch andere Bewertungsmethoden bzw. der Ansatz mit Wiederbeschaffungskosten gestattet werden können.

[803] Unter Berücksichtigung der vorgenommenen Entnahmen und Einlagen.

[804] BFH, BStBl. II 1980, 434.

[805] Vgl. IAS 16. 31 wonach Sachanlagen auch mit den fortgeführten Wiederbeschaffungskosten bewertet werden können.

[806] *Baetge/Kirsch/Thiele*, Bilanzen, S. 245; *Wagenhofer*, IAS, S. 159.

dem diese Vermögenswerte *potentiell* gehandelt werden könnten.[807] Gleichzeitig wird in § 67 einschränkend darauf hingewiesen, dass ein aktiver (Sekundär-) Markt für immaterielle Vermögenswerte zwar bestehen kann, im Regelfall und z. B. für Markennamen, Patente, Warenzeichen u. ä. nicht besteht. Insbesondere aus diesem Grund wird die praktische Relevanz der fair-value-Bewertung für immaterielle Vermögenswerte als eher gering eingeschätzt.[808] Ist ein aktiver Markt ausnahmsweise allerdings doch vorhanden, so erstreckt sich der Umfang einer Neubewertung nicht nur auf den jeweiligen immateriellen Vermögenswert, sondern gem. § 70 auf alle Vermögenswerte seiner Gruppe (vgl. § 71), für die ebenfalls ein aktiver Markt existiert.[809] Eine einmal durchgeführte Neubewertung ist nach § 64 in hinreichend regelmäßigen Abständen zu wiederholen. Hierdurch soll eine wesentliche Abweichung des Buchwertes von dem Wert verhindert werden, welcher unter Verwendung des beizumessenden Zeitwertes am Bilanzstichtag auszuweisen wäre.[810] Entfällt die Möglichkeit, den beizulegenden Zeitwert unter Bezugnahme auf einen aktiven Markt (neu) zu bestimmen, so entspricht der Buchwert gem. § 73 dem fortgeführten Neubewertungsbetrag, der letztmalig ermittelt werden konnte.

cc) Behandlung von Wertveränderungen gegenüber dem Buchwert

Ganz im Sinne des Konzeptes der Substanzerhaltung führt die Neubewertung im Gegensatz zu anderen Formen der Zeitwertbilanzierung[811] *grundsätzlich* nicht zu einer Gewinnwirksamkeit der aufgedeckten Werterhöhungen: Vielmehr sind sie gem. § 76 zunächst erfolgsneutral als *Neubewertungsrücklage* in das Eigenkapital einzustellen; ob und inwieweit sie anschließend aufgelöst und (zwecks späterer Ausschüttung) in die Gewinnrücklagen umgebucht werden kann, bestimmt sich nach § 78. Wertminderungen hingegen werden gem. § 77 grundsätzlich gewinnwirksam als Aufwand erfasst. Allerdings stehen beide Arten von Wertveränderungen in einer Wechselwirkung miteinander und können die Gewinnwirksamkeit der jeweils anderen beeinflussen: Werterhöhungen sind nämlich ausnahmsweise dann und insoweit als Ertrag zu erfassen, als dass sie einen vorausgegangenen Neubewertungsverlust desselben Vermögenswertes aufheben und dieser Verlust

---

[807] *Achleitner/Behr*, IAS, S. 129

[808] So *Buchholz/Weis*, DStR 2002, 559, 559; *Pellens*, S. 458; *Wagenhofer*, IAS, S. 300.

[809] Ist dies für einzelne immaterielle Vermögenswerte dieser Gruppe nicht der Fall, so sind sie gem. § 72 mit ihren jeweiligen (fortgeführten) (Anschaffungs- oder) Herstellungskosten anzusetzen.

[810] Dabei ist die Häufigkeit dieser Wiederholungen gem. § 68 abhängig „vom Ausmaß der Schwankungen des beizulegenden Zeitwertes der einer Neubewertung unterliegenden immateriellen Vermögenswertes".

[811] So z. B. der Zeitwertbilanzierung nach IAS 39 Finanzinstrumente: Ansatz und Bewertung (vgl. insbesondere IAS 39. 103 ff.). Ausführlicher hierzu *Kirsch*, BB 2003, 1111, 1113 f.; *Schildbach*, BFuP 1998, 580, 581 ff; *Wagenhofer*, IAS, S. 305.

durch eine Neubewertung bereits in vorherigen Perioden als Aufwand berücksichtigt wurde. Umgekehrt sind Wertminderungen mit einer eventuell vorhandenen Neubewertungsrücklage desselben Vermögensgegenstandes direkt zu verrechnen und wirken sich in diesem Fall erfolgsneutral aus. Diese bilanzielle Behandlung führt im Ergebnis somit dazu, dass sich *Wertminderungen* unter die originären Anschaffungs- oder Herstellungskosten im Ergebnis immer *erfolgswirksam* bzw. hierüber hinausgehende *Werterhöhungen* immer *erfolgsneutral* auswirken. Dies ergibt „eine Art Niederstwertprinzip".[812]

dd) Auswirkungen auf die planmäßige und außerplanmäßige Abschreibung

(1) Planmäßige Abschreibungen

Die Neubewertung eines (selbsterstellten immateriellen) Vermögenswertes hat unterschiedliche Auswirkungen auf die vorgenommenen und in der Folgezeit vorzunehmenden Abschreibungen: Zunächst ist ein neubewerteter Vermögenswert in der Bilanz mit seinem beizulegenden Zeitwert auszuweisen[813] und wie ein zu Anschaffungs- oder Herstellungskosten bewerteter Vermögenswert mit dem Zeitwert als Ausgangswert in der Folgezeit abzuschreiben.[814] Dieser Abschreibung ist ein neuer Abschreibungsplan zugrunde zulegen, da die Neubewertung zu einem neuen Abschreibungsvolumen sowie ggf. einer veränderten Nutzungsdauer führt. Ferner hat eine Anpassung der bis zu diesem Zeitpunkt vorgenommenen kumulierten Abschreibungen zu erfolgen. Entweder sind sie nach § 69 (a) im Verhältnis zur Änderung des Bruttowertes anzupassen, so dass der Buchwert nach der Neubewertung seinem Neubewertungsbetrag – also dem Zeitwert – entspricht oder gem. § 69 (b) gegen den Bruttobuchwert zu eliminieren und der Nettobetrag dem Neubewertungsbetrag anzupassen.
Geht man von dem Regelfall aus, dass eine Neubewertung zu einem höheren Buchwert führt, so hat sie also gleichzeitig eine Erhöhung des Abschreibungsvolumens und damit *künftig erhöhte Abschreibungsbeträge* zur Folge.[815] Im Gegensatz zu den ermittelten Werterhöhungen wirken sich die jeweiligen, höheren Abschreibungsbeträge nun allerdings *immer* erfolgswirksam und entsprechend *ge-*

---

[812] So ausdrücklich *Wagenhofer*, IAS, S. 302; allgemeiner *Moxter*, DB 2000, 2143, 2145.
[813] Dies gilt jedenfalls dann, wenn der Zeitwert zum Abschlußstichtag ermittelt wurde. Erfolgt eine Neubewertung im Laufe des Wirtschaftsjahres, so ist der Vermögenswert am Bilanzstichtag mit diesem Wert abzüglich der bis dahin zeitanteilig vorzunehmenden Abschreibung anzusetzen.
[814] *Baetge/Kirsch/Thiele*, Bilanzen, S. 245 f.
[815] *Baetge/Kirsch/Thiele*, Bilanzen, S. 245; *Wagenhofer*, IAS, S. 303.

winnmindernd aus.[816] Im Ergebnis führt eine Neubewertung somit nicht - wie auf den ersten Blick anzunehmen - zu einer Erhöhung, sondern ganz im Gegenteil zu einer Verminderung des Ertrages und eventuell auch des ausschüttungsfähigen Gewinnes.[817] [818]Die grundsätzlich unterschiedliche Gewinnauswirkung der erhöhten Abschreibungsbeträge und der durch die Neubewertung aufgedeckten Werterhöhungen ist dabei vor allem deswegen problematisch, weil sie einen Bruch im System der Substanzerhaltung bedingt[819]: Wenn sich Scheingewinne aufgrund von Preissteigerungen nicht *gewinnerhöhend* auswirken sollen, darf sich konsequenterweise umgekehrt auch *keine Gewinnminderung* im Wege erhöhter Abschreibungen ergeben.

(2) Verhältnis zu IAS 36

Grundsätzlich sollen bei der Abschreibung neubewerteter Vermögenswerte gem. § 64 auch außerplanmäßige Wertminderungsaufwendungen nach Maßgabe des IAS 36 berücksichtigt werden. Allerdings stellt sich die Frage, inwieweit ein diesbezüglicher Anwendungsbedarf besteht: Die Neubewertung ist gem. §§ 64, 67 in regelmäßigen Abständen zu wiederholen und schließt eine Berücksichtigung eventueller Wertminderungen ein. Damit wird es selten vorkommen, dass der erzielbare Betrag unter dem Zeitwert liegt.[820] Zwar sind die beiden Werte nicht grundsätzlich identisch, da der erzielbare Betrag den höheren der beiden Beträge aus Nutzungswert und Nettoveräußerungspreis darstellt. Allerdings orientiert sich auch die Ermittlung des Nettoveräußerungspreises gem. IAS 36. 21 ff. grundsätzlich an einem aktiven Markt[821], so dass die Neubewertung und der Impairment Tests i. S. d. IAS 36 vergleichbare Bezugspunkte zugrunde legen und

---

[816] *Baetge/Kirsch/Thiele*, Bilanzen, S. 245; *Wagenhofer*, IAS, S. 303.

[817] Dies gilt jedenfalls dann, wenn die Neubewertungsrücklage nicht nach Maßgabe des § 78 in die Gewinnrücklage umgebucht und diese wiederum anschließend nicht zu Ausschüttungszwecken aufgelöst wird.

[818] Da die Neubewertung angesichts dessen nur sehr eingeschränkt zur besseren Darstellung der wirtschaftlichen Lage durch einen höheren Gewinnausweis genutzt werden kann, stellt sie sich aus Sicht der Unternehmen als eher unbefriedigend dar; ihre praktische Relevanz ist daher auch nur von untergeordneter Bedeutung. Siehe hierzu auch *Theile*, StuB 2003, 957, 961 („wenig geliebte Neubewertungsrücklage"); *Wagenhofer*, IAS, S. 303.

[819] Vgl. auch *Wagenhofer*, IAS, S. 303 „Allerdings führt diese Behandlung ganz klar zu einem Bruch des Kongruenzprinzips (clean surplus accounting)".

[820] *Wagenhofer*, IAS, S. 305.

[821] Damit stimmen der Nettoveräußerungspreis und der beizulegenden Zeitwert im Wesentlichen überein. Unterschiede bestehen jedoch dahingehend, dass sich der Veräußerungswert nur aus Käufersicht und der Zeitwert sowohl aus Käufer- als auch Verkäufersicht bestimmt und eine Art „Mittelwert" darstellt; vgl. hierzu *Baetge/Kirsch/Thiele*, Bilanzen, S. 237; *Wagenhofer*, IAS, S. 121.

daher zu ähnlichen Ergebnissen führen können.[822] Die Vornahme eines Impairment Tests bzw. die Berücksichtigung eines hierdurch ermittelten Wertminderungsaufwandes kommt demzufolge vornehmlich dann in Betracht, wenn zum Abschlussstichtag gerade keine Neubewertung zu erfolgen hat, dennoch aber Anhaltspunkte für eine Wertminderung vorliegen.[823] Die Gewinnwirksamkeit einer entsprechend festgestellten Wertminderung richtet sich gem. IAS 36. 59 nach der Behandlung einer mittels Neubewertung festgestellten Wertminderung, und ist daher nach Maßgabe des IAS 38. 77 grundsätzlich als erfolgswirksamer Aufwand zu berücksichtigen bzw. ausnahmsweise in entsprechender Höhe gegen eine vorher gebildete Neubewertungsrücklage zu verrechnen.

B. Ausweis des Geschäftswertes[824]

I. Überblick

Während IAS 38. 36 ein ausdrückliches Aktivierungsverbot für den originären Goodwill anordnet, richtet sich die Bilanzierung des derivativen Goodwills nach IAS 22 „Unternehmenszusammenschlüsse" (revised 1998).[825] Dieser sieht sowohl für den positiven Geschäftswert (IAS 22. 41) und als auch für den negativen Unterschiedsbetrag (IAS 22. 59) eine Ausweispflicht vor.[826] IAS 22 selbst setzt das Vorliegen eines Unternehmenszusammenschlusses voraus, welcher in Form eines Unternehmenserwerbes (asset deal, share deal oder Verschmelzungen, vgl. § 8) oder als sog. Interessenszusammenschluss[827] vorliegen kann. Auf den Einzelab-

---

[822] Führt der Impairment Test zu einer Wertaufholung, spricht IAS 36. 106 sogar ausdrücklich von einer Neubewertung.

[823] So auch *Wagenhofer*, IAS, S. 305.

[824] Die Bilanzierung des Geschäftswertes nach IFRS stimmt grundsätzlich entweder mit der Geschäftswertbilanzierung nach dem HGB oder der Bilanzierung nach IAS 38 überein, so dass sich die folgenden Ausführungen auf eine Darstellung der wesentlichen Unterschiede beschränken sollen.

[825] Im Folgenden sind daher §§ ohne nähere Bezeichnung solche des IAS 22. Auf die anstehenden Änderungen des IAS 22 soll demgegenüber erst im Vierten Kapitel eingegangen werden, vgl. hierzu § 2 B. II. 3. c, S. 218 f.

[826] Weitere Angabepflichten (z. B. hinsichtlich Abschreibungen bzw. einer Berücksichtigung in der Gewinn- und Verlustrechnung etc.) sind in §§ 88, 91 enthalten.

[827] Nach § 8 ist ein Interessenszusammenführung „eine Form des Unternehmenszusammenschlusses, bei dem die Anteilseigner der sich zusammenschließenden Unternehmen gemeinsam das gesamte, oder nahezu gesamte, Reinvermögen und die Geschäftstätigkeit der zusammengeschlossenen Einheit beherrschen, um auf Dauer gemeinsam Risiken Nutzen der gemeinsamen Unternehmenstätigkeit zu tragen, ohne dass eines der beteiligten Unternehmen als Erwerber qualifiziert werden kann".

schluss allerdings ist dieser Standard gem. § 6 lediglich bei Vorliegen eines asset deals i. S. d. § 4[828] anwendbar.
Gem. §§ 17, 18 ist die Bilanzierung eines asset deals mit Hilfe der *Erwerbsmethode* (*Purchase method*)[829] durchzuführen. Diese wird in den §§ 19 – 76 näher konkretisiert und behandelt den Erwerb eines Unternehmens wie die Anschaffung anderer Vermögenswerte, so dass der asset deal nach § 21 mit seinen Anschaffungskosten[830] zu bilanzieren ist. Diesbezüglich hat der Erwerber alle übernommenen Vermögenswerte und Schulden separat auszuweisen, sofern sie gem. § 26 identifizierbar und damit greifbar sind. Ist dies nicht der Fall, so gehen sie im Geschäftswert auf: Denn dieser wird - ähnlich dem § 255 Abs. 4 S. 1 HGB - auch nach IAS 22. 41 als „Überschuss der Anschaffungskosten (..) über den vom Erwerber (...) erworbenen Anteil an den beizulegenden Zeitwerten der identifizierbaren Vermögenswerte und Schulden" konkretisiert. Im Gegensatz zu § 255 Abs. 4 S. 1 HGB ist hier jedoch ausdrücklich vorgesehen, dass dieser Unterschiedsbetrag als „Vermögenswert" anzusetzen ist.

II. Positiver Geschäftswert

1. Aktivierung und Bewertung

Gem. § 43 ist der Geschäftswert immer ausschließlich in Höhe seiner Anschaffungskosten abzüglich der folgenden kumulierten Abschreibungen und eventueller Wertminderungsaufwendungen auszuweisen. Eine *Bewertung zum fair value* ist demzufolge – als wesentlicher Unterschied zu anderen immateriellen Vermögenswerten - *ausgeschlossen*. Bemerkenswert ist allerdings folgendes: Da der Geschäftswert nach § 41 eindeutig einen Vermögenswert darstellt, ist hierdurch das Vorliegen der Definitions- und Ansatzkriterien eines intagible assets – und damit insbesondere die Möglichkeit einer zuverlässigen Ermittlung seiner Anschaffungskosten – impliziert. Eventuelle Zweifel an der Rechtsnatur und Bilanzierungsfähigkeit des Geschäftswertes, wie sie im Zusammenhang mit der Handelsbilanz bis heute diskutiert werden, werfen die IFRS gar nicht erst auf. Vielmehr gehen sie davon aus, dass sich im Wege der Differenzmethode nach IAS 22.

---

[828] Dabei zählen zu den in § 4 genannten Erwerb des Reinvermögens auch die Fälle, die eine „Übernahme des Betriebes" i.S.d. § 255 Abs. 4 HGB darstellen, vgl. *Baetge/Kirsch/Thiele*, Bilanzen, S. 296.

[829] Im Gegensatz hierzu sind Unternehmenszusammenschlüsse *durch Aktientausch* nach der *Interessenszusammenführungsmethode* (*Pooling of Interests Method*) i. S. d. §§ 13 bis 16, 77 bis 83 zu behandeln, vgl. hierzu *Pellens*, S. 496.

[830] Diese wiederum stellen den Betrag dar, welcher sich aus „Zahlungsmitteln, Zahlungsmitteläquivalenten oder dem beizulegenden Zeitwert anderer Gegenleistungen für den Ererb zum Erwerbszeitpunkt ergibt, die der Erwerber für die Beherrschung des Reinvermögens entrichtet, zuzüglich der dem Erwerb direkt zurechenbarer Kosten".

27 unproblematisch ermitteln lässt, ob und in welcher Höhe ein Geschäftswert vorhanden ist bzw. erworben wurde. Gleichzeitig ist festzustellen, dass die hier im einzelnen nicht zu erläuternde Durchführung der Differenzmethode und die hiermit zusammenhängende Frage, ob und in welcher Höhe die identifizierbaren Vermögenswerte und Schulden bei der Verteilung der Anschaffungskosten des Unternehmenserwerbes zu berücksichtigen sind, in den §§ 26 bis 40 relativ detailliert geregelt ist.[831] Insofern bieten die IFRS dem Anwender eine vergleichsweise gute Hilfestellung hinsichtlich seiner Ermittlung und (Erst-)Bewertung, die dem deutschen Recht zumindest in dieser Form fremd ist und damit möglicherweise nicht unmaßgeblich zu der bereits angesprochenen Diskussion beiträgt.

2. Folgebewertung

Indem der Geschäftswert nach § 44 planmäßig über seine Nutzungsdauer abzuschreiben ist, wird er ausdrücklich als *abnutzbarer* immaterieller Vermögenswert qualifiziert. Dabei weist § 47 zwar darauf hin, dass „in manchen Fällen (...) der Geschäfts- und Firmenwert nicht abzunehmen" scheint. Allerdings sei dies darauf zurückzuführen, dass das Potential des ursprünglich erworbenen wirtschaftlichen Nutzens „Schritt für Schritt durch selbsterzeugtes Potential wirtschaftlichen Nutzens ersetzt wird" und der derivative Geschäftswert im Laufe der Zeit mit dem originären verschmilzt. Angesichts des Aktivierungsverbots für den originären Geschäftswertes in IAS 38 wird es daher für sachgerecht gehalten, den Geschäftswert (dennoch) „planmäßig über die bestmöglich geschätzte Nutzungsdauer abzuschreiben".[832] Anders als im deutschen Recht ist es diesbezüglich jedoch nicht möglich, den Geschäftswert *pauschal* abzuschreiben.[833]
Ferner sind über die planmäßigen Abschreibungen hinaus auch hier gem. §§ 43, 55 ff eventuelle Wertminderungsaufwendungen nach Maßgabe des IAS 36 zu berücksichtigen.

a) Planmäßige Abschreibung

Die planmäßige Abschreibung des Geschäftswertes unterscheidet sich nicht (wesentlich) von der anderer immaterieller Vermögenswerte[834]: Auch IAS 22. 44 enthält die Vermutung einer zwanzigjährigen Nutzungsdauer, welche anhand einer

[831] Die Zuordnung der Anschaffungskosten des Unternehmenserwerbes auf die einzelnen identifizierbaren Vermögenswerte und Schulden kann dabei einheitlich entweder nach der Benchmark-Methode i.S.d. §§ 32 ff. oder der alternativ zulässigen Methode i.S.d. §§ 34, 35 (also mittels einer vollständigen Neubewertung) erfolgen. Einzelheiten hierzu bei *Wagenhofer*, IAS, S. 330 f.
[832] Allerdings wird auch hier nicht deutlich, ob es sich damit um ein einheitlichen oder zwei unterschiedliche Vermögenswerte („derivativer" und „originärer" Geschäftswert) handelt.
[833] *Baetge/Kirsch/Thiele*, Bilanzen, S. 297.
[834] Vgl. auch *Wagenhofer*, IAS, S. 332, Fn. 21.

konkreten Schätzung und unter Berücksichtigung der in § 48 aufgezählten Faktoren widerlegbar und nach § 51 „vorsichtig, aber nicht unrealistisch kurz einzuschätzen" ist.

Diese Schätzung kann grundsätzlich auch zu einer, den Zeitraum von zwanzig Jahren übersteigenden Nutzungsdauer führen (vgl. § 50). Allerdings weist § 49 ausdrücklich darauf hin, dass die Schätzung einer abweichenden Nutzungsdauer angesichts der unsicheren Natur des Geschäftswertes und der ihn ausmachenden Faktoren regelmäßig besonders schwierig ist. Im Normalfall soll daher von einem zwanzigjährigen Abschreibungszeitraumes ausgegangen werden.[835]

Ferner sind die Nutzungsdauer und die gewählte Abschreibungsmethode auch hier mindestens zum Ende eines jeden Geschäftsjahres zu überprüfen und an gegebenenfalls eingetretene Änderungen nach Maßgabe des § 54 anzupassen. Hier gilt allerdings zu beachten, dass die erstmalige Wahl bzw. die Änderung einer einmal gewählten Abschreibungsmethode faktisch eingeschränkt ist: Die Anwendung einer anderen als der linearen Methode i. S. d. IAS 22. 45 wird nämlich lediglich dann für zulässig erachtet, wenn überzeugende substanzielle Hinweise dafür vorliegen, dass hierdurch ein angemesseneres Abschreibungsergebnis erzielt werden kann.[836]

b) Außerplanmäßige Wertveränderungen

aa) Wertminderung

Ob und inwieweit eine außerplanmäßige Wertminderung des Geschäftswertes vorliegt, ist gem. IAS 22. 53 und .55 unter Anwendung des IAS 36 zu bestimmen. Auch die IFRS berücksichtigen dabei die spezielle Eigenart des Geschäftswertes, dass für ihn weder ein separater Nettoveräußerungspreis noch Nutzungswert und damit letztendlich auch kein separater „erzielbarer Betrag" ermittelt werden kann. Aus diesem Grund lösen sie sich vom Grundsatz der Einzelbewertung[837] und versuchen, seinen nunmehr aktuellen Wert indirekt zu bestimmen. Diesbezüglich sieht IAS 36. 79 vor, dass bei Vorliegen eines Hinweises auf eine außerplanmäßige Geschäftswertminderung der erzielbare Betrag für die *zahlungsmittelgenerierende Einheit* ermittelt werden soll, welcher der Geschäftswert angehört. Anschließend ist dieser Betrag mit dem Buchwert dieser Einheit zu vergleichen und

---

[835] Zudem sieht § 50 für den Fall einer zwanzig Jahre überschreitenden Nutzungsdauer einen jährlichen Niederstwerttest zur Ermittlung eventuell doch aufgetretener Wertminderungen sowie eine Angabepflicht für die Gründe vor, welche zur Annahme dieses längeren Zeitraumes geführt haben.
[836] Zu der eingeschränkten Möglich des Vorliegens derartiger Hinweise siehe nur § 52.
[837] *Pellens/Sellhorn*, DB 2001, 713, 714.

eine eventuelle negative Differenz nach Maßgabe des IAS 38. 88 als Wertminderungsaufwand zu berücksichtigen.

Dabei sieht IAS 36. 88 (a) und .90 vor, dass der negative Differenzbetrag zuerst vollständig auf den Geschäftswert zu verteilen ist, so dass dieser ggf. auf „Null" abgeschrieben wird. Eine Verteilung auf die sonstigen Vermögenswerte dieser Einheit kommt somit lediglich dann in Betracht, wenn hiernach immer noch ein negativer Restbetrag verbleibt; in diesem Fall hat die Verteilung gem. IAS 36. 88 (b) und unter Berücksichtigung der in IAS 36. 89 festgelegten Grundsätze anteilig auf Basis der Buchwerte dieser Vermögenswerte zu erfolgen. Die Verringerung der Buchwerte wird anschließend nach den allgemeinen Vorschriften erfasst. Da der Geschäftswert selbst nur nach der Benchmark – Methode bewertet werden darf, ergibt sich demzufolge eine periodengerechte Berücksichtigung der Wertminderung als Aufwand in der Gewinn- und Verlustrechnung gem. IAS 36. 59.

Im Einzelnen: Zunächst gilt es, die kleinste zahlungsmittelgenerierende Einheit - also gem. IAS 36. 5 „die kleinste identifizierbare Gruppe von Vermögenswerten, die Mittelzuflüsse aus der fortgesetzten Nutzung erzeugen, die weitestgehend unabhängig von den Mittelzuflüssen anderer Vermögenswerte oder anderer Gruppen von Vermögenswerten sind" - zu bestimmen, welcher der Geschäftswert angehört bzw. in deren Jahresabschluss er bereits erfasst wurde. Dies kann z. B. ein Tochterunternehmen innerhalb eines Konzerns, ggf. aber auch ein selbständig geführter Teilbetrieb oder eine Zweigniederlassung bzw. Filiale sein. Anschließend ist gem. IAS 36. 80 zunächst ein sog. *„Bottom – up" – Test* vorzunehmen: Hierfür stellt das Unternehmen gem. IAS 36. 80 (a) (i) fest, ob der Buchwert des Geschäftswertes dieser zahlungsmittelgenerierenden Einheit auf einer vernünftigen und stetigen Basis zugeordnet werden kann. Wie diese Prüfung aussehen kann, wird im Anhang zu IAS 36 unter Beispiel 7, A. 64 ff. näher dargelegt.
Kann dies bejaht werden, so ist gem. IAS 36. 80 (a) (ii) in einem zweiten Schritt der erzielbare Betrag dieser zahlungsmittelgenerierende Einheit zu ermitteln und mit ihrem Buchwert (und zwar einschließlich des Buchwertes des Geschäftswertes) zu vergleichen. Wird hier nun eine negative Differenz ermittelt, erfolgt die bereits beschriebene Berücksichtigung als Wertminderungsaufwand i. S. d. IAS 36. 88.
Kann der Buchwert des Geschäftswertes demgegenüber nicht auf einer vernünftigen und stetigen Basis zugeordnet werden (vgl. hierzu den Anhang zu IAS 36, Beispiel 7, A. 67 ff.), so findet der sog. „Top – down"- Test nach IAS 36. 80 (b) Anwendung. Hiernach ist zunächst die „nächstgrößere" zahlungsmittelgenerierende Einheit zu bestimmen, die die in Rede stehende (kleinere) zahlungsmittelgenerierende Einheit einschließt und welcher der Buchwert des Geschäftswertes „auf einer vernünftigen und stetigen Basis zugerechnet werden kann".[838]

[838] So z. B. der Gesamtbetrieb, wenn der Geschäftswert einem Teilbetrieb als „kleinere zahlungsmittelgenerierende Einheit" nicht zugeordnet werden konnte.

Wurde bspw. ein Unternehmen mit drei Filialen erwerben und kann der Geschäftswert keiner dieser Filialen auf einer vernünftigen und stetigen Basis zugeordnet werden, so ist das erworbene Unternehmen als Ganzes zu betrachten.

Anschließend findet ein Vergleich des erzielbaren Betrag dieser größeren zahlungsmittelgenerierenden Einheit mit ihrem Buchwert (einschließlich des Buchwertes des Geschäftswertes) statt, um nun auf diese Weise einen eventuellen Wertminderungsaufwand feststellen und nach Maßgabe des IAS 36. 88 berücksichtigen zu können.

bb) Wertaufholung

Auch eine Wertaufholung des Geschäftswertes ist nach IAS 36 durchaus möglich, allerdings sind hier im Vergleich zur Wertaufholung anderer immaterieller Vermögenswerte strengere Anforderungen zu erfüllen. So gehen die IFRS von dem Grundsatz aus, dass ein für den Geschäftswert erfasster Wertminderungsaufwand in den nachfolgenden Wirtschaftsjahren nicht aufgehoben werden darf. Eine Ausnahme besteht gem. IAS 36. 109 nur dann, wenn der Wertminderungsaufwand durch „ein spezielles externes Ereignis von außergewöhnlicher Art“[839] verursacht wurde, „dessen wiederholter Eintritt nicht erwartet wird und nachfolgende externe Ereignisse zu einer Umkehrung dieses Effektes geführt haben“. Gleichzeitig enthält IAS 36. 110 diesbezüglich nochmals den Hinweis auf das Aktivierungsverbot des IAS 38. 36 für den originären Geschäftswert sowie auf die Tatsache, dass eine nachfolgende Erhöhung des erzielbaren Betrages regelmäßig auf einen ebensolchen zurückzuführen sein wird. Darüber hinaus schließt IAS 36. 111 ausdrücklich eine Wertaufholung aufgrund einer *veränderten Schätzung* des *cash flows* der entsprechenden zahlungsmittelgenerierenden Einheit aus.

cc) Nachträgliche Änderungen der Anschaffungskosten des asset deals

Eine weitere Besonderheit ist in folgender Konstellation zu beachten: Ist die endgültige Höhe des Gesamtkaufpreises für das Unternehmen von bestimmten Bedingungen abhängig, so sind die Anschaffungskosten des Unternehmenserwerbes bei Eintritt oder Nichteintritt dieser Bedingungen nach Maßgabe der IAS 22. 68 ff. anzupassen. In der Regel erfolgt dies direkt über eine *erfolgsneutrale Anpassung* der Höhe des Geschäftswertes.

---

[839] Nach § 112 IAS 36 ist ein „externes Ereignis“ ein solches, welches außerhalb der Kontrolle des Unternehmens liegt. Wann es von „außergewöhnlicher Art“ ist, wird nicht definiert, sondern (lediglich) anhand zweier Beispiele konkretisiert und soll u.a. dann anzunehmen sein, wenn neue Vorschriften die betriebliche Tätigkeit signifikant beschränken oder die Rentabilität des Geschäfts vermindern.

Dies gilt z. B. für den in § 69 beschriebenen Fall, dass die Höhe der Gegenleistung von vorher vereinbarten und künftig eingetretenen Geschäftsergebnissen abhängig gemacht wurde oder auch dann, wenn zuvor nicht ausweisbare, erworbene identifizierbare Vermögenswerte und Schulden nunmehr aufgrund einer zwischenzeitlichen Erfüllung der Ansatzkriterien ausweispflichtig sind und (kumulativ) die in § 71 genannten Voraussetzungen erfüllt werden.[840]

§ 3 Zwischenergebnis zur Bilanzierung nach IFRS

In formeller Hinsicht handelt es bei den IFRS also um unverbindliche und von einem privaten Standardsetzer entwickelte Rechnungslegungsgrundsätze, deren Umsetzung und Geltung maßgeblich vom jeweiligen nationalen Gesetzgeber abhängig ist.

In materieller Hinsicht ist zunächst festzuhalten, dass der Zweck des IFRS-Abschlusses ausschließlich auf Informationsvermittlung und nicht auf Zahlungsbemessung gerichtet ist. Betrachtet man die einzelnen Bilanzierungsgrundsätze, so stellt man zwar einige Übereinstimmungen mit dem deutschen Bilanzrecht fest. Eine wesentliche Abweichung besteht jedoch vor allem hinsichtlich des Stellenwertes des *„true and fair view"-Prinzips*: Während im deutschen Recht selbst für den Einzelabschluss von Kapitalgesellschaften[841] umstritten ist, ob sich es lediglich auf den Anhang oder auch auf die Bilanz auswirkt[842], kommt ihm im investorenorientierten IFRS-Abschluss herausragende Bedeutung zu. Dies bewirkt zunächst einen geringeren Stellenwert des Vorsichtsprinzips, wesentlich weniger Einschränkungen des Periodisierungsgrundsatzes sowie die Erforderlichkeit des Rechnungslegungsgrundsatzes „Relevanz" und hat des weiteren zur Folge, dass der potentielle Grundkonflikt der IFRS-Rechnungslegung nicht zwischen Periodisierung und Objektivierung, sondern Objektivierung („Verläßlichkeit") und Relevanz besteht.

Deutlich wird dies im Zusammenhang mit der Bilanzierung immaterieller Vermögenswerte nach IAS 38: Diese weist nicht zuletzt deswegen wesentliche Unterschiede zum deutschen Recht auf, als hier ein *Ausweis selbsterstellter Vermögenswerte* in Form der Entwicklungskosten sowie eine *Zeitwertbilanzierung mittels Neubewertung* ermöglicht wird, welche insbesondere eine Anwendung des Anschaffungskostenprinzips ausschließt. Begründet wird dies mit den hierhinter

[840] Ausführlicher hierzu *Wagenhofer*, IAS, S. 335 ff. Demgegenüber ist eine Anpassung des Geschäftswertes gem. § 70 nicht vorzunehmen, wenn der Erwerber aufgrund einer Reduzierung der für den Erwerb des Unternehmens erbrachten Leistungen zu nachträglichen Zahlungen an den Verkäufer verpflichtet ist, da dieser Fall gerade keine Erhöhung des Gesamtkaufpreises darstellt.

[841] Bzw. den von § 264 a HGB erfassten Personengesellschaften.

[842] Siehe Kapitel 2, § 2 A. III. 1. b) cc) (2).

stehenden Informationen, welche in einer investorenorientierten Rechnungslegung als besonders relevant angesehen werden. Gleichzeitig jedoch müssen diese Informationen auch verläßlich abgebildet werden. Da nun allerdings gerade immaterielle Werte - vor allem selbsterstellte Werte sowie nicht durch Anschaffungs- oder Herstellungskosten bestätigte Beträge – erhöhte Unsicherheiten aufweisen, wird hier der Grund-konflikt zwischen Relevanz und Verläßlichkeit besonders deutlich und bedarf eines sachgerechten Ausgleichs. IAS 38 will diesem insbesondere mit den engen Ansatzkriterien der §§ 19, 40 ff., und 45 sowie bspw. durch das nach §§ 64, 67 für eine Neubewertung erforderliche Vorliegen eines aktiven Marktes Rechnung tragen.
Allerdings ist weder für die Zuordnung zur Entwicklungs- oder Forschungsphase noch für das Vorliegen bzw. Nichtvorliegen der einzelnen Ansatz- und Bewertungsvoraussetzungen eine objektive und von allen Bilanzierenden einheitlich zu erbringende Nachweispflicht vorgesehen.[843] Die grundsätzliche Aktivierungspflicht von Entwicklungskosten entpuppt sich als faktisches *Aktivierungswahlrecht*, IAS 38. 41 und .45 ff. räumen diesbezüglich nicht unerhebliche Beurteilungs- und Ermessensspielräume ein.[844] Diese könnten für eine investorenorientierte Rechnungslegung aber durchaus kritisch zu beurteilen sein: Auch der Investor ist auf möglichst objektive Informationen angewiesen. Die hier beschriebenen Beurteilungs- und Ermessensspielräume hingegen stören die Vergleichbarkeit von Abschlüssen sowohl zwischen den einzelnen Berichtsperioden als auch unterschiedlichen Unternehmen.[845] Gleichzeitig kann die subjektive Einschätzung sogar ein und desselben Geschäftsvorfalles je nach Optimismus oder Pessimismus des jeweiligen Managements unterschiedlich ausfallen. Ob in diesem Bereich dem Grundsatz der Verläßlichkeit und Objektivität einer Information daher ausreichend Rechnung getragen wird, erscheint doch fraglich.

Ferner gilt auch in der IFRS-Rechnungslegung das „Gebot der Manipulationsfreiheit".[846] Auf die Frage, inwiefern dies jedoch angesichts fehlender (staatlicher) Kontrollen im Hinblick die „richtige Ausübung" eines Bilanzierungsspielraumes eingehalten werden kann, soll noch im Vierten Kapitel eingegangen werden.

Damit ist festzustellen, dass die Unsicherheiten bei der Bilanzierung originärer immaterieller Werte auch nach der IFRS - Rechnungslegung nur eingeschränkt

---

[843] Vgl. nur *Pellens*, S. 461; *Kirsch*, BB 2003, 1111, 1112; *Wagenhofer*, IAS, S. 153 f. mwN .

[844] Ebenso *Buchholz/Weis*, DStR 2002, 512, 516; *Euler*, BB 2002, 875, 877; *Hennrichs*, ZGR 2000, 627, 642; *Ranker/Wohlgemuth/Zwirner*, KoR 2001, 269, 273; *Wagenhofer*, IAS, S. 153 f. mwN.

[845] Ebenso *Euler*, BB 2002, 875, 877 und 879; *Pellens*, S. 457, 461; *Veit*, DB 1992, 641, 643; *von Keitz*, S. 192; *Wagenhofer*, IAS, S. 155. Ausführlich zu der (problematischen) Vergleichbarkeit von Abschlüssen *Ranker/Wohlgemuth/Zwirner*, KoR 2001, 269, 273 ff.; *v. Keitz*, DB 2003, 1801, 1801 ff.

[846] Hierzu *Küting/Ulrich*, DStR 2001, 953, 956.

handhabbar sind. In der Praxis jedenfalls wird angesichts der oftmals schwierig zu erbringenden und kostenintensiven Nachweise für das Vorliegen der Aktivierungsvoraussetzungen sowie der Tatsache, dass gleichzeitig weder eine Erbringungs*pflicht* vorgesehen ist noch eine entsprechende Vermutungsregel widerlegt werden muss, regelmäßig auf einen Bilanzausweis selbsterstellter immaterieller Vermögensstände verzichtet.[847]

[847] *Arbeitskreis „Immaterielle Werte im Rechnungswesen" der Schmalenbach-Gesellschaft-Gesellschaft*, DB 2001, 989, 989; *Pellens*, S. 461; *Wehrheim*, DStR 2000, 86, 88; *Wehrheim*, DStR 2000, 86, 88.

Viertes Kapitel: Künftige Internationalisierung des Steuerbilanzrechts? oder: Die steuerliche Gewinnermittlung de lege ferenda

Angesichts der immer wieder geäußerten Kritik an der Verbindung zwischen der steuerlichen Gewinnermittlung und dem Handelsbilanzrecht de lege lata stellt sich die Frage nach mögliche Alternativen.

Vor dem Hintergrund der Internationalisierung der Rechnungslegung könnte dabei zunächst über eine steuerliche Geeignetheit der IFRS bzw. eine *Steuerbilanz auf Basis der IFRS* zu diskutieren sein. Eine solche wäre vor allem dann denkbar, wenn sich der Gesetzgeber bei gleichzeitiger uneingeschränkter Beibehaltung am Maßgeblichkeitsprinzip für einen ausschließlichen IFRS – Einzelabschluss für alle Kaufleute entscheidet.

In Anbetracht des bereits im Ersten Kapitel angesprochenen Vorschlages des BMJ und BMF[848], neben einem möglichen IFRS-Einzelabschluss insbesondere zum Zwecke der Besteuerung auch weiterhin an einem HGB-Einzelabschluss festzuhalten, erscheint dies in nächster Zeit zwar eher unwahrscheinlich. Allerdings gilt bereits in dieser Konstellation folgendes zu bedenken: (Auch) Das BMJ und das BMF wollen nicht am HGB-Einzelabschluss de lege lata festhalten; ihr Vorschlag enthält schon jetzt Änderungen einzelner Bilanzierungsfragen[849] und sieht eine „Durchforstung und Entrümpelung des HGB" zur „Anpassung an europäische und internationale Rechnungslegungsregeln" vor.[850] Daneben muss es nicht bei den aktuell vorgesehenen Änderungen bleiben. Vielmehr kann auch ein lediglich paralleler IFRS-Einzelabschluss zu einer (noch weitergehenden) Veränderung des bisherigen GoB – Verständnisses führen und dabei insbesondere die Frage aufwerfen, ob und inwiefern (einzelne) IFRS-Regelungen bzw. Standards (besser) zum Zwecke der Ermittlung des steuerlich relevanten Gewinnes geeignet sind. Den IFRS könnte daher auf diesem Wege ein zumindest *mittelbarer Einfluss* auf die Steuerbilanz zukommen.

Berücksichtigt man darüber hinaus das aktuelle IASB-Projekt *„Accounting and reporting by Small and Medium-Sized Entities"*, in dem ein vereinfachter IFRS-Abschluss für kleinere und mittlere Unternehmen bzw. sog. *„IFRS-SE"* entwickelt werden sollen, ist ein einziger Einzelabschluss auf Basis der IFRS zumindest für die weitere Zukunft auch auf Bundesebene nicht von vorne herein

---

[848] Vgl. die Verlautbarungen des BMJ und des BMF zur „Anpassung der Bilanzregeln an internationale Standards und Enforcement" in StuB 2003, 223, 223, Punkt (2).

[849] So z. B. zur Zulässigkeit einer Passivierung von Aufwandsrückstellungen oder einzelnen Bewertungsvereinfachungsmethoden.

[850] BMJ und BMF, „Anpassung der Bilanzregeln an internationale Standards und Enforcement", StuB 2003, 223, 223, Punkt (3).

auszuschließen.[851] Bei uneingeschränkter Beibehaltung des § 5 Abs. 1 S. 1 EStG fänden die IFRS spätestens in dieser Kostellation eine *unmittelbare Anwendung*. Aus diesem Grund wird daher auch schon jetzt kontrovers über ihre steuerliche Geeignetheit und die langfristige Zukunft des Maßgeblichkeitsgrundsatzes diskutiert: Während einige Autoren deren steuerlichen Einfluss aus materiellen und/oder formellen Gründen ablehnen und daher - je nach künftiger Gestaltung des Einzelabschlusses - für die Aufgabe oder eine - auf die handelsrechtlichen GoB de lege lata - beschränkte Maßgeblichkeit plädieren[852], halten andere die IFRS in materieller Hinsicht für weitgehend anwendbar und wollen insbesondere bei einem unterstellten „allgemeinen" IFRS- Einzelabschluss zumindest grundsätzlich an § 5 Abs. 1 S. 1 EStG festhalten.[853]
Vorgeschlagen wird aber bspw. auch, das Steuerbilanzrecht zwar in formeller Hinsicht vom Handelsrecht abzukoppeln, in materieller Hinsicht jedoch steuerlich anwendbare Standards selektiv zu verwirklichen.[854] Da bereits de lege lata einige Vorschriften des EStG mit bestimmten IFRS - Regelungen[855] und auch wesentliche Bilanzierungsgrundsätze vergleichbar sind[856], könnte der deutsche Gesetzgeber somit ebenso erwägen, eine unmittelbare, vom Einzelabschluss unabhängige steuerliche Anwendung der IFRS vorzusehen.
Im Auge behalten werden sollte zusätzlich, dass eine steuerliche Anwendung der IFRS nicht unbedingt den „Umweg" über die Handelsbilanz nehmen muss. Möglicherweise könnten die IFRS nämlich (auch) über die europäische Ebene (Stichwort: „einheitliche Körperschaftssteuerbemessungsgrundlage")[857] Eingang in die steuerliche Gewinnermittlung in Deutschland finden. Somit kommt der Frage nach der steuerlichen Geeignetheit der IFRS also (immer noch) hohe Relevanz zu.

---

[851] Siehe nur *Arbeitskreis Externe Rechnungslegung der Schmalenbach-Gesellschaft für Betriebswirtschaft*, DB 2003, 1585, 1585 („langfristige Zielsetzung"); *IDW*, WPg 2001, 664, 666; *Haller*, KoR 2003, 413, 424; *Niehues*, DB 2002, 1385, 1390; *Stobbe* in Hermann/Heuer/Raupach, § 5 Rn. 20; zumindest angedacht von *Ernst*, WPg 2001, 1440, 1444 f.; *Hüttche*, BB 2002, 1804, 1804 f.

[852] So bspw. *Arbeitskreis Bilanzrecht der Hochschullehrer Rechtswissenschaft*, BB 2002, 2372, 2378 ff.; *Freidank/Pottgießer*, StuB 2003, 886, 892; *Füllbier/Gassen*, DB 1999, 1511, 1513; *Hennrichs*, DStJG 24 (2001), 301, 307 und 328; *Kahle*, WPg 2002, 178, 188; *Peemöller/Spanier/Weller*, BB 2002, 1799, 1801; *van Hulle*, ZGR 2000, 537, 538; *Watrin*, DB 2001, 933, 938; *Zeitler*, DB 2003, 1529, 1531 f.

[853] Z. B. *Buchholz/Weis*, DStR 2002, 512, 513 und 559, 562; *Eichhorn*, S. 247 ff.; *Oestreicher/Spengel*, DB 1999, 593, 594; *dies.*, RIW 2001, 889, 894; *Schaffer*, S. 247 ff.; *Schreiber*, FS Beisse 1997, S. 491, 505; *Schütz*, S. 244 ff.

[854] Siehe nur *Herzig*, WPg 2000, 104, 117 f. *Stobbe* in Hermann/Heuer/Raupach, § 5 Rn. 20 schlägt hingegen eine selektive Verwirklichung einzelner US – GAAP vor.

[855] Ausführlicher hierzu in Kapitel 3, § 2 B. und Kapitel 4, § 2 C. II.

[856] Vgl. hierzu *Eichhorn*, S. 248; *Grotherr/Jorewitz*, FS Strobel 2001, S. 123, 145; *Herzig*, WPg 2000, 104, 109.

[857] Siehe hierzu das Erste Kapitel, § 1 B. I. 1.

Gleiches gilt im Hinblick auf die Zukunft des Maßgeblichkeitsgrundsatzes. Denn unabhängig von einem hierdurch bedingten mittelbaren oder unmittelbaren IFRS-Einfluss und ihre steuerliche Eignung ruft schon die bestehende Gesetzeslage sowohl Zweifel an § 5 Abs. 1 S. 1 EStG als auch § 5 Abs. 1 S. 2 EStG hervor. Ein zweiter Anknüpfungspunkt für eine Alternative zur jetzigen Situation könnte daher in der Normierung eines *selbständigen Steuerbilanzrechts* zu sehen sein. Welche dieser Varianten nun die geeignetere Lösung für die steuerliche Gewinnermittlung von (buchführenden) Gewerbetreibenden darstellt, soll im Folgenden - mit einer kurzen Nebenbetrachtung der Situation in Frankreich, Österreich und der Schweiz - untersucht werden.

§ 1 Anwendung der IFRS im Steuerbilanzrecht ?

A. Vorüberlegung

Die Beurteilung der steuerlichen Eignung von IFRS soll vor dem Hintergrund der Überlegung stattfinden, dass dem Gesetzgeber zwar ein Gestaltungsspielraum in Hinblick auf die Konkretisierung der wirtschaftlichen Leistungsfähigkeit zusteht, er sich hierbei allerdings innerhalb der verfassungsrechtlich vorgegebenen Grenzen zu bewegen hat.
Diesbezüglich sind zunächst die *formellen Voraussetzungen* für ein verfassungskonformes Steuerbilanzrecht zu berücksichtigen: Denn das „schönste" materielle Recht „nützt nichts", wenn es elementare Prinzipien eines demokratischen Rechtsstaates unterläuft und einer sicheren und einfachen Durchführung bzw. Vollziehung der steuerlichen Gewinnermittlung entgegensteht. Indem das Steuerrecht bzw. das Steuerbilanzrecht ein Teilgebiet der Eingriffsverwaltung darstellt und hier erhöhte Anforderungen gelten, dürfte sich aber sowohl die Entwicklung der IFRS durch den IASB als auch die Rechtsnatur der einzelnen Standards als problematisch erweisen.
In Anbetracht des o. g. Vorschlages des BMJ und BMF und der hohen Wahrscheinlichkeit, dass der Gesetzgeber diesem folgen und damit wie bisher an einem HGB-Abschluss festhalten wird, ist ein *unmittelbarer Einfluss* der IFRS auf die Steuerbilanz über § 5 Abs. 1 S. 1 EStG momentan bzw. in näherer Zukunft zwar wenig realistisch. Nach dem oben Dargestellten erscheint ein ausschließlicher IFRS-Einzelabschluss auf lange Sicht gesehen allerdings auch nicht völlig abwegig. Spätestens zu diesem Zeitpunkt wäre dann aber ebenso die Frage nach dem Verweisungsinhalt des § 5 Abs. 1 S. 1 EStG und damit insbesondere die formelle Zulässigkeit einer Bezugnahme auf die IFRS aufgeworfen. Daher soll auf das Problem der formellen Verfassungsmäßigkeit der IFRS bzw. einer hierauf gerichteten Verweisungsnorm zumindest *prophylaktisch* eingegangen werden.

Von aktuell größerer Relevanz sind jedoch die *materiellen Aspekte*. Diesbezüglich ist zu beachten, dass der Gesetzgeber, indem er sich für eine Konkretisierung der Leistungsfähigkeit von buchführenden Gewerbetreibenden mittels Bilanzierung entschieden hat, bei der weiteren Ausgestaltung dieser Gewinnermittlungsmethode an die Grundsätze der Sachgerechtigkeit, Systemgerechtigkeit innerhalb des Steuerrechts und der Folgerichtigkeit gebunden ist.[858] Da sich ohne gesetzgeberische Wertungen und aus dem Leistungsfähigkeitsprinzip an sich jedoch keine konkreten Bilanzierungsregeln ableiten lassen, steht ihm innerhalb dieser Grundsätze immer noch ein gewisser Gestaltungsspielraum hinsichtlich bestimmter Detailfragen zu.[859] Dabei zeigt sich allerdings nicht nur anhand unterschiedlicher Gewinnermittlungsmethoden, sondern ebenso an unterschiedlichen Gewinnermittlungsgrundsätzen *innerhalb* einer Methode, dass der Gewinnbegriff *relativ* ist: Insbesondere durch die vom nationalen Recht abweichenden IFRS und US-GAAP wird deutlich, dass neben dem (handelsrechtlichen) Gewinnverständnis noch zumindest ein Weiteres existiert. Diese andere Sichtweise kann die Ermittlung abweichender Gewinnbeträge zur Folge haben, welche von einer Vielzahl von Bilanzadressaten (inzwischen) sogar für „zutreffender" befunden werden.[860] Wenn aber das Bild eines „richtigen" wirtschaftlichen Gewinnes veränderlich ist, so könnte dies auch für die „richtige" wirtschaftliche Leistungsfähigkeit und hieraus resultierend für die Frage gelten, wie man diese „am besten misst".[861]
Dies bedeutet, dass eine steuerliche Gewinnermittlung auf Basis der handelsrechtlichen GoB nicht die „einzig sachgerechte" Lösung zur Ermittlung der Leistungsfähigkeit sein muss. Der Gesetzgeber ist nicht an diese gebunden. Möglicherweise könnte es der ihm zustehende Gestaltungsspielraum also auch erlauben, den steuerlichen Bilanzgewinn unter Berücksichtigung der IFRS zu ermitteln.
Diese sind zwar Bestandteil einer investorenorientierten Rechnungslegung. Allerdings weist zum einen schon der Einzelabschluss - wenn auch nachrangig - eine Informationsfunktion auf. Und zum anderen sind bereits de lege lata einige steuerbilanzielle Normen des EStG[862] sowie Bilanzierungsgrundsätze[863] mit den IFRS vergleichbar. Damit verlangt eine auf Informationsvermittlung ausgerichtete Rechnungslegung auf den ersten Blick zumindest *nicht prinzipiell* nach abweichenden Bilanzierungsregeln als eine auf den steuerlichen Gewinn abzielende Bi-

858 BVerfGE 66, 214, 223 f. mwN; BVerfG, WM 1998, 2257, 2259.
859 *Kahle*, WPg 2002, 178, 184 f.; ähnlich auch *Lang*, in: *Tipke/Lang*, § 9, Rz. 309.
860 Vgl. *Herzig*, WPg 2000, 104, 110 und 112.
861 *Herzig*, WPg 2000, 104, 112; *Herzig/Dautzenberg*, BFuP 1998, 23, 25; *Oestreicher/Spengel*, RIW 2001, 889, 894.
862 *Broer*, Maßgeblichkeit, S. 353; *Eichhorn*, S. 248; *Grotherr/Jorewitz*, FS Strobel 2001, S. 123, 145; *Herzig*, WPg 2000, 104, 109.
863 Ausführlicher hierzu unter C. II. 2. a).

lanzierung.[864] Ausschlaggebend ist hier vielmehr, ob eine Steuerbilanz auf Basis der IFRS der Gleichmäßigkeit der Besteuerung und dem Prinzip der Unternehmensschonung ausreichend Rechnung trägt und (in gestaltungstechnischer Hinsicht) den o. g. Unterprinzipien entspricht.
Am Vergleichsmaßstab des im Zweiten Kapitel konkretisierten *„Soll-Zustandes"* soll daher beurteilt werden, ob die Zwecke der Steuerbilanz mittels einer Bilanzierung nach IFRS besser, „genauso gut" oder vielmehr schlechter bzw. „gar nicht" verfolgt werden können, als es unter Anwendung der handelsrechtlichen GoB der Fall ist.

B. Formelle Geeignetheit

I. Konfliktmöglichkeiten mit den verfassungsrechtlichen Anforderungen

Zu den Grundprinzipien einer funktionierenden Rechtsordnung gehören die Rechtssicherheit seiner Bürger und der Schutz ihres Vertrauens in die bestehenden Gesetze. Gerade das *Rechtsstaatsprinzip* soll dieses gewährleisten. Für das Steuerrecht konkretisieren sich seine Anforderungen insbesondere anhand der Grundsätze der Gesetzmäßigkeit sowie der Tatbestandsmäßigkeit der Besteuerung.[865] Dies gilt auch für die einzelnen Bilanzierungsregeln, da sie die Bemessungsgrundlage und damit – im Zusammenspiel mit dem Steuertarif – die Höhe des Steuerzugriffes beeinflussen.[866] Verlangt man mit dem Gesetzesvorbehalt, dass diese wesentlichen Entscheidungen vom Parlament selbst zu treffen sind, so ist auch das *Demokratieprinzip* berührt. Der Bürger muss wählen können, wer diese wesentlichen Entscheidungen für ihn trifft.
Als ein entscheidender Vorteil der IFRS wird demgegenüber angeführt, dass sie im Vergleich zu gesetzlich normierten Rechnungslegungsvorschriften über ein höheres Maß an Flexibilität in ihrer Entwicklung verfügen.[867] Indem sie von einem privaten Gremium veröffentlicht werden und rechtlich unverbindliche Grundsätze bzw. -empfehlungen darstellen, sollen sie schnell an technische und wirtschaftliche Veränderungen angepasst werden können. Zweifelhaft ist jedoch, dass diese formellen Rahmenbedingungen einen ebenso großen Vorteil für eine

---

[864] *Oestreicher/Spengel*, RIW 2001, 889, 893 f.; *Schreiber*, FS Beisse 1997, S. 491, 505; *Schütz*, S. 245.
[865] BVerfGE 40, 237, 248 f.; 48, 210, 221; 61, 260, 275; *Kahle*, WPg 2002, 178, 187; *Kirchhof*, StuW 2002, 3, 3 und 10; *Pezzer*, DStJG 14 (1991), 3, 5 f; *Weber-Grellet*, DB 1994, 288, 289.
[866] BT - Drucks. 14/2683, S. 93; *Arbeitskreis Bilanzrecht der Hochschullehrer Rechtswissenschaft*, BB 2002, 2372, 2379; *Herzig/Bär*, DB 2003, 1, 4.
[867] Vgl. statt vieler *Achleitner/Behr*, IAS, S. 10; *Havermann*, ZGR 2000, 693, 698.

steuerliche Gewinnermittlung darstellen und noch im Einklang mit den Anforderungen des Rechtsstaats- und Demokratieprinzips stehen:

1. Rechtsstaatsprinzip

a) Gesetzesvorbehalt vs. Entwicklung durch den IASB

Die handelsrechtlichen GoB, welche momentan Anwendung in der steuerlichen Gewinnermittlung finden können, werden ausschließlich vom deutschen Bundestag geregelt.[868] Damit besitzt also allein das Parlament die Kompetenz, über ihre Geltung und konkrete Ausgestaltung zu entscheiden.

Hiervon unterscheidet sich die vorliegende Konstellation erheblich: Dem deutschen Gesetzgeber kommt gerade keine Kompetenz zur Entwicklung und Verabschiedung der IFRS zu. Statt dessen liegt die endgültige Entscheidungskompetenz ausschließlich beim international besetzten IASB. Dabei ist das Verfahren zur Entwicklung der einzelnen IFRS zwar in Form des sog. due process standardisiert. Kontrollmechanismen, die mit denen eines parlamentarischen Gesetzgebungsverfahrens vergleichbar sind, kommen hier jedoch nicht zum Tragen; sowohl der DRSC als auch das IASC stellen privatrechtliche und teilweise lobbyistisch besetzte[869] Vereinigungen dar, so dass weder die Wahrnehmung deutscher Interessen noch die „Verabschiedung" der jeweiligen Standards durch ein demokratisch legitimiertes Organ geschieht.[870]

Dabei ist eine Anwendung privater Regelwerke zwar nicht prinzipiell unzulässig und dem deutschen Recht auch nicht fremd.[871] Als besondere Beispiele seien hier die ebenfalls von Sachverständigen entwickelten sog. TA-Lärm und TA-Luft sowie die sog. DIN-Normen erwähnt. Grundsätzliche Voraussetzung für die Rechtskraft derartiger Regelwerke ist jedoch, dass der Inhalt der in Bezug genommenen Regelungen im Wesentlichen feststeht und sich der parlamentarische Gesetzgeber seiner eigenen Gesetzesgebungsverantwortung bzw. –kompetenz nicht dadurch begibt, indem er die Entscheidungen Dritten überlässt: Der Bürger darf nicht schrankenlos einer normsetzenden Gewalt nichtstaatlicher Einrichtungen unterworfen werden.[872]

---

[868] Insoweit hat der Bund daher von seiner nach Art. 74 Abs. 1 Nr. 1 bzw. 11 GG bestehenden konkurrierenden Gesetzgebungskompetenz vollständig Gebrauch gemacht.

[869] Im Ergebnis ähnlich *Euler*, BB 2002, 875, 876

[870] *Oestreicher/Spengel*, RIW 2001, 889, 891 mwN.

[871] Siehe hierzu nur *Budde/Steuber*, DStR 1998, 1183, 1184; *Hommelhoff/Schwab*, BFuP 1998, 38, 38; *Kirchhof*, ZGR 2000, 681, 682.

[872] BVerfGE 64, 208, 214 f.; 78, 32, 36; im Ergebnis auch BGH, NJW 1987, 2222, 2223; *Budde/Steuber*, DStR 1998, 1183, 1185; *Dreier*, in *Dreier*, Grundgesetz-Kommentar, Art. 20 (Rechtsstaat) Rdnr. 132; *Hommelhoff/Schwab*, BFuP 1998, 38, 39; *Kirchhof*, ZGR 2000, 681, 682 und 685; *Zeitler*, DB 2003, 1529, 1532 f.

Bezüglich der hier genannten Beispiele sind zusätzlich folgende Unterschiede zu den IFRS zu berücksichtigen: Anders als diese wenden sich bspw. die TA-Lärm und TA-Luft in erster Linie an die Verwaltung und nicht an den Bürger.[873] Außenwirkung und damit Rechtsverbindlichkeit kommt ihnen nach herrschender Meinung („jedenfalls") über Art. 3 Abs. 1 GG i. V. m. dem Grundsatz der Selbstbindung der Verwaltung zu.[874] Abgesehen davon, dass sie ebenso wie die DIN-Vorschriften eindeutig bestimmte Werte (also festgelegte „Zahlen") und gerade keine „Grundsätze" und „Regeln" wie die IFRS enthalten, geht es hier vornehmlich um die Nutzung eines in der Verwaltung so nicht vorhanden Expertenwissens. Ferner enthalten insbesondere DIN – Normen keine normativen Wertungen oder dienen dem Ausgleich gegebenenfalls kollidierender Interessen; genauso wenig werden hier Theorien zugrunde gelegt, welche mit den diskussionsanfälligen Bilanzphilosophien „Gläubigerschutzes durch Kapitalerhaltung" oder eben „Informationsfunktion" vergleichbar sind.[875]

Dies gilt nicht zuletzt, wenn es um die Besteuerung des Bürgers geht: Denn diese setzt grundlegende Wertungen voraus, welche vom Gesetzgeber selbst unter Abwägung aller entscheidungserheblichen Aspekte getroffen werden müssen. Nicht nur der Steuertarif, sondern schon die Ausgestaltung der Bemessungsgrundlage und damit auch die der steuerlich relevanten Bilanzierungsregeln stellen eine „wesentliche Entscheidung" dar; erst das Zusammenspiel von Tarif und Bemessungsgrundlage begründet die effektive Steuerbelastung des Einzelnen.[876] Und: „Niemand käme auf die Idee, den Steuertarif nicht mehr durch Gesetz, sondern privat bestimmen zu wollen. Nichts anderes kann für die Bemessungsgrundlage gelten."[877]

Zudem sind die vom EStG in Bezug genommenen Bilanzierungsregeln nicht nur für die Besteuerung natürlicher Personen auf Grundlage des EStG oder über §§ 7, 8 Abs. 1 KStG für Kapitalgesellschaften relevant. Bedeutsam werden sie auch für die Ermittlung der Gewerbesteuer (§ 7 GewStG), für das UmwStG (vgl. §§ 3 ff.) sowie für alle Rechtsgebiete, in denen auf die Steuerbilanz zurückgegriffen wird (vgl. nur §§ 1578, 1581 BGB zur Ermittlung des Unterhalts eines geschiedenen Ehegatten; zu Straf- und Bußgeldvorschriften siehe unten, § 1 B. III.).

---

[873] Ob es sich hierbei um norm*konkretisierende* oder *-interpertierende* Verwaltungsvorschriften handelt, sei an diese Stelle dahingestellt, hierzu z. B. *Maurer*, § 24, Rz. 25a ff. und 29. In BVerwGE 55, 250, 256 werden sie bspw. als „antizipierte Sachverständigengutachten" bezeichnet. Zu der umstrittenen Problematik, ob und inwieweit Verwaltungsvorschriften unmittelbare rechtliche Außenwirkung zukommen kann, siehe bspw. BVerfGE 78, 214, 227; 80, 257, 265.

[874] Vgl. statt vieler *Maurer*, § 24, Rz. 21 ff. mit einem Überblick über den Meinungsstand sowie entsprechender Rechtsprechung.

[875] Siehe nur Schuppert/Bumke, in: Kleindiek/Oehler (Hrsg.), Die Zukunft des deutschen Bilanzrechts, 2000, S. 72, 76 f.

[876] BT - Drucks. 14/2683, S. 93; *Arbeitskreis Bilanzrecht der Hochschullehrer Rechtswissenschaft*, BB 2002, 2372, 2379; ähnlich *Herzig/Bär*, DB 2003, 1, 4.

[877] *Arbeitskreis Bilanzrecht der Hochschullehrer Rechtswissenschaft*, BB 2002, 2372, 2379.

Wird die Maßgeblichkeit uneingeschränkt beibehalten, entsteht jedoch folgende Situation: Die formellen Rahmenbedingungen der IFRS sind auf eine flexible, jederzeit mögliche Weiterentwicklung ausgerichtet. Die mittels einer Verweisung in Bezug genommenen Standards müssen daher nicht in dieser Form fortbestehen. Damit aber könnte die steuerliche Bemessungsgrundlage (zumindest indirekt) vom IASB (mit-)gestaltet werden.

Im Vergleich zu einem parlamentarischen Gesetzgebungsverfahren ist es dem deutschen Gesetzgeber hier jedoch wesentlich weniger möglich, sich mit der Tragweite der jeweiligen Entscheidungen und eventuellen Alternativen auseinanderzusetzen. Sein Einfluss auf die Gestaltung eines bestimmten Standards oder konkreten Bilanzierungsregel ist – sofern überhaupt vorhanden - gering und von nur mittelbarer Natur.[878] Deutsche Interessen können lediglich über den DRSC und dessen Sitz im IASB Berücksichtigung finden - wobei dieser selbst seine Möglichkeiten als „bislang nur unzureichend" einschätzt.[879] Der IASB hingegen entwickelt ausschließlich für den internationalen Gebrauch bestimmte, investoren- und kapitalmarktorientierte Rechnungslegungsgrundsätze. Eventuelle Konsequenzen für das Steuerrecht in der BRD finden keine Berücksichtigung: Der „Kreis der Normersteller (der internationale Verband des IASC) und der Kreis der Normtangierten (die deutschen Steuersubjekte)" fielen auseinander.[880]

Angesichts einer mangelnden Gesetzgebungskompetenz des deutschen Parlaments im Hinblick auf die IFRS stellte sich eine schlichte steuerliche Verweisung auf einen IFRS-Abschluss - insbesondere in Form einer uneingeschränkten Beibehaltung des § 5 Abs. 1 S. 1 EStG - also schon vor dem Hintergrund des Gesetzesvorbehaltes i. V. m. der Wesentlichkeitstheorie als problematisch dar.[881] Und auch, ob man diesem mit dem Einwand einer „Kompetenz-Kompetenz" des deutschen Gesetzgebers bezüglich der Verweisungsnorm „§ 5 Abs. 1 S. 1 EStG" begegnen kann, erscheint fraglich. Hierauf wird jedoch an anderer Stelle noch ausführlicher eingegangen.[882]

---

[878] So auch bspw. *Budde/Steuber*, in: *Baetge*, Deutsches Bilanzrecht 2001, S. 57, 71; *Kahle*, WPg 2002, 178, 188.

[879] Vgl. hierzu die Pressemitteilung des DRSC vom 31.10.2002, abrufbar unter http://www.standardsetter.de/drsc/docs/press_realeses/drsc_tomorrow.html.

[880] *Füllbier/Gassen*, DB 1999, 1511, 1513; ferner *Arbeitskreises Bilanzrecht der Hochschullehrer Rechtswissenschaft*, BB 2002, 2372, 2379.

[881] Im Ergebnis ebenso *Arbeitskreis Bilanzrecht der Hochschullehrer Rechtswissenschaft*, BB 2002, 2372, 2379; *Broer*, Maßgeblichkeit, S. 354; *Freidank/Pottgießer*, StuB 2003, 886, 888; *Hennrichs*, DStJG 24 (2001), 301, 307; *Herzig*, WPg 2000, 104, 116; *Herzig/Bär*, DB 2003, 1, 3; *Kahle*, WPg 2002, 178, 187 mwN. A. A. (für den Einzelabschluss) *Oestreicher/Spengel*, RIW 2001, 889, 891.

[882] Siehe unten, § 1 B. II., 2.

b) Rechtssicherheit vs. Rechtsnatur der IFRS

aa) Mangelnde Rechtssicherheit und Planbarkeit für den Steuerpflichtigen

Rechtssicherheit lässt sich ferner nur dann zu erzielen, wenn Bilanzierungsregeln als regelmäßig fortbestehende Rechtsnormen verstanden werden.[883] Vor diesem Hintergrund ist es jedoch problematisch, dass die IFRS lediglich *Empfehlungen* darstellen und ihre Grundkonzept auf eine jederzeit mögliche Änderung angelegt ist.

Dabei findet sich in diesem Zusammenhang zwar zum Teil die Auffassung, dass die IFRS inzwischen einen hohen qualitativen Entwicklungsstand aufweisen und in näherer Zukunft wohl keine einschneidenden Modifikationen zu erwarten sind.[884] Allerdings wird sich zum einen bspw. im Hinblick auf die goodwill – Bilanzierung i. S. d. IAS 22 noch zeigen, ob nicht auch andere Motive als nur der Versuch einer qualitativen Verbesserung zu Änderungen innerhalb der IFRS – Rechnungslegung führen können; gerade die IFRS stehen im Spannungsfeld wirtschafts- und kapitalmarktpolitischer Entwicklungen. Und zum anderen ändert ein hoher Entwicklungsstand nicht die rechtliche Unverbindlichkeit und flexible Anpassungsfähigkeit der IFRS, sondern schränkt nur die diesbezüglich bestehenden Änderungs*bedürfnisse* ein.

Für das Steuerrecht hingegen ist gerade die *Planbarkeit* einer steuerlichen Belastung von großer Bedeutung.[885] Wie aber soll einem Steuerpflichtigen Vertrauensschutz geboten werden, wenn er (mittelbar) mit einer jederzeit möglichen Änderung steuerlich wirkender Bilanzierungsregeln oder dem dahinter stehenden Verständnis von der „richtigen" Bilanzierungsweise rechnen müsste?

Schon jetzt zeigt sich anhand der – vor allem in jüngerer Zeit festzustellende - „Hektik des Steuergesetzgebers", dass zwar auch bei dem Erlass bzw. der Änderung steuerrechtlicher Normen eine „gewisse Flexibilität" an den Tag gelegt wird. Dies führt zu vielfacher Kritik; die „Schnelllebigkeit" dieser Regelungen und die unterschiedlichsten, hiermit verfolgten Interessen hätten ein „Steuerchaos" zur Folge, welches die Gefahr einer, nicht einmal durch *steuerliche Gesetze* ausrei-

---

[883] *Kahle*, WPg 2002, 178, 186. Auch für das Handelsbilanzrecht lässt sich unter diesem Gesichtspunkt die Notwendigkeit einer Kodifizierung bilanzrechtlicher Vorschriften herleiten, vgl. nur *Budde/Steuber*, in: *Baetge*, Deutsches Bilanzrecht 2001, S. 57, 62 f.; *Luttermann*, ZIP 2000, 1318, 1321; *Moxter*, FS Goerdeler 1987, S. 361, 364.

[884] *Buchholz/Weis*, DStR 2002, 512, 513 mwN; teilweise anders hingegen *Küting/Ulrich*, DStR 2001, 1000, 1004.

[885] *Herzig*, WPg 2000, 104, 115 f.; *Kirchhof*, StbJB 1999/2000, 17, 30; *ders.*, StuW 2002, 3, 3 und 5 f.

chend gewährleisteten Rechtssicherheit in sich birgt.[886] Allerdings: Die Unzulänglichkeit des bestehenden Systems kann nicht dazu genutzt werden, ähnliche Unzulänglichkeiten eines anderen Systems zu rechtfertigen. Zudem durchlaufen Steuer*gesetze* „wenigstens" die parlamentarischen Kontrollmechanismen und können nur durch derartiges Verfahren wieder geändert bzw. aufgehoben werden. Zumindest insofern sind sie den flexiblen IFRS in punkto Vertrauensschutz und Rechtssicherheit überlegen. Eine Bilanz auf Basis sich dynamisch fortentwickelnder IFRS stellte jedenfalls keine Verbesserung der jetzigen Situation dar; vielmehr könnte sie die steuerliche Gewinnermittlung noch weiter in das Steuerchaos treiben.

Auch wenn eine Konkretisierung staatlichen Eingriffsrechts mittels eines Rückgriffes auf Fachnormen im deutschen Recht nicht unüblich ist, so muss der Gesetzgeber sowohl im Zeitpunkt der Herstellung einer solchen Anbindung als auch in Zukunft von einer Vereinbarkeit der jeweiligen Rechtsgebiete ausgehen können. Im Zusammenhang mit den IFRS gelänge dies - wenn überhaupt - aber nur mittels einer statischen Verweisung. Eine solche wiederum ist angesichts der auf Dynamik ausgerichteten Entwicklungskonzeption der IFRS und vor dem Hintergrund einer auch in Zukunft bezweckten Vereinheitlichung der Rechnungslegung nur schwer möglich.[887]

bb) Auswirkungen auf die Bilanzierungspraxis

Nur kurz sei darauf hingewiesen, dass sich eine steuerliche Anwendung der IFRS auch aus anderer Sicht als unbefriedigend darstellen könnte: Die Steuerbilanz unterliegt zwar der staatlichen Kontrolle durch den Fiskus. Allerdings bestand der Grund für den Rückgriff auf die Handelsbilanz einstmals insbesondere darin, die Finanzverwaltung von der Nachprüfung eines jeden Bilanzpostens und die zutreffende Erfassung des dahinter stehenden Sachverhalt zu entbinden. Sie sollte sich auf die „Redlichkeit" des Kaufmannes und die Richtigkeit des ausgewiesenen Bilanzinhalt verlassen dürfen. Ob dieses jedoch auch im Falle einer Steuerbilanz unter Anwendung der IFRS angenommen werden darf, erscheint zumindest fraglich. Denn abgesehen von den momentan schon teilweise divergierenden Intentionen der Handels- und Steuerbilanz spielten dann vor allem Kapitalmarktinteressen in die handelsrechtliche Bilanzierung mit hinein, welche der steuerlichen Gewinnermittlung („erst recht") fremd sind. Eine Steuerbilanz auf Basis der IFRS machte daher möglicherweise umfangreichere Nachprüfungen als bisher erforderlich, so dass dieser Verweisungszweck des § 5 Abs. 1 S. 1 EStG nicht mehr erzielt werden könnte.

---

[886] Bildhaft *Lang*, in: *Tipke/Lang*, § 4 Rz. 1 ff.: „Stakkato der Steueränderungsgesetzgebung" und „unbestimmt und unbestimmbar wie das Wetter"; ähnlich *Kirchhof*, StuW 2002, 3, 4; *ders.*, AöR Band 128 (2003), 1, 5.

[887] *Füllbier/Gassen*, DB 1511, 1512 f.; a. A. *Oestreicher/Spengel*, RIW 2001, 889, 894.

c) Tatbestandsmäßigkeit der Besteuerung vs. IFRS - Bilanzierungswahlrechte

Als weiterer Vorteil der IFRS – Rechnungslegung wird angeführt, diese enthielten im Vergleich zum HGB weniger Bilanzierungswahlrechte.[888] *Nicht zuletzt* die Bilanzierung immaterieller Vermögenswerte zeigte jedoch Anderes[889]: Bspw. IAS 38. 12, . 20 oder IAS 38. 39 ff., .45 sehen nicht unerhebliche Beurteilungsspielräume vor, die sich zumindest faktisch als Aktivierungswahlrechte erweisen.[890] Insbesondere unter dem Aspekt der Tatbestandsmäßigkeit der Besteuerung ist dies kritisch zu beurteilen: Bilanzierungswahlrechte können zwar dann gerechtfertigt sein, wenn sie einer Vereinfachung und Effizienz der Gewinn-ermittlung dienen und keine bewusste Steuerung des Gewinnergebnisses bzw. der hieraus resultierenden steuerlichen Belastung durch den Steuerpflichtigen selbst ermöglichen.[891] Auf eine Vielzahl der IFRS – Wahlrechte bzw. Ermessens- und Beurteilungsspielräume trifft dies jedoch nicht zu. Im Normalfall sind sie darauf zurückzuführen, dass dem Bilanzierungsgrundsatz der „Relevanz" Rechnung getragen werden soll. Angesichts der fehlenden Möglichkeit, hier eindeutige Regelungen treffen zu können, soll dem Bilanzierenden eine eigenverantwortliche Beurteilung der Sachlage überlassen werden. Wenn diese Wahlrechte aus Sicht der IFRS einer Vereinfachung der Bilanzierung dienen, so gilt dies doch nicht für die Steuerbilanz. Hier kommt dem Aspekt der Relevanz keinerlei Bedeutung zu, so dass es auch keinen Grund gibt, seine Anwendung durch das Einräumen von Vereinfachungsregeln zu erleichtern. Steuerrechtlich kann er daher keinen Rechtfertigungsgrund darstellen, sondern bewirkte vielmehr, dass dem steuerpflichtigen Bilanzersteller nicht unerhebliche Möglichkeiten zur Modifikation seines (Perioden-) Gewinnes und damit auch des steuerlichen Eingriffs eingeräumt werden. Sofern sich für diese Wahlrechte daher keine speziellen steuerliche Gründe finden lassen, wird man eine Anwendbarkeit der entsprechenden IFRS bzw. der jeweiligen Detailregelungen (schon) mit Hinweis auf den Gesetzesvorbehalt ablehnen müssen.

---

[888] *Eichhorn*, S. 124, 247; *Grotherr/Jorewitz*, FS Strobel 2001, S. 123, 129; *Oestreicher/Spengel*, DB 1999, 593, 594; a. A.statt vieler z. B. *Schulze-Osterloh*, ZIP 2003, 93, 97.

[889] Siehe ferner bspw. die Wahlrechte bei der Bewertung von Sachanlagen (IAS 16. 28 ff.) und Vorräten (IAS 2. 21 ff.) oder die Beurteilungsspielräume bei der Bilanzierung von Leasingverhältnissen in IAS 17. Ausführlicher hierzu *Kirsch*, BB 2003, 1111, 1111 ff.; *Theile*, StuB 2003, 957, 957 ff.; *v. Keitz*, DB 2003, 1801, 1801 ff.; kritisch auch *Zeitler*, DB 2003, 1529, 1530.

[890] Ebenso *Buchholz/Weis*, DStR 2002, 512, 516; *Euler*, BB 2002, 875, 877; *Hennrichs*, ZGR 2000, 627, 642; *Kirsch*, BB 2003, 1111, 1111 f.; *v. Keitz*, DB 2003, 1801, 1802 f; *Ranker/Wohlgemuth/Zwirner*, KoR 2001, 269, 273; *Wagenhofer*, IAS, S. 153 f. mwN.

[891] Siehe nur *Broer*, Maßgeblichkeit, S. 351 mwN.

d) Bestimmtheitsgebot vs. Ermessenspielräume und (steuerlich) unkonkretisierbare Bilanzierungskriterien

Da die IFRS zum Teil weitaus mehr Begriffsdefinitionen enthalten und wesentlich detaillierter auf spezielle Rechnungslegungsfragen einzugehen versuchen, scheinen sie dem Bestimmtheitsgebot im Vergleich zu den abstrakt formulierte EStG- und HGB – Normen auf den ersten Blick näher zu kommen.[892] Allerdings: Der „Detail- und Wortreichtum“ eines Rechnungslegungssystems allein sagt noch nichts über seine „genauere“ Bestimmtheit und den hieraus ableitbaren, größeren Beitrag zur Rechtssicherheit und zum Vertrauensschutz aus. Entscheidend ist vielmehr, ob es „auch auf den Punkt“ kommt. Nicht nur am Beispiel des IAS 38 wird dies jedoch widerlegt. Vielmehr fehlt es den kasuistischen IFRS oftmals an der „nötigen Präzision und Systematik“[893], welche dem Bilanzierenden eine ausreichende Sicherheit in Hinblick auf die „Richtigkeit“ seiner bilanziellen Entscheidungen vermitteln könnte. Statt klar bestimmbare bilanzielle Vorgehensweisen vorzugeben, werden zahlreiche Ermessens- und Beurteilungsspielräume eingeräumt.[894] Von *Vereinfachung* kann daher keine Rede sein.[895]
Daneben verlangt die Vorhersehbarkeit und Planbarkeit eines steuerlichen Eingriffs nach objektiv kontrollierbaren Tatbeständen. Die steuerliche Gewinnermittlung - und damit auch das Maßgeblichkeitsprinzip - darf sich nur auf solche Bilanzierungsregeln bzw. GoB beziehen, die „objektivierungsgeprägt“ sind und hierdurch Rechtssicherheit und -klarheit vermitteln.[896]
Diesbezüglich könnte man zwar anführen, dass auch eine investorenorientierte Rechnungslegung ein Mindestmaß an Objektivierung voraussetzt und die IFRS „einen Kern von objektivierten Gewinnermittlungsregeln“ aufweisen.[897] Dem ist insofern zuzustimmen, als dass F. 31 ausdrücklich die *Verläßlichkeit* einer entscheidungsnützlichen Informationen erfordert.
Allerdings wurde (und wird noch näher) dargestellt, dass das Objektivierungsprinzip in der IFRS – Rechnungslegung in bedeutsamen Bilanzierungsfragen durch den - steuerrechtlich unerheblichen - Bilanzierungsgrundsatz der Relevanz begrenzt wird. F. 32 sowie die einschlägigen Beurteilungs- und Ermessensspielräume belegen dies. Vor allem an IAS 38 wird deutlich, wie die Frage des Bilanzausweises an Absichten, Annahmen, Prognosen und Schätzungen anknüpfen

---

[892] So *Eichhorn*, S. 247; *Oestreicher/Spengel*, DB 1999, 593, 594; *Küting/Ulrich*, DStR 2001, 953, 959.
[893] *Moxter*, DB 2000, 2143, 2143.
[894] *Kirsch*, BB 2003, 1111, 1111; *v. Keitz*, DB 2003, 1801, 1801.
[895] So aber *Eichhorn*, S. 247; demgegenüber *Euler*, BB 2002, 875, 876 ; „Die IFRS stellen die wohl umständlichste Möglichkeit dar, Bilanzierungsfreiheit zu gewährleisten“; ähnlich *Ernst*, WPg 2001, 1440, 1444
[896] *Moxter*, DStZ 2000, 157, 158.
[897] So der Hinweis von *Kahle*, WPg 2002, 178, 181; ähnlich *Eichhorn*, S. 124.

kann.[898] Die steuerliche Anerkennung einer bestimmten bilanziellen Vorgehensweise – und damit ebenso ihre Planbarkeit – wäre hier insbesondere davon abhängig, ob auch die Finanzverwaltung bzw. -gerichtsbarkeit die jeweils zugrunde liegende Abwägungsentscheidung des Bilanzierenden nachvollziehen kann und den jeweiligen Bilanzposten für ausreichend nachprüfbar beurteilt. Unabhängig von einer schwierigen Tatsachenwürdigung weisen die IFRS in diesem Zusammenhang ein weiteres Problem auf. Sie werden nur schwer einer Auslegung zugänglich sein[899]:

Dies gilt zunächst speziell für die Vorschriften, welche Ermessensspielräume und Bilanzierungswahlrechte vorsehen. Vom Bilanzierenden werden sie induktiv ausgelegt und zum Zweck der Informationsvermittlung angewandt; demgegenüber verlangt das Steuerbilanzrecht eine deduktive Auslegung vor dem Hintergrund des Zweckes der steuerlichen Gewinnermittlung. Damit aber können die hieraus resultierenden Auslegungsergebnisse jeweils für sich „richtig" sein und gleichzeitig divergieren.

Problematisch ist ferner, dass die IFRS auf der angelsächsischen Methode des common sowie des case law basieren und aufgrund ihrer Einzelfallbezogenheit nicht alle Sachverhalte regeln.[900] Zudem ist ihre Entwicklung (ständig) im Fluss, so dass hinsichtlich eines noch nicht geregelten Sachverhaltes vielleicht gerade ein neuer Standard entwickelt oder sogar ein bereits bestehender Standard geändert wird. Schon angesichts dessen und unabhängig von dem zusätzlichen und im folgenden Abschnitt noch näher dargestellten Sprach- und Übersetzungsproblem ist die Möglichkeit zur Auslegung mit Hilfe der anerkannten Methoden – Wortlaut, Entstehungsgeschichte, Zweck, systematische Eingebundenheit der Norm etc.- erheblich eingeschränkt.

Zusätzlich zu berücksichtigen wäre das Auslegungsmonopol des SIC. Nur am Rande sei dabei auf folgendes Problem hingewiesen: Während der kontinentaleuropäische Rechtskreis eine klare Trennlinie zwischen der Normsetzung durch den Gesetzgeber und der Auslegung dieser Gesetze durch eine unabhängig Gerichtsbarkeit zieht, werden IFRS von einem Teil des Organs ausgelegt, welches diese verabschiedet. Die „Einheit von Normsetzung und Auslegung" als „Kennzeichen absolutistischer Herrschaftsstrukturen" bzw. die damit verbundenen „Unzuträglichkeiten"[901] wären jedoch nicht mit dem aus dem Rechtsstaats- und Demokratieprinzip folgenden staatlichen Gewaltenteilungsprinzip vereinbar. Selbst wenn man diesem durch eine entsprechende und im folgenden Abschnitt noch näher darzustellende gesetzestechnische Implementierung der IFRS in das EStG entge-

---

[898] *Euler*, BB 2002, 875, 977; *Lüdenbach/Hoffmann*, DStR 2002, 231, 233: „in hohem Maße ermessensabhängig"; ferner *Broer*, Maßgeblichkeit, S. 356.

[899] *Budde/Steuber*, in: *Baetge*, Deutsches Bilanzrecht 2001, S. 57, 71; *Euler*, BB 2002, 875, 876.

[900] Ebenso *Budde/Steuber*, in: *Baetge*, Deutsches Bilanzrecht 2001, S. 57, 71.

[901] *Schulze-Osterloh*, ZIP 2003, 93, 98.

genwirken könnte, so verbliebe immer noch die Frage, ob sich deutsche Gerichte – mithin der BFH – überhaupt über die SIC-Interpretations hinwegsetzen und zu ggf. abweichenden Ergebnissen kommen dürften, wenn man anschließend noch von einem den IAS 1. 11 und .18 ff. entsprechenden „IFRS – Abschluss" sprechen möchte.

Zum Teil wird nun jedoch die Ansicht vertreten, man könne (zu) unbestimmte Regelungen der IFRS in manchen Fällen entweder durch steuerrechtliche Regelungen ausschließen[902] oder aber konkretisieren[903]: So soll der Grundsatz der Relevanz bspw. durch § 6 Abs. 2 EStG präzisiert werden können.

Dem ist zum einen entgegen zu halten, dass die Möglichkeit einer steuerlichen Konkretisierung - sofern man sie überhaupt bejahen kann - nicht für alle IFRS bzw. hierin enthaltene Einzelvorschriften bestünde. Dies trifft vor allem dort zu, wo die Motive für einen Ausweis in einer IFRS – Bilanz (hier vor allem die Relevanz einer Information) nicht mit den Steuerrechtlichen übereinstimmen. Zum anderen hätte eine derartige Konkretisierung eine „Aufblähung des Gesetzestextes" und „Wirrwar" aus „steuerrechtlich konkretisierten IFRS – Vorschriften" zur Folge. Eine einfache und Rechtssicherheit vermittelnde steuerliche Gewinnermittlung ließe sich hierdurch sicherlich nicht erzielen. Zudem scheinen hier Überlegungen, ob die Übernahme eines in vielerlei Hinsicht erst einmal konkretisierungsbedürftigen Rechnungslegungssystems überhaupt sachgerecht ist, außer Acht gelassen worden zu sein.

Vielmehr ruft dieser Vorschlag den Eindruck hervor, den Betriebsvermögensvergleich auf Grundlage der IFRS vor allem unter dem Aspekt einer auch in Zukunft erwünschten Einheitsbilanzierung[904] „irgendwie" möglich machen zu wollen. Diesbezüglich sei nur am Rande darauf hingewiesen, dass eine entsprechende Vorgehensweise im Ergebnis auch zu einer Art „Steuer – IFRS" führen könnte, die von den handelsrechtlichen „Original - IFRS" abweichen und bereits aus diesem Grunde die Erstellung einer Einheitsbilanz erschwerte.

Angesichts des schon bestehenden Steuerchaos und Vielzahl unverständlicher steuerlicher Normen sollte ein Reformbestreben doch auf eine Verbesserung der aktuellen Situation zielen und nicht zu weiteren Unsicherheiten führen.

Nach alledem ist somit festzuhalten, dass eine steuerlichen Anwendung der IFRS aufgrund der teilweisen Unbestimm*barkeit* mancher Regelungen sowie der nur

---

[902] *Kahle*, WPg 2002, 178, 182; *Oestreicher/Spengel*, DB 1999, 593, 594.

[903] Vgl. *Buchholz/Weis*, DStR 2002, 512, 515; *Oestreicher/Spengel*, RIW 2001, 889, 894: „...keine Zweifel, dass verbleibende Objektivierungsdefizite in der Rechtsanwendung ausgefüllt werden können".

[904] So nämlich der Ausgangspunkt und das erwünschte und für möglich befundene Endergebnis insbesondere von *Buchholz/Weis*, DStR 2002, 512, 513 und 559, 562.

eingeschränkten Auslegungsfähigkeit der IFRS - Rechnungslegung insgesamt den Anforderungen des Bestimmtheitsgebotes nicht ausreichend Rechnung trägt.[905]

e) Das Sprachproblem

Gesondert sei noch einmal darauf eingegangen, dass die Original - IFRS in Englisch verfasst werden. Diesbezüglich ist nicht nur zu problematisch, dass ihre Übersetzung teilweise erst nach monatelanger Verzögerung zur Verfügung steht.[906] Hinzu kommt, dass sie nicht einfach „eins zu eins" übersetzt werden können.

Als Beispiel sei hier nur auf den asset – Begriff verwiesen[907]: Nach Auffassung der IFRS werden hiervon bspw. auch aktivisch latente Steuern oder Entwicklungskosten erfasst. Da diese jedoch weder Vermögensgegenstände – und zwar unabhängig davon, welchem handelsrechtlichen Verständnis vom Vermögensgegenstand man hier folgt - noch Wirtschaftsgüter darstellen, kann „asset" auch nicht mit diesen Begriffen ins Deutsche übersetzt werden. Bei einer Übersetzung mit „Vermögens*wert*" ergibt sich hingegen folgendes: Nach dem deutschen Begriffsverständnis stellt ein *Wert* ein wert*haltiges* Objekt dar, welches mit einen *positiven* Betrag beziffert wird. Nach IAS 12. 34 ff. hingegen ist als asset unter bestimmten Voraussetzungen auch ein latenter Steueranspruch zu aktivieren, welcher den Vortrag noch nicht genutzter steuerlicher Verluste und noch nicht genutzter Steuergutschriften – also etwas „Negatives" – betrifft.[908] Aktuelle, d. h. am Bilanzstichtag bestehende Verluste jedoch deswegen auf der „Haben" - Seite des Kaufmannes auszuweisen, weil sie eventuell mit künftigen Gewinne verrechnet werden können, erscheint mit dem deutschen Verständnis von einem Wert nur schwer vereinbar.

Insgesamt müsste eine „korrekte" Anwendung der IFRS vor dem Hintergrund ihres bzw. des englischen Sprachverständnisses und damit letztendlich auf Grundlage der Originalfassung erfolgen: Dies wiederum hätte zur Folge, „dass auf diesem Gebiet die deutsche Rechtssprache zurückgedrängt wird".[909] Der Entzug bzw. die nur eingeschränkte Anwendbarkeit der eigenen Rechtssprache kann jedoch gerade für einen Bereich mit so elementarer Bedeutung wie dem Steuerrecht nicht zulässig sein. Denn hierin läge nicht nur ein Verstoß gegen den Bestimmtheitsgrundsatz an sich; zweifelhaft ist ebenso, ob sich das Steuerrecht als Teil der (deutschen) Rechtsordnung[910] dann noch in diese einfügen könnte. Schlussendlich sollte auch nicht vergessen werden, dass nicht nur die Gerichtssprache „deutsch"

---

[905] *Buchholz/Weis*, DStR 2002, 512, 514; *Budde/Steuber*, in: *Baetge*, Deutsches Bilanzrecht 2001, S. 57, 71; *Euler*, BB 2002, 875, 876; *Moxter*, BB 2000, 2144, 2143; *ders.*, DStZ 2000, 157, 158. A. A. *Eichhorn*, S. 124.

[906] Ebenso kritisch *Budde/Steuber*, in: *Baetge*, Deutsches Bilanzrecht 2001, S. 57, 70; *Heintzen*, BB 2001, 825, 826 und 828 f.; *Hennrichs*, DStJG 24 (2001), 301, 311.

[907] Siehe hierzu auch *Schulze-Osterloh*, ZIP 2003, 93, 99.

[908] Dies gilt jedenfalls insoweit, als es „wahrscheinlich ist, dass künftiges zu versteuerndes Ergebnis zur Verfügung stehen wird, gegen das die noch nicht genutzten steuerlichen Verluste und noch nicht genutzen Steuervorteile verwendet werden können".

[909] So ausdrücklich *Schulze-Osterloh*, ZIP 2003, 93, 99.

[910] *Lang*, in: Tipke/Lang, § 1, Rz. 15 .

ist (vgl. nur § 184 GVG, § 4 FGG), sondern die eigene Rechtssprache Bestandteil der nationalen Identität eines Volkes darstellt; diese sollte jedoch nicht „ohne Not" – sofern man dies überhaupt für zulässig erachtet – angetastet werden.

2. Demokratieprinzip

Die fehlende Kompetenz des Gesetzgebers zur Entwicklung und Veröffentlichung der IFRS legt zusätzlich einen Konflikt mit dem Demokratieprinzip nahe. Gem. Art. 20 Abs. 1 und 2 GG gilt in der BRD das *Prinzip der repräsentativen und parlamentarischen Demokratie*, nach dem das Volk seine Staatsgewalt grundsätzlich nur mittels gewählter Volksvertreter und in Form des Parlamentes ausüben kann.[911] Dabei umfasst die Staatsgewalt auch den Erlaß von Gesetzen inklusive steuerlich wirkender Tatbestände. Hier besteht die Möglichkeit, dass die steuerliche Bemessungsgrundlage (mittelbar) von einem privatrechtlich organisierten Standardsetzer (mit-)gestaltet wird - weder das DRSC noch das I-ASB sind „das Volk" i. S. d. Art. 20 Abs. 2 S. 1 GG.
Betrachtet man aber das Verfahren zur Entwicklung der IFRS, so scheint dieses auf den ersten Blick vermehrt auf sog. „plebiszitäre Elemente" abzustellen: Im Gegensatz zu einer parlamentarischen Demokratie wird gerade (je)dem Einzelnen die grundsätzliche Möglichkeit zur Beteiligung (z. B. per e-mail) eingeräumt. Sowohl die draft statements of principles als auch exposure drafts sind aufgrund ihrer Veröffentlichung im Internet einer grundsätzlich breiten Öffentlichkeit zwecks Diskussion zugänglich, wobei der IASB ausdrücklich zur Abgabe entsprechender Stellungnahmen aufruft. Gleichzeitig wird erst nach einer Auswertung der eingegangenen Kommentierungen über die Veröffentlichung des jeweiligen Standards entschieden. Auch dass die endgültige Veröffentlichung eines Standards letztendlich dem IASB obliegt, ist- zunächst jedenfalls - nicht nachteilig. Schließlich werden Gesetze allein vom Parlament und Rechtsverordnungen oder Richtlinien (teilweise) sogar nur von einem einzelnen Minister verabschiedet. Wenn die Entwicklung der IFRS demgegenüber im Rahmen einer Art öffentlichen Diskussionsforum stattfindet, könnte sich dies also auf den ersten Blick als „besonders demokratisch" darstellen.
Bei einer näheren Betrachtung zeigt sich jedoch, dass die erwünschte Beteiligung der Öffentlichkeit ein bloß theoretischer Gedanke ist. Dies gilt unabhängig davon, dass faktisch nur Sachverständige zu einer „kompetenten" und berücksichtigungsfähigen Kommentierung in der Lage sind – diese Problematik besteht für die meisten Fachgebiete. Störender wirkt sich dagegen aus, wenn selbst dieser sachverständigen Kritik und/oder rechtlich zutreffenden Einwänden keine Bedeutung beigemessen wird. Deren Nichtbeachtung zeigt sich vor allem dann, wenn sie „(kapitalmarkt-) politisch gewollten Ergebnissen" widersprechen.

---

[911] Vor allem auf Bundesebene, siehe *Dreier*, in *Dreier*, Grundgesetz-Kommentar, Art. 20 (Demokratie) Rdnr. 101 ff.; *Hommelhoff/Schwab*, BFuP 1998, 38, 43.

Als besonders deutliches Beispiel auf nationaler Ebene sei die Entwicklung des DRS 1 a („Befreiender Konzernabschluss nach § 292 a HGB: Goodwill und andere immaterielle Vermögenswerte des Anlagevermögens") angeführt. Um eine Angleichung an den entsprechenden US - GAAP SFAS 142 zu erzielen, befand der DRSC einen Verzicht auf die planmäßigen Abschreibung des Geschäftswertes im Konzernabschluss für zulässig. Die hiergegen von 37 Professoren und vorgebrachte Kritik fand jedoch keine nähere Berücksichtigung.[912]

Der DRSC selbst macht deutlich, dass „Stellungnahmen von einzelnen Verbänden und Unternehmen keinen wirkungsvollen Weg darstellen, die Interessen erfolgreich wahrzunehmen".[913] Der Bereich der Rechnungslegung ist in besonderem Maße dem Globalisierungsprozess und den wirtschaftlichen sowie national divergierenden Interessen und Sichtweisen zur Handhabung sowohl grundlegender als auch spezieller Bilanzierungsfragen ausgesetzt. Gerade im Rahmen der Entwicklung von IFRS treten die Spannungsverhältnisse zwischen den US-amerikanischen und europäischen Wirtschaftsräumen und -interessen offen zu Tage. Um eine Anerkennung seines Regelwerks an den US-amerikanischen Börsen – vor allem der New York Stock Exchange – bemüht, muss der IASB „eine Art Zwangsehe" mit den US-GAAP eingehen.[914] Einflussmöglichkeiten des Einzelnen sind damit – wenn überhaupt – jedenfalls nur eingeschränkt vorhanden; eine ausreichende *unmittelbare* Beteiligungsmöglichkeit scheidet damit aus.
Darüber hinaus aber ist diese auch nicht *mittelbar* gewährleistet. Die IFRS ergehen gerade nicht durch ein Organ, auf welches eine den Anforderungen des Demokratieprinzips entsprechende ununterbrochene Legitimations*kette* zurückreicht, wie sie bspw. in Art. 80 Abs. 1 GG zum Ausdruck kommt: Sowohl bei dem DRSC als auch dem IASB handelt es sich um privatrechtliche Vereine, bei dessen Mitgliederauswahl keine, auf dem Demokratieprinzip basierenden Erwägungen zum Tragen kommen.[915] Stattdessen richtet sich diese Wahl ausschließlich

---

912 Ausführlich hierzu *Siegel*, DB 2002, 749, 751. Ferner *Pellens/Sellhorn*, KoR 2002, 113, 113; *Pellens/Sellhorn/Weinreis*, in: FAZ vom 22. April 2002, Nr. 93, S. 25 („politisch gewollte Lösung").

913 Siehe die Pressemitteilung des DRSC vom 31.10.2002, abrufbar unter http://www.standardsetter.de/drsc/docs/press_realeses/drsc_tomorrow.html.; aber auch *Watrin*, DB 2001, 933, 935 f. mit dem Hinweis, dass Standardsetzer auf die Finanzierung und die Mitarbeit von Unternehmen im Normgebungsprozess angewiesen sind.

914 *Lüdenbach/Hoffmann*, DStR 2002, 231, 231.

915 So sieht § 342 HGB (und auch § 6 Abs. 1 S. 3 DRS - GO) im Gegensatz zu § 342 a Abs. 2 HGB nicht vor, aus welchen Mitgliedern sich ein privates Rechnungslegungsgremium zusammensetzen muss. Siehe hierzu bspw. die Kritik von *Paal*, S. 62 ff. mwN. Dabei könnte man hinsichtlich der Mitglieder des DRSC vielleicht noch insofern von einer hinreichenden personellen demokratischen Legitimation sprechen, als sich hierunter auch drei Ministerialvertreter befinden, welche möglicherweise eine gewisse Entscheidungsneutralität aufweisen. Gänzlich zu verneinen wäre dies jedoch für dessen übrigen Mitglieder wie die jeweiligen Unternehmensvertreter und Wirtschaftsprüfer, da diese gerade wegen ihrer Nähe zu bestimmten Interes-

nach den „sich selbst gegebenen", vereinsrechtlichen Statuten. Gerade an der Zusammensetzung des IASB und den hiermit zusammenhängenden, *unausgeglichenen Machtverhältnissen*[916] wird jedoch deutlich, welches grundlegende Rechtsverständnis bei der Entwicklung und Verabschiedung von IFRS dominiert. Dies lässt entsprechende Rückschlüsse auf die tatsächliche Einwirkungsmöglichkeiten der BRD bzw. des DRSC auf die Beschlüsse des IASB zu: Deutsche Interessen können hier praktisch (fast) keine Relevanz entfalten. Erst recht gilt dies für solche Erwägungen, die mit deutschen Steuerinteressen oder entsprechenden verfassungsrechtlichen Gesichtspunkten zusammenhängen.
Insgesamt kann damit festgestellt werden, dass ein Einfluss der IFRS auf die Steuerbilanz, wie er mittels eines generellen IFRS – Einzelabschlusses und uneingeschränkter Beibehaltung des § 5 Abs. 1 S. 1 EStG ermöglicht werden könnte, auch unter dem Aspekt Demokratieprinzip als äußerst problematisch zu beurteilen ist.[917]

II. Möglichkeiten zur Kompensation dieser Konflikte

1. Europäisches Komitologieverfahren ?

Zu bedenken ist, dass über § 5 Abs. 1 S. 1 EStG lediglich solchen IFRS steuerliche Bedeutung zukommen könnten, welche mittels EU - Verordnung für richtlinienkonform und damit für verbindlich erklärt wurden. Daher wird zum Teil die Ansicht vertreten, dass einige der hier dargestellten Konflikte mittelbar auf EU - Ebene kompensiert können.[918]
Dem ist wiederum folgendes entgegenzuhalten: Zunächst besitzt auch die Kommission einen nur geringen Einfluss auf die Entwicklung und Verabschiedung der IFRS; angesichts der Erfahrungen der Vergangenheit sowie der aktuellen Entwicklungen kann weniger von einer ausgeglichenen Harmonisie-

---

sensgruppen in den DRSC berufen werden, vgl. hierzu *Hommelhof/Schwab*, in: Staub, Großkomm HGB, § 342 a HGB, Rn. 5.

[916] Allein 5 der insgesamt 14 Mitgliedern zählen zur Berufsgruppe der Wirtschaftsprüfer und weitere 3 zu den Abschlussadressaten, so dass durchaus von „einer Dominanz der Praktiker" gesprochen werden kann. Darüber hinaus werden bei der Mitgliederauswahl auch regionale Kriterien nicht berücksichtigt: Von den kontinentaleuropäischen Staaten sitzen nur Frankreich, die Schweiz und Deutschland (vertreten durch das DRSC) im IASB, während die Mehrheit der Sitze auf solche Staaten entfällt, die der angloamerikanischen Rechtstradition verbunden sind. Darüber hinaus gehören zwei der vier Amerikaner dem FASB an. Kritisch daher *Euler*, BB 2002, 875, 876; *van Hulle*, ZGR 2000, 537, 548.

[917] *Broer*, Maßgeblichkeit, S. 354; *Herzig/Bär*, DB 2003, 1, 4; *Kirchhof*, ZGR 2000, 681, 689 f. (in Bezug auf § 292 a HGB).

[918] So z. B. *Oestreicher/Spengel*, RIW 2001, 889, 891.

rung, als vielmehr von einer Angleichung europäischer Vorschriften an die IFRS gesprochen werden.[919]

Die einstige Hoffnung der Kommission, einen derartigen Einfluss auf den IASC/IASB nehmen zu können, dass IFRS an die EG-Richtlinien angepasst werden, stellte sich u. a. aufgrund des großen Einflusses des sich diesem widersetzenden SEC als haltlos heraus.[920] Stattdessen lassen die sich nun abzeichnenden Entwicklungen den Schluss zu, dass die IFRS in Zukunft an die US–GAAP angeglichen werden. Dies gilt insbesondere angesichts der gemeinsamen Mitteilung des IASB und FASB vom 29. 10. 2002[921], nach in Zukunft auf eine erhöhte Konvergenz der jeweiligen Standards hingearbeitet und ihre künftigen Entwicklungen vermehrt koordiniert werden sollen. Wer sich dabei an wem orientiert, dürfte in Anbetracht der noch fehlenden Anerkennung der IFRS an US-amerikanischen Börsen wohl abzusehen sein.

Die Verordnung sieht mit dem Komitologieverfahren zwar einen Entscheidungsvorbehalt in Hinblick auf die Anwendung einzelner IFRS vor.[922] Allerdings ist schon die praktische Ausübung dieses Vorbehaltes fraglich. Eine (dauerhafte) „EU-Version" stünde nämlich dem Zweck einer Harmonisierung der Rechnungslegungsvorschriften entgegen.[923] Zudem wird auch das Komitologieverfahren an sich als problematisch kritisiert.

So sähe dieses keine parlamentarische Entscheidung hinsichtlich neuer oder geänderter Standards[924], dafür aber solche Mehrheitsverhältnisse[925] und „Machtfülle" der Kommission im Hinblick auf die Annahme oder Ablehnung eines Standards vor, welche zu Lasten der einzelnen Mitgliedsstaaten geht.[926]

---

919 *Budde/Steuber*, in: *Baetge*, Deutsches Bilanzrecht 2001, S. 57, 71; *Ernst*, BB 2001, 823, 824 f.; *Heintzen*, BB 2001, 825 ff.; *Hommel/Berndt*, BB 2000, 1184, 1185; *Löw*, ZBB 2001, 19, 24 f; *van Hulle*, ZGR 2000, 537, 547.

920 *Küffner/Hock*, BFuP 1998, 57, 58. Deutlich wird dies insbesondere am Beispiel der Änderungen der ursprünglichen Bilanzrichtlinie 78/660/EWG durch die sog. „fair – value" – Richtlinie 2001/65/EG des Europäischen Parlamentes und des Rates vom 27. 9. 2001, ABl. EG Nr. L 283 (hierzu *Hommel/Berndt*, BB 2000, 1184, 1185) sowie der sog. Modernisierungsrichtlinie " 2003/51/EG des Europäischen Parlamentes und des Rates vom 18. 6. 2003, ABl. EG L 178, welche jeweils zahlreiche „Anpassungen" an die IFRS enthalten.

921 Abrufbar unter http://www.iasc.org.uk/cmt/001.asp.

922 Hierauf verweisend *Oestreicher/Spengel*, RIW 2001, 889, 891.

923 In diesem Sinne auch *Arbeitskreis Externe Rechnungslegung der Schmalenbach - Gesellschaft für Betriebswirtschaft*, DB 2001, 160, 161; *IDW*, WPg 2001, 664, 664 f.; *Schulze-Osterloh*, ZIP 2003, 93, 99; *van Hulle*, ZGR 2000, 537, 543 f..

924 *Kahle*, WPg 2002, 178, 187.

925 Dieses Verfahren ist so ausgestaltet, dass die Kommission dem aus Vertretern der einzelnen Mitgliedsstaaten bestehenden Regelungsausschuss einen Vorschlag zur Annahme oder Ablehnung des jeweiligen Standards macht. Will der Ausschuss von diesem Vorschlag abweichen, so muss dies in Form einer qualifizierten Mehrheit erfolgen, die innerhalb von zwei Monaten vorliegt. Ansonsten gilt der Vorschlag als angenommen.

926 *Ernst*, BB 2001, 823, 824; *IDW*, WPg 2001, 664, 667; ähnlich kritisch *Hommelhoff/Schwab*, BFuP 1998, 38, 53. Siehe aber auch *Heintzen*, BB 2001, 825, 828.

Aus steuerrechtlicher Sicht ausschlaggebend ist jedoch, ob mittels eines Verweis auf das Komitologieverfahren die verfassungsrechtlichen Anforderungen an steuerrechtlich wirkende Bilanzierungsregeln erfüllt werden. So könnte ein ausreichender Grundrechtsschutz insbesondere nur dann gewährleistet sein, wenn die jeweiligen steuerlichen Folgen dieser Regelungen innerhalb dieses Verfahrens Berücksichtigung fänden oder zumindest zur Sprache kämen.
Hier ist sind zwei entscheidende Punkte zu bedenken: Zunächst besitzt die Kommission weder aufgrund des EG – Vertrages noch aufgrund einer speziellen Delegation seitens des deutschen Gesetzgebers eine Kompetenz zur Regelung des Steuerbilanzrechts. Und auch in Zukunft wird von einer entsprechenden Kompetenz - Übertragung nicht auszugehen sein. Hingewiesen sei hier nur auf die im Ersten Kapitel dargestellte Bedeutung einer Steuer(gesetzgebungs)souveränität im Bereich des Ertragssteuerrechts – und hier vor allem der steuerlichen Gewinnermittlung.[927]
Mindestens ebenso entscheidend aber ist, dass die Kommission im Rahmen des Anerkennungsverfahrens gar keine steuerrechtlichen Belange berücksichtigen kann - und dies auch nicht will. Dies gilt sowohl grundsätzlich, erst Recht aber im Hinblick auf die Besteuerung in der BRD. Die Anwendung der IFRS soll ausschließlich einer Harmonisierung der kapitalmarktorientierten Rechnungslegung und nicht der steuerlichen Gewinnermittlung dienen.
Damit aber widerspräche auch eine Steuerbilanz auf Basis oder unter Einflussnahme von verbindlichen EU - IFRS dem Sinn und Zweck des Gesetzesvorbehaltes: Der parlamentarische Kontrollmechanismus soll schließlich gewährleisten, dass sich der Normgeber über die Konsequenzen seiner Entscheidung für den Bürger bewusst wird und diese ausreichend begründet. Wenn die steuerrechtlichen Folgen einer Bilanzierung nach den jeweiligen IFRS (insbesondere für die BRD) aber auf EU – Ebene nicht ausreichend diskutiert werden (können), ist die Rechssicherheit und der Schutz des Einzelnen vor übermäßigen steuerlichen Eingriffen auch durch einen Verweis auf die in der EU – Verordnung anerkannten Standards nicht ausreichend sichergestellt.
Schlussendlich änderte eine Anerkennung einzelner Standards auch nichts an eren Unbestimmtheit, fehlenden oder zumindest schwierigen Auslegungsfähigkeit und hiermit zusammenhängenden, steuerlichen Vollzugsschwierigkeiten und Rechtsunsicherheiten. Das Komitologieverfahren selbst legt nur fest, welche Standards mit den Richtlinien vereinbar und damit anwendbar sind; die hierauf am 29. 9. 2003 veröffentlichte Verordnung (EG) Nr. 1725/2003 der Kommission hat die bis zum 14. 9. 2002 existierenden IFRS bis auf IAS 32 und 36 übernommen und sie zu diesem Zwecke vollständig und in ihrer *Originalform* abgedruckt. Auswirkungen auf ihre Weiterentwicklung durch das IASB hätte dies nicht. *Die*

[927] Vgl. hierzu *Ahmann*, FS Schmidt 1993, S. 268, S. 280 und 287 sowie die Ausführungen im Ersten Kapitel, § 1 B. I. 1.

IFRS selbst bleiben IFRS und zwar inklusive ihrem bereits erwähnten Konfliktpotential. Insgesamt können die hier dargelegten Konfliktmöglichkeiten daher auch nicht auf EU – Ebene kompensiert werden.

2. Gesetzgebungskompetenz im Hinblick auf die Verweisungsnorm ?

Bei den IFRS handelt es sich nicht um Gesetze, so dass keine „unmittelbare Gefahr" einer normsetzenden Gewalt seitens des IASB besteht. Stattdessen hängt ihre Verbindlichkeit maßgeblich davon ab, inwieweit der jeweilige Gesetzgeber sie in nationales Recht transformiert bzw. Bezug auf sie nimmt.[928] Das deutsche Parlament kann das „Wesentliche" – d. h. die grundsätzliche Anwendbarkeit aller oder nur bestimmter IFRS in der Handels- und Steuerbilanz - also selbst regeln und sich *bewusst* für eine uneingeschränkte Beibehaltung des § 5 Abs. 1 S. 1 EStG und der Konsequenz eines Einflusses der IFRS auf die steuerliche Gewinnermittlung entscheiden.[929] Auch könnte man eine Art „steuerrechtliches Komitologieverfahren" andenken. Ebenso, wie die Kommission die Vereinbarkeit der einzelnen Standards mit den Richtlinien vergleicht und „vereinbare" Standards für anwendbar erklärt, könnte eine ähnliche Prüfung auf bundesdeutscher Ebene und diesmal aus steuerrechtlicher Sicht erfolgen. Hier könnten die auf EU - Ebene anerkannten IFRS auf ihre Vereinbarkeit mit steuerbilanziellen Grundsätzen überprüft werden und bei einer entsprechenden Bejahung als eine Art *„Steuer - IFRS"* für anwendbar erklärt werden. Dem Parlament käme zwar keine Kompetenz zur konkreten Entwicklung eines bestimmten Standards zu. Sie verbliebe ihm aber zumindest hinsichtlich dessen Geltung im deutschen Recht.

Dabei wird allerdings folgendes verkannt: Zum einen änderte eine „Kompetenz – Kompetenz" oder eine „Rahmengesetzgebung" bzw. eine Art „steuerrechtliches Komitologieverfahren", nichts daran, dass die IFRS selbst eine mangelnde Rechtssicherheit vermitteln. Denn diese Mechanismen hätten weder Einfluss auf die Unbestimmtheit eines Standards bzw. einzelner Bilanzierungsregeln und ihre fortwährende Weiterentwicklung durch den IASB noch darauf, dass sie einem anderen Rechtskreis entspringen und daher in Hinblick auf ihre Anwendung und Auslegung erhebliche Schwierigkeiten aufweisen könnten. Ebenso wenig, wie ein § 5 Abs. 1 S. 1 EStG nach hM de lege lata bestehende handelsrechtliche GoB zu steuerrechtlichen Normen umqualifiziert[930], könnte er eine entsprechende Änderung der Rechtsnatur von IFRS bewirken.

Ferner würden die „wesentliche Entscheidungen" für oder gegen bestimmte Bilanzierungsregeln und damit auch die letztendliche Ausgestaltung der Bemes-

---

[928] *Oestreicher/Spengel*, RIW 2001, 889, 891.

[929] So auch der Hinweis vom *Arbeitskreis Externe Unternehmensrechnung der Schmalenbach - Gesellschaft für Betriebswirtschaft*, DB 2001, 160, 161; *Oestreicher/Spengel*, DB 1999, 593, 594 f mwN.

[930] Siehe bereits § 2 A. III., 1 a).

sungsgrundlage zumindest mittelbar immer noch durch ein privates, ausländisches Gremium (mit)bestimmt. Dabei sollte nicht vergessen werden, dass die IFRS dem Kapitalmarkt dienen. Indem die IFRS jedoch nicht für die steuerliche Gewinnermittlung – und umso weniger für eine *der deutschen Verfassung entsprechenden* steuerlichen Gewinnermittlung - konzipiert sind, berücksichtigt das IASB ebenso wenig, ob die jeweilige Bilanzierungsregel mit den verfassungsrechtlichen Anforderungen vereinbar ist und sich in die Systematik des (deutsche) Steuerrechts lässt. Wenn aber verfassungsrechtliche bzw. steuerrechtliche Fragestellungen bei Verabschiedung der IFRS keine Beachtung finden und der deutsche Gesetzgeber auf die Arbeit des IASB wenig bis gar keinen Einfluss hat, unterliegt jedenfalls ihre *Entwicklung* nicht den parlamentarischen Kontrollmechanismen. Hier ist schon fraglich, ob dieses Manko im anschließenden deutschen Gesetzgebungsverfahrens hinsichtlich der steuerlichen Anwendung der IFRS *überhaupt* ausgeglichen bzw. „geheilt" werden kann.[931]
Selbst wenn man diese Frage aber grundsätzlich bejahte, so gelänge eine „Heilung" jedoch nur dadurch, dass sich der deutsche Gesetzgeber mit jeder Bilanzierungsregel der IFRS zumindest kurz auseinander setzten müsste. Angesichts des Umfanges der IFRS-Rechnungslegung und der Anzahl ihrer Einzelregelungen bedeutete dies aber einen nicht unerheblichen Arbeitsaufwand des Parlamentes. Zudem befindet sich die Entwicklung der IFRS-Rechnungslegung in einem „permanenten Fluss" , so dass eine ständige Weiterentwicklung bestehender bzw. der Erlass neuer Standards möglich ist. Damit aber wäre es mit einer „einmaligen" gesetzgeberischen Auseinandersetzung nicht getan. Ferner ist zu berücksichtigen, dass einzelne Bilanzierungsregeln nicht verfassungskonform bzw. nicht mit der steuerlichen Gewinnermittlung vereinbar sein könnten und entsprechende Ausnahmetatbestände normiert werden müssten. Insgesamt bedeutete dies zunächst einen zusätzlichen Arbeitsaufwand des Parlamentes, welcher schon in praktischer Hinsicht nicht erstrebenswert erscheint. Darüber hinaus aber hätte dies möglicherweise eine Systematik der steuerlichen Gewinnermittlung zur Folge, welche – wie schon jetzt – von einem uneinheitlichen und unübersichtlichen „Regel-Ausnahme"- Prinzip durchsetzt wäre.
Schlussendlich wäre eine Rahmengesetzgebung, Kompetenz-Kompetenz oder eine Art „steuerrechtliches Komitologieverfahren" ggf. noch dazu geeignet, einen parlamentarischen Kontrollmechanismus bezüglich des „ob" und „wie" der Anwendung bereits bestehender Standards zu gewährleisten. Problematisch blieben aber immer noch ihre dauernde Fortentwicklung, ihre teilweise Unbestimmtheit, ihre (möglicherweise und im folgenden noch zu klärende) teilweise oder sogar grundsätzliche Unvereinbarkeit mit den Zwecken der steuerlichen Gewinnermittlung, der hohe Arbeitsaufwand des Gesetzgebers sowie eine eventuelle uneinheit-

---

[931] Skeptisch gegenüber einer „Kompetenz - Kompetenz" oder „Rahmengesetzgebung" daher *Arbeitskreis Bilanzrecht der Hochschullehrer Rechtswissenschaft*, BB 2002, 2372, 2379.

liche Systematik des EStG. Letztendlich erscheinen daher auch diese Lösungsvarianten als wenig geeignet, eine den verfassungsrechtlichen Anforderungen entsprechende steuerliche Anwendung der IFRS zu ermöglichen.

3. Implementierung der IFRS in das EStG ?

Schlussendlich wird vorgeschlagen, eine deutsche Fassung der IFRS unmittelbar in das EStG selbst einzufügen.[932] Dieser Ansicht ist zunächst darin zuzustimmen, dass hierdurch die Anforderung des Demokratieprinzips gewährleistet und dem Sinn und Zweck des Gesetzesvorbehaltes gerecht werden könnte: In dem vorlaufenden Gesetzgebungsverfahren bestünde für das Parlament ausreichend Zeit und Gelegenheit, um sich über die steuerlichen Konsequenzen einer IFRS – Bilanzierung bewusst zu werden. Dennoch blieben auch hier einige Probleme ungelöst: Unabhängig von ihrer fraglichen und im Folgenden Abschnitt zu noch zu prüfenden materiellen Eignung hätte eine komplette Kodifizierung der IFRS im EStG zugleich eine Übernahme der hier eingeräumten Bilanzierungswahlrechte und Beurteilungsspielräume bzw. aus steuerlicher Sicht nicht ausreichend konkretisierte und vor allem nicht konkretisierbare Bilanzierungsvoraussetzungen und -grundsätze zur Folge. Der diesbezügliche Konflikt mit der Tatbestandsmäßigkeit der Besteuerung und dem Bestimmtheitsgrundsatz bestünde also fort.

Daneben stellt sich die Frage nach der praktischen Umsetzung und dem Sinn und Zweck einer derartigen Normierung. Die Textausgabe der IFRS umfasst mehr als 1000 Seiten; das Steuerbilanzrecht würde also erheblich an Umfang zunehmen. Ob dies tatsächlich eine Verbesserung der bestehenden Situation bewirkt, ist fraglich.

III. Zwischenergebnis zur formellen Geeignetheit

Nach diesen Ausführungen ist somit der Schluss zu ziehen, dass eine unmittelbare steuerliche Anwendung der IFRS nicht mit dem Rechtsstaats- noch Demokratieprinzips vereinbar ist und daher schon insofern nicht den Anforderungen an ein formell verfassungsgemäßes Steuerbilanzrecht entspricht. Entschied sich der Gesetzgeber daher für einen – momentan zwar eher unrealistischen, zumindest langfristig aber nicht völlig abwegigen – ausschließlichen IFRS-Einzelabschluss, so erwiese sich eine unbeschränkte Beibehaltung des § 5 Abs. 1 S. 1 EStG als unzulässig.[933]

---

[932] *Broer*, Maßgeblichkeit, S. 354.

[933] Ebenso statt vieler bspw. *Hennrichs*, DStJG 24 (2001), 301, 328; *Herzig*, WPg 2000, 104, 115 f. und 118; *Kahle*, WPg 2002, 178, 187 f.

C. Materielle Geeignetheit

Unter materiellen Gesichtspunkten geht es im Kern um die Frage, ob und inwieweit eine Steuerbilanz auf Basis der IFRS eine gleichmäßige und substanzschonende Besteuerung gewährleisten kann. Wie bereits festgestellt, kommt es diesbezüglich darauf an, dass vor dem Hintergrund der Gleichmäßigkeit und Tatbestandsmäßigkeit sowie dem Prinzip der unternehmensschonenden Besteuerung vor allem die Grundsätze der Periodisierung und Objektivierung von hoher Bedeutung sind. Diese gilt es also weitest möglich beizubehalten und im Konfliktfall sachgerecht auszugleichen. Zu beurteilen ist daher, ob diese Grundsätze auch im Rahmen der IFRS-Rechnungslegung ausreichend Berücksichtigung finden und im Falle eventueller Kollisionen ein Ausgleich getroffen wird, welcher sachgerecht auf die steuerliche Gewinnermittlung übertragen werden kann.

Da die Konzeption der IFRS – Rechnungslegung auf eine ständige Weiterentwicklung angelegt ist und daher bestehende Standards geändert sowie neue verabschiedet werden können, darf sich eine diesbezügliche Beurteilung allerdings nicht auf die aktuellen Regelungen beschränken. Diesbezüglich hilft zunächst ein Vergleich zwischen den Grundsätzen eines verfassungskonformen Steuerbilanzrechts und dem framework bzw. IAS 1, da sich auch künftige Standards an den hier enthaltenen Wertungen und Grundsätzen orientieren müssen. Verdeutlicht werden die hier gefundenen Ergebnisse anschließend am Beispiel der Aktivierung von immateriellen Vermögenswerten und den jeweiligen Bewertungsmethoden. Hier steht vor allem die fair value-Bewertung sowie die momentane Bilanzierung des derivativen Geschäftswertes zur Diskussion, so dass sich anhand dieser Beispiele nicht nur die aktuelle, sondern auch die künftige steuerliche Eignung der IFRS darstellen lässt.

I. Grundsätzliche Überlegungen zur materiellen Anwendbarkeit der IFRS

1. Unterschiedliche Bilanzierungszwecke

Auffällig ist, dass schon die Grundlagen der IFRS - Rechnungslegung und der Steuerbilanz erheblich divergieren; teilweise stehen sie sich sogar konträr gegenüber: Der IFRS – Abschluss ist *kein Zahlungsbemessungsinstrument*, an das Dividendenforderungen angeknüpft werden sollen.[934] Gem. F. 6 besteht sein Zweck vor allem aber nicht in der Ermittlung eines *steuerlich relevanten* Gewinnes. Vielmehr wird mittels einer dynamischen Rechnungslegung unter dem Postulat des „true and fair view“-Prinzips (F. 12 bzw. IAS 1. 10) versucht, investorenrelevante Informationen („decision usefullness“) auch in die Zukunft hinein zu vermitteln. Demgegenüber stellt die Steuerbilanz ein *vergangenheitsbezogenes Zahlungsbemessungsinstrument* dar, mit Hilfe dessen der steuerlich relevante Gewinn und damit die Leistungsfähigkeit der jeweils abgelaufenen Periode ermittelt wer-

[934] *Herzig*, WPg 2000, 104, 111; *Moxter*, DStZ 2000, 157, 158.

den soll. Eine Steuerbilanz unterliegt damit anderen Sachgesetzlichkeiten als ein IFRS - Abschluss.[935] Dennoch soll gem. F. 6 eine Anwendung des Rahmenkonzeptes bzw. der IFRS dann für die Erstellung von Berichten zu steuerlichen Zwecken möglich sein, „wenn deren Anforderungen dies gestatten".
Wie bereits dargestellt wurde, ist dem Steuerrecht mit dem sog. Redlichkeitsgrundsatzes ein Gedanke der „true and fair view" nicht *gänzlich* fremd.[936] Was jedoch im einzelnen „true and fair" bzw. „redlich" ist, mit Hilfe welcher Bilanzierungsgrundsätze dieses ermittelt werden soll und welche Konsequenzen dies für die bilanzielle Behandlung der einzelnen Geschäftsvorfälle hat, bedarf einer näheren Konkretisierung. Diese leitet sich aus wiederum den jeweiligen Bilanzierungszielen ab[937] und spiegelt sich in der Funktion einer Bilanz bzw. den hierin enthaltenen Bilanzansätzen wider:

2. Folgen

a) Unterschiedliche Funktionen der Bilanz

Da beide Bilanzen ein Bild der *„tatsächlichen Vermögensverhältnisse"* vermitteln wollen, ähneln sich zunächst auch einige der jeweils zum Tragen kommenden Bilanzierungsgrundsätze[938]: Sowohl die Steuerbilanz als auch die IFRS basieren auf dem going-concern- und dem Periodisierungsprinzip. Und ebenso wie ein verfassungskonformes Steuerbilanzrecht bedarf auch eine investorenorientierte Rechnungslegung eine gewisse Nachprüfbarkeit der jeweiligen Bilanzposten. Das Kriterium der „Verlässlichkeit" i. S. d. F. 31 und das Objektivierungsprinzip sind daher im Ansatz vergleichbar.[939] Darüber hinaus kommen noch weitere, sich ähnelnde Bilanzierungsgrundsätze zur Anwendung - wenn für die Steuerbilanz de lege lata zwar nicht immer im EStG kodifiziert, dann zumindest über § 5 Abs. 1 S. 1 EStG.

Dies gilt bspw. für die „understandibility" (F. 25) als Klarheit und Übersichtlichkeit i. S. d. § 243 Abs. 2 HGB, die wirtschaftlichen Betrachtungsweise, die „completeness" (F. 38) als Vollständigkeit i. S. d. § 246 Abs. 1 HGB sowie die „comparability" und „consistency of presentation" (F. 39 ff., IAS 1. 27 und .38 ff) als Vergleichbarkeits- und Stetigkeitsgebot des § 252 Abs. 1 Nr. 1 und 6 HGB. Darüber hinaus kennt auch die IFRS –Rechnungslegung ein dem § 246 Abs. 2 HGB grundsätzlich gleichzusetzendes Saldierungsverbot von Aktiv- und Passivposten, welches gem. IAS 1. 33 allerdings nur insoweit gilt, als dass eine Saldierung von dem jeweils ein-

---

[935] Vgl. statt vieler nur *Arbeitskreis Bilanzrecht der Hochschullehrer Rechtswissenschaft*, BB 2002, 2372, 2379; *Füllbier/Gassen*, DB 1999, 1511, 1512; *Wagner*, BB 2002, 1885, 1888.
[936] Siehe Kapitel 2, § 2 C. II 1. b) cc) (2). Hingewiesen sei an dieser Stelle auch nochmals auf BFH (GrS), DStR 2000, 1682, 1686.
[937] *Füllbier/Gassen*, DB 1999, 1511, 1512; *Weber-Grellet*, DB1996, 2089, 2090.
[938] *Buchholz/Weis*, DStR 2002, 512, 515; *Oestreicher/Spengel*, RIW 2001, 889, 893.
[939] Vgl. hierzu auch *Buchholz/Weis*, DStR 2002, 512, 514.

schlägigen Standard nicht ausdrücklich erfordert oder erlaubt wird.

Nun dient das „true and fair view"-Prinzip der IFRS jedoch dazu, ein investorenrelevantes Bild der wirtschaftlichen Verhältnisse des Unternehmens inklusive dessen cash flows zu vermitteln. Dies wirkt sich in erster Linie auf andere Bestandteile des IFRS – Abschlusses wie bspw. die Kapitalflussrechnung oder den Anhang aus. Allerdings wird das „true and fair view"-Prinzip nach IFRS nicht im Sinne der deutschen *Abkopplungsthese* verstanden, sondern betrifft auch die *Bilanz*: Diese stellt zwar ebenso wie die Handels- und Steuerbilanz eine stichtagsbezogene Vermögensübersicht dar. Dennoch soll hier der Bilanzgewinn selbst als „informative Erfolgsgröße" dienlich sein (vgl. IAS 1. 16). Investoren interessieren sich für die Zukunft des Unternehmens und wollen entsprechende Rückschlüsse nicht nur aus den vergangenen Entwicklungen ziehen müssen. Daher will der IFRS – Abschluss schon anhand der ausgewiesenen Bilanzposten Hinweise auf künftige Zahlungszuflüsse und -abgänge liefern.
Für eine derartige Darstellung der Vermögensverhältnisse besteht im Steuerbilanzrecht jedoch kein Bedarf, und zwar weder de lege lata noch de lege ferenda. Hier kommt es nicht auf künftige cash flows oder die wirtschaftliche Entwicklung des Unternehmens an.[940] Damit aber können das Verständnis der IFRS - Rechnungslegung und des Steuerbilanzrechts hinsichtlich dessen, was „true and fair" oder „redlich" ist, erheblich von einander abweichen:

b) Unterschiede im Hinblick auf das Aktivvermögen

Unmittelbare Auswirkungen hat dies zunächst auf den Bilanzansatz bzw. das ausgewiesene Betriebsvermögen. Übereinstimmung liegt zwar noch insofern vor, als beide Bilanzen keinen Gläubigerschutz durch Kapitalerhaltung bzw. Ausschüttungsbemessung bezwecken und eine „selbständige Verkehrsfähigkeit" – wie teilweise für die Handelsbilanz gefordert – für unerheblich halten.[941] In der IFRS – Bilanz kommt es jedoch entscheidend auf die „Relevanz" einer erfassbaren Information an.
Dies hat zunächst ein abweichendes Verständnis von „Vermögen" bzw. von assets und Wirtschaftsgütern zur Folge: Während schon der asset - Begriff selbst auf einer dynamischen Betrachtungsweise beruht[942], ist der Begriff des Wirtschaftsgutes vor dem Hintergrund der stichtags-, vor allem aber vergangenheitsbezogenen Steuerbilanz eher statisch zu interpretieren. Daher können bspw. akti-

---

[940] *Füllbier/Gassen*, DB 1999, 1511, 1512; *Hennrichs*, DStJG 24 (2001), 301, 317; *Herzig*, WPg 2000, 104, 111; *Wagner*, DB 1998, 2073, 2076; *ders.*, BB 2002, 1885, 1888.

[941] *Arbeitskreis Bilanzrecht der Hochschullehrer Rechtswissenschaft*, BB 2002, 2372, 2374; *Herzig*, WPg 2000, 104, 114.

[942] *Baetge/Kirsch/Thiele*, Bilanzen, S. 151 mwN; *Buchholz/Weis*, DStR 2002, 512, 515; *Oestreicher/Spengel*, RIW 2001, 889, 893.

visch latente Steuern[943] oder Entwicklungskosten keine Wirtschaftsgüter, wohl aber assets darstellen. Denn diese liefern in erster Linie Hinweise auf den künftigen Nutzen und beinhalten damit investorenrelevante Informationen im Hinblick auf die künftige Entwicklung des Unternehmens, nicht jedoch auf die Leistungsfähigkeit in der Vergangenheit.
Darüber hinaus aber resultieren aus dem Grundsatz der „Relevanz" weitestgehend andere Bilanzierungsschwierigkeiten als in der Steuerbilanz: Der potentielle Grundkonflikt der IFRS - Rechnungslegung liegt nicht wie im Steuerbilanzrecht zwischen der Objektivierung und Periodisierung, sondern der Relevanz und Objektivierung. Wie dieser Ausgleich nach IFRS tendenziell vorzunehmen ist, wird schon durch F. 37 indiziert: Bereits hier wird der Relevanz insofern Rechnung getragen, als dass dem Vorsichtsprinzips eine vergleichsweise geringe Bedeutung zukommt.

c) Unterschiede bei der Gewinnermittlung

Konsequenzen hat dieser unterschiedliche Grundkonflikt für die periodengerechte Gewinnermittlung[944]: Denn insbesondere aufgrund der Relevanz werden sowohl Gewinne als auch Verluste bereits vollständig im Zeitpunkt ihrer Realisierbarkeit („if probable", vgl. IAS 1. 26) erfasst. Im Gegensatz zum Steuerbilanzrecht de lege lata unterliegt das Periodisierungsprinzip hier weder einer systematischen und systembedingten Einschränkung durch das Realisationsprinzip, noch kennen die IFRS ein Imparitätsprinzip. Konzeptionell ist dies mit der *Reinvermögenszuwachstheorie* vergleichbar.[945] Eine Durchbrechung der Periodisierung kommt nur dann in Betracht, wenn angesichts einer mangelnden Verlässlichkeit ausnahmsweise doch auf die Berücksichtigung einer relevanten Information verzichtet wird. Dies ist jedoch eine Frage des Einzelfalles und wird nicht abstrakt vom framework oder von IAS 1 geregelt.

3. Konsequenzen einer steuerlichen Anwendung der IFRS und vorläufiges Zwischenergebnis zur materiellen Geeignetheit

Die Kombination aus der Relevanz und einer eingeschränkten Bedeutung des Vorsichts- und Anschaffungskostenprinzips bzw. Nichtanwendbarkeit des Realisationsprinzips führt in der IFRS – Rechnungslegung zu weitaus weniger Beschränkungen des Periodisierungsgrundsatzes, als dies in der Handelsbilanz der Fall ist. Die Möglichkeiten zur Bildung von Rückstellungen sind reduziert[946], während gleichzeitig ein tendenziell höheres Aktivvermögen ausgewiesen wird.

---

[943] Ausführlicher hierzu z. B. *Kirsch*, BB 2003, 1111, 1112.
[944] Einzelheiten hierzu finden sich bspw. bei *Eichhorn*, S. 147 ff.
[945] *Eichhorn*, S. 224.
[946] Siehe hierzu auch *Zeitler*, DB 2003, 1529, 1530.

Insgesamt resultieren hieraus vergleichsweise geringe Möglichkeiten zur Bildung stiller Reserven. Indem die Rechnungslegung nach IFRS – wenn auch unbeabsichtigt, so zumindest faktisch - eine Gewinnermittlung zur Folge hat, welche der i. S. d. *Reinvermögenszuwachstheorie* im Ansatz ähnelt, könnte sie also möglicherweise ein getreueres Bild der tatsächlichen wirtschaftlichen Leistungsfähigkeit wiedergeben, als es de lege lata aufgrund von § 5 Abs. 1 S. 1 EStG i. V. m. den handelsrechtlichen GoB der Fall ist. Neben dem Wunsch nach einer Einheitsbilanz ist dies jedenfalls das Hauptargument, welches für eine steuerliche Anwendung der IFRS angeführt wird.[947]

Welches Gewinn- und Vermögensverständnis im Rahmen eines Betriebsvermögensvergleichs Anwendung finden sollte, ist jedoch vor dem Hintergrund der jeweiligen Bilanzfunktionen und -zwecke zu konkretisieren[948]:

Die Steuerbilanz soll als Zahlungsbemessungsinstrument dienen, mit Hilfe dessen gewerbliche Gewinne periodengerecht und damit zeitnah ermittelt und Zahlungsfolgen in Form von Steuerforderungen auslöst werden. Damit der Besteuerung jedoch tatsächlich nur das erzielte Einkommen zugrunde gelegt wird und der steuerliche Eingriff gleichmäßig und substanzschonend ausgeübt werden kann, bedarf es eines Mindestmaß an Objektivierung bei der bilanziellen Berücksichtigung der einzelnen Geschäftsvorfälle.

Zweifelhaft ist jedoch, ob eine steuerliche Gewinnermittlung unter Anwendung der IFRS objektiv genug wäre. Dies ergibt sich zunächst daraus, dass der IFRS – Abschluss aufgrund seiner fehlenden Zahlungsbemessungsfunktion keine mit der Steuerbilanz vergleichbare *Risikolage* aufweist. Zwar müssen auch die Bilanzposten des IFRS - Abschlusses nachprüfbar sein, da unzuverlässige Informationen keine Relevanz für Investoren aufweisen können. Angesichts fehlender Zahlungsrisiken aber darf der Bilanzausweis „großzügiger" ausfallen und sich eher an Gesichtspunkten der Relevanz und weniger an Vorsichtsaspekten orientieren. Dann ist es aber ebenso wenig gewährleistet, dass das steuerlich notwendige „Minimum" an Vorsicht ausreichende Berücksichtigung finden wird. Hier unterliegt die Verlässlichkeit des Bilanzausweis den Einschränkungen eines steuerlich sachfremden Bilanzierungskriteriums, welches demzufolge kein Rechtfertigungsgrund für dessen Einschränkung in der Steuerbilanz darstellen kann.

Problematisch ist ferner der in der IFRS-Rechnungslegung bestehende potentielle Grundkonflikt zwischen den Prinzipien der Objektivierung und der Relevanz. Da der Steuerbilanz ein derartiger Konflikt unbekannt ist, können auch die diesbezüglich gefundenen Lösungsvorschläge nicht „einfach so" übertragen Darüber hinaus regeln die IFRS nur durch Rahmenbedingungen, in welchem Maße Unsicherheiten in Kauf genommen werden können und wie entsprechende

---

[947] So bspw. von *Buchholz/Weis*, DStR 2002, 512, 515; *Eichhorn*, S. 166, 247; *Oestreicher/Spengel*, DB 1999, 593, 594; *Schaffer*, S. 247 f.; *Schreiber*, FS Beisse 1997, S. 491, 505; ähnlich *Freidank/Pottgießer*, StuB 2003, 886, 890 und *Wagner*, DB 1998, 2073, 2076.

[948] *Oestreicher/Spengel*, RIW 2001, 889, 893.

Konflikte zu lösen sind; innerhalb dieses Rahmens ist die konkrete Entscheidung ausschließlich dem Bilanzierenden überlassen. Dabei ermöglichen es die hier eingeräumten Beurteilungsspielräume, dass es in Abhängigkeit von der Bilanz- und Investitionspolitik des jeweiligen Unternehmens bzw. des Optimismus oder Pessimismus des Managements zum Ausweis von „Hoffnungswerten" und „virtuellem Vermögen" oder umgekehrt durchaus auch zur Bildung stiller Reserven kommen kann.[949] Nach der Bereitstellung entsprechender Informationen ist es *den Rechnungslegungsadressaten* überlassen, *welchen Grad an Vorsicht* sie im Rahmen ihrer Investitionsentscheidungen walten lassen. Vor allem im Hinblick auf eine Anwendung der IFRS im Einzelabschluss wird in diesem Zusammenhang auf die Möglichkeit und gängige Praxis in den USA verwiesen, nach der sich die Gläubiger des Unternehmens auf einer vertraglichen Basis gegen ihre Verlustrisiken schützen (könnten).[950]

Nebenbei erwähnt: Ein derartiger Schutz wird insbesondere dadurch gewährleistet, dass die Vertragsparteien die Anwendung einer Gewinnermittlungsmethode vereinbaren, welche der „vorsichtigen" Bilanzierung i. S. d. HGB sehr ähnlich ist[951]; dieses allerdings lassen die Vertreter dieser Ansicht unberücksichtigt.

Schon aus den oben aufgezeigten, rechtsstaatlichen Gründen kann die Entscheidung über das steuerlich relevante Vermögens bzw. dessen Zuwächse jedoch nicht in das Belieben des Bilanzierenden gestellt werden. Umgekehrt darf es auch dem Adressaten der Bilanz – hier also dem Fiskus – nicht überlassen werden, ob er diese Entscheidungen nach *seinem* Belieben anerkennt bzw. *welchen Vorsichtsmaßstab er bei der Berechnung der Steuerlast* zur Anwendung kommen lassen will. Eine „vertragliche Absicherung" gegen einen zu hohen (oder umgekehrt aus Sicht des Fiskus zu niedrigen) Steuerzugriff ist undenkbar.
Zu dessen Verhinderung bedarf es vielmehr eines Mindestmaß an Vorsicht, welches dann wiederum die Anwendung eines (steuerrechtlich verstandenen) Realisations- und Anschaffungskostenprinzip bzw. eines Imparitätsprinzips erlaubt. Möglich wird dies allerdings nur vor dem Hintergrund eines Einkommens- und Gewinnverständnis i. S. d. modifizierten Reinvermögenszugangs- bzw. Markteinkommenstheorie. Die gesetzgeberische Entscheidung für einen derartigen Einkommensbegriff verdeutlicht sich in der Anbindung des Betriebsvermögensvergleichs an die handelsrechtlichen GoB und findet sich zudem auch im Bereich anderer Einkunftsarten (zumindest ansatzweise und ggf. in Kombination mit der Quellentheorie) wieder. Solange sich der Gesetzgeber aber für dieses Einkom-

---

[949] *Euler*, BB 2002, 875, 879; *Theile*, StuB 2003, 957, 964; *v. Keitz*, DB 2003, 1801, 1802; *Zeitler*, DB 2003, 1529, 1530.
[950] *Oestreicher/Spengel*, RIW 2001, 889, 891. Siehe hierzu auch *Schaffer*, S. 104. Zu Recht kritisch bspw. *Lüdenbach/Hoffmann*, DB 2002, 1169, 1171; *Euler*, BB 2002, 875, 879; *Siegel*, BFuP 1998, 593, 594; *Watrin*, DB 2001, 933, 936.
[951] Vgl. *Schön*, WPg-Sonderheft 2001, 74, 78.

mens- und Gewinnverständnis entscheidet, ist eine Steuerbilanz auf Grundlage von Bilanzierungsregeln, die eher der Reinvermögenszuwachstheorie entsprechen, systemwidrig. Schon aus diesem Grund erscheint eine steuerliche Anwendung der IFRS fraglich. Hinzu kommt, dass das „genauere Bild" der IFRS von den tatsächlichen Verhältnissen der Vermögens, -Finanz- und Ertragslage eines Unternehmens auf Annahmen und Bilanzierungsweisen basiert, welche den Grundsätzen der Gesetzmäßigkeit, Tatbestandsmäßigkeit und Gleichmäßigkeit der Besteuerung sowie dem Verbot der Substanzbesteuerung widersprechen können. Daher wird man die Zulässigkeit einer Steuerbilanz auf Basis der IFRS wohl insgesamt bezweifeln müssen.

II. Konkretisierung der materiellen Ungeeignetheit der IFRS anhand ausgewählter Beispiele

Deutlich wird diese Annahme an der Bilanzierungsfähigkeit (unentgeltlich erworbener und) selbsterstellter immaterieller Werte, der Bewertung zum fair value sowie der goodwill -Bilanzierung:

1. Aktivierung selbsterstellter immaterieller Vermögenswerte

a) Aktivierungsfähigkeit von Entwicklungskosten nach IAS 38

Deutlich werden die Auswirkungen der Relevanz am Beispiel der Aktivierungsfähigkeit von originären immateriellen Anlagewerten. Weil die Forschungs- und Entwicklungsaktivitäten eines Unternehmens aussagekräftig bezüglich der künftiger wirtschaftlicher Entwicklung sind, sich die Werthaltigkeit von Forschungstätigkeiten aber nach IAS 38 noch nicht ausreichend sicher manifestiert hat, sind im Umkehrschluss aus IAS 38. 42 auch selbsterstellte intangible assets in Form ihrer Entwicklungskosten zu aktivieren. Die Anwendbarkeit in einem IFRS- Einzelabschluss bedarf einer Anerkennung des IAS 38 auf EU – Ebene, welche inzwischen im Wege der EU – Verordnung Nr. 1725/2003 der Kommission vom 29. 9. 2003[952] erfolgte.

b) Steuerliche Notwendigkeit des § 5 Abs. 2 EStG

aa) Vorüberlegung

Angesichts des § 5 Abs. 2 EStG hätte IAS 38 selbst dann keine unmittelbare Auswirkung auf die Steuerbilanz, wenn er in einem Einzelabschluss für alle Kauf-

[952] Siehe Art. 1 der „Verordnung (EG) Nr. 1725/2003 der Kommission vom 29. September 2003 betreffend die Übernahme bestimmter internationaler Rechnungslegungsstandards in Übereinstimmung mit der Verordnung (EG) Nr. 1606/2002 des Europäischen Parlamentes und des Rates", ABl. L 261/1 vom 13. 10. 2003.

leute Anwendung fände. Nicht zuletzt angesichts der Entstehungsgeschichte könnte sich jedoch zumindest mittelbar die Frage nach Sinn eines Beibehaltens des § 5 Abs. 2 EStG stellen. Das Aktivierungsverbot für unentgeltlich erworbene bzw. selbsterstellte immaterielle Vermögenswerte war für die Steuerbilanz lange Zeit nicht selbstverständlich[953] und wird auch heute noch (wie z. B. im Bereich der Einlagen) nicht durchgängig verfolgt. Hinzu kommt, dass auch unentgeltlich erworbene und originäre immaterielle Werte Wirtschaftsgüter darstellen (können) und die Qualifizierung der hiermit zusammenhängenden Kosten in sofort abzugsfähige Betriebsausgaben eine Einschränkung des Periodisierungs- und Vollständigkeitsgrundsatzes bedingt. Aufgrund des Stellenwertes des Periodisierungsprinzips als elementarer Grundsatz der Bilanzierung bedarf das Aktivierungsverbot somit einer besonderen Rechtfertigung.[954] Die Motive des Gesetzgebers zu § 5Abs. 2 EStG wären mit einer Geltung des IAS 38 in einem Einzelabschluss für alle Kaufleute nicht mehr heranzuziehen. Die Einführung
dieser Norm diente vornehmlich der Klarstellung, dass § 153 Abs. 3 AktG 1965 (jetzt § 248 Abs. 2 HGB) als handelsrechtlicher GoB auch für die Steuerbilanz zu beachten ist, um so die Erstellung einer Einheitsbilanz ermöglichen zu können.[955] Ist das Argument der Einheitsbilanz angesichts der abweichenden Ausnahmeregelungen schon de lege lata fraglich, so könnte dies de lege ferenda also um so mehr zutreffen. Auf derartige Überlegungen kann es hier jedoch nicht ankommen. Für die Steuerbilanz als Bilanz im Rechtssinne sollte die Frage, was als Wirtschaftsgut ausgewiesen werden darf und was nicht, vielmehr vor ihrem gesetzlich vorgesehenen Zweck beantwortet werden.

bb) Schwierigkeiten bei der Gewährleistung eines objektiven Bilanzausweises

Die zurechenbare Werthaltigkeit eines selbsterstellten immateriellen Wirtschaftsgutes erhöht sicherlich die Leistungsfähigkeit des jeweiligen Steuerpflichtigen. Handelt es sich um ein Anlagegut, so steht ihm der hieraus resultierende Nutzenzufluß über mehrere Perioden zur Verfügung, so dass eine im Laufe der einzelnen Perioden eventuell abnehmende Werthaltigkeit periodengerecht in Höhe der jeweiligen Wertminderungen zu erfassen wäre. Daneben mag man im Einzelfall meinen, diese auch eindeutig nachweisbar zu können. Wollte man also die *tatsächliche* Leistungsfähigkeit innerhalb der jeweiligen Periode ermitteln, so müsste dies zur Aufgabe des § 5 Abs. 2 EStG führen.[956]

---

[953] Vgl. nur BFH, BStBl. II 1969, 291 für die Steuerbilanz und demgegenüber BT-Drucks. 4/171, S. 177 zum Vorentwurf des § 153 Abs. 3 AktG 1965.
[954] *Costede*, StuW 1995, 115, 119.
[955] BT-Drucks. 5/3187, S. 4 und S. 6; später auch BFH, BStBl. II 1976, 13, 14.
[956] *Heurung*, RIW 2000, 421, 426; ähnlich *Schaffer*, S. 140 ff.

Diesem grundsätzlich zu zustimmenden Ansatz stehen nun allerdings die tatsächlichen Gegebenheiten und letztendlich das Objektivierungserfordernis entgegen[957]: Die mit unentgeltlich erworbenen, vor allem aber selbsterstellten immateriellen Werten verbundenen Unsicherheiten sind weder jetzt noch in Zukunft handhabbar. Dies belegt der Blick auf die IFRS: Hier ist eine Aktivierung vor allem selbsterstellter intangible assets an die restriktiven Voraussetzungen des IAS 38. 45 geknüpft, welche zu einem gewissen Grad an Objektivierung beitragen mögen.[958] Die Beurteilung, ob sich die Forschungsergebnisse bereits in der Entwicklungsphase befinden und sich zu einem werthaltigen Objekt verdichten bzw., ob die hiermit zusammenhängenden Kosten ausreichend nachweisbar sind, liegt allerdings im Ermessen des Bilanzierenden. Im Zweifel sind sie zwar nach IAS 38. 41 der Forschungsphase zuzurechnen und daher als sofortiger Aufwand zu buchen. Ein objektiver Beurteilungsmaßstab, eine Nachweispflicht für das Vorliegen oder Nichtvorliegen der Voraussetzungen in IAS 38. 45 oder eine vom Bilanzierenden zu widerlegende Vermutungsregel finden sich jedoch nicht.[959] Die grundsätzliche Aktivierungspflicht von Entwicklungskosten entpuppt sich als faktisches Aktivierungswahlrecht.[960]

Vergleichbares gilt für die Folgebewertung: Im Rahmen der Benchmark-Methode darf die voraussichtliche Nutzungsdauer – hier für alle intangible assets – geschätzt werden, wobei nach IAS 38. 80 nicht nur die voraussichtliche Nutzungsmöglichkeit durch das jeweilige Management, sondern und sogar voraussichtliche Handlungen seitens Wettbewerbern und potentieller Konkurrenten (!) zu beachten sind. Ob man aber bei einer Berücksichtigung derart unsicherer Faktoren zu einer objektiv nachprüfbaren Nutzungsdauer und - hierauf aufbauend – zu einer möglichst sicheren planmäßigen Abschreibung gelangen soll, ist zweifelhaft. Damit bleiben (auch) die Unsicherheiten der Folgebewertung von (selbsterstellten) immaterieller Vermögenswerte selbst bei Vorliegen dieser engen Aktivierungsvoraussetzungen ungeklärt.[961] Den IFRS gelingt es also nicht, einen einheitlichen Maßstab für den objektiven Nachweis eines selbsterstellten immateriellen Wertes vorzusehen. Und da die Unsicherheiten vor allem selbsterstellter immaterieller Werte sind faktischer Natur sind, machen sie einen objektiven Bilanzausweis auch in Zukunft unwahrscheinlich.

---

957 Statt vieler *Costede*, StuW 1995, 115, 119.

958 *Küting/Ulrich*, DStR 2001, 953, 960; *Ranker/Wohlgemuth/Zwirner*, KoR 2001, 269, 272.

959 Vgl. nur *Pellens*, S. 461; *Wagenhofer*, IAS, S. 153 f. mwN sowie Kapitel 3, § 2 A. II. 2.

960 Ebenso z. B. *Buchholz/Weis*, DStR 2002, 512, 516; *Euler*, BB 2002, 875, 877; *Hennrichs*, ZGR 2000, 627, 642; *Kirsch*, BB 2003, 1111, 1111 f.; *Ranker/Wohlgemuth/Zwirner*, KoR 2001, 269, 273; *v. Keitz*, DB 2003, 1801, 1802 f.; *Wagenhofer*, IAS, S. 153 f. mwN.

961 Siehe auch *Broer*, Maßgeblichkeit, S. 356; *Küting/Ulrich*, DStR 2001, 953, 959 mwN.

cc) Folgen

Dass entsprechende Beurteilungs- und Ermessensspielräume schon für eine investorenorientierte Rechnungslegung kritisch zu beurteilen sind, wurde bereits im Dritten Kapitel angemerkt. Noch problematischer sind sie jedoch für eine steuerliche Gewinnermittlung; die hieraus resultierenden Folgen kollidieren sowohl mit der Tatbestandsmäßigkeit als auch Gleichmäßigkeit der Besteuerung: Für die IFRS mag es weniger problematisch sein, dass derartige Werte zur bewussten Vermeidung eines zu hohen Bilanzgewinnes nicht ausreichend berücksichtigt werden. Hier geht es darum, potentielle Investoren durch einen erhöhten Bilanzausweis entsprechenden Vermögens und Entwicklungsaktivitäten zu „beeindrucken“.[962] Ähnliches gilt für den umgekehrte Fall: Denn welche Konsequenzen aus den mit diesen immateriellen Werten verbundenen Unsicherheiten zu ziehen sind, bleibt in erster Linie dem Bilanzadressaten überlassen. Sie wirken sich nicht auf Zahlungen aus, die aus dem Unternehmen heraus, sondern höchstens in Form von Investitionen in dieses hinein fließen können. Die hier eingeräumten Beurteilungsspielräume führen somit dazu, dass gegebenenfalls zu optimistische Einschätzungen des Managements und hieraus resultierende Risiken „externalisiert" werden.[963]

Dabei mögen die engen Ansatzkriterien und das faktische Aktivierungswahlrecht des IAS 38. 41 und .45 ff. angesichts der hiermit verbundenen (kostenintensiven) Nachweisschwierigkeiten und Unsicherheiten zwar regelmäßig dazu führen, dass in der Praxis auf den Bilanzansatz von Entwicklungskosten verzichtet wird.[964] Angesichts dessen wird die Möglichkeit einer Übernahme dieser grundsätzlichen Aktivierungspflicht zum Teil bejaht: „Mit einer deutlichen Steuerbelastung“ sei nämlich nicht zu rechnen.[965]

Für die steuerliche Beurteilung kann es auf die Handhabung in der *kapitalmarktorientierten* Praxis aber nicht ankommen; hier besteht eine *andere Sachlage*. Die unmittelbaren Zahlungsfolgen der Steuerbilanz bewirken, dass das finanzielle „Risiko“ eines unsicheren Bilanzausweises von immateriellen Vermögenswerten bzw. Wirtschaftsgütern genau entgegengesetzt ist. Gleiches gilt für die *Interessenlage*: Der Steuerpflichtige strebt die Ermittlung des geringst möglichen steuerlichen Periodengewinnes an. Hierzu eignet sich ein sofortiger Betriebsausgabenabzug grundsätzlich am besten; ein Aktivierungsinteresse wird daher regelmäßig nicht bestehen.

---

[962] Dass dies durch Angaben im Anhang oder der Segmentberichterstattung möglicherweise genauso gelingen könnte, soll an dieser Stelle nur angemerkt, aber nicht vertieft werden. Vgl. statt vieler *Institut „Finanzen und Steuern“*, IFSt-Schrift Nr. 387, S. 61.

[963] *Watrin*, DB 2001, 933, 936.

[964] *Arbeitskreis „Immaterielle Werte im Rechnungswesen“ der Schmalenbach-Gesellschaft-Gesellschaft*, DB 2001, 989, 989; *Pellens*, S. 461; *Wehrheim*, DStR 2000, 86, 88.

[965] *Schaffer*, S. 140 f.

Will der Gesetzgeber demgegenüber einen (durch Aktivierung bedingten) höheren Steuerzugriff erreichen, so machen es der Grundsatz der Gleichmäßigkeit und Gesetzmäßigkeit der Besteuerung erforderlich, dass die diesem zugrundeliegenden Tatbestandsvoraussetzungen bestimmt genug und für alle Bilanzierenden einheitlich geregelt sind. Im Falle einer Entscheidung für eine Aktivierungspflicht von originären immateriellen Anlagewerte bestünde somit die verfassungsrechtliche Notwendigkeit, diese auch gesetzestechnisch eindeutig oder zumindest ausreichend bestimmbar auszugestalten. Angesichts der tatsächlichen Verhältnisse wird dieses jedoch wohl nur schwerlich gelingen. Und auch ein Bilanzierungsgrundsatz der Relevanz bietet in diesem Zusammenhang wenig Hilfestellung; dazu ist er selbst zu unbestimmt und für die nicht investorenorientierte Steuerbilanz nicht näher konkretisierbar.

dd) Konsequenz

Solange daher ein objektiv nachprüfbarer Bilanzausweis selbsterstellter immaterieller Werte nicht (abstrakt) gewährleistet werden kann, ist das Kriterium des „entgeltlichen Erwerbs" aus steuerrechtlicher Sicht unverzichtbar. Damit entspricht die durch § 5 Abs. 2 EStG bedingte Einschränkung des Periodisierungs- und Vollständigkeitsprinzip auch der erforderlichen Systemkonsequenz.[966] Insgesamt leitet sich daher die Notwendigkeit des Aktivierungsverbotes unmittelbar aus den verfassungsrechtlichen Anforderungen an das Steuerbilanzrecht ab. Auch de lege ferenda ist demzufolge an § 5 Abs. 2 EStG festzuhalten und eine Übernahme des IAS 38 abzulehnen.[967]

2. Bewertungsmethoden

a) „Normalfall" der Bewertung

Hinsichtlich des betragsmäßigen Wertansatzes von Wirtschaftsgütern gilt zwar der Bewertungsvorbehalt des § 5 Abs. 6 i. V. m. §§ 6 ff. EStG. Gleichzeitig jedoch greift die Steuerbilanz insoweit auf die handelsrechtlichen Definitionen der Anschaffungs- und Herstellungskosten und handelsrechtliche GoB wie bspw. das Vorsichtsprinzip - vor allem in Form des Anschaffungskostenprinzips – zurück, als noch keine entsprechenden Regelungen im EStG normiert sind (vgl. z. B. § 6 Abs. 1 Nr. 1 S. 1 und 4 EStG). Eine Anwendung der planmäßigen Bewertung nach IFRS im Einzelabschluss könnte somit durchaus (zumindest mittelbaren)

---

[966] *Costede*, StuW 1995, 115, 119; *Moxter*, BB 1979, 1102, 1104; *Wolffgang* in Kirchhof/Söhn/Mellinghoff, § 5 EStG C 54.

[967] Ganz überwiegende Ansicht, vgl. nur *Buchholz/Weis*, DStR 2002, 512, 516; *Hennrichs*, DStJG 24 (2001), 301, 317; *Kahle*, WPg 2002, 178, 182. A.A. *Heurung*, RIW 2000, 421, 426; *Schaffer*, S. 140 ff.; *Weber-Grellet*, BB 2002, 35, 35 (ohne nähere Begründung).

Einfluss auf die Steuerbilanz ausüben. Dabei weichen das HGB und die IFRS nicht nur im Bereich der Bilanzierungsgrundsätze, sondern schon bei der Bestimmung der Anschaffungs- und Herstellungskosten voneinander ab[968]:

Beispiel[969]: Während Fremdkapitalkosten gem. § 255 Abs. 3 S. 1 und 2 HGB bzw. R 33 Abs. 4 S. 1 EStR – insbesondere als Anschaffungskosten – (wenn überhaupt) unter nur engen Voraussetzungen berücksichtigt werden dürfen, können sie nach der alternativ zulässigen Methode des IAS 23. 11 *immer* mit einbezogen werden, sofern dies für den jeweiligen Vermögenswert - für intangible assets in IAS 38. 22, .25 und .54 (d) – *grundsätzlich* vorgesehen ist. Steuerrechtlich hätte dies allerdings einen erhöhten Bilanzausweis zur Folge, dem regelmäßig keine gleichwertige Erhöhung der wirtschaftlichen Leistungsfähigkeit gegenübersteht. Nach dem BFH kommt eine Berücksichtigung als Anschaffungskosten ausnahmsweise nur dann in Betracht, wenn der Erwerber die Zinsen und sonstigen Finanzierungskosten eines mit Kredit finanzierten Wirtschaftsgutes mit vergütet, die zuvor beim Veräußerer im Zusammenhang mit der Kreditaufnahme entstanden sind. *Eigene* Finanzierungskosten stellen demgegenüber Betriebsausgaben dar.[970]

Ferner können sich dort Unterschiede ergeben, wo der Grundsatz der Einzelbewertung durchbrochen wird.

Beispiel: Während nach IFRS die Anschaffungs- und Herstellungskosten des Vorratsvermögen im Wege der FiFo- oder der Durchschnittsmethode (Benchmark-Methode i. S. d. IAS 2. 21) sowie nach dem LiFo - Verfahren (alternativ zulässige Methode i. S. d. IAS 2. 23) ermittelt werden können[971], ist eine Anwendung des FiFo- Verfahrens in der Steuerbilanz gem. R 36 a Abs. 1 EStR unzulässig. Nach § 6 Abs. 2 a EStG dürfen diese nur nach der sog. LiFo - Methode ermittelt werden.[972]

Angesichts der Komplexität und Vielzahl unterschiedlicher Bewertungssachverhalte soll jedoch auf eine abschließende Stellungnahme zur steuerlichen Eignung der planmäßigen IFRS-Bewertung bzw. Benchmark-Methode verzichtet werden. Festgestellt werden kann jedoch, dass sich der Grundsatz der Relevanz auch hier widerspiegelt und daher aus steuerlicher Sicht teilweise unzulässige bzw. nur schwer vereinbare Ergebnisse durchaus möglich sind. Dennoch wird eine steuerliche Anwendung von manchen Literaturvertretern vor allem mit dem Argument

---

968 Ein Überblick über die Unterschiede der Bewertung nach IFRS und EStG findet sich bspw. bei *Buchholz/Weis*, DStR 2002, 559, 559 ff.

969 Ausführlicher zu den bestehenden Unterschieden wie bspw. im Bereich der Gemeinkosten vgl. *Eichhorn*, S. 166 ff., *Rahlf*, S. 56 ff.

970 BFH, BStBl. II 1994, 224, 226; BFH, BStBl. II 1984, 101.

971 Näher hierzu *Eichhorn*, S. 178 ff. Allerdings wird vom IASB erwogen, die LiFo-Methode im Rahmen des Imrovements-Projektes abzuschaffen, da sie die Gefahr einer verzerrten Darstellung der Vermögenslage in sich berge, vgl. hierzu auch *Freidank/Pottgießer*, StuB 2003, 886, 890 mwN.

972 Vgl. aber auch BFH, BStBl. II 2001, 636, 638. Grundsätzlich hierzu bspw. *Glanegger* in Schmidt, § 6 EStG, Rn. 265, 345 ff. und Rn. 351.

bejaht, dass man dort, wo Abweichungen notwendig seien, entsprechende spezialgesetzliche Sonderregelungen im EStG vorsehen könnte.[973] Auf diesen Lösungsvorschlag, der auch im Zusammenhang mit anderen Konfliktbereichen vorgebracht wird, soll zwar noch näher eingegangen werden. Schon hier sei jedoch darauf hingewiesen, dass er nicht zuletzt vor dem Hintergrund des Wunsches nach einer Vereinfachung der steuerlichen Gewinnermittlung wenig sinnvoll erscheint.

b) Teilwertbewertung vs. Bewertung zum fair value

aa) Vorüberlegung

Interessanter erscheint eine steuerliche Beurteilung der *fair value-Bewertung*. Auf europäischer Ebene findet sie zunehmend Anerkennung[974]: War ihre Anwendbarkeit gem. Art. 33 Abs. 1 c) der Vierten Bilanzrichtlinie nämlich bislang auf Sachanlagevermögen und Finanzanlagen beschränkt, soll sie nunmehr nach Art. 1 Abs. 10 der Bilanzrechtsmodernisierungsrichtlinie[975] auch auf immaterielles Anlagevermögen ausgedehnt werden.

Angesichts der Kritik an der Konzeption der Teilwertermittlung sowie vor dem Hintergrund eines sich möglicherweise ändernden GoB – Verständnisses könnte daher zu diskutieren sein, ob die fair value-Bewertung vielleicht eine bessere Variante zur Berücksichtigung solcher außerplanmäßigen Wertveränderungen darstellt, wie sie von der Teilwertbewertung erfasst werden.[976]

Zusätzlich könnte sich diese Überlegung unter folgendem Gesichtspunkt ergeben: Zunächst sind sich die Bewertung mit dem Teilwert und dem fair value in Ansätzen durchaus ähnlich. Beide legen im Gegensatz zur planmäßigen Bewertung keinen einmal festgelegten Abschreibungsplan zugrunde, sondern sollen der Ermittlung des „aktuellen“, d. h. tatsächlichen Wertes am Bilanzstichtag und damit gegebenenfalls der Korrektur einer ungenauen planmäßigen Abschreibung dienen. Diesbezüglich orientieren sie sich insbesondere an den jeweiligen Marktverhältnissen.[977] Umgekehrt besteht eine Abweichung dahingehend, als vor allem die fair value nach IAS 38 auf das besondere Objektivierungskriterium „aktiver Markt" abstellt. Berücksichtigt man die gegen den Teilwert vorgebrachten Einwände, er sei nur schwer und unsicher zu ermitteln, könnte eine steuerliche Anwendung dieser Bewertungsmethode möglicherweise reizvoll sein. Zudem hätte

---

[973] Siehe *Broer*, Maßgeblichkeitsprinzip, S. 359; *Buchholz/Weis*, DStR 2002, 559, 559 ff.

[974] Zur sog. „fair – value“ – Richtlinie 2001/65/EG des Europäischen Parlamentes und des Rates vom 27. 9. 2001, ABl. EG Nr. L 283 vgl. *Hommel/Berndt*, BB 2000, 1184, 1185.

[975] Vgl. Art. 1 Nr. 10 der Richtlinie 2003/51/EG des Europäischen Parlamentes und des Rates vom 18. 6. 2003, ABl. EG L 178.

[976] Nicht gemeint sind damit AfaA i. S. d. § 7 Abs. 1 S. 6 1. HS EStG und entsprechende Wertaufholungen i. S. d. 2. HS.

[977] Für den Teilwert vgl. H 35 a EStR; *Ehmcke* in Blümich, § 6 EStG, Rn. 588.

sie gleichzeitig eine Aufgabe der (zum Teil ebenfalls kritisierten) Ungleichbehandlung von Wertsteigerungsgewinnen und Wertminderungsverlusten zur Folge.

bb) Bewertung zum fair – value als verfassungsgemäße Alternative zur Teilwertbewertung?

Im Hinblick auf die Eignung einer fair-value-Bewertung als Alternative zur Teilwertermittlung ist zunächst zu untersuchen, inwieweit die diesen Bewertungsmethoden zugrundeliegenden Konzepte überhaupt vergleichbar sind. Denn ein „Ersatz" der einen Bewertungsmethode durch eine andere kann nur dann in Betracht kommen, wenn beide zumindest auf ähnlichen Ausgangspunkten und vor allem Bewertungszielen basieren. Diese Frage stellt sich vor allem im Hinblick auf die Erfassung von Wertsteigerungen, mithin also einer *Wertaufholung*. Darüber hinaus bedürfte es jedoch auch einer Prüfung, ob sich eine fair value-Bewertung *in systematischer Hinsicht* überhaupt in das Steuerbilanzrecht integrieren ließe:

(1) Wertaufholung

(a) Unzulässigkeit einer uneingeschränkten Berücksichtigung von Wertsteigerungen

Anders als bei der Wertaufholung i. S. d. § 6 Abs. 1 Nr. 1 S. 4 EStG findet das Anschaffungskostenprinzip bei der fair value – Bewertung keine Anwendung. Eventuell vorhandene stille Reserven werden somit zunächst *der Höhe* nach vollständig aufdeckt. Gleichzeitig findet sie in Form einer Neubewertung des jeweiligen assets statt, so dass wertsteigernde Umstände auch *dem Grunde* nach weitestgehend erfasst werden können. Vor allem aus Sicht der Reinvermögenszuwachstheorie könnte dies einer Ermittlung der tatsächlichen Leistungsfähigkeit gerecht werden.[978] Leitet man aus dem Nominalwertprinzip sowie der Entstehungsgeschichte und dem Wortlaut des § 6 Abs. 1 S. 1 S. 4 EStG zudem ab, dass auch die Teilwertzuschreibung eine Neubewertung voraussetzt[979], so könnte sich ein weiteres Argument für die steuerliche Eignung der fair-value-Bewertung finden: Vergleichbare Ansätze fänden sich dann schon de lege lata in der steuerlichen Gewinnermittlung wieder.

Allerdings bestehen doch gravierende Zweifel dahingehend, dass eine Übernahme der fair value – Bewertung verfassungsrechtlich zulässig ist. Im Prinzip kann dabei auf die Ausführungen verwiesen werden, die bereits zur Wertaufholung i. S. d. § 6 Abs. 1 S. 4 EStG gemacht wurden[980]; die entsprechenden Gesichtspunkte sollen an dieser Stelle daher nur kurz wiedergegeben werden :

---

[978] *Broer*, Maßgeblichkeit, S. 357, vor allem im Hinblick auf börsennotierte Wertpapiere.

[979] So z. B. BMF, BStBl. I 2000, 372, 375, Rz. 34; *Groh*, DB 1999, 978, 983; *Herzig/Rieck*, WPg 1999, 305, 311 ff.; *Korn/Stahl* in Korn, § 6 EStG, Rn. 226; *Weber-Grellet*, StuB 2000, 1289, 1295.

[980] Siehe Zweites Kapitel, § 2 B. IV. 4. b) dd) (2).

Zunächst darf das Argument „Besteuerung nach der tatsächlichen wirtschaftlichen Leistungsfähigkeit" nicht zu solchen ermittlungstechnischen Vorgehensweisen führen, durch die andere verfassungsrechtliche Anforderungen unterlaufen werden. Die nur begrenzte Aufdeckung von Wertsteigerungen im Rahmen der Teilwertzuschreibung erfolgt nicht ohne Grund. Eine aus der fair-value-Bewertung resultierende, unbegrenzte steuerliche Erfassung noch unrealisierter Wertsteigerungen kollidierte vor allem mit dem Objektivierungserfordernis: Marktwerte unterliegen regelmäßig Schwankungen, weisen die Möglichkeit auf, tatsächlich nicht erzielt zu werden und können die Gefahr von Bewertungsspielräumen eröffnen.[981] Damit birgt die fair-value-Bewertung die Gefahr einer Berücksichtigung solcher Gewinnerwartungen, die sowohl dem Grunde als auch der konkreten Höhe nach noch nicht ausreichend konkretisiert und objektiv nachprüfbar sind[982]; daneben kann sie sich als unpraktikabel erweisen.
Nun wird mancherorts eingewandt, dass auch die Bewertung zum Teilwert mit gewissen Bewertungsunsicherheiten verbunden ist. Da er in manchen Fällen keiner intersubjektiven Bestätigung am Markt zugänglich ist, solle die fair-value – Bewertung – zumindest i. S. d. IAS 38 – einen höheren Objektivierungsgrad aufweisen.[983]
Dennoch ist die aus der Teilwertzuschreibung resultierende Erfassung unrealisierter Buchgewinne auch vor dem Hintergrund des Objektivierungsprinzips gerechtfertigt: Indem sie sich am Anschaffungskostenprinzip orientiert, kann die Wertaufholung *der Höhe* nach nur zu einem Wert führen, der tatsächlich einmal vorhanden war.[984] Somit ist das Risiko eines unsicheren Wertes entscheidend minimiert. Zusätzlich tragen die Teilwertvermutungen zu einer Verobjektivierung bei. Gleichzeitig sollte die Wertaufholung i. S. d. § 6 Abs. 1 Nr. 1 S. 4 EStG richtigerweise *nicht als Neubewertung* zu verstehen sein und sich *dem Grunde nach* statt dessen auf die Erfassung solcher Wertsteigerungen beschränken, die durch den Wegfall der ursprünglichen Abschreibungsgründe bedingt sind. Dies gilt nicht nur aufgrund des unsicheren Nachweises anderweitig preis- und wertsteigernder Faktoren, die gerade nicht durch die ursprünglichen Anschaffungs- und Herstellungskosten belegt sind. Darüber hinaus müssen sich diese– insbesondere bei nicht abnutzbaren Anlagewerten - nicht unbedingt positiv auf die tatsächlichen Gebrauchsmöglichkeiten innerhalb des Betriebes und damit tatsächlich auf die wirtschaftliche Leistungsfähigkeit auswirken. Vor dem Hintergrund des Zwe-

---

[981] Statt vieler *Schildbach*, BFuP 1998, 580, 587 f.
[982] Ebenso *Hennrichs*, DStJG 24 (2001), 301, 316; *Küting/Kessler*, StuB 2000, 21, 23; *Lüdenbach/Hoffmann*, DB 2002, 1169, 1172 ff; *Schildbach*, BFuP 1998, 580, 587; *Zeitler*, DB 2003, 1529, 1531. *Herzig*, WPg 2000, 104, 114 sieht hier allerdings eine Ausnahme für die Zeitwertbilanzierung von Derivaten; einschränkend auch *Siegel*, BFuP 1998, 593, 598.
[983] *Oestreicher/Spengel*, RIW 2001, 889, 893.
[984] Deutlich *Herzig*, WPg 2000, 104, 114.

ckes der steuerlichen Gewinnermittlung bedürften sie daher keiner Berücksichtigung.
Wenn demgegenüber die fair-value-Bewertung derartige Wertsteigerungen uneingeschränkt erfassen soll, so ist dies nicht zuletzt auf den Grundsatz der *Relevanz* zurückzuführen. Informationen über die „tatsächlichen Werte" und künftig erwarteten Nutzenzuflüsse von assets sollen eben nicht „still" sein. Dem ausgewiesenen Gewinn selbst kommt hier – anders als bei der Steuerbilanz – Indizwirkung im Hinblick auf die wirtschaftlichen Perspektiven des Unternehmens zu.[985] Damit liegen der Teilwertzuschreibung in der Steuerbilanz und der fair-value – Bewertung *unterschiedliche Interessenslagen* zugrunde.
Gleiches gilt für die *Risikolage*: In der IFRS - Rechnungslegung werden die mit Marktwerten verbundenen Unsicherheiten zugunsten der Relevanz prinzipiell in Kauf genommen. Dem Grundsatz der Verläßlichkeit ist hier (nur) insofern Rechnung getragen, als dass die Ermittlung des Marktwertes bspw. an einen potentiellen Käufer und an das tatsächliche Vorhandensein eines Marktes geknüpft ist. Die *Realisierbarkeit* künftiger Gewinne wird für ausreichend befunden, eventuelle Risiken sollen gegebenenfalls auf vertraglicher Basis gehandhabt werden.[986]
Indem die Steuerbilanz aber Zahlungsansprüche des Fiskus auslöst, hätte eine derartige Bewertung „Steuervorauszahlungen" des Gewerbetreibenden zur Folge, deren wirtschaftliches Risiko allein er zu tragen hätte: Die eingeschränkte Berücksichtigung von Wertsteigerungen bei der Teilwertzuschreibung lässt sich also damit rechtfertigen, dass eine steuerliche Wertaufholung die tatsächliche Leistungsfähigkeit zum Bilanzstichtag widerspiegeln soll, die hier ermittelten Wertsteigerungen daher immer gewinnwirksam sind und insofern die bestmögliche Nachprüfbarkeit erforderlich ist. Demzufolge ist eine volle steuerliche Erfassung unrealisierter Wertsteigerungen angesichts der hiermit verbundenen Unsicherheiten und Risikofolgen für den Steuerpflichtigen weder mit rechtsstaatlichen noch gleichheitsrechtlichen Grundsätzen bzw. dem Prinzip der Unternehmensschonung vereinbar[987] und in Anbetracht der Zwecke der steuerlichen Gewinnermittlung zudem nicht notwendig.

---

985 *Herzig*, WPg 2000, 104, 114; *Lüdenbach/Hoffmann*, DB 2002, 1169, 1172 ff.

986 Zu den kritischen Folgen für den Investoren- bzw. Gläubigerschutz vgl. *Lüdenbach/Hoffmann*, DB 2002, 1169, 1172 ff und 1175, die für ein „völliges Festhalten am Anschaffungskostenprinzip" oder eine Eingrenzung der fair – value – Bewertung selbst im Rahmen internationaler Rechnungslegungsregeln eintreten. Kritisch auch *Schildbach*, BFuP 1998, 580, 588.

987 So bspw. auch *Arbeitskreis Bilanzrecht der Hochschullehrer Rechtswissenschaft*, BB 2002, 2372, 2379; *Hauser/Meurer*, WPg 1998, 269, 277; *Hennrichs*, DStJG 24 (2001), 301, 316; *Herzig*, WPg 2000, 104, 113 f.; *Kahle*, WPg 2002, 178, 186; *Lang*, in: *Tipke/Lang*, § 9, Rz. 404; *Leplow*, S. 121; *Zeitler*, DB 2003, 1529, 1531; im Ergebnis auch *Freidank/Pottgießer*, StuB 2003, 886, 891; *Schaffer*, S. 165, 249.

(b) Keine Kompensation durch steuerfreie Rücklagen

Abzulehnen ist ferner der zum Teil vorgebrachte Vorschlag, den Anteil der unrealisierten Gewinne bis zum Zeitpunkt ihrer Realisation in eine steuerfreie Rücklage zu stellen.[988] Dieser Ansicht mag zwar insofern zuzustimmen sein, als dass sich der hiermit verbundene Korrekturaufwand in Grenzen hielte: Faktisch kommt eine Zeitwertbilanzierung nur für wenige Bilanzposten in Betracht und ist bspw. für intangible assets regelmäßig nur eingeschränkt möglich. Außerhalb des Bereichs der Finanzinstrumente wird die Marktbewertung wohl auch aus Sicht einer kapitalmarktorientierten Rechnungslegung nicht die Anforderungen erfüllen, die an einen relevanten und möglichst objektiven Bilanzausweis zu stellen sind.[989]
Fraglich ist allerdings, warum die steuerliche Gewinnermittlung einen solchen Korrekturaufwand überhaupt in Kauf nehmen sollte. Die Einstellung entsprechender Beträge in steuerfreie Rücklagen macht hier keinen Sinn; sie könnte lediglich dem Zweck einer Gewinneutralisierung vor dem Hintergrund einer erwünschten Einheitsbilanz dienen, innerhalb dessen die fair-value-Bewertung zur Anwendung kommt. Will man aber eine Einheitsbilanz insbesondere zur Ersparnis eines Arbeitsaufwandes erreichen, ist angesichts des zusätzlichen Aufwandes bei der Bildung derartiger Rücklage in der Steuerbilanz an dem Sinn dieses Vorschlages zu zweifeln. Lehnt man hingegen eine Einheitsbilanzierung schon grundsätzlich ab, fehlte es an der Notwendigkeit entsprechender Rücklagen.

(c) Keine Übernahme der Neubewertung i. S. d. IAS 38

Auch eine Übernahme der „besonderen" fair -value - Bewertung in Form der Neubewertung nach IAS 38 kommt nicht in Betracht: Hier wirken sich Werterhöhungen über die originären Anschaffungs- oder Herstellungskosten hinaus im Ergebnis zwar immer erfolgsneutral aus. Allerdings werden auch diese nur aus Gründen der Relevanz erfasst. Steuerrechtlich sind sie daher „die Mühe ihrer Ermittlung nicht wert": Da der Fiskus nicht in das Unternehmen investieren will, ist er an derartigen Informationen vor der Möglichkeit eines Steuerzugriffes nicht interessiert. Die wirtschaftliche Leistungsfähigkeit soll nur anhand des abgelaufenen Periodenergebnisses gemessen werden.
Gewinnwirksam sind allerdings die hierdurch bedingten, höheren Abschreibungsbeträge. Die Neubewertung des IAS 38 führt damit im Ergebnis zu dem umgekehrten Effekt, den die Wertaufholung i. S. d. § 6 Abs. 1 Nr. 1 S. 4 EStG erzielen soll. Angesichts dessen birgt sie aus steuerrechtlicher Sicht die Gefahr, ein zusätzliches - „künstliches" - Abschreibungsvolumen bei Wirtschaftsgütern zu schaffen, die bspw. bereits auf einen „Erinnerungswert" von „1" abgeschrieben wurden. Dies gilt insbesondere bei sog. „Ringverkäufen" in Form von Veräußerungsge-

[988] So z. B. *DRSC*: Aufforderung zur Stellungnahme durch DSR zum Vorschlag der Umsetzung der Fair – value – Richtlinie in deutsches Recht; *Oestreicher/Spengel*, RIW 2001, 889, 894 mwN; *Schütz*, S. 246; ähnlich *Selchert*, FS Fischer 1999, S. 913, 928 f.
[989] *Oestreicher/Spengel*, RIW 2001, 889, 894.

schäften zwischen Konzernunternehmen. Spätestens mit Normierung bzw. Änderung des § 6 Abs. 5 EStG durch das *Gesetz zur Fortführung der Unternehmenssteuerreform* bzw. das *StEntlG* bzw. hat der Gesetzgeber aber versucht, Derartiges zu unterbinden.
Zudem stellt die der Neubewertung i. S. d. IAS 38 zugrundeliegende Konzeption eine wesentliche Abweichung zum Konzept der Steuerbilanz dar. Während letztere auf dem Konzept der nominalen Kapitalerhaltung basiert, liegt der Neubewertung das Konzept der Substanzerhaltung zugrunde.[990] Gleichzeitig ist es in Hinblick auf die unterschiedliche Gewinnwirksamkeit von Wertsteigerungen und erhöhten Abschreibungsbeträgen in sich selbst nicht konsequent umgesetzt.[991] Die Einfügung eines klar ersichtlichen Systembruches in das Steuerbilanzrecht erscheint jedoch nicht erstrebenswert.

(2) Weitere Konfliktmöglichkeiten

Gegen eine steuerliche Eignung der fair-value-Bewertung nach IFRS spricht noch mehr: Wie bereits dargestellt, gibt es „die" Bewertung zum fair value nicht. Bspw. die Neubewertung nach IAS 38 divergiert schon konzeptionell von anderen Formen der Zeitbewertung. Eine einheitliche Übernahme schiede daher aus. Umgekehrt wäre – wie in der IFRS – Rechnungslegung - eine Anwendung unterschiedlicher Formen der fair-value-Bewertung für jeweils unterschiedliche Bilanzposten in der Steuerbilanz nicht sachgerecht. Dies wird man allein schon aufgrund der divergierenden Gewinnwirksamkeit aufgedeckter Wertsteigerungen verneinen müssen. Ferner macht der Austausch eines de lege lata einheitlichen System zur außerplanmäßigen Bewertung durch ein Uneinheitliches keinen Sinn; er hätte nur eine Erhöhung der Kompliziertheit dieser Gewinnermittlungsmethode zur Folge.

3. Goodwill

a) Goodwill – Bilanzierung nach IAS 22 a. F.

Die noch in IAS 22 vorgesehene Goodwill - Bilanzierung weist größtenteils Übereinstimmung mit der Geschäftswertbilanzierung nach dem EStG. Unterschiede ergeben sich allerdings vor allem im Rahmen der *Folgebewertung*: Soweit der Geschäftswert nach IFRS grundsätzlich noch planmäßig abzuschreiben ist, wird die zwanzigjährige Nutzungsdauer lediglich widerlegbar geschätzt (IAS 22. 44). Vor dem Hintergrund der hieraus resultierenden Beurteilungsunsicherheiten und -

---

[990] Demgegenüber basiert bspw. die fair-value-Bewertung von derivativen Finanzinstrumenten nach IAS 39, zu Spekulationszwecken gehaltene Grundstücke und Gebäude nach IAS 40 sowie landwirtschaftlichen Vermögen (IAS 41) auf dem Konzept der nominellen Kapitalerhaltung. Vgl. hierzu die Übersicht bei *Wagenhofer*, IAS, S. 306.
[991] Vgl. *Wagenhofer*, IAS, S. 303 sowie Drittes Kapitel § 2 A. II. 2. c) dd) (1).

spielräumen ist schon diese bilanzielle Vorgehensweise kritisch zu beurteilen.[992] Darüber hinaus aber ist nicht ausgeschlossen, dass es bei der Bestimmung eines außerplanmäßigen Wertminderungsaufwandes im Rahmen des „Bottom up“ - bzw. „Top down“ - Tests nach IAS 36. 80 ff. zu einer Berücksichtigung wertausgleichender, originärer Faktoren kommt. Insofern bestehen hier Ähnlichkeiten mit der deutschen Einheitstheorie[993], welche es bei der Teilwertabschreibung des Geschäftswertes (zumindest) bis zur Umsetzung des BiRiLiG zu beachten galt. Deren weitere Anwendung kommt jedoch nach der hier vertreten Ansicht spätestens mit Einführung des § 7 Abs. 1 S. 3 EStG bzw. der Änderung des § 6 Abs. 1 Nr. 2 EStG a. F. nicht mehr in Betracht.[994] Die Kritik gegenüber IAS 22 ist jedoch nicht auf die aktuelle Gestaltung beschränkt, sondern ergibt sich zudem aus der Einbindung in übergeordnete Konflikte: Die Goodwillbilanzierung erscheint inzwischen wie ein „Spielball wirtschaftpolitischer Interessen“ zwischen dem IASB und der SEC:

b) Exkurs: Neue Goodwillbilanzierung nach US – GAAP

Zurückzuführen ist diese Befürchtung auf die jüngsten Änderungen der US – GAAP[995]: Im Juli 2001 veröffentlichte der FASB zunächst den neuen SFAS 141, welcher die Aufgabe der pooling of interets method sowie eine ausschließliche Anwendung der purchase method vorsieht.[996] Dieses an sich wäre noch unproblematisch, da insofern Konformität mit IAS 22 - und größtenteils auch mit dem EStG - besteht. Entscheidend ist jedoch, dass hiermit auch eine Abschaffung der planmäßigen Abschreibung des Geschäftswertes einherging. Nach dem ebenfalls neuen SFAS 142 kommt in Wirtschaftsjahren ab dem 15. 12. 2001[997] ausschließlich der sog. *Impairment-Only-Approach* (IOA) zur Anwendung. Der bilanzierte Geschäftswert ist damit so lange unverändert fortzuführen, bis ein mindestens einmal im Jahr durchzuführender Werthaltigkeits- bzw. Niederstwerttest (impairment test) das Erfordernis einer außerplanmäßigen Abschreibung offen legt.[998]

Diese Änderungen haben bedeutsame Auswirkungen auf die Gewinnergebnisse der hiernach bilanzierenden Unternehmen. Die aufgrund des Börsenbooms erhöhten Kaufpreise für New Economy – Unternehmen – vor allem sog. „dot coms“ – basierten vornehmlich auf Hoffnungen und künftigen Gewinnerwartungen und spiegelten sich daher in erster Linie im Geschäftswert

---

992 Ebenso *Schmidt*, Goodwill, S. 131, 149.

993 *Schmidt*, Goodwill, S. 131.

994 Siehe hierzu das Zweite Kapitel, § 2 B. IV. 4. cc) (3).

995 Zu den wirtschaftspolitischen Motiven siehe bspw. *Pellens/Sellhorn*, KoR 2002, 113, 113 mwN; *dies.*, DB 2001, 713, 713.

996 *Pellens/Sellhorn*, DB 2001, 713, 713.

997 Einzelheiten zur zeitlichen Anwendung finden sich bei *Davies*, BB 2002, 697, 700.

998 Ausführlich zur Durchführung des IOA bspw. *Alvarez/Biberacher*, BB 2002, 346, 347 ff.; *Davies*, BB 2002, 697, 699 f.; *Kümpel*, BB 2003, 1491, 1492 ff.

nieder. Angesichts der inzwischen eingetretenen wirtschaftlichen Entwicklungen ist hier nun ein hohes – außerplanmäßiges - Abschreibungspotential entstanden: Nach Einführung des SFAS 142 kündigte bspw. AOL Time Warner Goodwillabschreibungen i. H. v. ca. 60 Mrd. $ an.[999]

c) Ausblick

Hinsichtlich der IFRS ist zu bedenken, dass das IASC ein großes Interesse an einer Anerkennung seines Regelwerkes durch das SEC und dessen künftiger Anwendbarkeit an US – amerikanischen Börsen hat. Eine Anpassung des IAS 22 an SFAS 142 ist hier bereits vorgesehen[1000]: So wurde vom IASB das Projekt „Business Combinations“ eingerichtet, dessen erste Ergebnisse am 5. 12. 2002 in Form des Exposure Draft (ED) 3 „Business Combinations“ sowie einer überarbeiteten Fassung der betroffenen Standards (ED-IAS 36 und ED-IAS 38) veröffentlicht wurden. Nach den hierzu eingegangenen Stellungnahmen ist am 31. 3. 2004 (ED) 3 „Business Combinations“, welcher IAS 22 (revised 1998) ersetzt, sowie die hiermit im Zusammenhang stehenden Änderungen der IAS 36 und 38 verabschiedet worden. Die entsprechenden Neuerungen sind zwar im Wesentlichen mit SFAS 141 und 142 vergleichbar, allerdings nicht identisch: Zwar ist auch hier eine *Aufgabe der pooling of interests – method* vorgesehen, so dass Interessenszusammenschlüsse künftig ausschließlich nach der Erwerbsmethode zu bilanzieren sind; gleichzeitig soll nur noch die vollständige *Neubewertungsmethode* zulässig sein. Ferner hat sich auch das IASB gegen eine planmäßige Abschreibung des goodwills entschieden. Anders als nach SFAS 142 soll er nach IFRS jedoch künftig mindestens einmal jährlich nicht einem zwei-, sondern wie bisher nur einem *einstufigen Niederstwerttest* zu unterwerfen sein.

Diesbezügliche Einzelheiten (wie bspw. ein Zuschreibungsverbot nach außerplanmäßiger Abschreibung) regelt ED – IAS 36.[1001] Da die Abschaffung der planmäßigen Goodwill – Abschreibung eine noch genauere Abgrenzung möglichst vieler selbständiger immaterieller Vermögenswerte erforderlich macht, ist in ED-IAS 38 eine Präzisierung der „Identifizierbarkeit“ vorgesehen. Gleichzeitig soll auch die widerlegbare Vermutung der zwanzigjährigen Nutzungsdauer entfallen. Immaterielle Vermögenswerte mit unbestimmter Nutzungsdauer wären danach nicht mehr planmäßig abzuschreiben, sondern ausschließlich einem Niederstwerttest zu unterziehen (ED-IAS 38).

---

[999] Siehe hierzu auch *Pellens/Sellhorn*, KoR 2002, 113, 114.

[1000] Die einzelnen Dokumente, die vom IASB im Zusammenhang mit der Überarbeitung des IAS 22 veröffentlicht wurden, sind unter www.iasb.org.uk sowie www.standardsetzer.de unter dem link „Standards" abrufbar. Einzelheiten hierzu finden sich bspw. auch bei *Schmidtbauer*, DStR 2003, 2035, 2040 ff.

[1001] Ausführlich hierzu z. B. *Kümpel*, BB 2003, 1491, 1491 ff.

Auf deutscher Ebene fand SFAS 142 insofern Anerkennung, als er nach Ansicht des DSR den nach § 292 a HGB erforderlichen Richtlinieneinklang erfüllt.[1002] Während einzelne Befürworter dieser Auffassung teilweise das Argument anführen, dass der IOA - Ansatz des Geschäftswertes nicht nur aus „bilanztheoretischer Sicht", sondern auch anhand des Kriteriums der „Informationsmächtigkeit" zu würdigen vor diesem Hintergrund zu begrüßen sei[1003], wurde sie von der Mehrheit der Literatur und der Wirtschaft - insbesondere mit dem Hinweis auf Art. 37 Abs. 2 i. V. m. Artikel 34 Abs. 1 a der Bilanzrichtlinie sowie Art. 30 Abs. 1 der Siebten Richtlinie - kritisiert und abgelehnt.[1004] Im Hinblick auf (ED) 3 „Business Combinations" stellte nun auch der DSR fest[1005], dass das Verbot der planmäßigen Abschreibung des Geschäftswertes nicht mit § 309 HGB bzw. DRS 4 vereinbar sei.

§ 309 HGB sieht ein Wahlrecht zur planmäßigen Abschreibung oder offen Verrechnung mit den Rücklagen vor, während der Goodwill nach DRS 4 planmäßig über – maximal auf zwanzig Jahre vermutete - Nutzungsdauer abzuschreiben ist. Ferner sei der Wegfall der widerlegbaren Vermutung, dass die Nutzungsdauer abnutzbarer immaterieller Vermögenswerte höchstens zwanzig Jahre betrage, nicht mit DRS 12 vereinbar.

d) (Steuerrechtliche) Wertung

Will die Kommission tatsächlich die internationale Wettbewerbsfähigkeit europäischer Unternehmen mittels einer Vergleichbarkeit der jeweiligen Abschlüsse stärken, so könnte sich eine Geltung von „EU – IFRS" in Form einer Beibehaltung der planmäßigen Goodwillabschreibung auf den ersten Blick als nachteilig auswirken. Vor diesem Hintergrund wäre es daher nicht ausgeschlossen, dass die geänderte Goodwill – Bilanzierung in Form des (ED) 3 „Business Combinations" auch auf EU-Ebene – und damit möglicherweise sogar in einem IFRS-Einzelabschluss - Anwendung fände. Nach richtiger Ansicht setzte dies jedoch zunächst eine Änderung des Art. 37 Abs. 2 i. V. m. Artikel 34 Abs. 1 a der Vierten Richtlinie sowie Art. 30 Abs. 1 der Siebten Richtlinie voraus.
Allerdings: Nachteile könnten sich vornehmlich daraus ergeben, dass IFRS –und US-GAAP – Bilanzen Abweichungen im Hinblick auf die Gewinnergebnisse aufweisen und hierdurch entsprechende Irritationen bei den Anlegern eintreten.

[1002] Siehe Ziffer 9 des E -DRS 1 a „Befreiender Konzernabschluss nach § 292 a HGB: Goodwill und andere immaterielle Vermögenswerte des Anlagevermögens". E - DRS 1 a wurde am 6. April 2002 vom BMJ anerkannt sowie i. S. d. § 342 a Abs. 3 HGB bekanntgegeben, so dass nunmehr für einen unter Beachtung der SFAS 141 und 142 erstellten Konzernabschluss die Vermutung seiner Richtigkeit besteht.

[1003] *Zimmermann*, DB 2002, 385, 389; zustimmend auch *Alvarez/Biberacher*, BB 2002, 346, 346. Eine entsprechende Erwiderung findet sich bei *Siegel*, DB 2002, 749, 749.

[1004] Vgl. hierzu bspw. *Krawitz*, DStR 2002, 145, 146 ff.; *Pellens/Sellhorn*, KoR 2002, 113, 113 f.; *Siegel*, DB 2002, 749, 749 ff..

[1005] Abrufbar unter www.standardsetzer.de unter dem link „Standards".

Ob sich dieses letztendlich tatsächlich negativ auf die Investitionsentscheidungen gegenüber IFRS – Bilanzieren auswirkt, erscheint jedoch fraglich.
Als entscheidendes Argument für den IOA wird vorgetragen, dass diese Bewertungsmethode „zu wesentlich genaueren Ergebnissen als eine pauschale oder planmäßige Abschreibung" führe.[1006] Eine planmäßige Abschreibung des Gesamtwertes „Geschäftswert" vorzunehmen, obwohl wertsteigernde originäre Faktoren die eventuellen Wertminderungen derivativer Faktoren kompensierten, sei „geradezu widersinnig".[1007]
Im Prinzip findet sich hier also die jahrzehntealte, anscheinend aber immer noch aktuelle Diskussion um die Einheitstheorie wieder. Schon für den Konzernabschluss ist deren Anwendung jedoch abzulehnen: Bereits die grundsätzliche Bewertung zum fair value weist regelmäßig wesentliche größere Unsicherheiten als eine Bewertung zu den (fortgeführten) Ansatz- und Herstellungskosten auf, was aber für gewisse Bilanzposten angesichts der fehlenden Zahlungsbemessungsfunktion des Konzernabschlusses eventuell noch in Kauf genommen werden könnte. Hinzu kommen hier aber nun die praktischen Bewertungsunsicherheiten des Geschäftswertes. Dabei sehen gerade die Regeln zur Durchführung des IOA zahlreiche Bewertungsspielräume und hieraus resultierende, bilanzpolitische Gestaltungsmöglichkeiten für das Unternehmen vor, welche insgesamt zu periodenmäßig stark schwankenden Gewinnergebnissen führen können.[1008] Ausschlaggebend für eine Ablehnung der Einheitstheorie und damit auch des IOA bzw. eines einstufigen Niederstwerttests ist jedoch, dass es hier zu einer Berücksichtigung originärer Faktoren kommen kann.[1009] Nach derzeitigem Stand der Wissenschaft kann deren Erfassung jedoch weder dem Grunde noch der Höhe nach ausreichend nachweisbar gelingen. Die angeblichen Vorteile dieser Bewertungsmethode werden also mit mangelnder Objektivität erkauft. Angesichts dessen erscheint bereits der Nutzen für den Investor zweifelhaft.[1010]
Das Ergebnis zur steuerlichen Beurteilung dieser Bewertungsmethode ist damit bereits vorgegeben: Für die steuerliche Gewinnermittlung kommt eine Aufgabe der planmäßigen Abschreibung nach § 7 Abs. 1 S. 3 EStG nicht in Betracht. Diese mag zwar zu pauschalisierten Werten führen sowie von den tatsächlichen Gegebenheiten und insofern auch von der tatsächlichen wirtschaftlichen Leistungs-

---

[1006] *Schmidt*, Goodwill, S. 151 mwH insbesondere zur internationalen Literaturmeinung.
[1007] *Schmidt*, Goodwill, S. 150 f. mwN.
[1008] *Kümpel*, BB 2003, 1491, 1494; *Pellens/Sellhorn*, KoR 2002, 113, 113; *dies.*, DB 2001, 713, 718; *Theile*, StuB 2003, 567, 964.
[1009] *Krawitz*, DStR 2002, 145, 146 mwN; *Pellens/Sellhorn*, DB 2001, 713, 718; *Siegel*, DB 2002, 749, 749; im Ergebnis ebenso auch *Arbeitskreis Externe Rechnungslegung der Schmalenbach-Gesellschaft für Betriebswirtschaft*, DB 2003, 1585, 1587. Demgegenüber halten es *Alvarez/Biberacher*, BB 2002, 346, 352 für möglich, die Berücksichtigung originärer Faktoren mittels einer entsprechenden Unternehmenssteuerung auszuschließen.
[1010] Zur Verwirrung gerade von Kleinanlegern vgl. *Pellens/Sellhorn/Weinreis*, in: FAZ vom 22. April 2002, Nr. 93, S. 25; ferner *Pellens/Sellhorn*, DB 2001, 713, 720.

fähigkeit des Steuerpflichtigen abweichen. Allerdings besteht für die steuerliche Gewinnermittlung die Notwendigkeit einer möglichst einfachen, sicheren und objektiv nachprüfbaren Bilanzierung. Als Kompromiss dieser unterschiedlichen Anforderungen stellt § 7 Abs. 1 S. 3 EStG – wie bereits im Zweiten Kapitel dargelegt – immerhin noch die *bestmögliche* Lösung dar. Eine Anwendung des IOA würde demgegenüber einen Konflikt mit § 5 Abs. 2 EStG vorprogrammieren und hätte zur Folge, dass das verfassungsrechtlich notwendige Minimum an Objektivierung nicht gewährleistet ist.

III. Zusammenfassung zur materiellen Geeignetheit

Nach diesen Ausführungen ist also festzustellen, dass die IFRS zumindest zum Teil Bilanzierungsweisen ermöglichen, die weder momentan noch in Zukunft mit den Grundsätzen eines verfassungsgemäßen Steuerbilanzrecht zu vereinbaren sind[1011]:

1. Steuerlich unvereinbare Folgen aufgrund der unterschiedlichen Bilanzzwecke

Die Zweckdivergenz von Steuerbilanz und IFRS – Abschluss wirkt sich unmittelbar auf das auszuweisende Vermögen und die bilanzmäßig erfassbaren, vermögensverändernden Geschäftsvorfälle aus. Dabei ist schon fraglich, ob man für die IFRS ins Feld führen kann, deren Bilanzzweck ermögliche eine uneingeschränkte periodengerechte Gewinnermittlung, welche aufgrund eines geringeren Stellenwertes des Vorsichtsprinzips objektivere Ergebnisse aufweist.[1012] Die zahlreichen Ermessen- und Beurteilungsspielräume und die hieraus resultierende Möglichkeit, den Ansatz und die Bewertung von Bilanzposten von unternehmenspolitischen Entscheidungen abhängig zu machen, lassen hieran durchaus zweifeln. Aber auch sonst erscheinen die IFRS für die steuerliche Gewinnermittlung ungeeignet: Angesichts der mangelnden Zahlungsbemessungsfunktion des IFRS – Abschluss ist die Risikolage nicht mit der Steuerbilanz vergleichbar. Hier löst die Erhöhung des Vermögensbestandes einen steuerlichen Eingriff aus, welcher einem besonderen Rechtfertigungsmaßstab unterliegt und den Grundsätzen der Gesetzmäßigkeit, Tatbestandsmäßigkeit und Gleichmäßigkeit der Besteuerung sowie dem Verbot der Substanzbesteuerung entsprechen muss. Vor diesem Hintergrund verlangt das verfassungsrechtliche Objektivierungserfordernis ein Maß an Vorsicht, welches

---

[1011] Im Ergebnis ebenso bspw. *Arbeitskreis Bilanzrecht der Hochschullehrer Rechtswissenschaft*, BB 2002, 2372, 2379 f.; *Füllbier/Gassen*, DB 1999, 1511, 1512; *Hennrichs*, DStJG 24 (2001), 301, 307; *Herzig*, WPg 2000, 104, 115; *Schütz*, S. 244.

[1012] So aber *Eichhorn*, S. 247; *Buchholz/Weis*, DStR 2002, 512, 515; ähnlich *Wagner*, DB 1998, 2073, 2076. Kritisch wie hier z. B. *Zeitler*, DB 2003, 1529, 1532.

sowohl eine zutreffende sowie gleichzeitig möglichst periodengerechte Gewinnermittlung gewährleistet.[1013]
Soweit jedoch die IFRS - Rechnungslegung eine verlässliche und damit objektive Bilanzierung gewährleisten will, muss sie sich mit den Grenzen auseinandersetzten, die sich aus dem Grundsatz der Relevanz ergeben. Da diesem nun wiederum keine Bedeutung im Rahmen der Steuerbilanz zukommt, kann es hier auch keinen Rechtfertigungsgrund für die Einschränkung einer steuerrechtlich verstandenen, vorsichtigen Bilanzierung darstellen.
Eine steuerliche Anwendung der IFRS wäre hingegen denkbar, wenn Vermögen und Vermögenszuwächse aus steuerrechtlicher Sicht i. S. d. Reinvermögenszuwachstheorie verstanden werden[1014]; in diesem Fall könnten sie dazu beitragen, ein genaueres Bild der tatsächlichen wirtschaftlichen Leistungsfähigkeit wiederzugeben.[1015] Dass die wirtschaftliche Leistungsfähigkeit bzw. der Einkommens- und Gewinnbegriff durchaus auf diese Weise verstanden und konkretisiert werden kann, belegt die Entwicklungsgeschichte der Einkommenssteuer und insbesondere das REStG von 1920.
Allerdings resultierten aus einer auf dieser Theorie basierenden Gewinnermittlung Steuerzugriffe, die sowohl dem Grundsatz der Gleichmäßigkeit als auch Tatbestandsmäßigkeit der Besteuerung widersprächen und daneben eine Substanzbesteuerung im Bereich des Ertragssteuerrechts herbeiführten.[1016] Solange sich der Gesetzgeber für einen Einkommens- bzw. Gewinnbegriff i. S. d. modifizierten Reinvermögenszugangstheorie bzw. einer nicht zu streng verstandenen Markteinkommenstheorie entschieden hat, ist eine grundsätzlich uneingeschränkte Anwendung des Periodisierungsprinzips und hiermit zusammenhängende Erfassung des gesamten, auch unrealisierten Reinvermögenszuwachses abzulehnen. Damit fügt sich eine steuerliche Gewinnermittlung auf Basis der IFRS nicht in das momentane System des EStG ein.
Weiteres Konfliktpotential ergibt sich aus der Tatsache, dass die Frage des Bilanzausweises oftmals in das Ermessen des Bilanzierenden gestellt wird. Erscheint es in diesem Zusammenhang mancherorts schon zweifelhaft, ob die IFRS das „true and fair view"-Prinzip vor dem Zweck einer Vermittlung von investorenrelevanten und vergleichbaren Informationen sachgerecht ausfüllen, so gilt dies erst recht für den Redlichkeitsgrundsatz der Steuerbilanz: Es ist eben nicht mehr „redlich", wenn sich ein Kaufmann durch die entsprechende Ausübung von Beurteilungsspielräumen ärmer rechnen kann, als es seiner tatsächlichen Leistungsfähigkeit entspricht. Der mittels der einer derartigen Steuerbilanz ermittelte

---

[1013] Ebenso *Hennrichs*, DStJG 24 (2001), 301, 325; *Herzig*, WPg 2000, 104, 113.
[1014] Daher befürwortend auch *Eichhorn*, bspw. S. 100, 224, 245 ff.
[1015] *Eichhorn*, S. 166 und S. 247.
[1016] So bspw. auch *Kahle*, WPg 2002, 178, 186.

Gewinn könnte insbesondere mangels Vergleichbarkeit nicht mehr als Indikator der wirtschaftlichen Leistungsfähigkeit herangezogen werden.[1017]

2. Insbesondere: Keine steuerliche Eignung des IAS 38 und der Bewertung zum fair - value

Konkret zeigte sich die steuerliche Ungeeignetheit der IFRS zunächst an *IAS 38*. Die Aktivierung von Entwicklungskosten und eine Aufgabe des § 5 Abs. 2 EStG kommt nicht in Betracht[1018]; sie ließe sich weder vor dem Hintergrund der verfassungsrechtlichen Anforderungen noch mit sachlichen Erwägungen rechtfertigen.

Die Aktivierung entsprechender Vermögenswerte mag für eine investorenorientierte Rechnungslegung sicherlich von besonderer Bedeutung sein. Allerdings ist es schon für den handelsrechtlichen Einzel- ja teilweise sogar für den Konzernabschluss - umstritten, ob angesichts des mit diesen Werten verbundenen Unsicherheiten tatsächlich von § 248 Abs. 2 HGB abgesehen werden sollte.[1019]

Für die Steuerbilanz kann die hinter dem IFRS-Abschluss stehende Interessenslage nicht herangezogen werden. Hier geht es um Zahlungsbemessung und nicht um Informationsvermittlung. Wenn man an IAS 38 darüber hinaus betrachtet, wie unsicher sich eine Aktivierungs„pflicht" für selbsterstellte immaterielle Vermögenswerte - trotz enger Ansatzkriterien - ausgestalten kann, so erscheint eine Aufgabe des § 5 Abs. 2 EStG sowohl in verfassungsrechtlicher als auch praktischer Hinsicht nicht erstrebenswert. Auch ist hier wieder problematisch, dass dem Bilanzierenden bedeutsame Beurteilungsspielräume bzw. faktische Aktivierungswahlrechte eingeräumt sind.

Als steuerlich ungeeignet stellt sich auch eine *Bewertung zum fair value* dar.[1020] Trotz der hier regelmäßig fehlenden Gewinnwirksamkeit von Wertsteigerungen

---

[1017] *Arbeitskreis Bilanzrecht der Hochschullehrer Rechtswissenschaft*, BB 2002, 2372, 2379 f. Zu der Problematik, dass schon die Vergleichbarkeit von IFRS-Abschlüssen untereinander durch diese zahlreichen Ermessens- und Beurteilungsspielräume gestört wird *v. Keitz*, DB 2003, 1801, 1801.

[1018] So auch *Buchholz/Weis*, DStR 2002, 512, 516; *Hennrichs*, DStJG 24 (2001), 301, 317; *Herzig*, WPg 2000, 104, 114.

[1019] Vorgesehen ist dies z. B. in DRS 12, Tz. A 3 ff.. In der Literatur sind dafür z. B. *Arbeitskreis „Immaterielle Werte im Rechnungswesen" der Schmalenbach-Gesellschaft*, DB 2001, 989, 991 ff., 995; *Küting/Ulrich*, DStR 2001, 953, 953 ff. sowie DStR 2001, 1000, 1004; *Peemöller/Spanier/Weller*, BB 2002, 1799, 1801; *Pellens/Füllbier*, in: *Baetge*, Rechnungslegung nach IAS, S. 34, 58; *Schmidtbauer*, DStR 2003, 2035, 2038. Dagegen bspw. *Arbeitskreis Externe Rechnungslegung der Schmalenbach-Gesellschaft für Betriebswirtschaft*, DB 2003, 1585, 1586 und 1588; *Euler* BB 2002, 875, 878 f.; *Freidank/Pottgießer*, StuB 2003, 886, 892; *Hennrichs*, ZGR 2000, 627, 641 f.(zum Konzernabschluss); *Schaffer*, S. 124.

[1020] Siehe bspw. auch *Herzig/Bär*, DB 2003, 1, 7.

gilt dies schon für den Unterfall der Neubewertung nach IAS 38. Zum einen fehlt es der steuerlichen Gewinnermittlung an der Motivation, eine aufwendige Ermittlung derartiger Wertveränderungen vornehmlich aus Informationszwecken vorzunehmen. Und zum anderen führt die Neubewertung zu einer Gewinnwirksamkeit der erhöhten Abschreibungsbeträge. Unabhängig von der kritisch zu betrachtenden Systeminkonsequenz unterliefe dies den Zweck einer Wertaufholung in der Steuerbilanz. „Erst recht" als steuerlich unzulässig erweisen sich solche Formen der fair-value-Bewertung, im Rahmen derer Wertsteigerungen über die originären Kosten gewinnwirksam erfasst werden. Sie sind mit dem steuerrechtlich notwendigen Maß an Vorsicht nicht vereinbar und widersprechen den Anforderungen an eine dem Gleichheitssatz genügende und substanzschonende Besteuerung. Mit der Einführung des Wertaufholungsgebotes des § 6 Abs. 1 Nr. S. 4 EStG durch das *StEntlG* hat der Gesetzgeber „seine bisherige maßvolle Zurückhaltung gegenüber der Besteuerung von bloßen Buchgewinnen aufgegeben“.[1021] (Nicht zuletzt) Aufgrund der dargestellten verfassungsrechtlichen Anforderungen sollte er es hierbei belassen.

3. Weitere Konfliktfelder

Welche weiteren Bilanzierungsregeln der IFRS gegen eine materielle Anwendbarkeit sprechen, soll nicht weiter dargestellt werden. Mehrheitlich abgelehnt wird eine steuerliche Eignung bspw. im Zusammenhang mit der Behandlung von Kursgewinnen von zum Handel bestimmter Wertpapiere[1022], langfristigen Fertigungen und der Bilanzierung nach der „percentage of complention“- method[1023], der Zuordnung von Leasinggegenständen[1024] oder dem Disagio[1025].

4. Kompensationsmöglichkeiten?

Auch in materieller Hinsicht könnte man sich die Frage stellen, ob und wie eine Kompensation der zum Teil bestehenden steuerlichen Ungeeignetheit der IFRS in Betracht käme:

[1021] *Leplow*, S. 121.
[1022] *Buchholz/Weis*, DStR 2002, 512, 514 und 559, 561; *Hennrichs*, DStJG 24 (2001), 301, 317; *Schütz*, S. 243; differenzierend *Broer*, Maßgeblichkeitsprinzip, S. 357; *Schaffer*, S. 192.
[1023] *Euler*, BB 2002, 875, 878; *Hennrichs*, DStJG 24 (2001), 301, 317 mwN; *Herzig*, WPg 2000, 104, 11; *Kahle*, WPg 2002, 178, 182; *Moxter*, DStZ 2000, 157, 158; *Schütz*, S. 242. A. A. *Broer*, Maßgeblichkeitsprinzip, S. 258 f.; *Schaffer*, S. 185 f.
[1024] *Buchholz/Weis*, DStR 2002, 512, 514.
[1025] *Buchholz/Weis*, DStR 2002, 512, 516.

a) Kombination eines unbegrenzten Verlustausgleichs, einer Liquiditätshilfe und einer Verzinsung zuviel entrichteter Steuern

Dies gilt zunächst im Hinblick auf die als problematisch dargestellte Erfassung unrealisierter Gewinne: In diesem Zusammenhang wird – teilweise auch unabhängig von einer steuerlichen Anwendung der IFRS und schon für das bestehende Steuerbilanzrecht bei Befürwortung der Reinvermögenszuwachstheorie - diskutiert, hieraus resultierende „Steuervorauszahlungseffekte" mit einem *System aus einem unbegrenzten Verlustausgleich, einer Liquiditätshilfe sowie einer Verzinsung zuviel entrichteter Steuern* zu begleiten.[1026] Obschon man dem Vorschlag eines unbegrenzten Verlustausgleich an sich vielleicht noch positiv gegenüberstehen könnte – insgesamt lässt es sich doch nicht rechtfertigen, dass der Staat zuerst bewusst auf lediglich mögliche und daher unsichere Gewinne des Steuerpflichtigen zugreift, um sie gegebenenfalls dann bei Nichtrealisation mit Zinseszins wieder zurückzuzahlen. Ein Besteuerungssystem, welches schon im Grundsatz auf eventuelle, verzinsliche Rückzahlung ausgerichtet wird, erscheint schon in sich zweckwidrig und gefährdet darüber hinaus das unternehmerische Handeln. Wenn sich der Staat von seinen Bürgern Geld leihen will, soll er dies auf anderem Wege tun. Daneben lässt dieser Vorschlag nicht nur unberücksichtigt, dass hier eine Konkretisierung der endgültigen „Nichtrealisation" zunächst erfasster Gewinne und zwar sowohl in zeitlicher als auch sachlicher Hinsicht schwierig ist; darüber hinaus widersprechen bewusst vorgezogene Steuerzahlungen und in Kauf genommene Steuerrückzahlungen einer zeitlich zutreffenden Abschnittsbesteuerung und basieren auf einer nicht ausreichend objektiven Bemessungsgrundlage. Zudem ist der Vorschlag zur Gewährung einer „Liquiditätshilfe" unklar.
Daher bleibt es bei dem bereits Festgestellten: Eine Besteuerung des gesamten Reinvermögenszuwachses ist sowohl aufgrund des Dualismus der Einkunftsarten als auch der Tatbestandsmäßigkeit der Besteuerung zu weitgehend; die hieraus resultierenden Nachteile lassen sich – wenn überhaupt - nur schlecht durch einen Verlustausgleich o. ä. kompensieren.

b) Steuerrechtliche Spezialvorschriften

Fraglich ist weiterhin, ob eine Kompensation statt dessen bei konkreten, mit den Grundsätzen der steuerlichen Gewinnermittlung nicht vereinbaren IFRS – *Einzelregelungen* ansetzten könnte. So wird von einem Teil der Literatur vorgeschlagen, die Anwendung von zu Besteuerungszwecken ungeeigneter Regelungen

---

[1026] *Broer*, Maßgeblichkeit, S. 341 mwN; ähnlich *Eichhorn*, S. 103 und 249; *Kahle*, WPg 2002, 178, 186 mwN.

mittels einer Normierung entsprechender *steuerrechtlicher Spezial- bzw. Ausnahmevorschriften* auszuschließen.[1027]
Hier gilt jedoch zu beachten, dass sich diese Durchbrechungen nicht auf eine Unanwendbarkeit des IAS 38 oder fair-value-Bewertung beschränken dürften. Wie angedeutet, sehen auch andere Standards steuerlich unvereinbare Bilanzierungsweisen vor. Die IFRS können immer dort problematisch sein, wo das steuerrechtlich notwendige Maß an Vorsicht bzw. Objektivität nicht ausreichend gewährleistet wird; ihre grundsätzlich Anwendbarkeit müsste also mit einer Vielzahl von Ausnahmen versehen werden. Schon allein aus formeller Sicht führte dies zu einem noch mehr „durchlöcherten" System, als es schon de lege lata bei Anwendung der handelsrechtlichen GoB der Fall ist.[1028] Nicht nur angesichts der Gefahr einer mangelnden Bestimmtheit und Rechtssicherheit, sondern auch unter dem Gesichtspunkt einer Vereinfachung der steuerlichen Gewinnermittlung machte dieser Lösungsansatz keinen Sinn; er stellte zumindest nicht die *bestmögliche Lösung* zur Ermittlung des Gewinnes von buchführenden Gewerbetreibenden dar.
Dies gilt erst recht, wenn dieser Vorschlag vor dem Hintergrund der erwünschten Einheitsbilanz ergeht. Denn hier stellt sich die Frage, wie diese noch zu erreichen wäre. Schon die aktuellen IFRS lassen an der Realisierung dieses Wunsches zweifeln. Zu bedenken ist darüber hinaus, dass sie in ihrer dynamischen Entwicklung künftig noch weitere steuerliche Unvereinbarkeiten aufweisen können, welche dann wiederum zu weiteren Durchbrechungen führen müssten. Insgesamt erscheint es daher weder sinnvoll noch möglich, die materielle Ungeeignetheit (einiger) der IFRS zu kompensieren.

c) Neugestaltung der IFRS-Erfolgsrechnung durch das IASB

Möglicherweise könnte die materiellen Ungeeignetheit der IFRS künftig jedoch folgendermaßen minimiert werden: Auf dem Arbeitsprogramm des IASB steht zur Zeit u. a. die Neugestaltung der Erfolgsrechnung (sog. *performance reporting project*), die nach dem *clean surplus* -Konzept in Form von Spalten sämtliche Eigenkapitalveränderungen bis auf solche, die auf Geschäftsvorfällen mit Eigentümern beruhen, separat erfassen und ihrer sachlichen Quelle sowie ihrem Wesen bzw. ihrer Qualität nach geordnet ausweisen soll.[1029]

[1027] So bspw. *Broer*, Maßgeblichkeit, S. 359; *Buchholz/Weis*, DStR 2002, 559, 562; *Grotherr/Jorewitz*, FS Strobel 2001, S. 123, 147 f.; *Oestreicher/Spengel*, RIW 2001, 889, 894; *Schaffer*, S. 247 ff.; *Selchert*, FS Fischer 1999, S. 913, 926 ff.
[1028] A.A. *Eichhorn*, S. 248.
[1029] Motiv hierfür ist, dass auch das IASB erkannte, dass sowohl die fair-value-Bewertungen in der Bilanz als auch die hinsichtlich der Gestaltung der GuV relativ unbestimmten aktuellen IFRS die Möglichkeit boten, die Darstellung der Unternehmensbelange von der jeweiligen Unternehmenspolitik abhängig zu machen und so die Vergleichbarkeit der Ab-

Angesichts dessen wird nun vorgeschlagen[1030], man könne diese künftige Erfolgsrechnung nach Vornahme leichter Modifikationen um eine Ausschüttungsrechnung ergänzen; die hieraus resultierende Gesamtdarstellung der Unternehmensergebnisse stelle dann „eine geeignete Form" dar, um für den auf Basis der IFRS erstellten Einzelabschluss zum Zwecke des Gläubigerschutzes Ausschüttungssperren vorzusehen. Dabei sollten in einer separaten Spalte *„disbutable income"* die Komponenten der Nettovermögensveränderungen einer Periode eingetragen werden, die nicht durch das IASB, sondern auf EU-Ebene bzw. durch die nationalen Gesetzgeber als „ausschüttungsfähig" bestimmt werden. Dabei wäre es „ideal", wenn sich die zuständigen Ministerien – auf Bundesebene also das BMJ, das BMW und das BMF – auf „ein ausschüttbares Ergebnis" einigen könnten und ein aus den IFRS abgeleitetes Ergebnis definierten, welches dann sowohl zum Zwecke der Ausschüttung als auch der Besteuerung zugrunde gelegt werden könnte.[1031] Eine Umsetzung dieses Vorschlages erwiese sich zunächst für die Unternehmen als äußerst effizient und kostensparend, da sie sich somit nur an einem Rechnungslegungssytem zu orientieren hätten, aus dem die für die Ausschüttung und Besteuerung relevanten Daten extrahiert werden könnten. Gleichzeitig könne auf diesem Wege das sowohl für die Gesellschafter als auch den Fiskus gemeinsam als ausschüttungsfähig zu qualifizierende Ergebnis leichter definiert werden: Für den Fiskus bestünden „weniger rechtfertigbare Gründe, für Besteuerungszwecke von dem gesellschaftsrechtlich als entziehbar betrachteten Ergebnis abzuweichen, was auch ein Beitrag zur Verbesserung der Berechenbarkeit und damit der Rechtssicherheit im Ertragssteuerrecht wäre".[1032]

So einleuchtend und nachvollziehbar diese Idee auf den ersten Blick vielleicht erscheinen mag – abgesehen davon, dass sie in ihren Grundzügen auf der bereits im Zweiten Kapitel abgelehnten *Teilhaber-These* basiert[1033] und schon aus diesem Grund skeptisch zu betrachten ist, sind ihr auch folgende Einwände entgegen zu halten: Zunächst stellt sich bereits die Frage, inwiefern das hier angesprochene, als ausschüttungsfähig zu qualifizierende *Ergebnis* „definiert" werden kann; gemeint ist hier wohl vielmehr die Art seiner Ermittlung. Unabhängig von der Frage, ob diesbezüglich das gesellschaftsrechtlich und steuerrechtlich „richtige" Ergebnis tatsächlich übereinstimmen könnten und dürften bzw. ob hierüber in der Praxis tatsächlich Einigung erzielt werden kann[1034], müsste diese Entscheidung in

---

schlüsse untereinander einschränkten. Einzelheiten zum Entwicklungsstand finden sich „Information for Observers.,Board meeting: 17. 6. 2003, Project: Perfomance Reporting", abrufbar unter http://www.iasb.org.uk.

[1030] Vgl. *Eierle*, S. 489 ff.; *Haller*, KoR 2003, 413, 420 ff.

[1031] So ausdrücklich *Haller*, KoR 2003, 413, 421.

[1032] *Haller*, KoR 2003, 413, 421 f.

[1033] Diesbezüglich allerdings merkt *Haller* in KoR 2003, 413, 421, Fn. 59 selbst an, dass „keine Interessenhomogenität zwischen Ausschüttung und Steuerbemessung besteht".

[1034] Dieses hält selbst *Haller* in KoR 2003, 413, 421 für „unrealistisch".

Anbetracht der Wesentlichkeitstheorie vom Parlament selbst getroffen werden; obschon grundsätzlich demokratisch legitimiert, fehlt es sowohl dem BMJ als auch dem BMJ an einer entsprechenden Kompetenz. Darüber hinaus änderte auch die Ableitung eines, vom deutschen Gesetzgeber als ausschüttungsfähig bzw. als für die Besteuerung verwendbar definierten Ergebnisses aus einer IFRS-Erfolgsrechnung nichts daran, dass dieses zuvor immer noch auf Grundlage der IFRS-Rechnungslegung ermittelt wurde. Damit aber schlägt hier immer noch zumindest mittelbar ein Großteil der formellen und materiellen Aspekte durch, welche bereits gegen die steuerliche Eignung der IFRS angeführt wurden.

In materieller Hinsicht könnten bei der „Definition" eines als bzw. zur Besteuerung verwendbar qualifizierten Ergebnisses zwar möglicherweise noch solche Vermögensveränderungen ausgeschlossen werden, welche aufgrund von Bilanzierungsweisen ermittelt wurden, die – wie bspw. IAS 38 – nur schwerlich mit einem verfassungsgemäßen Steuerbilanzrecht vereinbar wären. Dennoch bliebe es dabei, dass auch bei der Ermittlung dieses Ergebnisses steuerfremde Erwägungen zum Tragen kämen: Als Ableitungsgröße für das der Besteuerung zugrundelegende Ergebnis diente als Zwischensumme die Größe „Wertschöpfung"[1035]. Deren Definition aber wird hier auf Basis des angelsächsischen Rechnungslegungsverständnisses vorgenommen und ist dabei auf die Bedürfnisse von Investoren ausgerichtet.
Darüber hinaus aber würde im Bereich der Einkommensermittlung buchführungspflichtiger Kaufleute auf eine Gewinnermittlungsmethode zurückgegriffen werden, welche hinsichtlich ihrer Systematik und in ihrem grundsätzlichen Einkommens- bzw. Gewinnverständnis einen Fremdkörper im System des Ertragssteuerrechts darstellte.
In formeller Hinsicht hingegen käme dem nicht vom deutschen Volk entsprechend legitimierten IASB auch auf diesem Wege (ein mittelbarer) Einfluss auf die Ausgestaltung der steuerlichen Bemessungsgrundlage zu, ohne dass hier deutsche Interessen bzw. steuerrechtsspezifische Besonderheiten Berücksichtigung fänden. Ferner würde der steuerliche Gewinn auf Basis von zum Teil zu unbestimmter und in ihrer Entwicklung jederzeit veränderbarer Rechnungslegungs*standards* ermittelt. Berücksichtigt man darüber hinaus die permanente(n) Fortentwicklung(smöglichkeiten) der IFRS und dass der IASB auch das Konzept der Erfolgsrechnung jederzeit ändern kann, ergäbe sich auch in Zukunft ein ständiger Überprüfungsbedarf hinsichtlich der Vereinbarkeit mit einem verfassungsgemäßen Steuerbilanzrecht. Angesichts dessen stellte sich letztendlich auch hier die Frage, warum der Gesetzgeber „ohne Not" und lediglich vor dem Hintergrund des Wunsches nach einer Einheitsbilanz – wobei hier zusätzlich fraglich ist, diese tatsächlich erreicht werden könnte – auf ein derart mit Schwierigkeiten behaftetes System zurückgreifen sollte, wenn doch vielleicht eine „bessere" Möglichkeit der Gewinnermittlung mittels Bilanzierung in Betracht kommt. Denn das Letzteres der Fall ist, wird im folgenden Abschnitt noch näher dargestellt.

Damit erscheint auch dieser Vorschlag nur wenig geeignet, die hier aufgezeigte Ungeeignet der IFRS für die steuerliche Gewinnermittlung zu lösen.

[1035] Vgl. *Haller*, KoR 2003, 413, 423.

D. Exkurs: Auswirkungen auf die Steuerlast

Neben der formellen und materiellen steuerlichen Geeignetheit der IFRS stellt sich die Frage, welche Konsequenzen eine entsprechende Gewinnermittlung auf die Steuerlast von buchführenden Gewerbetreibenden hätte. Da diese Thematik jedoch eine ausführliche Beurteilung - ggf. unter Berücksichtigung branchenspezifischer Besonderheiten - voraussetzt, sei hierauf nur im Überblick eingegangen und ansonsten auf die Details der einschlägigen Untersuchungen verwiesen.
Die in diesem Zusammenhang bislang bekannteste Untersuchung stellt wohl die von *Oestreicher/Spengel*[1036] aus dem Jahr 1998 dar, welche in einem Vergleich der steuerlichen Gewinnermittlung auf Basis der damaligen Rechtslage mit einer steuerlichen Anwendung der IFRS feststellte, dass letztere zu einer branchendurchgängig *höheren* steuerlichen Belastung deutscher Unternehmen führen würde. Diese Berechnungen wurde inzwischen aktualisiert und an die Rechtslage nach den Änderungen durch das *StEntlG* angepasst worden. Da Letzteres wiederum zahlreiche Einschränkungen von Abschreibungs- und Rückstellungsmöglichkeiten enthielt und insofern auf eine Verbreiterung der Bemessungsgrundlage abzielte, konnte nun für die meisten Unternehmen eine geringere Steuerlast bei einer steuerlichen Anwendung der IFRS festgestellt werden.[1037] Allerdings wurde innerhalb dieser Untersuchung nur ein Vergleich zwischen HGB-, EStG- und IFRS-Regeln angestellt, welche sich mit der Aufwandsverrechnung befassen; die Periodisierung von Erträgen blieb außer Betracht.[1038] Berücksichtigt man hier jedoch, dass die Informationsfunktion der IFRS einen tendenziell früheren Gewinnausweis sowie zumindest einen höheren Aktivierungsumfang bewirkt, so kann insgesamt wohl immer noch von einer *Verbreiterung der Bemessungsgrundlage* ausgegangen werden. Einer solchen kann man nun unterschiedlich gegenüberstehen:
Aus fiskalpolitischer Sicht wäre sie möglicherweise zu begrüßen. Der Gefahr einer zu hohen Steuerlast wird hier die Möglichkeit einer gleichzeitigen *Senkung des Steuertarifs* entgegengehalten, welcher zusätzlich eine positive Signalwirkung für ausländische Investoren zukäme.[1039] Darüber hinaus wird teilweise angeführt, dass sich eine steuerliche Anwendung der IFRS nicht zwingend negativ auf die Höhe des besteuerungsfähigen Totalgewinnes auswirken müsste; die unterschied-

---

1036 *Oestreicher/Spengel*, Maßgeblichkeit der International Accounting Standards für die steuerliche Gewinnermittlung?, Baden - Baden 1999, zusammengefasst in DB 1999, 593 ff. Gleiche Ergebnisse findet *Schaffer*, siehe die Zusammenfassung auf S. 241 ff, 244.
1037 *Oestreicher/Spengel*, RIW 2001, 889, 894 ff.
1038 *Oestreicher/Spengel*, RIW 2001, 889, 896.
1039 *Grotherr/Jorewitz*, FS Strobel 2001, S. 123, 147; *Oestreicher/Spengel*, DB 1999, 593, 598 f.; *Schreiber*, FS Fischer 1999, S. 879, 901; *Selchert*, FS Fischer 1999, S. 913, 929.

lichen Bilanzierungsregeln hätten zunächst nur eine zeitliche Vorverlagerung des Steuerzugriffs zur Folge.[1040]
Allerdings wird hier die *Progression* außer Acht gelassen: Solange diese existiert, könnten sich durchaus nachteilige steuerliche Konsequenzen ergeben und zwar zunächst für die Belastung des jeweiligen Periodengewinnes. Berücksichtigt man zusätzlich die lediglich eingeschränkte Berücksichtigungsfähigkeit von Verlusten (vgl. nur § 10 d EStG), so müssen sich die Nachteile einer höheren Periodenbesteuerung im Hinblick auf den „Totalgewinn" - dessen Eigenschaft als Argumentationshilfe angesichts seiner problematischen Konkretisierungsfähigkeit schon grundsätzlich in Frage zu stellen ist - nicht unbedingt wieder ausgleichen. Unabhängig von den bereits festgestellten, verfassungsrechtlichen Konfliktmöglichkeiten könnte sich eine zeitliche Vorverlagerung des Steuerzugriffs also durchaus negativ auf die steuerliche Belastung auswirken.
Die Kombination aus einer erweiterten Bemessungsgrundlage und einem verringerten Steuertarif kann allerdings unter dem Gesichtspunkt „Vereinfachung der steuerlichen Gewinnermittlung" Vorteile aufweisen. Jedenfalls ist sie einem System vorzuziehen, welches aus einer von zahlreichen Ausnahmen und Subventionsvorschriften durchsetzten, engeren Bemessungsgrundlage und vergleichsweise hohen Steuersätzen besteht.[1041] Darüber hinaus entspräche sie dem aktuellen „Besteuerungstrend" anderer Staaten[1042] und wurde schon von jüngeren Reformbestrebungen wie z. B. den *„Petersberger Steuervorschlägen"*[1043] oder dem *„Karlsruher Entwurf"*[1044] angedacht.
Dennoch sei hier Folgendes zu bedenken: Tarife können nicht nur abgesenkt, sondern auch kurzfristig wieder erhöht werden.[1045] Schon aus diesem Grund eignet sich der Hinweis auf eine mögliche Absenkung des Steuertarifs nur bedingt, um eine aus der Anwendung der IFRS resultierende Erweiterung der Bemessungsgrundlage rechtfertigen zu können. Ausschlaggebend muss vielmehr sein, ob schon die - einer endgültigen tariflichen Belastung vorgelagerte - Stufe der steuerliche Gewinnermittlung selbst den verfassungsrechtlichen Anforderungen

---

[1040] *Hauser/Meurer*, WPg 1998, 269, 278; *Peemöller/Spanier/Weller*, BB 2002, 1799, 1802 f.; *Rahlf*, S. 200; *Schreiber*, FS Beisse 1997, S. 491, 503; *Selchert*, FS Fischer 1999, S. 913, 923.
[1041] *Wagner*, DB 1998, 2073, 2073.
[1042] *Lang*, in: *Tipke/Lang*, § 8 Rz. 70; *Oestreicher/Spengel*, DB 1999, 593, 599; *Takacs*, S. 362.
[1043] Vgl. *Presse- und Informationsamt der Bundesregierung*, Petersberger Steuervorschläge, S. 4; hierzu auch *Hauser/Meurer*, WPg 1998, 269, 272 ff.
[1044] Ausführlich *Kirchhof*, StuW 2002, 3, 7, nach dem eine Verbreiterung der Bemessungsgrundlage aus einer Streichung von unerwünschten Lenkungs – und Subventionsnormen resultierte.
[1045] Vgl. nur das „Gesetz zur Änderung steuerrechtlicher Vorschriften und zur Errichtung eines Fonds „Aufbauhilfe"", kurz *Flutopfersolidaritätsgesetz*, vom 13.9.2002: Hierdurch wurde der KSt – Tarif für VZ 2003 kurzfristig von 25 % auf 26, 5 % angehoben, um die Schäden der Flutkatastrophe im Sommer 2002 finanzieren zu können. Näher hierzu BT-Drucks. 14/9894.

entspricht: Denn auch das Argument eines geringeren Steuertarifs darf nicht zu einer „unkontrollierten" Verbreiterung der Bemessungsgrundlage führen.[1046] Eine bloße „Steuersatzkosmetik" kann keinen Ersatz für eine verfassungs- und systemkonforme Besteuerung des Einkommens darstellen.[1047] Hier konnte festgestellt werden, dass eine steuerliche Anwendung der IFRS gegen die Grundsätze der Gesetzmäßigkeit und Tatbestandsmäßigkeit der Besteuerung sowie das Demokratieprinzip verstößt und zudem nur schwerlich mit einer gleichmäßigen und substanzschonenden Besteuerung vereinbar ist. Insgesamt ließe sich die aus der Anwendung der IFRS resultierende (verfassungswidrige) Verbreiterung der Bemessungsgrundlage selbst dann nicht mit der Möglichkeit von Tarifanpassungen rechtfertigen, wenn sie faktisch eine Senkung der Steuerlast zur Folge hätte.

E. Ergebnis

I. Keine Anwendbarkeit der IFRS in der Steuerbilanz

Nach diesen Ausführungen ist der Schluss zu ziehen, dass ein Einfluss der IFRS auf die steuerliche Gewinnermittlung möglichst vermieden werden sollte: In formeller Hinsicht widerspräche eine Steuerbilanz auf Basis der IFRS vor allem den Grundsätzen des Rechtsstaats- und Demokratieprinzips. Und auch in materieller Hinsicht sind weite Teile der IFRS – Rechnungslegung nicht für eine steuerliche Gewinnermittlung geeignet. Dies gilt zunächst für einzelne Standards bzw. darin enthaltene Bilanzierungsregeln, wird darüber hinaus aber auch anhand des Rahmenkonzeptes und den hier vorgesehenen Rechnungslegungsprinzipien ersichtlich. Der Unterschied zwischen einer investorenorientierten und einer zu steuerlichen Zwecken erstellten Bilanz zeigt sich insbesondere an dem Grundsatz der Relevanz und dem Verhältnis zum Objektivierungserfordernis. Internationale Rechnungslegungsregeln - seien es die IFRS oder die US-GAAP – sind nicht für eine steuerliche Gewinnermittlung konzipiert; der Fiskus ist nicht mit einem Investor vergleichbar.

So finden sie bspw. auch in den USA keine Anwendung im Rahmen der Besteuerung. Statt auf das financial accounting der US-GAAP zurückzugreifen, stellt der Internal Revenue Code (IRC) auf ein selbständiges tax accounting ab.[1048]

Eine Steuerbilanz auf Grundlage der IFRS führte schon jetzt zu Ergebnissen, die nicht mit einer verfassungsgemäßen steuerlichen Gewinnermittlung vereinbar wä-

---

[1046] *Herzig*, WPg 2000, 104, 116; *Kirchhof*, StuW 2002, 3, 7; *Lang*, in: *Tipke/Lang*, § 8 Rz. 74; *Weber – Grellet*, DStR 1998, 1343, 1347.
[1047] *Kiesewetter*, StuW 1997, 24, 24.
[1048] Ausführlich hierzu *Schreiber*, FS Beisse 1997, S. 491, 492 ff.

ren. Angesichts der Möglichkeit ihrer ständigen und an den Rahmenbedingungen des frameworks auszurichtenden Fortentwicklung ist jedoch nicht auszuschließen, dass selbst momentan noch steuerlich geeignete Standards in Zukunft nicht mehr mit den Grundsätzen eines verfassungskonformen Steuerbilanzrechts vereinbar sind; dies wiederum könnte daher neue spezielle steuerrechtliche Ausnahmen notwendig machen. Darüber hinaus trägt eine steuerliche Anwendung der IFRS auch nicht zur Beseitigung oder Verringerung der bestehenden Besteuerungsunterschiede bei. Hier bestünde sowohl Ungleichheit zwischen Gewerbetreibenden der jeweiligen Branchen[1049] als auch gegenüber anderen Einkunftsarten[1050], die im Übrigen nicht durch besondere Steuertarife ausgeglichen werden dürfte und könnte.
Zu guter Letzt ist eine steuerliche Anwendung der IFRS aus Zweckmäßigkeitserwägungen abzulehnen.[1051] Da sie nicht als Gesamtkonzept übernommen werden könnte, bliebe höchstens die Möglichkeit einer teilweisen Anpassung einzelner EStG – Regelungen oder eine vielfältig durchbrochene Maßgeblichkeit. Zumindest die letztere Variante stellte aus systematischer Sicht eine Verschlechterung der bestehenden Situation dar und wäre schon insofern nicht die *bestmögliche Lösung* einer steuerlichen Gewinnermittlung.

II. Konsequenzen für das Maßgeblichkeitsprinzip

Die Ablehnung eines steuerlichen Einflusses der IFRS gibt die Konsequenzen für das Maßgeblichkeitsprinzips eigentlich schon vor: Letztendlich wird für dessen Aufgabe zu plädieren sein.

1. Aufgabe des § 5 Abs. 1 S. 2 EStG

Aus handelsrechtlicher Sicht stellt sich die umgekehrte Maßgeblichkeit i. S. d. § 5 Abs. 1 S. 2 EStG schon seit Längerem und unabhängig von eventuellen Internationalisierungstendenzen als unbefriedigend dar, da sie die handelsbilanziellen Ergebnisse durch steuerlich bedingte und damit sachfremde Erwägungen beeinflusst bzw. verfälscht.[1052] Gleichzeitig ist sie für die steuerliche Gewinnermittlung selbst nicht notwendig, sondern soll in erster Linie der Er-stellung einer Einheitsbilanz dienen.[1053] Ferner stünde sie – sofern sich der Gesetzgeber langfristig doch für einen ausschließlichen IFRS- Einzelabschluss entscheiden sollte – einer entsprechenden konsequenten Anwendung der IFRS

1049 Ausführlich hierzu *Oestreicher/Spengel*, DB 1999, 593, 595 ff.; kritisch daher *Grotherr/Jorewitz*, FS Strobel 2001, S. 123, 147. A.A. *Eichhorn*, S. 247.

1050 *Eichhorn*, S. 248; *Kahle*, WPg 2002, 178, 185.

1051 So dann auch *Broer*, Maßgeblichkeitsprinzip, S. 359.

1052 Statt vieler *Knobbe – Keuk*, § 2 III, S. 29 f.; *Wöhe*, § 11, S. 74, 89.

1053 *Pfahl*, S. 116, 203 f.; *Schreiber*, FS Beisse 1997, S. 491, 504 mwN.

entgegen. Da nicht zuletzt unter rechtlichen Gesichtspunkten auf sie verzichtet werden kann, besteht über ihre künftige Aufgabe – und in Konsequenz damit auch der Aufgabe des § 254 HGB –weitestgehende Einigkeit[1054] und soll auch hier befürwortet werden.

2. Aufgabe des § 5 Abs. 1 S. 1 EStG

Hinsichtlich des § 5 Abs. 1 S. 1 EStG ist demgegenüber zu differenzieren. Angesichts dessen, dass sich der deutsche Gesetzgeber in absehbarer Zeit sehr wahrscheinlich für ein Wahlrecht zur Erstellung eines zusätzlichen IFRS-Abschlusses sowie die Beibehaltung eines HGB-Einzelabschlusses entscheiden wird, wäre seine Aufgabe momentan zwar nicht unbedingt notwendig.
Allerdings wäre diese Frage damit lediglich aufgeschoben[1055], da schon aufgrund der bestehenden Situation ein Festhalten an § 5 Abs. 1 S. 1 EStG teilweise unbefriedigend erscheint:
Dies gilt zunächst für die aktuelle formelle Gestaltung des Steuerbilanzrechts bzw. die zahlreichen Sondervorschriften des EStG und teleologischen Reduktionen des § 5 Abs. 1 S. 1 EStG, welche die ursprünglichen Motive für dessen Normierung - insbesondere die Einheit der Rechtsordnung und Vereinfachung der steuerlichen Gewinnermittlung bzw. des Gesetzesvollzuges - de lege lata zunehmend bedeutungslos erscheinen lassen.
Vor allem aber ist die materielle Situation ist verbesserungswürdig. Die immer wiederkehrenden Frage nach den Grenzen zwischen dem handels- und dem steuerrechtlichen Vorsichtsprinzip ruft einen immensen (insbesondere gerichtlichen) Klärungsbedarf hervor, der für die Rechtssicherheit und den Vertrauensschutz des Steuerpflichtigen sicherlich nicht förderlich ist. Hinzukommen die einschlägigen und in den letzten Jahren zunehmenden Äußerungen des EuGH, welche weitere Verwirrung stiften können und gleichzeitig die Problematik einer möglichen mittelbaren Internationalisierung der steuerlichen Gewinnermittlung aufgrund der Umsetzung der Bilanzrichtlinie (a. F.) in deutsches Recht aufwerfen.
Im Hinblick auf die nähere Zukunft ist darüber hinaus zweifelhaft, dass der „beibehaltene“ HGB-Einzelabschluss tatsächlich dauerhaft von einem IFRS – Einfluss „verschont“ bleibt.[1056] In diesem Zusammenhang sei nur auf die, schon jetzt

---

[1054] Siehe nur *Arbeitskreis Externe Rechnungslegung der Schmalenbach-Gesellschaft für Betriebswirtschaft*, DB 2003, 1585, 1587; *Born*, S. 35; *Broer*, Maßgeblichkeitsprinzip, S. 367 ff.; *Freidank/Pottgießer*, StuB 2003, 886, 890; *Herzig/Dautzenberg*, BFuP 1998, 23, 24; *Kahle*, WPg 2002, 178, 179 mwN; *Knobbe – Keuk*, § 2 III, S. 29 f.; *Oestreicher/Spengel*, DB 1999, 593, 599; *Schreiber*, FS Beisse 1997, S. 491, 504; *Selchert*, FS Fischer 1999, S. 913, 925; *Watrin*, DB 2001, 933, 938; *Wöhe*, § 11, S. 74, 89. A. A. *Hauser/Meurer*, WPg 1998, 269, 274 f.
[1055] Siehe hierzu auch *Arbeitskreis Bilanzrecht der Hochschullehrer Rechtswissenschaft*, BB 2002, 2372, 2380; *Herzig/Bär*, DB 2003, 1, 2 f.
[1056] *Herzig/Bär*, DB 2003, 1, 2.

seitens des BMJ und BMF geplanten und auf eine Anpassung an die IFRS ausgerichteten Änderungen des HGB verwiesen. Diese betreffen zwar momentan insbesondere die handelsrechtlich noch zulässige Passivierung von Aufwandsrückstellungen oder einzelne Bewertungsvereinfachungsmethoden[1057], und könnten so (da bspw. Aufwandsrückstellungen steuerlich schon de lege lata unzulässig sind) tatsächlich zunächst einen Schritt in Richtung „Einheitsbilanz" darstellen. Allerdings muss es hierbei nicht verbleiben. Die Entwicklungsgeschichte der Internationalisierung der Rechnungslegung zeigt, dass die bereits angesprochene Möglichkeit einer *„Veränderung des GoB-Verständnisses"* kein bloßes Schlagwort ist, sondern sich in konkrete Gesetzesvorhaben niederschlagen kann. Dass dabei insbesondere ein Nebeneinander unterschiedlicher GoB in den jeweiligen Einzelabschlüssen die Frage nach den „richtigen" Bilanzierungsregeln aufwerfen kann und diese Frage letztendlich auch Auswirkungen auf die steuerliche Gewinnermittlung haben könnte, ist jedenfalls nicht völlig auszuschließen.
Bereits diese diversen Konfliktpunkte müssen jedoch früher oder später einer Lösung zugeführt werden, so dass sich schon in der Konstellation „Wahlrecht zur Erstellung eines zusätzlichen IFRS-Abschlusses und Beibehaltung eines HGB-Einzelabschlusses" eine Aufgabe der Maßgeblichkeit anböte.
Zu bedenken gilt darüber hinaus jedoch, dass diese Konstellation nicht endgültig sein muss und das in der IFRS-Verordnung vorgesehene Mitgliedsstaatenwahlrecht in fernerer Zukunft auch in Richtung eines ausschließlichen IFRS-Einzelabschlusses ausgeübt werden könnte. Völlig abwegig erscheint dies jedenfalls nicht. Denn zunächst könnte diese Entscheidung in einer möglicherweise ohnehin entstehenden, *faktischen Pflichtbilanzierung nach IFRS* begründet sein.

Verwiesen sei hier zum einen auf die Entscheidung des Ausschusses für Bankenaufsicht der G-10-Notenbankdirektoren im Hinblick auf die Problematik „Unternehmensrating" und künftige Kreditvergabe, nach der die Beurteilung eines Unternehmens anhand eines IFRS-Abschluss vorzunehmen ist (Stichwort: *Basel II*).[1058] Diese zwingt HGB-Bilanzierer möglicherweise deswegen zur Erstellung eines IFRS-Abschlusses, da sie nur so ungünstigeren Kreditkonditionen im Vergleich zu IFRS – Bilanzierern entgehen könnten.[1059] Noch wahrscheinlicher könnte sich eine faktische Pflichtbilanzierung jedoch deswegen ergeben, weil Tochterunternehmen oder Joint-venture-Gesellschafter ihren Einzelabschluss nur schwerlich nach abweichenden Regelungen als ihr nach IFRS - bilanzierenden Mutterunternehmen erstellen können.[1060]

Auch könnte das Nebeneinander von nach unterschiedlichen Regeln erstellter Einzelabschlüsse nicht zuletzt angesichts erhöhter Erstellungskosten und Ar-

---

[1057] Siehe BMJ und BMF, „Anpassung der Bilanzregeln an internationale Standards und Enforcement", StuB 2003, 223, 223, Punkt (3).
[1058] Näher zu „Basel II" bspw. *Winkeljohann/Solfrian*, DStR 2003, 88, 88 ff.
[1059] *Arbeitskreis Bilanzrecht der Hochschullehrer Rechtswissenschaft*, BB 2002, 2372, 2377; *Freidank/Pottgießer*, StuB 2003, 886, 892; *Peemöller/Spanier/Weller*, BB 2002, 1799, 1801.
[1060] *Zeitler*, DB 2003, 1529, 1529.

beitsaufwand auf Dauer in praktischer Hinsicht problematisch sein. Vor allem sind aber die weiteren Entwicklungen auf EU-Ebene (Stichwort: Änderung der derzeitigen Kapitalerhaltungs- und -aufbringungsregeln der Zweiten Gesellschaftsrechtliche Richtlinie durch die diesbezüglich eingesetzte *High Level Group of Experts on Corporate Law*[1061]) sowie die geplante Entwicklung von „IFRS-SE" durch das IASB zu berücksichtigen. Insbesondere vor dem Hintergrund dieser beiden Projekte ist es also nicht gänzlich auszuschließen, dass sich auch der deutsche Gesetzgeber früher oder später für einen ausschließlichen IFRS-Einzelabschluss entscheidet. So wird der aktuelle Vorschlag des BMJ und BMF zum Teil daher auch (lediglich) als „momentane Lösung" gewertet, die „damit in jeder Hinsicht Raum für die weiteren Entwicklungen" zulässt.[1062] Spätestens im Falle einer derartigen Entscheidung aber müsste zwingend von § 5 Abs. 1 S. 1 EStG abgesehen werden, da ein hierdurch bedingter unmittelbarer Einfluss der IFRS auf die Steuerbilanz nach den hier gemachten Ausführungen weder in formeller noch in materieller Hinsicht mit den Anforderungen an ein verfassungsgemäßes Steuerbilanzrecht vereinbar wäre. Angesichts dessen also stellt sich eine Aufgabe der Maßgeblichkeit über kurz oder lang als wohl unumgänglich dar.[1063]

§ 2 Exkurs: Situationsvergleich mit europäischen Nachbarländern

Die hier aufgezeigte Diskussion ist keine deutsche Besonderheit. Angesichts der Internationalisierung der Rechnungslegung wird sie so oder so ähnlich auch in den europäischen Ländern geführt, welche für die Steuerbilanz einen Bezug zum Einzelabschluss herstellen. Als Beispiele seien an dieser Stelle *Frankreich*, *Österreich* und die *Schweiz* herausgegriffen:

A. Frankreich

Bei der steuerlichen Gewinnermittlung von buchführenden Gewerbetreibenden verfolgt Frankreich ein ähnliches System wie die BRD. Die handelsrechtlichen

[1061] Vgl. hierzu http://europa.eu.int/comm/internal_market/en/company/news/index.htm sowie die ablehnende Stellungnahme der *Group of German Experts on Corporate Law*, ZIP 2002, 1310, 1310 und 1316 ff. sowie die entsprechende Kritik des *Arbeitskreises Bilanzrecht der Hochschullehrer Rechtswissenschaft*, BB 2002, 2372, 2375.

[1062] So *Ernst*, BB 2003, 1487, 1491.

[1063] Vgl. bspw. auch *Arbeitskreis Bilanzrecht der Hochschullehrer Rechtswissenschaft*, BB 2002, 2372, 2378 ff.; *Füllbier/Gassen*, DB 1999, 1511, 1513; *Hennrichs*, DStJG 24 (2001), 301, 307 und 328; *Kahle*, WPg 2002, 178, 188; *Peemöller/Spanier/Weller*, BB 2002, 1799, 1801; *van Hulle*, ZGR 2000, 537, 538; *Watrin*, DB 2001, 933, 938.

Bilanzierungsregeln sind im *Plan Comptable Général (PCG)* enthalten.[1064] Der steuerliche Gewinn für den Bereich der gewerblichen Einkünfte - bénéfices industriels et commerciaux (BIC) - ist gem. Art. 38 - 1 und 2 des *Code Général des Impôts (CGI)* im Wege des Betriebsvermögensvergleichs zu ermitteln und stellt die Differenz aus dem zu Beginn und zum Ende der Besteuerungsperiode ausgewiesenen Eigenkapitals zuzüglich der Entnahmen und vermindert um die Einnahmen dar. In Art. 38 quater Anhang III greift das CGI auf das PCG zurück und sieht unter dem Vorbehalt steuerlicher Spezialregelungen eine Maßgeblichkeit dieser handelsrechtlichen Buchführungsvorschriften vor.[1065] Gleichzeit kennt das französische Steuerbilanzrecht mit Art. 39 CGI auch eine „umgekehrte" Maßgeblichkeit.

Eine Besonderheit besteht im Bereich des Konzernsteuerrechts: Hier räumt Art. 223 A - U CGI den Konzernunternehmen ein Wahlrecht ein, nach dem sie unter bestimmten Voraussetzungen eine eigenständige konsolidierte Konzernsteuerbilanz erstellen können. Dabei wird die Maßgeblichkeit durchbrochen und der steuerliche Gewinn unabhängig von den jeweiligen handelsrechtlichen Einzelabschlüssen und dem Konzernabschluss für die Konzerngruppe ermittelt.[1066]

Die steuerrechtlich zulässige und handelsrechtliche mögliche Aktivierung und Bewertung sind grundsätzlich vergleichbar, daneben existieren jedoch auch zahlreiche und vorrangig anzuwendende steuerrechtliche Spezialvorschriften.[1067] Trotz dieser partiellen „Eigenständigkeit des Steuerrechts"[1068] wurde die Maßgeblichkeit zwar auch hier immer wieder mit den Argumenten der Gerechtigkeit und Vereinfachung der Gewinnermittlung sowie der Kostenersparnis verteidigt[1069] und spielte vor allem für kleinere und mittlere Unternehmen angesichts der Möglichkeit zur Erstellung einer Einheitsbilanz eine gewichtige Rolle.[1070] Allerdings lässt die künftig mögliche Entwicklung der Rechnungslegung auch die französische Diskussion um das Maßgeblichkeitsprinzip nicht unberührt: Ebenso wie in Deutschland wurde auch hier schon frühzeitig über den Vorschlag diskutiert, bei-

---

[1064] Ausführlich hierzu *Frydlender/Pham*, EAR 1996, 845, 846. Eine Umsetzung der Bilanzrichtlinie 78/660/EWG fand 1983 statt und hatte eine zum Teil erstmalige und für alle Kaufleute verbindliche Kodifizierung ehemals ungeschriebener und gewohnheitsrechtlich anerkannter Buchführungsvorschriften im sog. *Code de Commerce* (CC) zur Folge. Ein synoptischer Vergleich zwischen den Bilanzierungsvorschriften des HGB und PCG findet sich bei *Küting/Altmeier/Günther*, IWB 1997, Fach 5, Gruppe 3, S. 565, 566 ff..

[1065] *Baconnier*, DStJG 16 (1994), 73, 77 f.; *Hey* in Herrmann/Heuer/Raupach, § 1 KStG, Rn. 261.

[1066] *Baconnier*, DStJG 16 (1994), 73, 85; *Hey* in Herrmann/Heuer/Raupach, § 1 KStG, Rn. 263.

[1067] Näher hierzu *Broer*, Maßgeblichkeit, S. 132 f..

[1068] Einzelne Beispiele finden sich bei *Baconnier*, DStJG 16 (1994), 73, 81 ff. und *Gail/Greth/Schuhmann*, DB 1991, 1389, 1390 ff.

[1069] *Broer*, Maßgeblichkeit, S. 128; *Frydlender/Pham*, EAR 1996, 845, 845.

[1070] *Broer*, Maßgeblichkeit, S. 131; *Frydlender/Pham*, EAR 1996, 845, 856.

de Bilanzen von einander abzukoppeln und ein selbständiges Steuerbilanzrecht zu kodifizieren.[1071]

B. Österreich

Dem EStG noch ähnlicher - zum Teil sogar identisch - ist die Grundkonzeption und Systematik der steuerlichen Gewinnermittlung in Österreich: Gem. §§ 4 Abs. 1, 5 Abs. 1 öEStG haben protokollierende Gewerbetreibende ihren Betriebsvermögensvergleich insoweit nach den Vorschriften der handelsrechtlichen GoB zu erstellen, als dem steuerrechtliche Spezialvorschriften bzw. eine teleologischen Reduktionen des § 5 Abs. 1 S. 1 öEStG nicht entgegenstehen. Diese sind im wesentlichen mit denen der steuerlichen Gewinnermittlung in der BRD vergleichbar und auf ähnliche Motive zurückzuführen: Bspw. werden aus handelsrechtlichen Aktivierungswahlrechten steuerliche Aktivierungspflichten – so z. B. für den derivativen Firmenwert in § 203 Abs. 5 HGB - und auch im Bereich der Rückstellungen sieht das öEStG Einschränkungen vor.[1072] Gegebenenfalls macht dies Änderungen der Handelsbilanz erforderlich, welche je nach Art und Umfang zu einer abgeleiteten Steuerbilanz oder einer bloßen, mit Zusätzen versehenen Korrektur der Handelsbilanz führen. Auch das österreichische EStG kennt damit kein eigenständiges Steuerbilanzrecht. Dem Finanzamt ist gem. § 44 Abs. 2 öEStG – vergleichbar mit § 60 EStDV - eine Korrektur der Handelsbilanz in Form der sog. „Mehr-Weniger-Rechnung“ vorzulegen.[1073]

Eine ausdrückliche Normierung der Umkehrmaßgeblichkeit fand sich zwar nur bis 1996, da die entsprechende Vorschrift des § 208 HGB mit dem zum EU-GesRÄG gestrichen wurde. Als diesbezüglich ausreichende Grundlage ist nunmehr allerdings § 205 HGB anerkannt.[1074]

Auch in Österreich wurde das Maßgeblichkeitsprinzip zwar lange Zeit mit dem Argument einer Vereinfachung der steuerlichen Gewinnermittlung begründet.[1075] Ebenso wie in der BRD führen die teilweise unterschiedlichen Zwecke der Handels- und Steuerbilanz sowie die mögliche Internationalisierung des Einzelabschlusses nun jedoch auch hier zu vermehrten Diskussionen um dessen Zukunft – oftmals sogar mit Verweis auf die deutsche Literaturmeinung.[1076] Eine Aufgabe

---

[1071] Vgl. hierzu bspw. *Frydlander/Pham*, EAR 1996, 845, 855 f. mwN.
[1072] Näher *Zorn*, ÖStZ 2001, 186, 187 mwN.
[1073] *Doralt*, § 4 öEStG, Rn. 131.
[1074] *Denk*, ÖStZ 2001, 59, 62; *Doralt*, § 4 öEStG, Rn. 143.
[1075] *Doralt*, § 4 öEStG, Rn.133; *Zorn*, ÖStZ 2001, 186, 186.
[1076] *Zorn*, ÖStZ 2001, 186, 187 mwN. Ausführlich zu der in Österreich geführten Diskussion und weiteren Hinweisen auf die Literaturansichten vgl. *Wala*, Zukunft des § 5 Abs. 1 öEStG, S. 68 -73.

des § 5 Abs. 1 öEStG [1077], zumindest aber die der Umkehrmaßgeblichkeit und eine Klarstellung der Nichtanwendbarkeit internationaler Rechnungslegungsgrundsätze für die steuerliche Gewinnermittlung[1078], wird dementsprechend auch von Teilen der österreichischen Literatur für sinnvoll erachtet.

C. Schweiz

Auch wenn die Schweiz kein EU – Mitgliedsstaat ist - gerade als „Bankenzentrum Europas" kann sie sich der Internationalisierung der Rechnungslegung nicht entziehen. Dabei ist das (für alle Kaufleute kodifizierte) *Schweizer Obligationenrecht* (OR) ebenfalls gläubigerschutzorientiert und zeichnet sich durch weitreichende Möglichkeiten zur Bildung stiller Reserven aus.[1079]

Zwar sollte die Reform des OR mit dem in Kraft treten der Artt. 957 – 964 OR am 1. 7. 1992 eine transparentere Rechnungslegung ermöglichen und das schweizerische Bilanzrecht an die EG – Richtlinien angenähert werden.[1080] Gleichwohl blieben zahlreiche Wahlrechte (wie z. B. im Bereich der Gewinnrealisation von langfristigen Fertigungen oder bei der Passivierung und Auflösung von Rückstellungen) bestehen. Zudem wird die Bildung stiller Reserven in Art. 669 OR ausdrücklich erlaubt.

Neben den bilanzrechtlichen Vorschriften des OR kennt die schweizerische Rechnungslegung auch die sog. „Fachempfehlungen zur Rechnungslegung" (FER), welche seit 1984 von der „Stiftung für Empfehlungen zur Rechnungslegung" als privater Standardsetzer für Konzernabschlüsse börsennotierter Unternehmen veröffentlicht werden. Der Regelungsbereich der FER ist zwar nicht so umfassend wie die IFRS, stimmt aber insoweit im wesentlichen mit diesen überein.[1081]

Für die steuerliche Gewinnermittlung gilt folgendes: Zwar erheben neben dem Bundesstaat auch die einzelnen Kantone sowie Gemeinden eigenständige Gewinnsteuern für natürliche und juristische Personen. Eine eigenständige Gesetzgebungskompetenz steht ihnen nicht nur hinsichtlich des Tarifs, sondern auch für die einzelnen Gewinnermittlungsregeln zu.[1082] Aufgrund des Art. 42 quinquiens der Bundesverfassung besitzt der Bund allerdings eine diesbezügliche Harmonisierungskompetenz. Auf Bundesebene unterliegen natürliche und juristische Personen nach Artt. 1 lit. a, 16 ff. und Art. 1 lit. b, 49 ff. des *Bundesgesetzes über die direkte Bundessteuer* (DBG) einer Einkommens- bzw. Gewinnsteuer. Sofern Bücher geführt werden, orientiert sich die steuerliche Gewinnermittlung gem. Art.

[1077] So bspw. von *Denk*, ÖStZ 2001, 69, 64; *Doralt*, § 4 öEStG, Rn. 135; *Wala*, Zukunft des § 5 Abs. 1 öEStG, S. 143.

[1078] *Wala*, Zukunft des § 5 Abs. 1 öEStG, S. 67 f; 143 mwN.

[1079] *Broer*, Maßgeblichkeit, S. 135 mwN.

[1080] Statt vieler *Lehner*, ST 1997, 791, 794.

[1081] Ausführlicher hierzu *Lehner*, ST 1997, 791, 795 f.

[1082] *Broer*, Maßgeblichkeit, S. 138 mwN; *Hey* in Herrmann/Heuer/Raupach, § 1 KStG, Rn. 403, 405. Divergieren können hier bspw. die jeweiligen Abschreibungsregelungen.

18 Abs. 3 i. V.m. Art. 58 DBG (für natürliche Personen) bzw. Art. 57 ff. DBG (für juristische Personen) an dem handelsrechtlichen Einzelabschluss, welcher auf Basis des OR erstellt wird. Gleichzeitig kennt das schweizerische Steuerrecht zwar gewisse Ausnahmen zu dieser Maßgeblichkeit, allerdings sind diese nicht so umfangreich wie in der BRD.[1083] Indem darüber hinaus auch eine - jedoch nur zum Teil normierte - umgekehrte Maßgeblichkeit Anwendung findet (vgl. z. B. Artt. 62, 64 DBG), halten sich die Abweichungen zwischen der Handels- und Steuerbilanz in Grenzen. Angesichts dessen und vor dem Hintergrund, dass die Unternehmenslandschaft der Schweiz von kleineren und mittleren Betrieben dominiert wird[1084], kommt dem Argument der Einheitsbilanz (noch) große Bedeutung zu. So wird zwar aktuell über ein „*Bundesgesetz über die Rechnungslegung und Revision (RRG)*" diskutiert, im Rahmen dessen die Bestimmungen des OR zur kaufmännischen Buchführung und Rechnungslegung durch rechtsformunabhängige Regelungen ersetzt, die Transparenz der Rechnungslegung i. S. d. fair presentation verbessert und eine Angleichung des schweizerischen Rechnungslegungsrechts an die EG-Richtlinien erfolgen soll. Nach dem hierzu ergangenen Expertenentwurf soll die Einführung des Grundsatzes der fair presentation allerdings keine steuerlichen Auswirkungen haben. Gleichzeitig wird hier jedoch weder eine Einschränkung bzw. Durchbrechung noch eine Aufgabe der Maßgeblichkeit vorgeschlagen; vielmehr soll es den Rechnungslegungspflichtigen gestattet werden, im Einzelabschlusses steuerlich notwendige Abweichungen zu einer dem fair presentation – Prinzip folgenden Rechnungslegung vorzunehmen.[1085]
Von Seiten des Bundesrates wurde diesem Expertenentwurf demgegenüber entgegengehalten, dass die Regelung des Verhältnisses zum Steuerrecht nur ungenügend sei, da die Normen des Vorentwurfs ohne eine Änderung der Konzeption des Steuerrechts auf Bundes- und Kantonsebene kaum sinnvoll umgesetzt werden könnten.[1086] Am 29. 1. 2003 beschloss er daher, diesen Vorentwurf umfassend überarbeiten zu lassen. Diese Überarbeitung wiederum soll in zwei Teilen erfolgen, wobei die Ergebnisse hinsichtlich des zweiten, die materiellen Buchführungs- und Rechnungslegungsvorschriften betreffenden Teiles für Anfang 2005 erwartet werden.

[1083] *Broer*, Maßgeblichkeit, S. 139 f. mwN. Ausführlich zu Übereinstimmungen bzw. Abweichungen bei einzelnen Bilanzposten *Blumenstein/Locher*, § 15 I. 1., S. 269 –280.
[1084] 99 % der schweizerischen Betriebe haben weniger als 500 Beschäftigte, vgl. *Broer*, Maßgeblichkeit, S. 135 mwN.
[1085] Ausführlich hierzu mit weiteren vertiefenden Links www.admin.ch, Stichwort „RRG".
[1086] Siehe Pressemitteilung des Bundesrates vom 20. 11. 2000, abrufbar unter www.admin.ch, Stichwort „RRG".

D. Ergebnis

Der BRD ist mit Frankreich, Österreich und der Schweiz – daneben aber bspw. auch Italien und Belgien – gemein, dass ihr Rechnungslegungssystem auf einem kontinentaleuropäischen Verständnis basiert und das „true and fair view"-Prinzip als Einfluss der angloamerikanischen Rechnungslegungstradition hier erst mit der jeweiligen Umsetzung der Bilanzrichtlinie Anerkennung fand. Demgegenüber entschieden sich Staaten wie Großbritannien, Dänemark, die Niederlande, Irland und die USA, deren Rechnungslegungssysteme schon traditionell auf das „true and fair view"-Prinzip aufbauen, von vorne herein für ein selbständiges Steuerbilanzrecht und damit gegen eine Maßgeblichkeit.[1087] Die Internationalisierung der Rechnungslegung hat in den kontinentaleuropäisch geprägten Nachbarstaaten zur Folge, dass auch hier zunehmend über eine Aufgabe des Maßgeblichkeitsgrundsatzes (zumindest) diskutiert wird. Damit bestehen also nicht nur nationale Zweifel an einer Vereinbarkeit des „true and fair view"-Prinzips bzw. den IFRS mit den Grundsätzen einer steuerbilanziellen Gewinnermittlung; vielmehr scheint das Maßgeblichkeitsprinzip – sofern es überhaupt vorgesehen ist - auch international zunehmend an Rückhalt zu verlieren. Seine Aufgabe stellt indes einen Bruch mit jahrzehntealten Traditionen dar, angesichts dessen das Zögern der nationalen Gesetzgeber vor dieser grundlegenden Entscheidung nur allzu verständlich ist. Welche Erwägungen bei der Normierung eines eigenständigen Steuerbilanzrechts nun in der BRD in Betracht zu ziehen sind, soll im folgenden dargestellt werden.

§ 3 Eigenständiges Steuerbilanzrecht de lege ferenda

A. Vor- und Nachteile einer Gewinnermittlung mittels Bilanzierung

Eines haben die bisherigen Ausführungen nun sicherlich gezeigt: Eine steuerliche Gewinnermittlung mittels Bilanzierung ist nicht in jeder Hinsicht zufriedenstellend. Ihre theoretische Konzeption zunächst zwar begrüßenswert. Der „Glättungseffekt" der Periodisierung ist insofern als Vorteil anzusehen, als dass er gegenüber der bloßen Einnahme–Überschußrechnung eine (zeitlich) genauere Ermittlung der wirtschaftlichen Leistungsfähigkeit ermöglichen soll.[1088]

[1087] Statt vieler vgl. *Lang*, in: *Tipke/Lang*, § 9, Rz. 310 mwN.

[1088] *Pezzer*, DStJG 14 (1991), 3, 13; *Tipke*, Steuerrechtsordnung, Band II, § 12, S. 611. Zu den konkreten Auswirkungen dieses „Glättungseffektes" auf die endgültige Steuerlast vgl. auch *Hennrichs*, StuW 1999, 138, 153.

Gerade aber die aus dem Periodisierungsprinzip resultierende, notwendige Umqualifizierung von Geldflüssen in Ertrag oder Aufwand ist es, welche in der Praxis zahlreiche, bis heute zum Teil ungelöste Beurteilungsschwierigkeiten aufwirft.[1089] Im Bereich nicht realisierter Vermögensveränderungen zeigt sich, dass die tatsächliche Umsetzung einer einfach und sicher zu handhabenden, periodengerechten Zuordnung von Geschäftsvorfälle vielfach an den faktischen Gegebenheiten scheitert. Zusätzliche Unsicherheiten können dort entstehen, wo der Gesetzgeber (z. B. mit § 5 Abs. 2 oder Abs. 4 a EStG) keine klare Wertung getroffen hat. Deutlich wird dies anhand der vielen Diskussionen bspw. zur Rückstellungsproblematik oder zur Bestimmung des Zeitpunktes der Gewinnrealisierung.[1090] Umgekehrt wird aber nun tagtäglich (bzw. einmal jährlich bei Abgabe der Steuererklärung) belegt, dass Gewerbetreibende durchaus in der Lage sind, ihren steuerlichen Gewinn anhand von Bilanzen zu ermitteln. Und auch international ist eine derartige Gewinnermittlungsmethode anerkannt.

Zudem ist zweifelhaft, ob sich andere Methoden zur Ermittlung der wirtschaftlichen Leistungsfähigkeit tatsächlich „besser" eignen. Dabei soll hier nicht im einzelnen auf Vorschläge wie die einheitliche Anwendung der *Einnahme-Überschußrechnung i. S. d. § 4 Abs. 3 EStG*[1091] oder der Einführung einer *„cash flow" – Besteuerung*[1092] eingegangen werden. Erwähnt sei in diesem Zusammenhang jedoch folgendes: Auf den ersten Blick mögen für diese Methoden Vereinfachungsgründe und vielleicht sogar das Argument sprechen, dass eine einheitliche Anwendung – bspw. des § 11 EStG - die aus dem Dualismus der Einkunftsarten resultierende Ungleichbehandlungen reduzierte.[1093] Dabei kann vor allem die Einfachheit einer Gewinnermittlungsmethode angesichts der Komplezität und Kompliziertheit der derzeitigen Steuergesetze „kaum hoch genug eingeschätzt werden".[1094]

Allerdings: Auch die Überschußrechnung nach § 4 Abs. 3 EStG stellt angesichts der zahlreichen Durchbrechungen des § 11 EStG schon lange keine „reine Geldverkehrsrechnung" mehr dar. An der Bilanz wird zwar kritisiert, dass sie eine „Wahrscheinlichkeitsrechnung mit einer großen Zahl Unbekannten" darstelle, die

---

1089 *Hennrichs*, StuW 1999, 138, 152; *Müller*, DB 1996, 689, 692 f..

1090 So auch *Dziadkowski*, BB 2000, 399, 399.

1091 *Heurung*, RIW 2000, 421, 429; *Weber – Grellet*, DStR 1998, 1343, 1348 f.

1092 Siehe nur *Schreiber*, FS Fischer 1999, S. 879, 900 f.; *Wagner*, DB 1998, 2073, 2077; *ders.* BB 2002, S. 1885, 1885 ff., jeweils mwN; eingeschränkt auch *Haller*, KoR 2003, 413, 420. Zur möglichen Ausgestaltung vgl. *Kiesewetter*, StuW 1997, 24, 29 ff mwN.

1093 *Broer*, Maßgeblichkeit, S. 332 f.; *Dziadkowski*, BB 2000, 399, 401; *Hennrichs*, StuW 1999, 138, 153; *Herzig/Bär*, DB 2003, 1, 8; *Kahle*, WPg 2002, 178, 185; *Tipke*, Steuerrechtsordnung, Band I, § 12, S. 611; *Weber – Grellet*, DStR 1998, 1343, 1349.

1094 *Hennrichs*, StuW 1999, 138, 153; siehe auch *Kirchhof*, StbJB 1999/2000, 17, 21 f.; *ders.*, StuW 2002, 3, 4.

eine „wirklichkeitsgetreue" Bilanzierung gar nicht angestrebe[1095] und „zunehmend als Instrument der Verschleierung" diene.[1096] Auf Grund des § 4 Abs. 3 S. 3 EStG aber sind der Überschußrechnung bspw. die Bewertungsprobleme ebenso immanent wie dem Betriebsvermögensvergleich. Darüber hinaus weist sie die Gefahr auf, dass die Erfassung von Gewinnen von der „Zufälligkeit des Geldverkehrs" abhängig gemacht und der Periodengewinn durch das Verschieben von Ausgaben zum Jahresende oder Einnahmen zum Jahresanfang hin beeinflußt wird.[1097] Letzteres gilt auch für eine reine „cash flow" – Besteuerung. Daher ist es fraglich, ob mittels derartiger Methoden eine wesentlich höhere Objektivierung der Gewinnermittlung gelingt.[1098] Zudem müsste eine Einführung der „cash flow" – Besteuerung im Rahmen einer grundlegenden und alle Einkunftsermittlungsmethoden betreffenden Reform erfolgen.[1099] Bislang allerdings sind derart „revolutionäre" Vorschläge immer gescheitert und werden angesichts des momentanen gesetzgeberischen Handlungsbedarfes – und zwar nicht nur im Bereich des Handelsrechts - eine geringe Priorität aufweisen bzw. auf wenig Gegeninteresse des Gesetzgebers stoßen. Da die Normierung eines eigenständigen Bilanzsteuerrechts vergleichsweise unproblematisch erfolgen könnte, erscheint sie zwar vielleicht nicht als die „beste", aber als eine realistisch umsetzbare und insofern also *bestmögliche Lösung* der bestehenden Probleme.

Im Übrigen ist zu berücksichtigen, dass die Gewinnermittlung mittels Periodisierung regelmäßig gerade mit dem Argument einer besseren Eignung zur Ermittlung der wirtschaftlichen Leistungsfähigkeit gerechtfertigt wird.[1100] Es stellt sich nämlich die Frage, ob die im Wege des § 4 Abs. 3 EStG oder einer cash-flow – Rechnung ermittelte „Zahlungsfähigkeit" des Steuerpflichtigen einen besseren Maßstab zur Konkretisierung der Leistungsfähigkeit darstellen kann.[1101] Dies gilt gerade im Falle des Gewerbetreibenden. So ist nur zu bedenken, dass schon allein der derivative Geschäftswert bzw. die hieraus zu ziehenden Nutzungsmöglichkeiten zu einer erhöhten Leistungsfähigkeit führen, welche im Wege einer reinen Zahlungsbemessung nicht erfasst werden könnte.

Das *Kernproblem des Steuerbilanzrechts* besteht demgegenüber darin, dass es keine *„Idealbilanz"* zur Ermittlung der wirtschaftlichen Leistungsfähigkeit gibt. Vor allem die Gewinnrealisation oder Bildung von Rückstellungen wird wohl

---

[1095] *Weber-Grellet*, DB 1994, 288, 288; *ders.*, DStR 1998, 1343, 1348; ähnlich *Arnold*, S. 47; *Wagner*, DB 1998, 2073, 2076 f.

[1096] *Kirchhof*, AöR Band 128 (2003), 1, 9.

[1097] Ausführlich hierzu *Dziadkowski*, BB 2000, 399, 400; ferner *Buchholz/Weis*, DStR 2002, 559, 563; *Groh*, DB 1999, 978, 980; *Lang*, in: *Tipke/Lang*, § 9, Rz. 194.

[1098] Ablehnend *Dziadkowski*, BB 2000, 399, 401; demgegenüber befürwortend *Weber – Grellet*, DStR 1998, 1343, 1348 f. (beide zu § 4 Abs. 3 EStG).

[1099] Siehe hierzu *Herzig/Bär*, DB 2003, 1, 6; *Schreiber*, FS Fischer 1999, S. 879, 901.

[1100] Kritisch *Wagner*, BB 2002, 1885, 1888.

[1101] So aber wohl *Broer*, Maßgeblichkeit, S. 332; *Weber – Grellet*, DStR 1998, 1343, 1348. Ablehnend hingegen *Dziadkowski*, BB 2000, 399, 399.

immer Fragen aufwerfen[1102]; darüber hinaus sind zahlreiche Kombinationen von Ansatz- und Bewertungsvorschriften denkbar.[1103] Diesbezüglich zeigen nicht zuletzt die Entstehungsgeschichten des § 5 Abs. 2 EStG und die Entwicklungen im Bereich der Rechnungslegung, dass unterschiedliche Auffassungen vom „richtigen" Bilanzgewinn existieren und sich das Verständnis hinsichtlich „richtiger" Bilanzierungsregeln verändern kann.
Somit bedarf es erst einmal bestimmter Werturteile, um aus dem Leistungsfähigkeitsprinzip Ansatz- und Bewertungsregeln herleiten zu können.[1104] Diese wiederum sind jedoch wandelbar und nicht zuletzt abhängig von aktuellen (wirtschafts-) politischen Prioritäten und können zudem noch miteinander kollidieren. Am Beispiel des potentiellen Konfliktes zwischen Periodisierung und Objektivierung verdeutlicht sich, dass das Steuerbilanzrecht immer ein „Sammelbecken" von Kompromissen darstellen wird und die Höhe des letztendlich ermittelten Gewinnes davon abhängt, welchem Bilanzierungsgrundsatz im konkreten Fall Vorrang einzuräumen ist.
Dies spricht jedoch nicht gegen eine Gewinnermittlung mittels Bilanzierung *an sich*.[1105] Innerhalb bestimmter Grenzen ist der Gesetzgeber frei, wie die Besteuerung nach der wirtschaftlichen Leistungsfähigkeit zu gewährleisten und gestalten ist. Eine den verfassungsrechtlichen Anforderungen entsprechende Gewinnermittlung sollte dabei nur möglichst sicher und einfach durchführbar sein. Sie ist daher auch nicht „sklavisch" an betriebswirtschaftliche Werte – die im Übrigen ja auch wandelbar sind – gebunden. Entscheidet man sich also grundsätzlich für einen Betriebsvermögensvergleich, so ist zu überlegen, mittels welcher Ausgestaltung die abstrakte Erfassung und Regelung all jener, mit den jeweiligen Geschäftsvorfällen zusammenhängenden, spezifischen Probleme so sicher und einfach wie möglich gelingt.
Insgesamt ist daher ein *eigenständiges Steuerbilanzrecht* zu befürworten. Es eignet sich sowohl zur Abwendung der de lege lata bestehenden Probleme im Zusammenhang mit § 5 Abs. 1 EStG[1106] als auch eines steuerlich ungewollten Einflusses der IFRS und – falls man dies bislang bejahte - der Bilanzrichtlinie.[1107] In Zukunft wird es die wohl einzige Lösung darstellen, nach der eine einheitliche

---

1102 *Hennrichs*, StuW 1999, 138, 152; *Theile*, GmbHR 1999, 1241, 1245.

1103 *Wagner*, BB 2002, 1885, 1886.

1104 Siehe nur *Costede*, StuW 1995, 115, 119; *Kahle*, WPg 2002, 178, 185. Kritisch daher *Wagner*, BB 2002, 1885, 1888.

1105 Anders *Wagner*, BB 2002, 1885, 1888.

1106 Ebenso bspw. *Hennrichs*, DStJG 24 (2001), 301, 328; *Institut „Finanzen und Steuern"*, IFSt-Schrift Nr. 387, S. 104 f.; *Weber – Grellet*, DB 1994, 288, 291; *ders.*, DStR 1998, 1343, 1349. Skeptisch hingegen *Hoffmann*, DStR 1999, 1686, 1688; *Schreiber*, FS Fischer 1999, S. 879, 905.

1107 Gleiche Ansicht bspw. *Arbeitskreis Bilanzrecht der Hochschullehrer Rechtswissenschaft*, BB 2002, 2372, 2380; *Hennrichs*, DStJG 24 (2001), 301, 328; *Herzig*, WPg 2000, 104, 118; *Herzig/Bär*, DB 2003, 1, 5 f.; *Moxter*, DStZ 2000, 157, 158.

steuerliche Gewinnermittlung mittels Bilanzierung möglich ist. Ob man anschließend - wie von der *Schmalenbach - Gesellschaft für Betriebswirtschaft* vorgeschlagen[1108] - vor allem kleinere und mittlere Betriebe durch die Erstellung einer selbständigen Steuerbilanz gleichzeitig von der Aufstellungspflicht eines Einzelabschlusses befreien könnte, muss jedoch aus handelsrechtlicher Sicht beurteilt werden.[1109]

B. Künftig mögliche Ausgestaltung

Im Prinzip ist die Frage nach der möglichen Gestaltung eines selbständigen Steuerbilanzrechts mit dem bisher Dargestellten schon beantwortet: Spätestens seit dem *StEntlG* sind wesentliche Bereiche des Steuerbilanzrechts eigenständig geregelt.[1110] Und dort, wo die de lege lata noch bestehende, formelle Anbindung an die handelsrechtlichen GoB in materieller Hinsicht unbefriedigend ist, wurden vom BFH zahlreiche teleologische Reduktionen des § 5 Abs. 1 EStG vorgenommen: Konkretisierende Rechtsprechung wäre also im ausreichenden Maße vorhanden.[1111]

In diesem Zusammenhang als Gegenargument anzuführen, dass diese vor handelsrechtlichen Begriffsinhalten „erarbeitet" wurden[1112], erscheint nicht angebracht: Die Lösung bilanzrechtlicher Fragen durch den BFH ergeht aus Sicht des Steuerrechts.

Somit könnte ein eigenständiges Steuerbilanzrecht ein von der Handelsbilanz in erster Linie *formell Losgelöstes* darstellen.[1113] Die Aufgabe des § 5 Abs. 1 S. 1 EStG hätte dann in materieller Hinsicht keine gravierenden Änderungen zur Folge: Auch in Zukunft sollten – sofern noch nicht im EStG normiert - bspw. die Grundsätze des going – concern (siehe bspw. schon § 6 Abs. 1 Nr. 1 S. 3 EStG), der Vollständigkeit, Klarheit und Übersichtlichkeit – also der Redlichkeitsgrundsatz -, die Stetigkeit, der Bilanzzusammenhang (bereits arg ex § 4 Abs. 1 S. 1 EStG) sowie die Einzelbewertung Anwendung finden.[1114] Zur Diskussion steht

---

[1108] *Arbeitskreis Externe Unternehmensrechnung der Schmalenbach - Gesellschaft für Betriebswirtschaft*, DB 2001, 160, 161.
[1109] Diesbezüglich kritisch *Buchholz/Weis*, DStR 2002, 559, 563.
[1110] Vgl. hierzu BT-Drucks. 14/23, S. 170; *Herzig/Bär*, DB 2003, 1, 3; *Weber – Grellet*, StuB 2000, 1289, 1306.
[1111] Vgl. auch *Hennrichs*, DStJG 24 (2001), 301, 328; *Herzig/Bär*, DB 2003, 1, 7.
[1112] So aber wohl *Hoffmann*, DStR 1999, 1686, 1688.
[1113] Siehe auch *Herzig/Bär*, DB 2003, 1, 7.
[1114] So schon die Steuerrechtskommission von 1971, zum Referentenentwurf vgl. *Rau*, DB 1972, 156, 158. In der heutigen Literatur ferner *Arbeitskreis Bilanzrecht der Hochschullehrer Rechtswissenschaft*, BB 2002, 2372, 2380; *Hennrichs*, DStJG 24 (2001), 301, 315; *Herzig/Dautzenberg*, BFuP 1998, 23, 25; *Hoffmann*, DStR 1999, 1686, 1688; *Institut „Finanzen*

damit eigentlich nur das „ob" und „wie" eines steuerrechtlichen Vorsichtsprinzips. Insbesondere an den Beispielen des § 5 Abs. 2 EStG und dem Anschaffungskostenprinzip bei der Berücksichtigung von Wertsteigerungen wurde versucht, dessen Notwendigkeit im Steuerbilanzrecht zu begründen.

Bezweifelt wird nun allerdings, dass es der Rechtsprechung bei einem „Nebeneinander von Gewinnermittlungsregeln" gelänge, „Einzelfragen der Zahlungsperiodisierung mit dem Rückgriff auf den Gleichheitssatz und Leistungsfähigkeitsprinzip überzeugend zu begründen und notwendige Abweichungen vom Handelsbilanzrecht im Einzelfall darzutun": „Durch die Spaltung des Bilanzrechts litte dessen Systematik und das gesamte Gebiet der Gewinnermittlung geriete in dauernde Unruhe".[1115]

Dem ist jedoch nicht zuletzt die schon bestehende - und bei einer Internationalisierung des Einzelabschluss weiter zunehmende - Zweckdivergenz von Handels- und Steuerbilanz entgegenzuhalten. Vor diesem Hintergrund aber wird es durchaus möglich sein, die entscheidende Trennlinien zwischen den handelsrechtlichen und steuerrechtlich erforderlichen Bilanzierungsweisen auszumachen. Dass sich aus dem Leistungsfähigkeitsprinzip zumindest Leitlinien für eine gleichmäßige Besteuerung ableiten lassen und diese durch gesetzgeberische Wertungen oder mittels anerkannter Auslegungsmethoden näher konkretisierbar sind, wurde bereits dargelegt. „Unruhe" für den Bilanzierenden aufgrund eines gespaltenes Bilanzrechts ist weniger zu erwarten: Zum einen ist eine Trennung von Handels- und Steuerbilanz auch in anderen Rechtskreisen vorgesehen und für die dortigen Bilanzersteller problemlos durchführbar. Und zum anderen sind steuerrechtlich notwendige Abweichungen von der Handelsbilanz regelmäßig nachvollziehbar.

Dies setzt natürlich wiederum voraus, dass entsprechende Abweichungen tatsächlich mit *originär steuerrechtlichen* und eben nicht *sachfremden* Motiven begründet werden. Für die künftige gesetzestechnische Gestaltung des Steuerbilanzrechts bedeutet dies, dass weitestgehend bzw. gänzlich auf *lenkungspolitisch motivierte Subventionsvorschriften* verzichtet werden sollte. Hiergegen sprechen vielerlei Gründe, als Beispiel seien nur die anderslautenden Zwecke der steuerlichen Gewinnermittlung sowie deren unnötige Verkomplizierung genannt.

Darüber hinaus würde es dem Gesetzgeber gut anstehen, wenn er einige Konkretisierungen vornimmt. (Zumindest) Insofern lohnt sich ein Blick auf die IFRS: Diese zeigen nämlich auch, dass es für bestimmte Sachverhalte durchaus gelingen kann, Definitionen und Abgrenzungen vorzunehmen. Für die Steuerbilanz ist dabei an die Normierung des Wirtschaftsgutsbegriffs zu denken, was sowohl einer Klarstellung gegenüber dem Vermögensgegenstands- als auch asset - Begriff dienlich wäre. Gegebenenfalls käme auch eine Abgrenzung – und zwar durchaus wertend und möglicherweise nach dem Vorbild des IAS 38. 3 und .4, - zwischen

---

und Steuern", IFSt-Schrift Nr. 387, S. 101, 104 f.; *Lang*, in: *Tipke/Lang*, § 9, Rz. 309; *Pezzer*, DStJG 14 (1991), 3, 20 f. Ausführlich hierzu *Weber – Grellet*, DStR 1998, 1343, 1346 f.

[1115] *Schreiber*, FS Fischer 1999, S. 879, 905. Ähnlich *Broer*, Maßgeblichkeit, S. 393.

materiellen und immateriellen Wirtschaftsgütern in Betracht. Für Rückstellungen könnte sich bspw. eine gesetzlich vorgegebene Entscheidung anbieten, dass es hier auf die rechtliche und nicht wirtschaftliche Entstehung ankommen soll. Denkbar wäre hier auch eine Kodifizierung des 51% - Urteil des BFH[1116]. Nebenbei erwähnt – auch die Auffassung, dass die Wertaufholung i. S. d. § 6 Abs. 1 Nr. 1 S. 4 EStG keine Neubewertung darstellt, sollte richtigerweise durch einen klarstellenden Zusatz berücksichtigt werden.[1117] Problematisch bleibt vor allem der Zeitpunkt der Gewinnrealisation. Angesichts der zahlreichen Einzelfälle ist es schwierig, diese mittels einer abstrakten Regelung zu erfassen. Hier stellt ein Rückgriff auf die BFH – Rechtsprechung möglicherweise die geeignetere Lösung dar.

Statt lediglich am materiellen „status quo" festzuhalten, könnte sich der Gesetzgeber aber zusätzlich um einen – inhaltlichen - Blick auf die IFRS bemühen. Hinsichtlich der Überlegungen, ob und welche Bilanzierungsregeln im Rahmen einer steuerlichen Gewinnermittlung – als eigenständig kodifizierte, steuerrechtliche Normen - Anwendung finden könnten, müssten dann allerdings die verfassungsrechtlichen Anforderungen ausschlaggebend sein.[1118]

§ 4 Exkurs: Monatsbericht des BMF vom Oktober 2002

Der Gesetzgeber hat sich bislang noch nicht abschließend zur steuerlichen Anwendung der IFRS geäußert. Während sich die ältere Bundesregierung in der Begründung zum KapAEG wegen des § 5 Abs. 1 EStG und der unmittelbaren Auswirkungen auf die Steuerbilanz noch gegen eine Eignung des Einzelabschlusses als „Internationalisierungsobjekt" aussprach[1119], wies die neue und inzwischen wiedergewählte Regierung im Entwurf zum *StEntlG* ausdrücklich darauf hin, dass durch diese Steuerreform „die steuerliche Gewinnermittlung objektiviert und an internationale Standards angepaßt" werden solle.[1120] Und auch die Stellungnahme des BMF in seinem Monatsbericht Oktober 2002[1121] befriedigt letztendlich nur wenig:

[1116] BFH BStBl. II 1985, 44; BFH, BStBl. II 1992, 153, 154.

[1117] So z. B. dadurch, dass die Wertaufholung ähnlich dem § 7 Abs. 1 S. 6 EStG nur bei Wegfall des Abschreibungsgrundes vorzunehmen ist, siehe hierzu auch *Leplow*, S. 178 f. mwN.

[1118] *Herzig*, WPg 2000, 104, 118; *Herzig/Dautzenberg*, BFuP 1998, 23, 34 f.

[1119] BT-Drucks. 13/9909, S. 11 f. mit dem Hinweis auf die Funktion des Einzelabschlusses als Bemessungsgrundlage für Dividenden- und Steuerzahlungen.

[1120] BT - Drucks. 14/23, S. 126 und weiter, S. 170: „In Hinblick auf die vorgesehene Unternehmenssteuerreform schaffen die Vorschriften zur Objektivierung der Gewinnermittlung die Voraussetzungen für eine international vergleichbare Bemessungsgrundlage". Ähnlich *Hauser/Meurer*, WPg 1998, 269, 273 zu den *„Petersberger Steuervorschlägen"*.

[1121] Abrufbar unter www.bundesfinanzministerium.de unter Rubrik "Monatsberichte".

So wird im Zusammenhang mit den formal- rechtlichen Problemen wird lediglich festgestellt, dass eine Vereinbarkeit der Entwicklung von (EU)IAS mit dem Demokratie- und Rechtsstaatsprinzip „umstritten" ist. Erwähnung findet hier bspw. die Kritik zur Entwicklung der IAS durch einen privaten Standardsetzer sowie der Hinweis, dass auch gegen das Komitologieverfahren und der Anerkennung von „EU – IAS" seitens der Kommission „verfassungsrechtliche Einwände" geäußert werden. Im Falle einer gewollten steuerlichen Anwendung der IAS solle dies allerdings „keine unüberwindliche Hürde darstellen": Zum einen sei es denkbar, die IAS - bspw. mittels Einfügung einer deutschen Version in das EStG - an das nationale Recht anzupassen.[1122] Und zum anderen bliebe es dem Gesetzgeber unbenommen, die Maßgeblichkeit der IAS jederzeit zu durchbrechen. Diesbezüglich gelte es lediglich zu bedenken, dass eine Entscheidung für die steuerliche Maßgeblichkeit der IAS zu einer Verlagerung von Regelungskompetenzen für einen Teilbereich der direkten Steuern auf die Ebene der EU bzw. den IASB führte – „mit entsprechenden Folgen für die Planbarkeit künftiger Haushaltseinnahmen". Einen eindeutigen Lösungsvorschlag, wie denn nun mit den formellen Problemen verfahren werden könnte, äußert das BMF hingegen nicht.
Ähnliches gilt für die materiellen Konfliktpotentiale. Hier wird in erster Linie festgestellt, dass die IAS mit dem Leistungsfähigkeitsprinzip vereinbar sind. Indem sie sich stärker an der klassischen Reinvermögenszugangstheorie bzw. der Reinvermögenszuwachstheorie orientierten, entsprächen sie freilich nicht dem geltenden und auf der Markteinkommenstheorie basierenden EStG. Allerdings ändere dies nichts daran, „dass die ursprüngliche Reinvermögenszugangstheorie eine ökonomisch durchaus sinnvolle Interpretation des Leistungsfähigkeitsprinzip darstellt."[1123] Als dennoch problematisch sei vor allem die Erfassung unrealisierter Gewinne sowie die mangelnde Bestimmtheit und Gefahr einer nicht intersubjektiven Nachprüfbarkeit beim Ansatz von (selbsterstellten immateriellen) Vermögenswerten zu beurteilen. Gleichzeitig wird darauf hingewiesen, dass auch die horizontale Steuergerechtigkeit ein Argument gegen die Maßgeblichkeit der IAS darstellen könnte: Die schon de lege lata geäußerte Kritik gegenüber dem Dualismus der Einkünfteermittlung könnte sich in Zukunft verschärfen, da die IAS vom Grundsatz her in noch stärkerem Maße von der Überschußrechnung abweichen, als die handelsrechtlichen GoB de lege lata. Auf § 4 Abs. 3 EStG hingegen könne aber aus Praktikabilitäts- und Vereinfachungsgründen wohl nicht verzichtet werden. Daher bestünden „im Hinblick auf die Praktikabilität, Bestimmtheit und Verhältnismäßigkeit der Besteuerung eine Reihe von Bedenken, so dass eine uneingeschränkte Maßgeblichkeit sicherlich nicht infrage käme." Denkbar wäre demgegenüber aber eine grundsätzliche Maßgeblichkeit der IAS, die gegebenenfalls an bestimmten Stellen zu durchbrochen werden müsste.[1124]

[1122] *Monatsbericht*, S. 5.
[1123] *Monatsbericht*, S. 4.
[1124] *Monatsbericht*, S. 5.

Offengelassen wird allerdings auch hier, wie diese Durchbrechungen konkret ausgestaltet werden könnten. Darüber hinaus lässt das BMF unberücksichtigt, ob ein von Anfang an auf Ausnahmen ausgerichtetes Grundprinzip angesichts der momentanen Komplexität und Kompliziertheit des Steuerrechts sowie vor dem Hintergrund einer erwünschten Vereinfachung der steuerlichen Gewinnermittlung tatsächlich sinnvoll erscheint. Und eine Zukunftsbetrachtung wird gar nicht erst angestellt.
Einen Schwerpunkt legt das BMF hingegen auf die ökonomische Beurteilung einer steuerlichen Anwendung der IFRS. Unter Berücksichtigung der zwischenzeitlich durchgeführten und aktualisierten Untersuchungen der zu erwartenden Steuerbelastung sowie den hieraus zu ziehenden Rückschlüssen zur internationalen Wettbewerbsfähigkeit deutscher Unternehmen wird festgestellt, dass sich deren Situation zwar nicht grundlegend, aber dennoch verbessern würde.
Insgesamt kommt das BMF daher zu dem Fazit, dass das Maßgeblichkeitsprinzip auch bei einem IFRS – Einzelabschluss „nicht unbedingt aufgegeben werden müsste" und unter „(Steuer-) Wettbewerbsaspekten (...) sogar vorteilhaft" erscheint. Bevor jedoch eine endgültige Entscheidung getroffen werden könne, müssten neben den angesprochenen rechtlichen Problemen insbesondere die Konsequenzen sowohl für das Steueraufkommen als auch für kleinere und mittlere Unternehmen „genauer unter die Lupe genommen werden".[1125] Diesbezüglich sollte aber auch den Alternativen zu einer steuerlichen Anwendung der IAS Aufmerksamkeit geschenkt werden. In Betracht käme hier vor allem ein selbständiges Steuerbilanzrecht, möglicherweise aber auch eine modifizierte Überschußrechnung, eine pauschalisierte Gewinnermittlung oder eine cash-flow-Besteuerung. Bei allen Überlegungen sei jedoch zu berücksichtigen, dass die IAS zumindest über die europäische Ebene (Stichwort: „einheitliche Körperschaftssteuerbemessungsgrundlage")[1126] Eingang in die steuerliche Gewinnermittlung in Deutschland finden dürften. Ob Letzteres tatsächlich der Fall sein wird, erscheint momentan zwar zweifelhaft. Vor allem weil diese Bestrebungen auf eine rechtsformabhängige steuerliche Gewinnermittlung abzielen, stünden dem Gesetzgeber hier weitgehende Möglichkeiten zu Verfügung, um einen derartigen steuerlichen Einfluss der IFRS zu verhindern. Dennoch bleiben die diesbezüglichen Entwicklungen abzuwarten.
Vom BFM hingegen hätte man sich insgesamt durchaus eine eindeutigere Stellungnahme zur steuerlichen Anwendung der IFRS und den hiermit zusammenhängenden rechtlichen Problemen wünschen können. Wie sich anhand der Ausführungen zeigt, sind ihm diese durchaus bewusst, entsprechende Lösungen werden allerdings auch hier nicht gefunden. Daher erscheint es auch wenig angebracht, wenn vor dem Hintergrund der aufgezeigten und bislang nicht gelösten

---

[1125] *Monatsbericht*, S. 6.
[1126] Siehe hierzu das Erste Kapitel, § 1 B. I. 1, S. 16.

verfassungsrechtlichen Konfliktmöglichkeiten vor allem auf die eventuellen entstehenden, ökonomischen und gesamtwirtschaftlichen Vorzüge einer derartigen steuerlichen Gewinnermittlung hingewiesen wird – möglicherweise noch, um hierauf die künftige Rechtfertigung einer steuerlichen Maßgeblichkeit der IAS stützen zu können. Zu hoffen bleibt, dass sich der Gesetzgeber hiervon nicht blenden lässt und stattdessen eine - vor allem unter rechtlichen Gesichtspunkten - sachgerechte Entscheidung treffen wird.

Zusammenfassung

Ziel der Arbeit war es, einzelne Schwachpunkte des Steuerbilanzrechts de lege lata aufzuzeigen und aktuell diskutierte Alternativen zur Gestaltung eines Betriebsvermögensvergleichs de lege ferenda auf ihre Eignung hin zu untersuchen. Die Ergebnisse, die im Rahmen einer allgemeinen Gegenüberstellung der jeweils zur Anwendung kommenden Grundsätze gefunden wurden, sollten am Beispiel der Bilanzierung von Forschungs- und Entwicklungskosten sowie dem Geschäftswert verdeutlicht werden. Diesen kommt sowohl aufgrund ihrer wirtschaftlichen Bedeutung als auch der hier offensichtlich werdenden Unterschiede zwischen den einzelnen Bilanzierungsmethoden eine besondere Relevanz zu.
Dabei zeigte sich zunächst, dass die momentane Anbindung der steuerrechtlichen Gewinnermittlung an die handelsrechtlichen GoB in den letzten Jahren zunehmend unbefriedigend wurde. In systematischer Hinsicht zeichnet sie sich durch zahlreiche Durchbrechungen aus, welche im Wesentlichen auf eine Eingrenzung des handelsrechtlichen Vorsichtsprinzips in der Steuerbilanz abzielen. Gleichzeitig wurde schon in der Vergangenheit immer deutlicher, dass das Handelsrecht internationalen Einflüssen ausgesetzt ist. Aus steuerrechtlicher Sicht stellt sich dabei vor allem ein eventueller, mittelbarer Einfluss der EuGH – Rechtsprechung als ungewollt dar.
Die Tatsache, dass sich der Einzelabschluss künftig vermehrt internationalen Bilanzierungsgrundsätzen bzw. den IFRS öffnen könnte, wurde uneinheitlich aufgenommen. Für die Steuerbilanz hätte sich dies auf den ersten Blick möglicherweise als positiv darstellen können, da die IFRS eine Zurückdrängung des handelsrechtlichen Vorsichtsprinzips im Einzelabschluss bewirkten. Einige der aktuellen - geschriebenen oder ungeschriebenen - Durchbrechungen der Maßgeblichkeit wären künftig eventuell nicht mehr von Nöten gewesen und hätten damit der Anbindung an den Einzelabschluss zu neuem Sinn verholfen.
Die vorliegende Untersuchung ergab nun jedoch Gegenteiliges. Die steuerliche Eignung der IFRS ist in formeller und materieller Hinsicht abzulehnen. Sowohl ein unmittelbarer als auch mittelbarer steuerrechtlicher Verweis auf internationale sowie privatrechtlich entwickelte und veröffentlichte Empfehlung zur Handhabung einzelner Rechnungslegungsfragen ist nicht mit grundlegenden rechtsstaatlichen und demokratischen Anforderungen vereinbar; zwischen- geschaltete Mechanismen wie bspw. ein europäisches Komitologieverfahren oder eine nationale Rahmengesetzgebung(skompetenz) können die hieraus resultierenden Konflikte nicht beheben.
In materieller Hinsicht stellt sich eine Rechnungslegung, welche auf dem „true-and-fair"-Prinzip beruht und mittels eines Bilanzierungsgrundsatzes wie der „Relevanz" dem Informationsbedürfnis von Investoren dienen soll, als steuerlich ungeeignet dar. Eine entsprechende Gewinnermittlung widerspräche den Grundsätzen der Tatbestandsmäßigkeit, Gleichmäßigkeit und möglichst substanzschonen-

den Besteuerung. Deutlich wurde dies an der Bilanzierung von selbsterstellten immateriellen Werten: Die hiermit verbundenen Unsicherheiten sind bislang nicht lösbar und werden es wohl auch in Zukunft nicht sein. Da es dann aber ebenso wenig möglich ist, einen einheitlichen Maßstab für ihren sicheren und objektiven Nachweis zu gestalten, entspricht die durch § 5 Abs. 2 EStG bedingte Einschränkung des Periodisierungs- und Vollständigkeitsprinzip aus steuerrechtlicher Sicht der erforderlichen Systemkonsequenz. Eine Bilanzierung nach IAS 38 wäre also zumindest insofern abzulehnen. Zusätzliche Beispiele für die steuerliche Ungeeignetheit der IFRS waren die fair – value – Bewertung sowie die künftig mögliche goodwill – Bilanzierung. Gerade Letztere zeigte zudem die Problematik, dass die IFRS in höherstehende, wirtschaftspolitische Interessen und Machtgefüge eingebunden sind.

Vor dem Hintergrund, dass selbst ein momentan noch beibehaltener HGB – Abschluss zumindest nicht auf Dauer von den IFRS unbeeinflusst sein dürfte, war nach weiteren Varianten zur Ausgestaltung eines Betriebsvermögensvergleich zu suchen. Dass an einer derartigen Gewinnermittlungsmethode grundsätzlich festgehalten werden soll, wurde dabei – trotz einer kurzen Nebenbetrachtung anderer Alternativen der steuerlichen Gewinnermittlung – mehr oder weniger unterstellt.

In Betracht kam daher die Normierung eines selbständigen Steuerbilanzrechts – wobei das Wort „Normierung" hoch gegriffen ist. Ein solcher Betriebsvermögensvergleich könnte nämlich durchaus ein lediglich formell vom Einzelabschluss Abgekoppelter darstellen; eine Aufgabe des § 5 Abs. 1 EStG reichte aus. Die einzelnen Bilanzierungsgrundsätze dürften im Wesentlichen auch de lege ferenda fortgelten, so dass sich für den Steuerpflichtigen in der Praxis keine nachteiligen Veränderungen ergäben. Die positiven Auswirkungen wären dafür um so deutlicher: Eine selbständige Steuerbilanz mag zwar nicht in jeder Hinsicht die einfachste und beste Art der steuerlichen Gewinnermittlung sein. Auch hier bedürfen bspw. die Fragen zur Gewinnrealisation und Bewertung einer näheren Konkretisierung. Zum einen allerdings erging hierzu schon zahlreiche Rechtsprechung. Und zum anderen bleibt es dem Steuergesetzgeber unbenommen, (schon de lege lata erwünschte) systemkonforme Konkretisierungen zu kodifizieren – ohne hierdurch zugleich die Inkonsequenz der Anbindung an den Einzelabschluss voranzutreiben. Indem sich eine eigenständige Steuerbilanz zur Abwendung der de lege lata bestehenden Probleme im Zusammenhang mit § 5 Abs. 1 EStG sowie eines steuerlich ungewollten Einfluss internationaler Entwicklungen im Bereich des Handelsrechts eignet, stellt sie zumindest die bestmögliche Lösung dar. Darüber hinaus wird wohl nur auf diese Weise künftig die Möglichkeit bestehen, eine - für alle Gewerbetreibende - einheitliche steuerliche Gewinnermittlung mittels Bilanzierung vorzusehen. Auch in anderen europäischen Mitgliedsstaaten könnte sich ein eigenständiges Steuerbilanzrecht zunehmend durchsetzen.

Desiree Dauber

Das Realisationsprinzip als Grundprinzip der steuerrechtlichen Gewinnermittlung

Frankfurt am Main, Berlin, Bern, Bruxelles, New York, Oxford, Wien, 2003.
XIV, 337 S.
Europäische Hochschulschriften: Reihe 2, Rechtswissenschaft. Bd. 3665
ISBN 3-631-50808-5 · br. € 56.50*

Die Untersuchung hinterfragt die Verknüpfung der Steuerbilanz mit der Handelsbilanz über den sogenannten Maßgeblichkeitsgrundsatz des § 5 Abs. 1 EStG und plädiert für eine eigenständige steuerliche Gewinnermittlung. Aus der Zielsetzung der Steuerbilanz wird das Realisationsprinzip als umfassendes Grundprinzip der steuerrechtlichen Gewinnermittlung abgeleitet. Diese Erkenntnis dient der Lösung zahlreicher praktisch bedeutsamer Bilanzierungsprobleme. Im Blickpunkt stehen insbesondere die verschiedenen Rückstellungen, die Teilwertabschreibung, die Rechnungsabgrenzungsposten sowie das Problem der Abzinsung und die Teilgewinnrealisierung bei langfristiger Auftragsfertigung.

Aus dem Inhalt: Die Maßgeblichkeit der handelsrechtlichen GoB · Das Realisationsprinzip als Maßstab der Periodenabgrenzung · Einzelfälle (Rückstellungen, Teilwertabschreibung u.a.)

Kolibri 360 GmbH
Ferdinand-Jühlke-Straße 7
99095 Erfurt, Deutschland
produktsicherheit@kolibri360.de

Druck:
CPI Druckdienstleistungen GmbH
im Auftrag der
Kolibri 360 GmbH
Ferdinand-Jühlke-Str. 7
99095 Erfurt